MANUEL

pour l'étude de la Persécution Religieuse,

dans les Côtes-du-Nord,

durant la Révolution Française.

DU MÊME AUTEUR

Yvignac - Autrefois. Epuisé. — *Trégon - Autrefois*. Epuisé.

Lancieux - Autrefois : La Haute-Justice de la Roche et ses Seigneurs.

La Châtellenie de la Touche-à-la-Vache, en Créhen. Epuisé.

La Châtellenie du Plessis-Balisson, ses juveigneuries. Nouvelle édition.

La Paroisse du Plessis-Balisson - Autrefois. Epuisé.

Saint-Jacut, son histoire, son culte, ses légendes, ses vies anciennes.

Histoire du Royal Monastère de Saint-Jacut de l'Isle-de-la-Mer. Epuisé.

Les derniers jours de l'Abbaye de Saint-Jacut et de la paroisse de N.-D. de Landouar. — En vente à l'Abbaye de Saint-Jacut-de-la-Mer.

Documents pour servir à l'Histoire de l'Abbaye de Notre-Dame de Beaulieu, au diocèse de Saint-Malo.

L'Obituaire du Couvent des Cordeliers de Dinan (publication).

Les Origines du Sanctuaire et du Pèlerinage de N.-D. de Nazareth, près Plancoët. Nouvelle édition, revue et très augmentée.

Les Réformations et Montres de la Noblesse à Ploubalay, de 1448 à 1535.

Les Gentilshommes à pied de la Juridiction de Lamballe l'an 1554 (publication).

La Défense du Littoral de Dinard au Guildo l'an 1730 (publication).

La Descente des Anglais à Saint-Briac et leur défaite à Saint-Cast, l'an 1758. — En vente à la cure de Saint-Cast (C.-du-N.).

Vie de M. Cormeaux, curé en Bretagne et zélé missionnaire (publication).

Les Actes des Prêtres insermentés du diocèse de Saint-Brieuc, guillotinés en 1794 ou déportés, 2 volumes in-8°; quelques exemplaires en vente chez Plihon et Hommais, à Rennes.

Les Prêtres Bretons déportés à Jersey en 1796, d'après les comptes de Mgr de Cheylus et *les Prêtres de l'Ancien diocèse de Saint-Brieuc déportés* en Angleterre ou à Jersey à la suite de la loi du 26 août 1792, in *Association bretonne*, 1923 et 1924.

Histoire du Pays de Dinan, tome 1er, grand in-8° raisin, de XXII-532 p. orné de 70 gravures et d'une carte, t. II, XVI-414 p., 55 gravures.

Les Actes des Prêtres insermentés de l'archidiocèse de Rennes, guillotinés en 1794, un vol. grand in-8° raisin, avec les biographies de MM. Sorette, Duval et Gavard et de nombreuses pièces justificatives et deux hors-textes.

Les Actes des Prêtres du diocèse de Saint-Brieuc mis à mort durant la Révolution, avec les *Mémoires de Mgr de la Romagère sur les Pontons de Rochefort*, un grand in-8° raisin, de plus de 400 p. exclusivement réservé aux souscripteurs.

Scènes de la Chouannerie à Saint-Briac. En publication dans le *Bulletin paroissial de Saint-Briac*. Tiré à part à 50 exemplaires.

Les Actes du P. Barthélemy Oger et de Mlle Glatin, sa receleuse, publiés pour la première fois sur les documents originaux. Une brochure in-8° raisin.

Mgr Augustin Le Mintier de Saint-André,
dernier évêque-comte de Tréguier,
né à Sévignac en 1728; décédé en exil à Londres en 1801.

Mgr de Hercé,
dernier évêque-comte de Dol,
né à Mayenne en 1726, fusillé à Quiberon en 1795.

L'Abbé AUGUSTE LEMASSON ✳ ☩

Ex-Aumônier Titulaire de la Place de Metz

Les Paroisses et le Clergé

DU DIOCÈSE ACTUEL DE SAINT-BRIEUC

de 1789 à 1815

MANUEL POUR L'ÉTUDE

de la

PERSÉCUTION RELIGIEUSE

dans les Côtes-du-Nord

durant la Révolution Française

« Honor quippe martyris est custodia fidei »
(Saint Jean Chrysostome)

TOME SECOND

1795-1803

*Ouvrage orné de portraits, de dessins, de fac-similés
Et honoré des souscriptions de S. E. le Cardinal Charost et de NN. SS. les Archevêque
et Évêques de Rouen, Saint-Brieuc, Vannes, Quimper et Annecy.*

RENNES

IMPRIMERIES OBERTHUR

1928

A M. le Comte Charles de la LANDE de CALAN,

a la générosité duquel, ce volume,

consacré a faire revivre, et mieux connaître

l'héroïsme de l'église de Saint-Brieuc,

au milieu des persécutions,

doit de pouvoir paraître

RECENSIONS

du tome premier du Manuel pour l'étude de la Persécution religieuse.

Nous croyons utile de signaler aux lecteurs de la Vie Catholique l'activité scientifique d'un prêtre breton, qui est bien de la race des Duine et des Duchesne. Il y a dix-neuf ou vingt ans que, jeune vicaire, M. l'abbé Auguste Lemasson a porté la curiosité de son esprit vers l'histoire de sa province natale. Loin de toute grande bibliothèque et n'ayant pas eu l'avantage d'une formation technique, il a dû se faire, à peu près seul, au milieu de tâtonnements et de difficultés pénibles. Mais il joignait au goût de l'histoire de remarquables aptitudes scientifiques et il était certainement soutenu dans son travail par une volonté énergique et par une foi généreuse qui lui montraient le service rendu à l'Eglise par les études auxquelles il se livrait.

Ces études, la guerre vint les interrompre. M. l'abbé Lemasson, pendant ces années, a servi l'Eglise et la France, comme aumônier militaire, avec un admirable dévouement, un oubli de soi poussé jusqu'au sacrifice, qui lui a valu les plus glorieuses citations et, depuis son retour dans ses foyers, c'est comme invalide de guerre qu'il a repris ses travaux avec une activité prodigieuse, sans que la quantité de sa produc-

tion scientifique semble en rien nuire à la qualité. Actuellement il fait porter ses recherches principalement sur l'histoire religieuse de la Bretagne, sous la Révolution et sous l'Empire : il nous a donné tour à tour depuis 1916 : les Actes des prêtres insermentés du diocèse de Saint-Brieuc guillotinés en 1794 ou déportés (2 vol. in-8°) ; les Actes des prêtres insermentés de l'archidiocèse de Rennes guillotinés en 1794 (1 vol. in-8°) ; les Prêtres bretons déportés à Jersey en 1796 ; les Prêtres de l'ancien diocèse de Saint-Brieuc déportés en Angleterre ou à Jersey à la suite de la loi du 26 août 1792 ; les Paroisses et le Clergé du diocèse actuel de Saint-Brieuc de 1789 à 1815 : Histoire du Pays de Dinan (2 vol. in-8°). *Tous les juges compétents qui ont eu en mains ces volumes ont été frappés de l'érudition de bon aloi qui s'y déploie et ont rendu hommage aux hautes qualités scientifiques de l'auteur. Ce sont des mines de renseignements sûrs et précis. Les deux derniers volumes que nous venons de signaler dépassent de beaucoup l'intérêt, déjà fort grand, du titre; sur chaque paroisse, l'auteur nous donne une bibliographie précieuse pour l'histoire non seulement révolutionnaire, mais générale, signalant jusqu'aux fonds d'archives; les renseignements économiques, statistiques, archéologiques, qu'il met à notre disposition,*

s'ils aident à comprendre l'histoire révolu-
tionnaire, serviront même à d'autres objets
L'auteur vient de faire une œuvre plus
utile encore en publiant le tome Ier d'un
Manuel pour l'étude de la persécution religieuse dans les Côtes-du-Nord, *dont le*
tome II est annoncé pour octobre (Rennes,
impr. Oberthür) (1). Il y met à la disposi-
tion de ses jeunes confrères, et de tous les
curieux de l'histoire locale, les leçons de
l'expérience qu'il a péniblement acquise. Le
volume analyse avec exactitude et reproduit
dans leur teneur pour les parties essentielles,
tous les textes législatifs du gouvernement
révolutionnaire; un large choix des docu-
ments locaux permet de se rendre compte,
par des exemples précis et vivants, de la
façon dont ces textes ont été interprétés et
appliqués. L'on pense bien qu'un ouvrage
de ce genre, par ses parties générales et
même, nous n'hésitons pas à le dire, par
ses parties locales, sera consulté avec profit
par bien d'autres que ceux à qui l'auteur le
dédie plus particulièrement.

Il ne semble pas d'ailleurs que ses com-
patriotes aient bien compris tout ce qu'ils
lui doivent et comme il y va de leur intérêt
et de leur honneur de soutenir un homme
dont les travaux sont si utiles et qui maintient si haut le bon renom scientifique de
leur pays.

E.-G. Ledos,

Rédacteur à la *Revue des Questions historiques.*

Extrait du compte rendu
paru dans le **Nouvelliste de Bretagne**
du 17 février 1927.

J'ai déjà parlé plusieurs fois, ici même,
des travaux de M. l'abbé Auguste Lemasson
sur l'histoire ecclésiastique du pays de
Dinan. C'est, en quelque sorte, l'introduction à ces savantes monographies que

---

(1) Ce volume a fait l'objet d'une recension
dans le numéro du 1er avril 1927, p. 482-484, de
la *Revue des Questions Historiques*, sous la
signature de M. Ledos, bibliothécaire à la Nationale.

M. l'abbé Lemasson nous donne aujour-
d'hui, sous le titre : *Manuel pour l'Étude*
de la Persécution religieuse dans les Côtes-
du-Nord.

M. l'abbé Lemasson est un érudit, son
ouvrage suppose un effort considérable et
de patientes recherches. Son livre est un
précieux instrument de travail qui aidera
puissamment tous ceux qui seront tentés
d'écrire sur ce sujet, entre tous passionnant.
M. l'abbé Lemasson n'a pas voulu, à proprement parler, exposer une histoire de la
Persécution religieuse dans les Côtes-du-
Nord, il se contente d'assembler les matériaux, de les classer, de les coordonner, et
cette œuvre, tout objective, se trouve être
plus instructive, plus utile que ne le
seraient de brillantes généralisations.

Le premier volume, le seul qui soit paru,
comprend : les préliminaires de la persécution et l'histoire de cette persécution.
Nous assistons d'abord, au lent et sour-
nois travail qui s'opère vers la fin du
XVIIIe siècle, dans les *Loges maçonniques*
et dans ce que le regretté Auguste Cochin
a appelé « les sociétés de pensée ». Toute la
Révolution est là, en germe, dans les délibérations sorties de ces louches officines que
la royauté eut la faiblesse de tolérer et où
s'assemblait l'élite de la nation. L'abbé Lemasson insiste avec raison sur ce point
qu'avait déjà mis en lumière, il y a
trente ans, M. Gustave Bord. Les extraits
qu'il publie, de même que les doléances des
cahiers dont il reproduit les textes, ne
peuvent pas laisser le moindre doute. A ce
point de vue, la Loge *Union de Rennes* joue
un rôle particulier dans la préparation de la
Révolution : « C'est de nos temples et de
ceux élevés à la saine philosophie, déclare
un des frères, le sieur Corbin de P... que
sont parties les premières étincelles du feu
sacré ».

L'étincelle s'étendit rapidement à toute la
France ; c'est d'elle que sortit la constitution civile du clergé qui devait déchaîner
les passions religieuses et diviser la France
en deux tronçons. La persécution violente
qu'inaugure la loi de déportation du 26 août
1792, est la conséquence nécessaire de l'obligation au serment. Chacune de ces étapes

est jalonnée par les nombreux documents que nous présente M. l'abbé Lemasson.

Chaque chapitre du livre est précédé d'un sommaire, sous lequel sont rangés les lois ou les arrêtés qui ont déterminé et réglementé la mise hors la loi du clergé et des catholiques, ainsi que les tableaux d'ensemble et l'indication des sources. Cette méthode lumineuse permet au lecteur de s'orienter tout seul dans l'immense dédale de l'histoire révolutionnaire.

Son livre répond à un besoin. Aussi, ne doutons-nous pas qu'il prenne place dans toutes les bibliothèques bretonnes.

J. GAHIER.

EXTRAIT DES **Etudes Franciscaines**
DE MAI-JUIN 1927, P. 330-332.

Les journaux et revues catholiques ont loué sans réserves l'*Histoire du pays de Dinan*, du même auteur, dont le deuxième volume est en cours de publication, par fascicules. Les éloges que les écrivains catholiques ont décernés à l'auteur de ce véritable travail de bénédictin, nul doute qu'ils ne les adressent aussi au *Manuel* dont nous sommes heureux de saluer l'apparition. Ce n'est pas l'histoire proprement dite de la persécution révolutionnaire dans le département, elle viendra plus tard ; c'est un recueil complet de documents puisés aux sources originales. Ce caractère de rigoureuse objectivité s'explique et se justifie par ce fait que l'ouvrage s'adresse non seulement au public, mais au tribunal ecclésiastique chargé d'instruire la cause des prêtres victimes de la Révolution, et aux témoins qui seront appelés à déposer dans cette cause, et qui trouveront dans ce Manuel les *références* devant leur servir de fil conducteur dans leurs recherches. Avec l'auteur nous caressons l'espoir de voir un jour s'ouvrir le procès de béatification d'un certain nombre de Confesseurs de la Foi de toute la Bretagne ; l'exemple d'une autre province ecclésiastique ne peut que nous encourager à souhaiter le même honneur pour la nôtre. L'abbé Lemasson a déjà publié sur ce sujet et dans ce but deux volumes bourrés de faits. Son exemple a été suivi dans les autres diocèses de la Province. Des travaux d'approche, commencés depuis plusieurs années, se poursuivent, se complètent tous les jours, et tous les travailleurs connus et ignorés, qui ont au cœur l'amour de l'ancien Clergé breton si vaillant dans la persécution et dans l'épreuve, sauront gré à l'abbé Lemasson de leur avoir mis entre les mains un aussi précieux instrument de travail que son Manuel.

Mais hâtons-nous de le dire : ce Manuel d'une utilité de premier ordre pour les chercheurs du pays breton, intéresse également, quoiqu'à un moindre degré, les travailleurs des autres provinces. Les lois et les décrets des Assemblées de la Révolution s'étendaient, il est vrai, à tout le territoire de « la République française, une et indivisible », mais ce n'est qu'en étudiant à fond les archives locales que l'on peut arriver à constater comment ces règles générales ont été appliquées, ou parfois éludées. L'application n'a pas été partout la même, ici elle a été plus rigoureuse, plus sanglante, là plus adoucie, plus humaine. Pour le constater, il faut renoncer aux généralités vagues et tendancieuses, et s'adonner au pénible mais fructueux travail de recherches dans les archives, qui révèle au chercheur averti de l'inédit, de l'inconnu là où il ne s'attendait pas à le rencontrer. « Un document d'archives, dit Brunetière, est un document qui, de quelque nature qu'il soit, n'a pas été rédigé pour servir à l'histoire. Ce qui le caractérise essentiellement, on pourrait presque dire que c'est son insignifiance intrinsèque ; ce qui en fait le prix, c'est ce que ceux qui le rédigeaient n'ont pas eu conscience d'y mettre ; ce qui en fonde l'autorité, c'est ce que l'on y trouve des renseignements étrangers à l'objet de sa rédaction. » Ce que l'illustre Académicien dit de l'histoire en général, trouve son application dans l'étude si passionnante et en même temps si nécessaire de la Révolution. Mais pour aborder les innombrables documents de cette époque un guide est nécessaire, il faut un conducteur pour se retrouver dans le dédale des lois, décrets et arrêtés dont la connaissance est cependant indispensable pour connaître quelque chose à la marche de la persécution de 1790 à 1800. C'est dans ce but que l'auteur nous offre son *Manuel*...

P. ARMEL D'ETEL.

COMPTE RENDU DE
M. LE CHANOINE MOISAN, PARU DANS LA
Semaine Religieuse
du diocèse de Vannes DU 23 AVRIL 1927.

La *Semaine religieuse* aime à signaler les ouvrages qui paraissent sur la Bretagne et sont de nature à intéresser ses lecteurs.

Plusieurs fois déjà, elle a parlé des œuvres de M. l'abbé Lemasson, du diocèse de Saint-Brieuc; elle tient aujourd'hui à recommander le dernier livre qu'il a publié; il est intitulé : « *Manuel pour l'étude de la persécution religieuse dans les Côtes-du-Nord* ».

Ce manuel constitue un excellent instrument de travail pour ceux qui tenteraient les passionnantes études révolutionnaires. L'auteur avoue qu'à ses débuts il s'est heurté à de grosses difficultés, à cause de son éloignement des bibliothèques et de l'impossibilité de se procurer ces milliers de lois, décrets et circulaires qui déchaînèrent la persécution de 1790 à 1800. M. Lemasson a voulu éviter pareils ennuis à ses jeunes confrères.

Dans ce manuel, il n'y a pas seulement des textes juridiques; à côté de la loi, il y a l'exemple qui illustre et éclaire; à la suite de chaque prescription nouvelle, des documents originaux exposent les principaux événements qui résultèrent de leur application.

Les faits que cite l'auteur regardent évidemment surtout les Côtes-du-Nord; toutefois beaucoup de pages, en particulier celles qui décrivent les *étapes de la déportation*, intéressent aussi les autres diocèses bretons. Il y a dans ce chapitre des *lettres de prêtres* exprimant la mentalité de nos confrères, les souffrances de toute nature qui les torturaient, leur amour de la France et le désir immense de la revoir; on y trouvera aussi les *listes des prêtres exilés à Jersey et en Angleterre*, les plus complètes que l'on connaisse, et on sait que la majeure partie de nos confrères fuyant les rigueurs de la tyrannie révolutionnaire ont abordé aux rives anglaises.

CHANOINE MOISAN.
Secrétaire général de l'Evêché de Vannes.

EXTRAIT DU **Polybiblion**,
Nº JUILLET-AOÛT 1927, P. 44.

M. l'abbé Lemasson, sous le titre collectif : *Les Paroisses et le Clergé du diocèse actuel de Saint-Brieuc*, a déjà publié sept fascicules d'une *Histoire du pays de Dinan*, mine inépuisable de renseignements sur les tribulations de ses prêtres durant la Révolution. Dans la même collection, il fait paraître le présent *Manuel*. Cet ouvrage a un double objet : recueil de documents d'ordre local, il enrichit l'abondante moisson que l'auteur, depuis plusieurs années, met avec une ardeur inlassable, à la disposition des historiens; c'est d'autre part un memento des textes qui concernent toute la France. *Son intérêt dépasse donc le cadre départemental et provincial.* Clair et pratique, abondant en citations caractéristiques, il met sous la main l'essentiel des dispositions législatives et gouvernementales qui ont marqué le progrès de la persécution révolutionnaire. L'indication de ses principales rubriques en fera comprendre la valeur : I. Préparation de la persécution : suppression des ordres religieux, spoliation de la propriété ecclésiastique, constitution civile du clergé... II. Persécution violente : première loi de déportation, régime de la Terreur... III. La persécution s'étend au clergé assermenté. IV. Tentative de pacification de 1795. Sous chacun de ces titres sont groupés *les documents généraux suivis des textes qui concernent particulièrement l'application des lois dans les Côtes-du-Nord*. L'auteur y ajoute quelques gloses succinctes mais qui dénotent une connaissance profonde du sujet. Les débutants auront tout profit à suivre ce guide prudent et expérimenté.

B.-A. POCQUET DU HAUT-JUSSÉ.

EXTRAIT DES **Annales de Bretagne**,
TOME XXXVIII, Nº 1.

Cette publication de documents faite avec grand soin, rendra les plus utiles services aux travailleurs qui étudient l'histoire religieuse de la Révolution. M. Lemasson publie, non seulement les arrêtés des administrations révolutionnaires, mais des listes de prêtres détenus ou déportés, des lettres particulières aussi, qui donnent des indications intéressantes sur l'état d'esprit du Clergé. La plupart de ces documents sont tirés des Archives départementales des Côtes-du-Nord, mais l'auteur n'a négligé aucune des autres sources d'informations. On peut regretter que trop de modestie l'ait empêché de mettre en œuvre dans une introduction les documents qu'il a recueillis avec tant de diligence.

Notons d'ailleurs qu'il ne garde pas l'attitude d'un éditeur de texte impassible. Si dans son chapitre II, il donne la liste des loges maçonniques des Côtes-du-Nord et de leurs membres, s'il marque d'un astérisque les signataires du cahier de Dinan, qui étaient maçons (29 sur 52), c'est qu'il croit pouvoir attribuer aux « Sociétés de pensée », la responsabilité de la Constitution civile et des persécutions contre les insermentés.

Ne nous en plaignons pas puisqu'il nous apporte ainsi des renseignements intéressants ; mais remarquons que l'influence de la franc-maçonnerie sur l'éclosion de la Révolution et sur la politique religieuse des assemblées révolutionnaires n'est encore nullement démontrée, en dépit de l'ouvrage d'Augustin Cochin, récemment publié.

Dans les autres chapitres, l'auteur marque aussi sa conviction que les Assemblées révolutionnaires ont longuement poursuivi le dessein de déchristianiser le pays pour faire triompher le « rationalisme ». Il ne tient pas compte des circonstances et notamment des dangers extérieurs et intérieurs, qui ont amené la Convention à prendre des mesures qu'elle considérait comme nécessaires au « Salut public », mais qu'il peut, à bon droit d'ailleurs, réprouver comme *inhumaines.*

Ces observations n'enlèvent rien d'ailleurs à la valeur d'un travail, à tous égards, utile et méritoire.

HENRI SÉE,
Professeur honoraire
à la Faculté des Lettres de Rennes.

EXTRAIT DE LA **Revue historique de droit français et étranger,**
NUMÉRO DE DÉCEMBRE 1927.

Parmi les meilleurs travaux consacrés à l'histoire religieuse de la Révolution, il y aura lieu de faire place au *Manuel pour l'étude de la persécution religieuse dans les Côtes-du-Nord*, publié par l'abbé Lemasson. Ce Manuel comprendra deux volumes, dont le premier, seul paru actuellement, s'applique aux années 1789-1795. C'est un ouvrage d'*intérêt capital* au point de vue régional. Mais son intérêt est loin de se limiter au seul département directement envisagé et il sera au contraire consulté avec fruit par tous ceux qui s'occupent de l'histoire religieuse de la Révolution.

L'abbé Lemasson n'a pas voulu écrire une histoire, au sens propre du mot. Son ouvrage se présente avant tout comme un recueil de textes méthodiquement classés. La plupart de ces textes sont inédits. Ils proviennent des Archives départementales des Côtes-du-Nord, et aussi des Archives communales des diverses communes du Département. Ces inédits viennent vivifier et éclairer les textes législatifs reproduits dans leurs parties essentielles. L'auteur s'efface devant les documents. Il les laisse de préférence parler à sa place, estimant à juste titre qu'ils étaient suffisamment éloquents par eux-mêmes pour qu'il puisse se montrer sobre d'appréciations personnelles.

[Suit l'analyse détaillée des cinq livres qui composent le volume recensé. Nous ne la reproduirons pas ici.]

L'auteur achève par ces lignes : Il peut être intéressant de noter que le *Manuel* dont il vient d'être rendu compte, se présente comme devant servir à la fois d'introduction et de complément à une vaste enquête, entreprise par l'abbé Lemasson sur les paroisses et le clergé du diocèse de Saint-Brieuc de 1789 à 1815. Deux volumes ont déjà paru, consacrés au pays de Dinan. Bien que d'intérêt plus spécial que le *Manuel*, ils constituent eux aussi une *solide contribution* à l'histoire religieuse de la Révolution.

E. DURTELLE DE SAINT-SAUVEUR,

Professeur agrégé
à la Faculté de Droit de Rennes.

EXTRAIT DE LA **Bretagne Touristique**,
DU 15 FÉVRIER 1927, P. 40.

Sous ce titre, l'infatigable historien du *Pays de Dinan*, présente un recueil méthodique de textes et de documents relatifs à la persécution révolutionnaire, en même temps qu'un répertoire très complet des sources à consulter. Ce premier volume, qui va de 1789 à 1795, contient les vœux des *cahiers de doléances*, relatifs à la réforme de l'Eglise, et des indications très curieuses sur la *franc-maçonnerie dans les Côtes-du-Nord* à la fin du XVIII° siècle, notamment plusieurs « planches à tracer » des loges briochines. Il reproduit toutes les lois et décrets des Assemblées Nationales et tous les arrêtés de l'Administration départementale et des Représentants en mission, concernant la suppression des ordres religieux, l'établissement de l'Eglise constitutionnelle, le remplacement et la déportation des réfractaires, la suppression du culte public et la déchristianisation systématique, l'incarcération des constitutionnels et enfin le rétablissement de la liberté du culte après le 9 thermidor.

La législation révolutionnaire, très abondante en matière cultuelle et difficilement accessible dans son intégrité, même pour des spécialistes, à cause de sa dispersion dans un grand nombre de recueils, est pour la première fois groupée et mise à la portée du public et son intelligence est facilitée par les applications et les exemples judicieusement choisis et empruntés par l'auteur, aux pièces originales, la plupart inédites. C'est dire l'*importance* de cette contribution à l'histoire de la Révolution. *Indispensable* comme guide à tous les amateurs d'histoire locale, à qui elle évitera de longs et pénibles tâtonnements, elle est appelée aussi à rendre de *grands services* à tous les travailleurs.

H. P.

SUPPLÉMENT AU PREMIER VOLUME, LIVRE Vᵉ

Les premiers symptômes de l'apaisement.

I. — Invitation adressée de Vannes, le 12 nivôse an III (1ᵉʳ janvier 1795), par les représentants Guezno, Guermeur et Brue, *aux prêtres réfractaires demeurés cachés, à se constituer bénévolement prisonniers, afin d'assurer leur sécurité.*

(Arch. C.-du-N., Lᵐ 5, 82.)

« Les grands principes d'humanité et de justice que la Convention Nationale a irrévocablement consacrés présagent le terme de nos maux et la consolidation du bonheur public. L'amnistie solennelle qu'elle vient de prononcer offre aux Français égarés et même coupables, l'oubli de leurs erreurs et le pardon de leurs crimes ; en les rappellant au sein de la patrie, en les rendant à la liberté, elle n'a d'autre but que de les réunir à leurs frères pour qu'ils ne s'en séparent jamais. Ces heureux effets de la journée du 9 Thermidor se développent chaque jour dans toute la République.

» Le Décret d'amnistie n'est pas la seule preuve de la générosité et de la bienveillance nationale. Elles brillent encore dans le décret qui suspend les mises hors de la loi ; dans celui qui permet de *se représenter*, aux citoyens qui ont été forcés de se cacher à raison de leurs opinions politiques ; dans celui qui ordonne l'élargissement des citoyens dont l'arrestation a eu les mêmes causes ; dans celui enfin qui a ordonné la révision de toutes les lois de sang.

» Ainsi tous les Français qui ont des faiblesses, des erreurs, ou même des crimes à se reprocher, peuvent se jeter avec confiance dans le sein de la Représentation Nationale. Elle les invite, elle les presse, elle leur tend les bras ; qu'ils viennent donc répondre à ses tendres sollicitations. Qu'ils viennent avec la même générosité, abjurer leurs erreurs, avouer leurs fautes, reconnoître leurs crimes et en obtenir le pardon.

» *Si les Lois concernant les Prêtres insermentés n'ont pas été explicitement rapportées par les Décrets ci-dessus analysés,* nous pensons qu'ils ont, comme tant d'autres individus longtems sourds à la voix de la Patrie, des droits à sa clémence et à sa générosité. Plusieurs de ceux qui ont été pris dans ces Départemens ont été sur le champ transférés de la prison à la maison d'arrêt. Nous rassurons, sur les craintes qu'on

leur avoit fait naître, ceux qui viendroient suivre l'exemple des premiers.
Les invitations les plus pressantes sont adressées à ceux qui douteroient
encore de la réalité des promesses de la Convention Nationale.

» *Que les Prêtres insermentés*, nous le répétons, *s'empressent donc de
se constituer eux-mêmes en état d'arrestation, en déclarant qu'ils veulent
profiter de l'amnistie donnée par la Convention Nationale, et attendre
avec confiance le résultat de ses Décrets.* Elle s'occupe d'eux en ce
moment de douceur et de clémence, et l'on peut juger de ses détermi-
nations à leur égard, par ce qu'elle a fait pour tant d'autres individus
mis hors la loi, ou sujets à la déportation. »

II. — Arrêté des mêmes.
(Arch. C.-du-N., L^m 5, 83.)

Le 29 pluviôse an III (17 février 1795), en conformité avec la loi du
29 nivôse précédent, Guezno et Guermeur, ordonnent de mettre en liberté...
ART. 2. — Les personnes condamnées pour cause de *recèlement des
prêtres*, de propos inciviques, de suspicion vaguement alléguée, *de défaut
de prestation de serment par les ci-devant religieuses* et autres cas semblables, en exceptant seulement et avec soin, ceux dont les condamnations
sont causées, soit pour fait de royalisme, soit pour délits ordinaires, en
conformité d'une autre loi du même jour 29 nivôse, n° 695.

III. — Arrêté des mêmes.
(Arch. C.-du-N., L^m 5, 85.)

Le 6 ventôse an III (24 février 1795), Guezno et Guermeur, ordonnent
par leur arrêté pris ce jour, art. 2, « *la libération des ministres du culte* »,
qui, quoiqu'ayant prêté le serment, ont été remis en arrestation, soit
pour n'avoir pas remis leurs lettres de prêtrise, soit pour n'avoir pas, en
les remettant, abdiqué leurs fonctions, soit pour n'avoir pas voulu se
marier, suivant ce qui résulte de notre arrêté du 24 nivôse.
ART. 3. — La libération des ci-devant religieuses et autres filles ou
femmes qui vivaient conventuellement ou en congrégation, sous quelque
dénomination que ce soit. (Cf. *Manuel*, I, op. cit., n° 166.)

IV. — Les représentants Guezno et Guermeur, arrêtent a Quimper, le 8 ventôse an III (26 février 1795), *de faire payer la pension en retard des prêtres assermentés et même celle des religieuses insermentées qui n'ont pas donné de preuve d'incivisme.*
(Arch. C.-du-N., L^m 5, 85.)

Sur plusieurs réclamations parvenues, de la part des *ci-devant ministres
du culte assermentés*, mis en liberté, qui allèguent n'avoir pas reçu pendant leur détention, les quarante sous par jour que la loi leur accordoit,
ni depuis leur mise en liberté, la pension ou traitement que la loi leur
accorde également ;
Vu au même sujet, différentes pétitions présentées par des ci-devant
religieuses, qui ayant été, ou même qui n'ayant pas été en détention,
se plaignent de ce que les pensions et secours qui leur sont accordés,
par les lois, ne leur sont pas payés, et cela, parce qu'elles ne produisent

point des certificats de civisme, qu'on leur refuse, soit parce qu'elles n'ont pas prêté le serment civique, soit parce qu'elles ne se sont pas montrées, d'une manière affirmative, partisantes de la révolution :

Considérant, à cet égard, que les détenus de l'un ou de l'autre sexe, qui n'ont pas reçu pendant le tems de leur détention, le secours journalier qui leur étoit atribué, n'ont pu vivre que par leur crédit personnel, et que si, pour ce même tems de leur détention, le payement de leur traitement est suspendu, il est juste de les rappeller à toucher les arrérages de cette rétribution journalière, si leur situation est telle que les administrations de districts croyent devoir en ordonner le payement ;

Que relativement aux certificats de civisme à présenter par les ci-devant religieuses, il seroit sans doute à désirer que, toutes, elles eussent imité le bon exemple des ci-devant Ursulines de Quimper, de Pont Croix, et de quelques autres, qui ont été assez pénétrées de leurs devoirs pour se soumettre à tout ce que la volonté nationale leur a prescrit, mais que cependant il peut suffire en général à des femmes et filles, non appellées à exercer des fonctions publiques, et notamment à celles qui s'étoient consacrées à une vie retirée, de n'avoir jamais rien dit, ou écrit, ou fait contre la révolution, pour qu'on puisse se livrer à attester, sinon qu'elles ont donné des preuves de civisme, du moins qu'elles n'en n'ont pas donné d'incivisme.

Considérant que, s'il en étoit autrement, les lois qui leur accordent des pensions et secours seroient illusoires, ce qui n'a point pu être dans l'intention de la Convention nationale, qui lorsqu'elles ont été rendues, n'ignoroit point que la plupart de ces ci-devant religieuses, étoient sujettes à reproche, par le moyen du quel on voudroit les priver de ces mêmes pensions et secours ;

Vu enfin des pétitions, dont les conclusions tenderoient à ce que les pensions, traitemens ou secours, dont est cas, fussent payés par mois, et d'avance ; arrêtent ce qui suit :

ARTICLE PREMIER. — Les pensionnés des deux sexes, à raison des places, fonctions ou bénéfices ecclésiastiques supprimés, qui, pendant le temps de leur détention, n'ont pas reçu la rétribution de quarante sous par jour, qui leur étoit accordée pour être nourris aux dépens de la République, et qui dès lors, auront pourvu, soit par leurs propres facultés, soit par des emprunts, aux frais de cette nourriture, sont autorisés à se présenter aux receveurs de leurs districts respectifs, pour réclamer le payement de ladite rétribution, pour tout le tems qu'aura duré leur détention, ou en tout cas pour tout le tems, pour lequel il sera vérifié qu'elles ne l'ont pas reçue.

ART. 2. — Les mandats seront délivrés, par les Directoires de districts, sur des certificats signés de celui qui étoit chargé du payement des quarante sous par jour, aux détenus dans les maisons d'arrêt.

ART. 3. — Ceux d'entre les personnes désignées par l'art. 1er, ci dessus, qui n'ont pas été mis en arrestation, et qui néanmoins n'ont pas reçu les traitemens, pensions et secours accordés par les lois du 2 frimaire et du deuxième jour des sansculottides de la même année, en seront payés pour tout le tems échu ou à échoir, et ce, sur les mandats à délivrer dans les formes ordinaires.

ART. 4. — Pour faire cesser les difficultés que l'on fait aux personnes du sexe féminin, qui ont droit aux pensions, dites ecclésiastiques, il suffira qu'il soit certifié qu'elles n'ont donné aucune preuve d'incivisme, a déduire, soit de leurs propos, soit de leurs écrits, soit de leurs actions.

ART. 5. — Ces certificats seront délivrés par ceux chargés de la délivrance des certificats de civisme.

ART. 6. — Ils seront strictement refusés à celles, dont la conduite sera reconnue avoir été opposée à la loi.

ART. 7. — Les ci-devant ministres du culte, seront toujours régulièrement tenus à conster affirmativement de leur civisme et patriotisme.

ART. 8. — *Les dispositions du présent arrêté, ne sont applicables, et ne seront en aucun cas censées pouvoir être appliquées aux individus connus sous la dénomination de prêtres réfractaires ou insermentés.*

ÉTAT ARRÊTÉ LE 2 AVRIL 1795, DES PRÊTRES INFIRMES OU SEXAGÉNAIRES DÉTENUS EN LA CI-DEVANT MAISON DES CARMÉLITES A GUINGAMP *et mis en liberté, en exécution de l'arrêté des représentants du peuple Guermeur et Guezno, du 6 germinal an III (25 mars 1795) (1).*

(Arch. C.-du-N., L^m 5, 70.)

1. Jean-Baptiste Garnier, âgé de 64 ans, natif de la commune d'Allineuc, district de Loudéac, déclare se soumettre aux lois de la République et vouloir se retirer à Allineuc.

2. René Abgral, âgé de 71 ans, natif de Lamballe, déclare vouloir s'y retirer.

3. Yves Duval, âgé de 65 ans, natif de Gommenec'h, district de Pontrieux, déclare se retirer à Gommenec'h. (Recteur du Faouët, C.-du-N.)

4. Jean-Louis Trécherel, âgé de 70 ans, natif d'Yffiniac, déclare vouloir s'y retirer. (Recteur d'Yffiniac.)

5. Paul Boutier, âgé de 57 ans, natif de Quintin, déclare vouloir se retirer à Port-Brieuc. (Chanoine de Quintin.)

6. Louis-Julien Le Valois, âgé de 66 ans, natif de Calorguen, déclare se retirer à Corseul. (Vicaire chapelain à Nazareth.)

7. Pierre-Laurent Duros, 57 ans, natif de Port-Brieuc, déclare s'y vouloir retirer. (Ex-chanoine de Saint-Brieuc.)

8. Jean Bourel, 62 ans, natif de Port-Brieuc, déclare s'y vouloir retirer. (Ex-chanoine de Saint-Brieuc.)

9. Amaury-Jean Le Covec, 68 ans, natif et prêtre du Bodeo, déclare vouloir se retirer à Port-Brieuc. (Prêtre du Bodeo.)

10. Jean Le Corguillé, 30 ans, natif d'Hillion (Prêtre de Pommeret), déclare se retirer à Pommeret.

11. Guy Lymon, 70 ans, natif de Quintin, déclare s'y retirer. (Chanoine de Quintin.)

---

(1) Cf. au t. II, p. 315-321 des *Actes des Prêtres insermentés du diocèse de Saint-Brieuc*, publiés en 1920, par l'abbé Lemasson, la liste des prêtres détenus à Guingamp, avec l'indication de leurs fonctions. Nous avons ajouté à l'état publié ci-dessus les mots entre parenthèses.

12. Etienne Coudray, 51 ans, natif de Port-Brieuc, déclare s'y retirer.
13. François Gautier, 60 ans, natif de Port-Brieuc, déclare s'y retirer.
    (Chanoine de Saint-Guillaume.)
14. Hervé Lymon, 68 ans, natif et prêtre de Quintin, déclare s'y retirer.
15. François-Toussaint Gallais, 66 ans (recteur de Plélan-le-Petit), natif
    de la Baussaine (I.-et-V.), déclare s'y retirer.
16. Jacques Garnesson, 52 ans, natif de Port-Brieuc, déclare s'y retirer.
    (Chanoine de Saint-Guillaume.)
17. Louis-René Georgelin, 69 ans, recteur de Pleudihen, natif de Port-
    Brieuc, déclare se retirer à Ploufragan.
18. Pierre Josse, 60 ans, natif et vicaire de Jugon, déclare se retirer
    à Lamballe.
19. Léonard-Laurent Hillion, 46 ans, natif de Rennes, déclare s'y
    retirer.
20. François Orieux, 57 ans, natif de Tramain, déclare se retirer à Saint-
    Denoual (dont il était recteur).
21. Paul-Gédéon Rabec, 58 ans, prêtre à Megrit, natif de Cerisy
    (Manche), déclare se retirer à Megrit.
22. Vincent Le Bronec, 65 ans, natif de Laniscat, déclare s'y retirer.
23. Jean Ollivier, 63 ans, natif de Plougonver, déclare se retirer à
    Grâces-Guingamp.
24. Jean Richard, 67 ans, natif et prêtre de Broons, déclare s'y retirer.
25. Noël Baudremont, âgé de 75 ans, recteur de Plounévez-Quintin, natif
    de Corlay, déclare se retirer à Plounévez-Quintin.
26. Louis-Guillaume du Foü, 69 ans, natif de Cleguerec (Morbihan),
    déclare se retirer à Plelo. (Chanoine de Dol.)
27. Noël Chapel, 65 ans, natif et prêtre de Plemet, déclare s'y retirer.
28. Yves Quilgars, 72 ans, natif de Paimpol, déclare s'y retirer. (Prieur
    de la Chartreuse d'Auray.)
29. Julien-François Gouzin, âgé de 72 ans, natif et prêtre d'Uzel, déclare
    s'y retirer.
30. Jean Le Bigot, 62 ans, natif de Port-Brieuc, recteur de Noyal,
    déclare se retirer à Noyal-sous-Lamballe.
31. François-Jérôme de La Noüë, 68 ans, natif de Quessoy, déclare s'y
    retirer. (Chanoine de Saint-Brieuc.)
32. Jacques Floch-Moing, 47 ans, natif et prêtre de Plelo, déclare se
    retirer à Port-Brieuc.
33. Claude Philippe, 65 ans, natif et vicaire de Senven-Lehart, déclare
    s'y retirer.
34. Yves Pasturel, 67 ans, natif de Pordic, déclare s'y retirer. (Capucin.)
35. Joseph-Marie Le Veneur, âgé de 45 ans, natif de Plessala, se
    retire à Hénon. (M. Le Veneur de la Ville-Chapron.)
36. Guillaume Le Méhauté, 47 ans, natif du Leslay, déclare s'y retirer.
    (Capucin.)
37. Michel-Louis Manoir, 39 ans, natif de Port-Brieuc, déclare s'y
    retirer. (Secrétaire de l'évêque.)

38. Jean Le Montréer, 62 ans, natif de Kermaria-Sulard, se retire à
    Plouzelambre (dont il était recteur).
39. Mathurin Perrot, 71 ans, natif et prêtre de Dinan, déclare s'y
    retirer.
40. Joseph Lefebvre, 54 ans, natif de Quintin, déclare s'y retirer. (Chanoine de Quintin.)
41. Henry Meyniel, 68 ans, natif de Gourin (Morbihan), se retire à
    Carnoët (où il était recteur).
42. J.-B. Joseph Le Boulanger, 75 ans, natif et prêtre de Port-Brieuc,
    déclare s'y retirer.
43. Michel Le Mée, 76 ans, natif de Saint-Brieuc, déclare s'y retirer.
    (Chanoine de Saint-Guillaume.)
44. Etienne-Pierre Barat, 64 ans, natif de Tours, se retire à Port-Brieuc.
    (Ex-prieur de Lantenac.)
45. Jean Bellouard, 69 ans, natif de Paimpont, se retire à Lanrelas
    (où il était recteur).
46. François Quénéau-Dessaince, 45 ans, natif de Ploërmel, déclare s'y
    retirer. (Cf. présent volume, p. 75.)
47. Michel-Christophe Ruffelet, 70 ans, natif de Port-Brieuc, déclare
    s'y retirer. (Auteur des *Annales Briochines.*)
48. Louis-Armand Minet, 65 ans, natif de Pléven, déclare s'y retirer.
    (Recteur de Plédéliac.)
49. Pierre Boscher, 73 ans, natif de Plémy, déclare s'y retirer.
50. Noël-Joseph Rabeil, 77 ans, natif de Plémy, se retire à Allineuc
    (dont il était recteur).
51. Charles Gallais, 75 ans, natif et prêtre d'Evran, déclare s'y retirer.
52. Etienne-Jean Le Franc, 69 ans, natif et prêtre d'Evran, déclare s'y
    retirer.
53. Jean Le Clerc, 45 ans, natif de Loudéac, déclare s'y retirer.
54. Joseph Le Hérissé, 69 ans, natif de Hénon, se retire à Quessoy.
    (Capucin.)
55. J.-B. Le Loarer, 47 ans, natif de Tréguier, déclare s'y retirer.
56. Louis-Pierre Corlay, 65 ans, natif de Port-Brieuc, déclare s'y retirer.
57. Yves Le Moing, 58 ans, natif de Maël-Pestivien, déclare se retirer
    à Pommerit-Quintin (dont il était recteur).
58. François Fouezou, 73 ans, natif de Plounez, déclare s'y retirer.
59. Cyprien Jeglot, 73 ans, natif de Loudéac, déclare s'y retirer.
60. Yves Le Marec, 64 ans, natif de Saint-Michel-en-Grève, déclare se
    retirer à Pléhédel. (Ex-frère chartreux d'Auray.)
61. Jean-Louis Le Pesant, 47 ans, natif de Port-Brieuc, déclare s'y
    retirer. (Chanoine de Saint-Guillaume.)
62. Yves-Jean-Marie Kerguenec'h, 74 ans, natif de Tréguier, déclare s'y
    retirer. (Ex-chanoine.)
63. Jean Le Breton, 72 ans, natif de Saint-Ouan, district du Mans, se
    retire à Port-Brieuc. (Frère lazariste du Séminaire de Saint-Brieuc.)

64. J.-B. Paradis, 61 ans, natif de Paris, se retire à Erquy. (Ex-mission-
naire.)
65. Jacques Méaugé, 61 ans, natif de Port-Brieuc, déclare s'y retirer.
(Ex-récollet de Tréguier.)
66. Pierre Bidan, 66 ans, natif du Fœil, près Quintin, déclare s'y retirer.
67. Nicolas Corbel, 56 ans, natif de Plélo, déclare s'y retirer.
68. Jean-Gabriel de Robien, 74 ans, natif de Glomel, se retire à Port-
Brieuc.
69. René-Yves Fercoq, 53 ans, natif de Plougonver, se retire à Plouaret.
70. Pierre-Julien Botrel, 49 ans, natif de Pommeret, se retire à Plerneuf (dont il était recteur).
71. Pierre Bertrand, 60 ans, natif de Hénon, déclare s'y retirer.
72. Pierre Rochard, 60 ans, natif du Gouray, déclare se retirer à Trebry
(dont il était recteur).
73. Jean Connan, 70 ans, natif de Pludual, se retire à Pléhédel.
74. Louis Naut, 62 ans, natif et prêtre de Pleurtuit. déclare s'y retirer.
75. Louis Saudrais, 31 ans, natif de Pordic, déclare s'y retirer. (Convers
capucin.)
76. François Huguet, 75 ans, natif et prêtre de Sévignac, déclare s'y
retirer.
77. Julien Fourchon, 63 ans, natif de Bréhand-Moncontour, déclare s'y
retirer.
78. J.-B. Le Gentil-Rosmorduc, 78 ans, natif de Loctudy, se retire à
Lannion. (Capucin.)
79. Jacques Grangiens, 78 ans, natif de Lanfains, se retire à Port-
Brieuc. (Chanoine de Quintin.)
80. François Méheut, 75 ans, natif de Morieux, se retire à Port-Brieuc.
(Dominicain.)
81. Jean-Mathurin Person, 66 ans, natif de Moncontour, se retire au
Légué-Plérin (Capucin.)
82. Jean-Mathurin Cosson, 68 ans, natif de Moncontour, déclare s'y
retirer. (Ex-recteur de Saint-Michel-de-Moncontour.)
83. Ollivier Grenard, 92 ans, natif de Tréguier, se retire à Camlez
(dont il était recteur.)
84. Charles Morvan, 63 ans, natif de Saint-Martin-des-Prés, déclare s'y
retirer. (Recteur de Rospez.)
85. Mathieu Godicheau, 70 ans (capucin), natif de Fontenay-le-Peuple,
déclare se retirer au Faoüet (C.-du-N.)
86. Pierre-François Quérou, 71 ans, natif de Plounevez, se retire à Plesidy (dont il était recteur).
87. Jean-Pierre Touroux, 61 ans, natif et prêtre d'Etables, déclare s'y
retirer.
88. François Coquart, 73 ans, natif de Guingamp, déclare s'y retirer.
89. Joseph Malet, 56 ans, natif du Quillio, déclare s'y retirer. (Capucin.)
90. Mathieu Jean, natif de Plouisy, se retire à Guingamp.

Arrête de leur délivrer des lettres de passe. Ce jour 13 germinal
3ᵉ année de la République.　　　　　　Signé : *Vistorte* ∴

LIVRE CINQUIÈME

DE LA PERSÉCUTION JACOBINE

SOUS LE RÉGIME DU DIRECTOIRE EXÉCUTIF

Mgr Gabriel CORTOIS DE PRESSIGNY, dernier évêque de Saint-Malo (1786-1801).
Né à Dijon en 1745; décédé en 1823 archevêque de Besançon.

(D'après la lithographie de Chalandre, Ingres *pinxit*, conservée au Musée
de Besançon.)

Hôtel Picot-Chappedelaine, situé naguère rue aux Chèvres, qui sept mois durant
servit de prison aux prêtres réfractaires en 1796.

CHAPITRE PREMIER

Reprise aiguë de la Persécution religieuse dans les C.-du-N., malgré les efforts des autorités du département [1].

I. — Les hésitations à reprendre la persécution.

SOMMAIRE. — (206) Déjà la loi du 20 fructidor an III (cf. texte
in *Manuel*, I, p. 336), rappelait l'exécution des lois de proscription contre
le Clergé, la loi du 3 brumaire an IV (25 octobre 1795), rendue par la
Convention expirante, remit immédiatement en vigueur contre les prêtres
réfractaires toutes les lois de sang édictées en 1793 et 1794, et le
3 décembre 1795, le Directoire Exécutif déroulait son programme à leur
égard dans une circulaire fameuse dont voici quelques extraits : « Déjouez
leurs perfides projets. Par une surveillance active, continuelle, infati-

____

(1) Pour l'étude de toute la période directoriale, il est indispensable, à cause
des multiples références qui s'y trouvent accumulées, d'avoir sous les yeux la
thèse de doctorat de M. l'abbé Pommeret : *L'Esprit public dans le département
des Côtes-du-Nord pendant la Révolution*, in-8°, Saint-Brieuc, 1921, ouvrage
épuisé et difficile à se procurer. Lire aussi sur la même époque le volume de
Laharpe : *Du Fanatisme dans la langue révolutionnaire* ou de la persécution
suscitée par les Barbares du XVIIIe siècle contre la religion chrétienne et ses
ministres, in-8° de 168 p., Paris, 1796.

gable, rompez leurs mesures. Entravez leurs mouvements, désolez leur patience ; enveloppez-les de votre surveillance ; qu'elle les inquiète le jour, qu'elle les trouble la nuit. Ne leur donnez pas un moment de relâche. Que sans vous voir, ils vous sentent partout à chaque instant... *Faites exécuter les lois sévères* mais nécessaires qui compriment les mauvais prêtres... et que la loi qui comprime, qui frappe ou qui déporte les réfractaires, reçoive une prompte et entière exécution (1) ». — (207) Le vent cependant soufflait à l'apaisement aussi bien parmi les autorités, que parmi le peuple briochin, aussi les premières suspendirent-elles l'application de la loi en faveur des prêtres réfractaires qui avaient accepté les termes de la loi du 7 vendémiaire précédent (cf. *Manuel*, t. I, p. 337). Quant aux catholiques briochins, ils envoyèrent une adresse revêtue de 1700 signatures le 1er janvier 1796 tant aux Cinq-Cents qu'aux Anciens, afin d'obtenir le libre exercice de leur culte. — (208) Pour toute réponse, le Directoire Exécutif fit parvenir le 13 janvier suivant une instruction aux autorités constituées pour presser l'exécution de ses mesures sanguinaires contre le Clergé. — (209) D'autre part, aux observations présentées les 30 brumaire, 12 frimaire et 13 nivôse an IV, par les administrateurs des C.-du-N., le ministre de l'Intérieur chargé de faire appliquer la loi, répondait les 24 frimaire, 21 nivôse et 11 pluviôse an II, en s'en référant strictement au texte de celle-ci. — (210) Aussi, après trois mois passés en atermoiements, les autorités du département se décidèrent-elles enfin le 2 février 1796 à faire préparer un local pour incarcérer les malheureux prêtres réfractaires. On choisit l'hôtel de l'émigré Picot-Chappedelaine, situé rue aux Chèvres et on avisa le ministre de l'Intérieur des mesures prises pour assurer l'exécution de la loi. — (210 *bis*) Un prêtre réfractaire raconte les dangers, auxquels dès lors il fut exposé. — (211) Le 6 de ce même mois, Guimard et Vesuty rendaient compte qu'ils venaient de faire interner huit prêtres insermentés briochins, soit sexagénaires, soit infirmes ; huit autres qu'ils étaient aussi chargés d'arrêter, avaient disparu. — (212) Cependant ces mesures parurent insuffisantes au citoyen Merlin, de Douai, ministre de la Police, qui plein de zèle, prescrivit le 12 mars 1796, une vaste enquête dans toute l'étendue des C.-du-N. pour « purger » du plus petit représentant du clergé catholique « le territoire de la liberté ». — (213) Le 3 avril de cette année, le Directoire des C.-du-N. ainsi mis en demeure, ordonne d'appliquer l'instruction ministérielle. — (214) Le 12 de ce même mois, l'ex-prêtre Armez, commissaire du Directoire Exécutif près le Département, presse les municipalités d'opérer au plus tôt l'enquête prescrite par le ministre Merlin et de prendre toutes les mesures ordonnées par celui-ci. — (215) Résultat sommaire des enquêtes des municipalités cantonales : il est plutôt maigre et témoigne de fort peu de zèle de la part de ceux qui les ont menées. — (216) Cependant les dispositions persécutrices des Jacobins du Directoire n'étaient pas dou-

---

(1) Instruction de frimaire an IV adressée par le Directoire Exécutif aux Commissaires nationaux.

teuses, et le ministre Benezek n'hésitait pas à déclarer que des vieillards octogénaires, tout infirmes qu'ils étaient, devaient être incarcérés comme dangereux pour la République.

II. — L'application des mesures persécutrices.

(217) Tableau des prêtres reclus dans le département des C.-du-N. en vertu de la loi du 3 brumaire an IV. Cet état arrêté le 15 septembre 1796 embrasse tant les ecclésiastiques détenus à Saint-Brieuc que ceux incarcérés à Guingamp. Nous faisons figurer à sa suite les noms des prêtres dont les dossiers sont aux Arch. des C.-du-N. (fonds du tribunal criminel), comme ayant comparu à cette époque devant cette juridiction. — (218) Le 15 août précédent, les prêtres détenus dans l'hôtel Picot-Chappedelaine réclamaient à la fois leur liberté et du pain. Une nouvelle pétition de ces malheureux pour les mêmes objets fut rédigée quinze jours plus tard, mais le ministre Cochon de Lapparent, par ses lettres des 2 et 17 septembre 1796, refusa leur liberté. — (219) Aussi le 2 décembre de cette année, les prisonniers renouvellaient-ils leur demande et la municipalité briochine appuyait-elle leur requête le 11 du même mois.

III. — Le mouvement d'opinion contre les lois persécutrices.

(220) Dans bien des localités, le peuple quoique privé de ses prêtres, continuait de se réunir dans les églises. — (221) Dans d'autres, tel à Yffiniac, les notables réclamaient la mise en liberté de leur recteur. A Plouguenast, la municipalité signalait les réunions cultuelles des prêtres insermentés, mais elle n'agissait qu'à son corps défendant et prenait grand soin de spécifier que la tranquillité publique n'en était nullement troublée. — (222) A la suite du mouvement d'opinion qui s'étendait un peu partout, le ministre de la Police en vint lui-même, par sa circulaire du 8 septembre 1796, à recommander « momentanément » la tolérance ; (233) et du Gourlay, accusateur public près le tribunal criminel des C.-du-N., écrit le 13 octobre suivant à ses subordonnés pour les inviter « à ne pas heurter de front les préjugés religieux. » — (224) Finalement, le Corps législatif après avoir rendu le 5 septembre 1796 la jouissance de leurs biens aux prêtres reclus, abrogea le 4 décembre de cette année les articles de la loi du 3 brumaire dont la mise en vigueur avait été si funeste pour la tranquillité publique. — (225) Vingt jours plus tard, les Administrateurs des C.-du-N. ordonnaient la mise en liberté des prêtres incarcérés, mais ils avaient soin d'exclure de cette mesure les prêtres détenus en vertu d'un jugement. — (226) Cette exception provoquait le 26 janvier 1797 une lettre touchante de quatre prêtres détenus à la maison d'arrêt de Saint-Brieuc. — (226 *bis*) Cependant dès cette époque, l'autorité centrale des C.-du-N. recommandait à la municipalité dinannaise d'user de tolérance envers les prêtres réfractaires.

IV. — Les efforts des Catholiques pour obtenir la liberté religieuse.

(227) Nous n'en donnerons comme preuve qu'une pétition des habitants de Lamballe dès la fin de décembre 1796 ; une autre des habitants de Saint-Brieuc au mois d'avril suivant ; une troisième et quatrième des habitants de Dollo et de Pleurtuit du 24 juin 1797 ; une cinquième des Evrannais, datée du 14 juillet de cette année, dont nous avons publié le texte au t. Ier, p. 340 de l'*Hist. du Pays de Dinan*. Il n'est pas jusqu'aux Plérinais qui ne s'employassent au mois d'août 1797 pour obtenir le rétablissement des sœurs du Saint-Esprit dans leur localité (n° 227-231). Il est vrai que nous devons noter des voix discordantes tant du côté des Jacobins que de celui du clergé constitutionnel. — (232) Ainsi le citoyen Pouhaër exprimait ses inquiétudes concernant une pétition pour obtenir le rappel des prêtres exilés que l'on faisait circuler dans le canton de Paimpol. — (233) Les catholiques constitutionnels lannionais se plaignaient qu'on voulût leur enlever l'usage de l'église Saint-Jean-du-Baly. — (234) Enfin du Pontgamp en Plouguenast, les assermentés Lalleton et Laubé protestaient contre le retour du clergé romain exilé à l'étranger. — (235) Cependant toute cette agitation factice n'empêcha pas les Conseils de voter le 24 août 1797 une loi réparatrice, qui rappelait d'exil tous les prêtres déportés et rendait leur liberté aux ecclésiastiques détenus. — (236) Cette loi, du reste, dont l'application fut éphémère, ne remédiait qu'imparfaitement à tous les maux que la Révolution avait causés au clergé fidèle. La requête du prêtre François Julien que nous reproduisons tout au long, nous fait connaître quelques-unes des difficultés auxquelles ils se heurtèrent dès leur retour.

PARTIE DOCUMENTAIRE

206. — Loi du 3 brumaire an IV rétablissant la persécution religieuse dans son acuité (25 octobre 1795).

(*Bulletin des Lois de la R. F.*, an IV, n° 199, Archives personnelles.)

La Convention Nationale, après avoir entendu sa commission des cinq, décrète :

....

Art. 10. — Les lois de 1792 et 1793 contre les prêtres sujets à la déportation ou à la réclusion, seront exécutées dans les 24 heures de la promulgation du présent décret et les fonctionnaires publics qui seront convaincus d'en avoir négligé l'exécution, seront condamnés à deux années de détention.

Les arrêtés des Comités de la Convention et des représentants du peuple en mission, contraires à ces lois sont annulés.

Art. 11. — Il n'est rien innové à la loi du 22 fructidor dernier qui a levé la confiscation des biens des prêtres déportés.

207. — Adresse des habitants de Saint-Brieuc aux Conseils des Cinq-Cents et des Anciens le 1er janvier 1796 afin d'obtenir le libre exercice de leur religion.

(Arch. C.-du-N., L^m 5, 101.)

Les citoyens exerçant le culte catholique dans la commune de Saint-Brieuc, aux Représentans du Peuple Français, Membres du Conseil des Cinq-Cents et de celui des Anciens.

Citoyens, nous vivions en paix et sécurité sous la protection des lois et l'égide d'une Constitution libre. Nous croyions que notre fidélité à l'observer nous préserverait de tous les orages politiques. Cependant l'alarme s'est répandue parmi nous. On menace de nous interdire l'exercice du culte que nous professons ; et, sur les ordres du ministre de l'Intérieur qui réclame l'exécution de la loi du 3 brumaire, on n'annonce pas moins que l'incarcération totale ou la déportation de ses ministres.

Citoyens représentans, veuillez nous entendre. Vous ne voulez pas détruire vous-mêmes la constitution que vous avez donnée au peuple français, et qui, ayant été acceptée, fait maintenant la règle commune et des représentans et des représentés. Veuillez donc bien nous entendre : nous n'en demandons que l'exécution.

Nos prêtres ne sont point et ne peuvent être sous le coup de la loi du 3 brumaire, parce qu'on ne doit pas supposer que cette loi soit elle-même diamétralement opposée à la constitution, et que l'Assemblée nationale ait voulu ou pu détruire, depuis l'acceptation de la constitution, ce qu'elle avait fait avec les pouvoirs constitutionnels.

Nous avons essentiellement le droit d'exercer notre culte ; mais nous ne le pouvons sans ministres : proscrire un culte libre et frapper ses ministres, ce serait donc nous dépouiller d'un droit qui nous est acquis. Ils sont français, ces ministres, et la loi du 22 fructidor qui les a réintégrés dans leurs biens, leur garantit tous les avantages attachés au titre de citoyen : s'il en était autrement, la constitution serait violée.

On ne peut reprocher à nos ministres aucun délit ni civil ni politique ; bien loin de là, on ne peut que louer leur conduite morale, politique et religieuse depuis qu'ils exercent leurs fonctions dans cette commune.

Nous n'appelerons point délit le refus de prêter serment à une constitution qu'on donnait au clergé français, parce que : 1° cette constitution n'existe plus, 2° qu'aucun serment n'est plus requis par la constitution, et que par conséquent le refus de l'émettre ou de l'avoir émis ne peut entraîner de peines. Ce serait donc une étrange contradiction, aujourd'hui que ces lois sur le serment n'existent plus, de vouloir perpétuer les peines qu'elles ont prononcées.

La nouvelle constitution s'est présentée sous de meilleurs auspices : elle a déclaré qu'elle ne voulait point tourmenter les consciences sur des objets religieux, et qu'elle laissait un libre exercice à tous les cultes.

Aussitôt nos prêtres ont montré combien ils étaient amis de la patrie, et dès que la conscience le leur a permis, ils se sont empressés d'en donner des preuves, élargis par les arrêtés des représentans du peuple Guezno, Guermeur et autres députés aux départements de l'Ouest (arrêtés solennellement ratifiés et sanctionnés par décret formel de la Convention). Ils ont été faire au département des C.-du-N. (1) leur acte de soumission aux lois civiles de la République.

Bientôt la loi du 7 vendémiaire fut promulguée comme un code général et définitif sur la police extérieure des cultes : ils signèrent encore à la municipalité la formule de soumission et de profession politique que la loi elle-même avait déterminée, et les tableaux affichés dans nos églises en vertu de cette même loi, sous leurs signatures et le certificat municipal, sont un témoignage irrécusable et le plus authentique qu'ils sont réellement investis de tous les droits et de la qualité de citoyens français, et que par conséquent, s'ils ont commis quelque délit, ils ne peuvent plus être jugés que suivant les formes établies par la constitution.

Mais quel délit ! Bien loin d'en avoir commis aucun qui puisse les rendre repréhensibles, on ne peut s'empêcher de convenir que leur conduite morale, politique et religieuse mérite des éloges. Eh ! en faut-il des preuves plus sensibles que le calme profond, la tranquillité non interrompue dont a joui cette commune depuis qu'ils sont en liberté. Si notre ville, depuis leur retour présente l'image de la paix, si elle réunit dans son sein les divers partis comme une famille de frères, comment concevra-t-on que nos prêtres soient coupables ; à moins qu'ils ne le soient du bien qu'ils ont fait, et que ce soit un crime à eux de nous avoir appris à nous aimer les uns les autres malgré la différence des opinions ou de la conduite passée ! Mais si c'était un crime pour eux, du moins ce ne serait pas à des hommes à s'en plaindre et à les en punir.

Nous vous le répétons, citoyens, ne laissez pas vous-mêmes détruire votre propre ouvrage par des mesures inconsidérées ; ne laissez pas calomnier la constitution ; laissez à l'homme l'objet de ses affections les plus chères, l'exercice libre de sa religion ; et rappelez-vous cette maxime fondamentale, consacrée par l'histoire de tous les temps : *Point de religion, point de gouvernement.*

Nous terminons, citoyens, en invoquant l'article 354 de l'acte constitutionnel, accepté par le peuple, proclamé *loi fondamentale de la République* et auquel nulle autorité, quelle qu'elle soit, ne peut porter atteinte sans violer les droits du peuple.

A Saint-Brieuc, le 20 nivôse de l'an IV.

208. — La réponse a la pétition des catholiques briochins ne répond guère a leurs espérances. *Le Gouvernement du Directoire*

---

(1) Le directoire de ce département leur en a même témoigné sa satisfaction par une adresse signée du président. Voir le texte de cette déclaration datée du 9 juin 1795, à la p. 331 du t. Ier du présent *Manuel.*

*presse l'exécution des lois persécutrices et la reprise des mesures san-
guinaires contre le clergé.*

(*Bulletin des Lois de l'an IV*, n° 20, loi 122.)

Instruction adressée par le Directoire exécutif aux Autorités constituées, sur l'exécution de l'article X de la loi du 3 brumaire de l'an IV de
la République du 23 nivôse (13 janvier 1796) :

La Convention nationale, convaincue que toutes les manœuvres des
prêtres réfractaires n'ont pour but que le renversement de la République,
a cru que l'intérêt de la Constitution lui commandait de déployer contre
eux les mesures les plus actives et les plus rigoureuses. Elle a ordonné
en conséquence, par l'article X de la loi du 3 brumaire dernier, que les
lois de 1792 et 1793 relatives aux prêtres *sujets à la déportation ou à la
réclusion*, seraient exécutées dans les vingt-quatre heures de la promulgation de son décret, et elle a soumis à la peine de deux années de détention les fonctionnaires publics qui seraient convaincus d'en avoir négligé
l'exécution.

Conformément à cette disposition, le Directoire exécutif rappelle à
tous les fonctionnaires publics, que l'article 1ᵉʳ de la loi du 20 fructidor
n'est plus applicable aux prêtres sujets à la déportation ou à la réclusion,
ainsi que voudraient le faire entendre les corrupteurs de l'esprit public.
Les seules lois qui doivent être provoquées contre eux, sont celles de
1792 et 1793, et notamment célle des 29 et 30 vendémiaire de l'an II
de la République. Le législateur a rejeté tous les ménagemens pusilla-
nimes qui pouvaient laisser quelque espérance aux déportés : l'indulgence
n'eût fait qu'entretenir la contagion du mal, et il a voulu l'extirper
jusqu'à la racine.

Vous observerez cependant que le dernier article de la loi des 29 et
30 vendémiaire ayant été modifié par celle du 22 germinal suivant à
l'égard des recéleurs d'ecclésiastiques sujets à la déportation, c'est la
dernière seulement que vous devez consulter dans les cas de complicité.

Le Directoire exécutif a lieu de croire que les magistrats, désormais
en garde contre tout prétexte d'incertitude ou d'erreur sur l'application
de la loi, mettront à la faire exécuter la fermeté qui convient à des républicains : mais il croit devoir leur déclarer que, fort de la volonté du
législateur et inébranlable dans ces maximes, il a les yeux constamment
ouverts sur la conduite des fonctionnaires publics, et qu'ils lui répondront,
devant la loi, de toute espèce de négligence ou de prévarication.

209. — Aux observations des administrateurs des Côtes-du-
Nord qui eussent désiré une application restrictive de la
loi du 3 brumaire, le Ministre de l'Intérieur s'en réfère
strictement au texte de celle-ci.

(Arch. C.-du-N., Lᵐ 5, ʀ03.)

Le 11 pluviôse an IV (31 janvier 1796), le Ministre de l'Intérieur
à l'administration du Département des Côtes-du-Nord :

« Citoyens, j'ai pris lecture des nouvelles observations que vous me faites par votre lettre du 13 nivôse sur l'exécution de la loi du 3 brumaire. Je ne puis m'en référer à ce que je vous ai marqué à ce sujet le 24 frimaire.

» Quelles que soient les considérations que vous me fassiez valoir, il ne m'est pas permis de composer avec la loi dont il s'agit. Elle ordonne expressément à l'égard des prêtres insermentés l'exécution de celles de 1792 et 1793. Ainsi tous ceux qui étaient assujettis au serment prescrit par les lois du 26 décembre 1790 et du 15 avril, 1792 (lire août) et ne les ont pas prêtés ou qui se sont rétractés après avoir fait cette prestation, sont sujets à la déportation, soit à la réclusion.

» Je n'entrerai pas ici dans les détails que j'ai développés dans ma lettre du 24 frimaire. Je me bornerai à vous répéter que les décrets de prairial an III et de vendémiaire an IV que vous invoquez, sont annullés quant aux prêtres insermentés par celui du 3 brumaire.

» Jamais, je ne dépasserai les bornes de la rigueur de la loi, mais aussi mon devoir est de n'affaiblir ses dispositions dans aucune circonstance et surtout dans celles où il s'agit du *salut de la République, car on ne peut pas, se dissimuler que les prêtres sont en grande partie la cause de tous nos maux.* J'attends donc, citoyens, de votre attachement à la cause de la liberté que vous ne différiez plus l'exécution d'une mesure trop longtemps retardée que vous imposent vos obligations et que vous ne pourrez négliger sans attirer sur vous une juste responsabilité. Je vous invite à me donner incessamment connaissance des ordres que vous aurez donnés à cet égard. »

Signé : *Benezek.*

210. — L'Administration des Côtes-du-Nord, sur les injonctions du Directoire Exécutif, presse l'application de la loi du 3 brumaire an IV *et fait préparer un local pour incarcérer les prêtres insermentés.*

(Arch. C.-du-N., L^m 5, 102, placard imprimé.)

Extrait du registre des délibérations du Directoire du Département des Côtes-du-Nord.

Séance du 13 pluviôse an IV (2 février 1796, tenue par les citoyens Le Normant-Kergré, président ; Lefebvre ; Michel-Morvonnais ; Le Mée ; Daniel.

Présent le citoyen Armez, commissaire du Directoire Exécutif.

« Vu la lettre du Ministre de l'Intérieur en date du 21 nivôse an IV (17 janvier 1796), reçue ce jour, par laquelle il accuse réception de la réponse du département à sa lettre en date du 6 frimaire (27 novembre 1795), relative aux ministres du culte et marque que les prêtres insermentés ne peuvent, comme l'administration semble l'établir, célébrer, quoiqu'ils aient fait la déclaration prescrite par la loi du 7 vendémiaire et que, comme il l'a annoncé par sa lettre du 24 frimaire, ces prêtres sont assujettis aux peines dont la loi du 3 brumaire rappelle l'exécution, que l'administration doit, ainsi qu'il le lui a recommandé, expressément assurer cette exécution avec célérité.

» Après avoir entendu le Commissaire du Directoire Exécutif qui a requis l'exécution de l'article X de la loi du 3 brumaire, comme le lui prescrit la lettre du Ministre de l'Intérieur du 25 nivôse, reçue également ce jour.

» Déclare rapporter son arrêté du 29 brumaire qui suspendait provisoirement et jusqu'à décision, l'exécution de la loi du 3 brumaire à l'égard des prêtres non assermentés, qui, en exécution des lois du 11 prairial et du 7 vendémiaire, avaient reconnu la souveraineté du Peuple Français et promis soumission et obéissance aux lois de la République.

» Arrête qu'une expédition du présent, sera de suite adressé à toutes les administrations municipales afin qu'elles s'y conforment, chargeant le Commissaire général et les Commissaires particuliers du Directoire Exécutif de surveiller l'exécution de la Loi.

» Et considérant que la maison des cy-devant Carmélites de Guingamp précédemment désignée pour lieu de reclusion est insalubre, que suivant les apparences, elle ne serait pas assez vaste pour enfermer tous les ecclésiastiques qui doivent y être détenus et que d'ailleurs la loi prescrit qu'elle sera établie au chef-lieu du département.

» Arrête que la maison des cy-devant sœurs de la Croix à Saint-Brieuc, actuellement vacante, reste désignée pour maison de reclusion et que l'ingénieur en chef est chargé de faire procéder sans aucun délai aux réparations nécessaires pour la mettre en état de recevoir les ecclésiastiques qui y seront conduits. »

Pour copie conforme au registre duement,

Signé : *A. Huette*, secrétaire.

Au sujet de la reclusion des prêtres, le Département informe le Ministre de l'Intérieur le 15 pluviôse an IV (4 février 1796).

(Arch. C.-du-N., reg. L 287. f° 5 v°.)

« Puisque selon le Ministre, *la déclaration des ecclésiastiques insermentés faite en conformité de la loi du 7 vendémiaire 1795*, ne les empêche pas de se trouver sous le coup de la loi du 3 brumaire dernier, on l'avise que l'on a fait savoir cette décision à toutes les communes, en leur enjoignant de *procéder de suite à la reclusion* de tous les ecclésiastiques insermentés. »

Même sujet : L 287, f°ˢ 6, 7 et f° 13.

210 bis. — Un prêtre réfractaire raconte les dangers auxquels il s'est trouvé exposé.

(Extraits du t. II, p. 9, de l'ouvrage *Les prêtres et les religieux déportés sur les côtes et dans les îles de la Charente-Inférieure*, par le chanoine Manseau, in-8°, Lille, vers 1886.)

Aux prisons de Saint-Brieuc, le 8 janvier 1797.

Mon cher ami Archambeau,

« Il y a si longtemps que je n'ai eu la satisfaction de vous donner de mes nouvelles, que je suis d'avance porté à croire que vous êtes réellement persuadé que je vous ai entièrement oublié. Mais je vous prie d'être convaincu du contraire. Mon cœur est toujours le même et ne changera jamais à votre égard, non plus qu'à celle de mes bienfaiteurs et bienfaitrices de la ville de Xaintes (Saintes), dont le nom me sera toujours cher, à cause de la conduite de ses généreux habitants qui m'ont comblé de tant de bienfaits. Si donc j'ai tant tardé à vous écrire ce sont les malheureuses positions où je me suis trouvé depuis et où je me trouve encore aujourd'hui (quoique depuis quelques jours, les rigueurs de ma prison ne me paraissent pas si insupportables), qui m'ont privé de cette douce consolation.

» Je vais vous en faire un petit détail et d'après cela vous jugerez vous-mêmes combien ma position a été critique depuis la dernière fois que j'avais eu le plaisir de vous écrire et dont la réponse m'était parvenue dans le lieu de ma retraite, dans le mois de mars 1796 (vieux style).

» Dès la fin du mois d'août 1795, je fus obligé de cesser mes fonctions publiques : mais nonobstant cela, je fus laissé fort tranquille jusqu'au moment du mois de *février 1796*.

» *A cette époque*, la persécution recommença et je fus contraint de quitter le sein de ma famille, où je vivais en habitant paisible et tranquille. Depuis ce moment, jusqu'à celui de mon arrestation qui est arrivée le 28 mai, *j'ai toujours été errant et vagabond*, passant la majeure partie de mon temps dans les bois et autres lieux retirés.

» *Jamais la vie des ministres n'avait été plus exposée que dans ce moment*, et malheureusement, combien n'en a-t-on pas vu périr percés de mille coups !

» Tout le pays était couvert de soldats. Nuit et jour, c'était des fouilles continuelles ; en un mot, nous avons ressenti ici toutes les horreurs de la guerre civile. Dans une position si critique, je pris la résolution de m'enfuir et de mener une vie cachée, me nourrissant de ce qui se présentait. Aussi, puis-je vous dire avec vérité que *pendant ces cinq mois, je n'ai point reposé deux nuits de suite dans le même endroit*. Las d'une vie si dure, exténué pour ainsi dire par la misère et résolu à mourir, s'il le fallait, je pris la résolution de retourner chez mes parents, pour tâcher d'y avoir quelque soulagement. Mais je ne pus y parvenir. En traversant un bois, je fus arrêté par une colonne mobile qui me demanda mon passeport.

» Comme je n'en avais pas, ni ne pouvais en avoir, je fus arrêté comme suspect et conduit aux prisons de Carhaix. Heureusement pour moi, les soldats crurent que j'étais un laboureur du pays. *S'ils avaient su que j'étais un prêtre, lors de mon arrestation*, je ne serais plus de ce monde ; mais je ne le déclarai que quand je fus conduit devant le général, qui se contenta seulement de m'ôter le peu d'argent que j'avais et de me mettre au cachot, où j'ai passé d'abord quatorze jours.

» De là, je demandai à être transféré à mon Département et j'y suis depuis le 15 juin, obligé encore à dévorer les ennuis de la prison et à supporter les peines qui y sont nécessairement attachées. Cependant depuis quelques jours, nous sommes mieux ici, car sans cela, je n'aurais pas eu le plaisir de vous écrire.

» La mise en liberté de nos confrères de la maison commune nous a procuré cette faveur, et, aujourd'hui nous pouvons parler à tous ceux qui nous viennent.

» Nous ne sommes plus que quatre prêtres détenus dans ce département et cela parce que nous sommes jeunes et jugés à la déportation. Nous avons cru pendant un instant que nous allions aussi avoir notre liberté et le tribunal criminel a annulé notre premier jugement par un second qui nous met en liberté. Mais, le commissaire du pouvoir exécutif (le citoyen Gourlay), vrai ami des prêtres, a bien voulu prolonger notre détention et s'est pourvu au tribunal de Cassation contre ce dernier jugement rendu en notre faveur. Ainsi nous ignorons encore comment ira notre affaire. Cependant on nous fait espérer que tout ira bien et que le jugement rendu en notre faveur sera confirmé.

» Mais quand arrivera ce doux moment? Nous ne le savons pas. Il paraît cependant que nous serons encore ici quelques mois, car ces sortes d'affaires ne se décident pas si vite à Paris. Ainsi il faudra bien prendre patience. Dès que j'aurai des nouvelles, je vous en donnerai connaissance.

» En attendant ce doux moment, veuillez bien agréer les vœux sincères que je forme pour vous ainsi que pour toute votre famille, bienfaiteurs et bienfaitrices de ce pays au commencement de cette nouvelle année. Soyez assuré qu'elle sera infiniment heureuse pour vous si le ciel exauce mes prières. Plaise au Seigneur les exaucer et il ne restera plus rien à désirer à celui qui est avec respect et amitié.

» Votre affectionné et intime ami,

» Le Noan, prêtre (1). »

211. — L'Administration des Côtes-du-Nord fait enfin procéder a la reclusion des prêtres insermentés.

(Arch. C.-du-N., L^m 5. 102.)

Le 17 pluviôse l'an IV (6 février 1796) de la République Française..., nous, Jean-Charles Guimard et Jean-Marie Vesuty, officiers municipaux de la commune de Port-Brieuc, commissaires nommés par le Bureau municipal de la commune de Port-Brieuc, rapportons nous être trans-

---

(1) Cf. la biographie du prêtre Claude Le Noan, au t. II, p. 211, des *Actes des Prêtres déportés des Côtes-du-Nord*, que nous avons publiés à Saint-Brieuc en 1920.

portés dans les demeures des citoyens *Bourel, Ruffelet, Le Mée, Corlaix, Duros, Garnesson, Robien et Georgelin,* auxquels nous avons parlé et fait sommation de se rendre aux quatre heures de l'après-midi de ce jour en la maison du ci-devant Picot, située rue aux Chèvres, en cette commune.

Ensuite, nous nous sommes rendus dans les demeures des nommés *Gautier, Le Pezan, Conen, Manoir, Bourgault, Besson, Jouannin et Coudrai.* Leurs parents et domestiques nous ont déclaré qu'ils sont tous partis depuis les 11 et 13 de ce mois et ne savoir où ils sont allé, les cy-dessus dénommés étant prestres insermentés.

De tout quoi, avons rapporté le présent procès-verbal, pour valoir et servir ce qu'il appartiendra. En la maison commune, les dits jours et mois que devant.   Signé : *Vesuty, Guimard.*

Nota. — La liasse L^m 5, 102, aux *Arch. des C.-du-N.,* contient le registre où l'on a inscrit « les prêtres insermentés sujets à la reclusion » qui sont entrés à la maison Picot-Chappedelaine », servant de maison d'arrêt en vertu de la loi du 3 brumaire an IV.

212. — Instruction ministérielle détaillant les mesures a prendre pour « purger du dernier des prêtres réfractaires le territoire de la Liberté ».

(Arch. C.-du-N., L^m 5, 103.)

Le Ministre de la Police générale écrit le 22 ventôse an IV (12 mars 1796), à l'Administration centrale des Côtes-du-Nord.

« Je vous ai déjà rappelé, Citoyens, les devoirs que vous impose la loi du 3 brumaire dernier relativement aux prêtres sujets à la déportation. Plusieurs administrations de département ont fait à cet égard diverses dispositions dont on pouvait attendre et dont on a obtenu d'heureux effets ; mais, la plupart des coupables ont échappé aux recherches de la justice et leur présence se manifeste encore dans les départements par les désordres dont ils sont les instigateurs et les complices.

» *Il faut enfin purger le territoire de la liberté.* Il faut une mesure telle que la responsabilité des fonctionnaires publics ne soit plus illusoire et qu'il ne reste au crime aucun espoir d'impunité. L'inexécution de la loi devant être généralement attribuée au défaut d'ensemble et d'unité dans les moyens d'exécution adoptés par les administrations. Le remède le plus efficace à employer dans ces circonstances *est de mettre à la fois en mouvement toute la gendarmerie de chaque département* et de provoquer en même temps la vigilance des magistrats, de sorte qu'à l'arrivée de la force armée dans les différents cantons, l'administration municipale puisse fournir les indications nécessaires pour arrêter les individus en contravention aux lois et procurer tous les moyens propres à en assurer l'exécution. Je crois devoir vous recommander en conséquence, de prendre aussitôt que ma lettre vous sera parvenue, un arrêté par lequel vous adresserez à chaque administration municipale une série de questions claires et précises à l'effet de savoir :

» 1° S'il existe dans le canton des prêtres qui ayant été ou du être déportés en exécution de la loi du 26 août 1792 ou de celle du 21 avril 1793 et qui soient rentrés ou restés en France.

» 2° S'il existe des prêtres qui aient mis des restrictions au serment prescrit par la loi *du 26 décembre 1790*, ou qui après l'avoir prêté, se soient rétractés.

» 3° S'il existe des ecclésiastiques soit séculiers, soit réguliers, frères lais ou convers, qui, n'ayant point prêté le *serment de Liberté et d'Egalité* prescrit par la loi du 15 août 1792 à tous les pensionnaires et salariés de la République, ou qui, après l'avoir prêté, s'étaient rétractés.

» 4° Si parmi les individus compris aux deux articles précédents, il en est qui ayant rétracté ou modifié le serment à eux prescrit, soit par la loi du 26 décembre 1790, soit par celle du 15 août 1792, l'aient ensuite prêté purement et simplement.

» 5° S'il existe des prêtres, ou ministres, qui exercent les fonctions d'un culte quelconque, sans avoir fait la déclaration exigée par la loi du 7 vendémiaire dernier.

» Vous chargerez ensuite les Administrations de s'assembler extraordinairement pour répondre d'une manière positive à chacune de ces questions, et de vous envoyer aussitôt leurs réponses en y joignant les noms et demeures de chacun de ces prêtres qu'elles désigneront. Vous leur rappellerez que leur devoir est de faire mettre sur le champ en état d'arrestation et de conduire au chef-lieu du département les individus qui se trouveront compris dans les quatre premiers articles et de traduire devant les tribunaux correctionnels de leur arrondissement ceux qui se trouveront dans le cas de l'article V.

» Un autre objet non moins important de votre arrêté doit être de donner des ordres précis pour mettre en permanence toutes les brigades de gendarmerie du département afin qu'il y soit fait dans le même temps une tournée générale. Les brigades seront tenues de se rendre près les municipalités de canton de leur arrondissement respectif. Elles recevront des administrations les mandats d'arrêt que celles-ci auront décernés et s'entendront pour l'exécution de manière à envelopper et à saisir dans leur marche combinée : 1° les prêtres déportés et rentrés ; 2° les prêtres sujets à la déportation ou à la réclusion et rentrés en France ; 3° ceux qui ont rétracté le serment quand même ils l'auraient prêté depuis leur rétractation, pour les conduire au chef-lieu du Département.

» Quant aux prêtres qui n'étant sujets ni à la déportation, ni à la réclusion pour refus, modification ou rétractation des serments prescrits par les lois du 26 décembre 1790 et 15 août 1792, exercent les fonctions d'un culte quelconque sans avoir fait l'acte de soumission exigé par la loi du 7 vendémiaire de l'an III, ils doivent être saisis en vertu des mandats d'arrêts délivrés par les officiers de police judiciaire et déportés dans les prisons des tribunaux correctionnels.

» Il sera nécessaire, lorsque les municipalités croiront qu'il n'existe dans leur arrondissement aucun ecclésiastique en contravention, qu'elles en donnent une déclaration signée de chacun des membres et vous les préviendrez que dans le cas d'une telle déclaration ou d'un refus de réponse, s'il se trouvait sur leur territoire quelqu'un des individus coupables, les membres de l'administration et les commissaires du pouvoir exécutif seraient poursuivis devant les tribunaux conformément à la disposition de la loi du 3 brumaire qui prononce la peine de deux années de détention contre les fonctionnaires publics convaincus de négligence dans son exécution.

» Ces mesures préliminaires arrêtées, vous vous tiendrez prêts à les seconder de votre côté, vous veillerez à ce que les ecclésiastiques qui seront amenés au chef-lieu soient traduits à l'instant devant les tribunaux et à ce que les lois de 1792 et 1793 soient exécutées envers chacun d'eux conformément à l'instruction du Directoire Exécutif du 23 nivôse dernier... »

Salut et Fraternité.

Signé : Merlin.

213. — Instructions pour appliquer aux prêtres insermentés la loi du 3 brumaire an IV, extraites du registre des délibérations du Département des Côtes-du-Nord du 13 germinal an IV (2 avril 1796).   (Arch. C.-du-N., L^m 5, liasse n° 104, imprimé.)

Séance tenue par les citoyens Le Normant-Kergré, président ; Le Mée ; Le Febvre ; Daniel et Michel-(Morvonnais). Présent (l'ex-prêtre) Armez, commissaire du Directoire Exécutif.

L'Administration du Département :

Considérant qu'il importe de remplir les devoirs qu'impose la loi du 3 brumaire dernier, relativement aux prêtres sujets à la déportation ; que plusieurs d'entre eux cachés dans les campagnes sont encore soupçonnés d'être les instigateurs des désordres affreux qui s'y commettent ; voulant porter à cet égard la plus grande surveillance, particulièrement dans les campagnes ; après avoir entendu le Commissaire du Directoire Exécutif,

Arrête que chaque municipalité instruira le département dans la quinzaine :

1° S'il existe dans le canton des prêtres qui, ayant été ou dû être déportés ou reclus, en exécution de la loi du 26 août 1792, ou de celle du 21 avril 1793, ou qui soient rentrés ou restés en France ;

2° S'il existe des prêtres qui, ayant mis des restrictions au serment prescrit par la loi du 26 décembre 1790, ou qui, après l'avoir prêté, se soient rétractés ;

3° S'il existe des ecclésiastiques, soit séculiers, soit réguliers, frères lais ou convers qui n'aient pas prêté le serment de liberté et d'égalité prescrit par la loi du 15 août 1792, à tous les pensionnaires et salariés de la République, ou qui, après l'avoir prêtés, se soient rétractés ;

4° Si parmi les individus, compris aux deux articles précédents, il en est qui, ayant modifié ou rétracté le serment à eux, prescrit, soit par la loi du 26 décembre 1790, soit par celle du 15 août 1792, l'aient ensuite prêté purement et simplement ;

S'il existe des prêtres ou ministres qui exercent les fonctions d'un culte quelconque, sans avoir fait la déclaration exigée par la loi du 7 vendémiaire dernier ;

Les administrations municipales s'assembleront de suite, pour répondre d'une manière positive à chacune de ces questions. Elles enverront aussitôt leur réponse, en y joignant les noms et les demeures de chacun des prêtres qu'elles désigneront.

Elles feront mettre sur le champ en état d'arrestation et conduire au chef-lieu du département les individus qui se trouveront compris dans les premiers articles, et traduiront devant les tribunaux correctionnels de leur arrondissement ceux qui se trouveront dans le cas de l'article 5.

Lorsque les municipalités croiront qu'il n'existe dans leur arrondissement aucun ecclésiastique en contravention, elles en enverront une déclaration signée de chacun des membres ; et dans le cas de cette déclaration négative, ou d'un refus de réponse de leur part, s'il se trouvait sur leur territoire quelqu'un des individus coupables, les membres de l'administration municipale et les commissaires du Pouvoir Exécutif seront poursuivis devant les tribunaux, conformément à la disposition de la loi du 3 brumaire, qui prononce la peine de deux années de détention contre les fonctionnaires publics convaincus de négligence dans son exécution.

Pour expédition conforme :

R. Huette, secrétaire en chef.

214. — Application des lois sur la police des cultes.

(Arch. C.-du-N., L^m 5, 104.)

L'ex-prêtre Armez, commissaire général du Directoire Exécutif, près le Département des Côtes-du-Nord, écrit le 24 germinal an IV (12 avril 1796) aux administrateurs et commissaires près les cantons :

Je vous transmets, citoyens, les nouvelles instructions que je reçois du ministre de la police générale de la République relativement aux ministres du culte auxquels la loi permet la continuation de leurs fonctions.

Il ne peut se dissimuler, dit-il, qu'il en est parmi eux qui s'occupent sans cesse du soin d'éluder les dispositions les plus sages de notre législation, et de s'investir d'une espèce d'autorité qu'ils ne cherchent qu'à étendre, toujours malheureusement fidèles à ce système d'accroissement qui avoit jetté de si profondes racines dans le ci-devant clergé. Tout votre zèle, citoyens, doit se déployer pour empêcher le retour des abus, dont nous avons eu tant à gémir.

La loi du 7 vendémiaire sur la police des cultes, vous offre les moyens de réprimer ces usurpations, dont l'effet est d'autant plus dangereux dans les sociétés religieuses, qu'il est plus lent et plus insensible. Il est deux points principaux auxquels vous devez surtout vous attacher. Veillez constamment à ce que les cérémonies qui tiennent aux cultes, se renferment dans l'enceinte destinée à leur exercice ; à ce qu'aucun signe public ne caractérise au dehors l'existence d'une association religieuse ; enfin à ce que les droits des citoyens qui s'y réunissent, ne soient autres que ceux des membres de toute société civile, formée sous l'autorisation du magistrat. Souvenez-vous d'un autre côté, que vous devez tenir rigoureusement la main à ce qu'il ne se passe rien dans l'intérieur de ces sociétés, qui ne soit conforme aux maximes de la République. La constitution protège également tous les cultes : mais la première condition d'existence d'une société religieuse, est de reconnoître, de respecter et d'aimer le gouvernement.

Si dans votre canton, citoyens, il existoit quelqu'un des abus dont se plaint le ministre, je n'ai besoin que de vous rappeller les principes consignés dans sa lettre, et qui sont les vôtres, pour être assuré de votre zèle à m'en instruire, et de votre empressement à concourir à l'exécution de la loi.

Signé : *N. Armez* ... Salut et Fraternité.

215. — Résultat sommaire des enquêtes prescrites par l'ex-prêtre Armez, *afin d'appliquer la loi du 3 brumaire an IV dans les Côtes-du-Nord. Les réponses sont le plus souvent négatives.*

(Arch. C.-du-N., L^m 5, liasse 104.)

Pas de prêtres réfractaires à Lamballe ni dans le canton, non plus qu'à Pleudihen et à Calorguen déclarent les municipalités ; idem à Plérin ; à Ploufragan, Jean et Colomban Philippe ont disparu. Perquisitions nulles dans le canton d'Etables. Au Vieux-Marché, les prêtres Fercoq, Lejan, Le Corre et Le Querrec sont introuvables, idem Louis Guenveur assermenté rétracté. Perquisitions sans résultat dans le canton de Perros-Guirec et dans le canton rural de Guingamp. A Plougonver, on signale l'abbé Yves Robin, qui a desservi quelque temps la chapelle Saint-Germain. A Pontrieux, Guezou assermenté rétracté. Perquisitions nulles à Plouër. — Dans le canton d'Yvias, on ne connait que le P. Gaudicheau, ex-capucin, intransportable. A Sévignac on a fait arrêter le prêtre Huguet. A Trégomar, Saint-Glen, Landehen, La Malhoure, tous les prêtres ont disparu ; de même à Saint-Trimoël, ainsi qu'à Plouvara et à Plélo. A Callac, on signale Joseph Abgral, presque octogénaire, Claude Le Noan, René-Marie Guillou. Rien à Lezardrieux ni à Saint-Gilles-le-Vicomte ni à Prat. A Plouagat-Chatelaudren, on mentionne les prêtres Pierre Querou, Claude Philippe et Guillaume Turban. A Paimpol, on signale Yves Er-

nault qu'on croit caché à Plérin et François Richard, de Ploubazlanec,
qu'on y croit caché. Réponse négative à Moncontour. Les enquêtes pour
les autres cantons ne figurent pas aux Archives des Côtes-du-Nord.

215 bis. — Un exemple de l'enthousiasme avec lequel on exécutait la loi.
(Arch. C.-du-N., L^m 5, 106.)

Chatelaudren, le 26 prairial an IV (14 juin 1796).

Le Commissaire du Directoire Exécutif près le canton de Plélo au
général Valletau.

« Je vous adresse un prêtre réfractaire nommé *Quetier*, domicilié de
mon canton. Cet homme n'a d'autre crime que de n'avoir pas prêté serment au premier instant de la Révolution, car depuis plusieurs années,
il s'est soumis à tout ce que la loi exigeait de lui et je puis certifier
qu'à ma connaissance, il n'est pas d'homme plus tranquille que lui et plus
ami de la paix.

» Je ne vous l'envoie que parce qu'il parait être malheureusement dans
le cas prédit par la dernière loi. Je l'abandonne entre vos mains, mais la
justice m'oblige de vous représenter que c'est un innocent enveloppé dans
une mesure générale. Vous voudrez bien prononcer à son égard. »

Signé : Illisible.

Renvoyé au Département pour statuer ce que bon lui semblera. A
Saint-Brieuc, le 27 prairial an IV.

Signé : *Valletau.*

En marge on lit : Il a été délivré ordre au concierge (de la prison)
de recevoir le citoyen Quettier. (Cf. sur lui : *Manuel*, I, p. 192 et 220.)

216. — Des vieillards octogénaires constituent un danger pour les Jacobins du Directoire.
(Arch. C.-du-N., L^m 5, 104.)

Lettre du ministre de l'Intérieur à l'ex-prêtre Armez, commissaire du
Pouvoir Exécutif près le département des Côtes-du-Nord à Port-Brieuc,
le 6 prairial an IV (25 mai 1796) :

« Citoyen, quelques pressants que puissent être les motifs qui ont déterminé l'administration municipale de Tréguier à prendre un arrêté par
lequel elle a permis à deux prêtres octogénaires et infirmes, mais insermentés de rester chez eux sous caution, l'article X du décret du 3 brumaire
dernier ordonne d'une manière trop précise la prompte exécution des
lois de 1792 et 1793 ocntre les prêtres sujets à la déportation ou à la
reclusion pour que je puisse donner mon approbation à cet arrêté.

» Suivant les dispositions de ces lois, les prêtres sujets à la reclusion
doivent être réunis dans une maison d'arrêt ; mais comme l'intention du

Corps Législatif en déployant ces mesures de rigueur contre les prêtres réfractaires, n'a pas été de les priver des secours que commandaient la justice et l'humanité, il convient de leur procurer toutes les choses de première nécessité dont ils peuvent avoir besoin et d'apporter une attention particulière sur ceux dont l'âge et les infirmités sollicitent des égards et des ménagements. »

Le bilan de la nouvelle persécution.

217. — Tableau des prêtres reclus dans le Département des Côtes-du-Nord, le 15 septembre 1796, *en exécution de la loi du 3 brumaire an IV; dressé par Duval-Villebogard, commissaire du pouvoir exécutif près les tribunaux civil et criminel du Département des Côtes-du-Nord.*

(Arch. Nat., AA 8, dossier 363; cf. aussi Arch. C.-du-N., L^m 5, liasses 102, 104 et 107.)

Furent détenus à Saint-Brieuc, rue aux Chèvres, dans la maison de l'émigré Picot-Chappedelaine : Jean-Gabriel (de) Robien, 74 ans, de Saint-Brieuc, entré le 6 février 1796 ainsi que tous les prêtres ci-dessous, tous de Saint-Brieuc; Michel Ruffelet, 71 ans; Michel Le Mée, 71 ans; Louis Georgelin, 70 ans; Louis-Pierre Corlay, 66 ans; Jean-François Bourel, 65 ans; Pierre-Laurent du Ros, 60 ans; Jacques Garnesson, 55 ans; Etienne Coudrais, 63 ans.

Etienne-Pierre Barat, 65 ans, ex-prieur de l'abbaye de Lantenac, desservant à Trégueux, 65 ans, entré le 9 février. — Guy Limon, 71 ans et son frère Hervé, 69 ans, domiciliés de Quintin, entrés le 14 février 1796, ainsi que les autres prêtres de Quintin ci-dessous : Pierre Bidault, 66 ans; Paul Bouttier, 59 ans; Joseph Le Febvre, 54 ans. Le même jour, François Foueson, 75 ans, ex-curé de Plourivo.

Le 19 février, Cyprien Jéglo, 74 ans et Jean Le Clerc, 46 ans, prêtres de Loudéac. — Julien-François Gouzin, d'Uzel, 73 ans, entré le 20 février.

Le 23 février, Jean-Louis Trécherel, 72 ans, recteur d'Yffiniac et Yves Duval, curé du Faouët, 66 ans. — Le 8 mars, Yves Pasturel, 68 ans, ex-capucin, domicilié à Pordic.

Le 14 mars, Joseph Rabeil, 79 ans, et J.-B. Garnier, 70 ans, prêtres d'Allineuc. Le premier, le 26 pluviôse an IV avait supplié qu'on le laissât achever à son foyer le reste de ses jours. — Louis-Guillaume du Fou, 70 ans, ex-chanoine de Dol, domicilié à Plelo, entré le 6 avril. — Pierre Quérou, 73 ans, recteur de Plésidy, entré le 3 juin. — Olivier Quettier, 56 ans, rescapé de Rochefort, prêtre de Plelo, entré le 16 juin. — Guillaume Turbau, 60 ans, de Goudelin, entré le 23 juin. — Jean Le Bigot, 63 ans, recteur de Noyal-sous-Lamballe, entré le 11 avril, à la suite d'un arrêt du Tribunal criminel des Côtes-du-Nord. (Arch. C.-du-N., L^m 5, 102.)

Guil. Fr. Bertho, ex-capucin, 62 ans, résidant à Plaine-Haute, entré le 11 avril, mêmes conditions que le précédent (1). (Cf. L^m 5, 102.)

Jean Richard, 69 ans, prêtre de Broons, entré le 21 mai, mêmes conditions que le précédent. (Cf. L^m 5, 102.)

François Huguet, 77 ans, prêtre de Sévignac, entré le 21 mai, mêmes conditions que le précédent. (Cf. L^m 5, 102.)

Pierre Jourdain (ou Joudren), curé assermenté rétracté de Maël-Pestivien, 61 ans, entré le 3 avril à la suite d'un jugement du tribunal criminel des Côtes-du-Nord.

Sébastien Guillemin, 64 ans, de Caurel, entré le 20 juin, mêmes conditions que le précédent.

Prêtres détenus en la maison de justice de Port-Brieuc comme condamnés à la déportation par le tribunal criminel des Côtes-du-Nord. — Mathurin Doré, 49 ans, de Plémy, entré le 1er avril 1796. (Cf. Arch. C.-du-N., L^m 5. 107.) — Claude-Louis Le Noan, 37 ans, de Plusquellec, entré le 30 juin 1796. (Rescapé des pontons de Rochefort.) — Pierre-René Piquet, 36 ans, d'Yvignac, entré le 30 juin 1796. — Guillaume Jamin, 35 ans, d'Hémonstoir, entré le 12 avril. — Yves Riou, 33 ans, natif et prêtre de Plussulien, entré le 12 avril. — Marc Jouan, natif et prêtre de Tréguier, 34 ans, prévenu d'émigration, arrêté le 6 nivôse an IV.

Prêtres détenus en la maison de reclusion de Guingamp. — François Cosquart, 74 ans, de Guingamp ; Jean Olivier, 64 ans, de Plouisy ; Louis-François Le Barazer, 59 ans, de Lannion ; René-Alexandre Garerès, 56 ans, de Guenezan près Bégard ; Simon Le Gruel, 53 ans, de Bourbriac ; Mathieu Jan, 58 ans, de Plouisy ; Jean Jegou, 40 ans, de Tréguier, du 13 août 1796 ; François Stéphany, 34 ans, de Pedernec, du 13 août 1796 ; Jacques-François Boursier, 45 ans, de Port-Brieuc, du 13 août 1796.

217 ^bis. — Liste des prêtres dont les dossiers se trouvent aux Archives des Côtes-du-Nord a Saint-Brieuc, comme ayant comparu a cette époque devant le tribunal criminel des Côtes-du-Nord.

Marc Jouan, 33 ans, natif et prêtre de Tréguier, accusé d'émigration, arrêté le 6 nivôse an IV.

Joseph Hervé, prêtre, natif de Hénon, arrêté à son retour de l'étranger, le 29 pluviôse an IV (18 février 1796) (2).

Guillaume Turbau, de Goudelin, assermenté rétracté, arrêté le 17 prairial an IV.

---

(1) Voir la biographie de ce capucin qui s'évada de sa prison le 7 septembre 1796, au t. Ier, p. 178, de notre *Histoire du Pays de Dinan* précitée.

(2) Voir une partie de la biographie de ce prêtre au t. II, p. 281, des *Actes des Prêtres insermentés*, que nous avons publiés chez Prud'homme, à Saint-Brieuc, en 1920.

Sébastien Guillemin, ancien vicaire de Plounevez-Quintin, demeurant à Caurel lors de son arrestation le 21 avril 1796.

Mathurin Doré, 48 ans, prêtre de Plémy, arrêté le 28 ventôse an IV (18 mars 1796).

François Hervé, 66 ans, demeurant à Maël-Pestivien où il avait été vicaire, arrêté à Callac.

Picquet, prêtre d'Yvignac, résidant et arrêté à Dinan, le 30 ventôse an IV (20 mars 1796).

François Huguet, 76 ans et Pierre Richard, 68 ans, prêtres de Sévignac et de Broons, arrêtés à Eréac, le 16 floréal an IV (5 mai 1796) (1).

Pierre Jourdain, curé assermenté, mais rétracté de Maël-Pestivien, arrêté le 7 germinal an IV (27 mars 1796).

Jean Le Bigot, recteur de Noyal et Guillaume Bertho, capucin, condamnés à être enfermés dans la maison des prêtres sexagénaires, le 23 germinal an IV (13 mars 1796). (Sur Jamin, cf. n° 241.)

Guillaume Jamin, d'Hémonstoir, exerça dans cette paroisse, caché à la Pasquenais, jusqu'au 18 octobre 1792. — Le tribunal criminel ordonna sa mise en liberté ainsi que celle du prêtre Yves Riou le 26 prairial an V (16 juin 1796).

Rolland Homo, ex-curé de Pommerit-Jaudy, accusé d'émigration fut acquitté par le tribunal et mis en liberté, le 11 fructidor an V.

Claude Le Noan, vicaire de Plusquellec, arrêté le 28 mai 1796, ne fut pas remis en liberté le 4 nivôse an V comme l'avait ordonné le tribunal criminel. Ce prêtre, à cette date, se déclarait « réduit dans sa prison au pain et à l'eau ». Voir présent volume, n° 210 *bis*, le texte d'une lettre très émouvante écrite de sa prison par ce prêtre le 8 janvier 1797.

218. — Pétition des prêtres détenus a la maison Picot-Chappedelaine aux municipaux de Saint-Brieuc. Ils sont dans une misère noire, le 28 thermidor an IV (15 août 1796).

(Arch. C.-du-N., L^m 5, 107.)

« Deux mois d'exil et trente mois de détention rigoureuse auraient surabondamment expié le prétendu délit du refus de serment. La Convention nous en a acquitté, en ratifiant l'arrêté des représentants Guezno et Guermeur, qui nous avait mis en liberté et solennellement promis la liberté comme au reste des citoyens.

» Le *décret du 3 brumaire* n'a été l'effet que d'un moment de surprise et d'erreur. Il est opposé directement à la Constitution et en la sanctionnant le peuple français a annulé ce décret et tous ceux qui ne sont pas dans l'esprit de notre loi fondamentale.

» Si la prévention autrefois nous a fait regarder comme réfractaires, on ne peut plus nous regarder comme tels depuis que la Constitution Civile du clergé, objet de nos résistances, a été déclarée ne faire plus loi

---

(1) Sur ces deux prêtres, cf. le t. II de notre *Histoire du Pays de Dinan*, op. cit., p. 254, 261 et 302.

dans l'Etat. Point de peine sans délit, point de délit sans loi : Qu'est-ce donc que l'on punit aujourd'hui dans nous ?

» Déjà l'on a eu l'équité de rendre la liberté et la sûreté à ceux de nos confrères, insermentés comme nous, qui ne s'étaient pas mis en détention ; et nous, vieillards, infirmes, qui nous sommes rendus à l'appel des autorités, on nous laisse avec une scandaleuse insouciance enfermés dans notre prison.

» Un autre motif plus décisif encore et plus urgent réclame notre libération : *L'impuissance de vivre dans notre reclusion.* On a vendu tous les biens et immeubles de plusieurs d'entre nous. Depuis deux mois, nous n'avons plus les secours alimentaires sur lesquels nous vivions : le Département les a ordonnancés, mais les payeurs n'ont pas de quoi nous les réaliser. Cependant l'intention du Gouvernement n'est certainement pas que nous périssions de misère. Nous demandons au Département qu'il nous autorise à nous retirer dans nos domiciles pour y chercher notre subsistance. Nous vous supplions, citoyens municipaux, ce considéré, de vouloir bien appuyer notre pétition auprès des membres du Département. »

Suivent les signatures des détenus :

> Ont signé : De Robien ; Duval ; Coudray ; Rabeil ; Garnier ;
> Du Fou ; Le Bigot ; Richard ; Le Febvre ; Bertho ; Barat ;
> Huguet ; Foueson ; Turban ; Gouzin ; Hervé ; Georgelin ;
> Ruffelet ; Jeglo ; Le Clerc ; Yves Paturel ; Le Querou ;
> Bidault ; Quettier ; Bourel ; Garnesson ; Le Mée ; Boutier ;
> H. Limon ; L. Corlay ; Trécherel.

La municipalité briochine composée des citoyens Prud'homme, Conan, Besson, Ferrary et Jouannin appuya vainement la demande des pétitionnaires (cf. L^m 5, 107), lesquels avaient déjà adressé dès le 28 thermidor an IV, une précédente demande à l'administration du Département pour réclamer des aliments.

Les prêtres reclus adressèrent une nouvelle pétition au Département le 15 fructidor an IV (1er septembre 1796), mais deux lettres du ministre de la police Cochon de Lapparent en date du 16 fructidor an IV et 1er complémentaire an IV (17 septembre 1796), s'opposèrent à leur libération. On accorda cependant à quelques prêtres très malades ou jouissant d'efficaces recommandations une mise en liberté anticipée. (Cf. Arch. C.-du-N., L^m 5, 107 : dossiers Foueson, Barat, Lefebvre, etc.)

219. — Nouvelle pétition des prêtres reclus dans la maison Picot-Chappedelaine pour obtenir des secours alimentaires.

(Arch. C.-du-N., L^m 5, liasse 108.)

Aux Administrateurs et Pouvoir Exécutif du Département des Côtes-du-Nord, les ecclésiastiques en détention à la maison commune à Saint-Brieuc le 2 décembre 1796 (12 frimaire an V).

« Citoyens, nous ne savons plus quels termes employer pour obtenir une liberté que nous réclamons en vain auprès de vous. Faut-il donc que des prêtres, parce qu'ils sont soumis aux lois, périssent faute de subsistance, sous les yeux d'une sage administration. Voilà [cependant] où nous sommes réduits. Nous n'exagérons point. Plusieurs [d'entre nous] sont redevables au concierge qui les alimente et fournit à leurs besoins depuis longtemps. Tous en général ne peuvent plus, sans les charités qui sont épuisées comme nous vous l'avons déjà observé, trouver dans leurs facultés de quoi vivre.

» Voilà notre situation. Elle est déplorable pour des vieillards, des infirmes, surtout à l'entrée de l'hyver. Rendus à nos foyers, nous trouverions quelque moyen d'adoucir la dureté de notre sort.

» Citoyens, vous êtes justes, vous êtes humains. Nous attendons avec impatience le résultat de vos décisions et nous nous flattons d'avance, ou que vous nous donnerez les secours urgents que nous vous demandons, ou que vous nous accorderez la liberté de les chercher ailleurs. Nous vous en supplions et nous terminons par vous dire, ce qui est de notoriété publique, que les sept dixièmes des prêtres sont libres dans toute l'étendue de la France et exercent paisiblement leur culte. Pourquoi donc ne participons-nous pas au même bienfait.

» Nous vous le répétons, notre disette est extrême. Du pain ou la porte. C'est la demande unanime de tous mes confrères qui me chargent de vous faire passer cette pétition. »

Signé : *P. Boutier*, prêtre et pour tous les prêtres détenus.

A la maison commune de Saint-Brieuc le 12 frimaire an V.

219 bis. — APRÈS ENQUÊTE, LA MUNICIPALITÉ BRIOCHINE APPUIE LES RÉCLAMATIONS DES PRÊTRES EN PRISON.

(Arch. C.-du-N., L^m 5, 108.)

L'Administration municipale de Saint-Brieuc aux Administrateurs du Département des Côtes-du-Nord, le 11 décembre 1796.

« Citoyens, nous arrivons de la maison de détention des prêtres. Nous avons trouvé des vieillards manquant de tout et dans l'impuissance de se procurer les choses de premier besoin. Ils nous ont témoigné leur surprise (que) les articles de la loi en vertu de laquelle ils sont détenus, se trouvant rapportés par l'unanimité des deux Conseils, on prolonge encore leur tourment. Sensibles à ces plaintes de malheureux opprimés qui semblent nous reprocher leurs maux, nous nous sommes réunis au lieu de nos séances, où, la question mûrement discutée, il nous a paru que l'unanimité du rapport fait par toutes les feuilles publiques, sur le contexte de la loi du 14 de ce mois, est une notoriété suffisante pour en exiger de notre part l'exécution dans un cas où l'humanité commande impérativement; que d'ailleurs il ne s'agit pas ici de remplir les dispositions d'une loi nouvelle où il y ait une résistance à craindre, mais seulement de rendre à la liberté des individus qui en avaient été privés par l'article X de la loi du 3 brumaire an IV, lequel n'existe plus dans celle réformée du 14 de ce mois.

» Nous croirions, citoyens, ayant la certitude morale de l'abrogation de la peine, être coupables du crime de la détention arbitraire, si nous différions un instant de solliciter de votre justice leur mise en liberté. »

Signé : G.-M. Lorin, président ; Prud'homme, Ferrary, Conan, administrateur municipal.

Le mouvement d'opinion contre les lois persécutrices.

220. — LE PEUPLE CONTINUE, QUOIQUE PRIVÉ DE SES PRÊTRES, DE SE RÉUNIR DANS LES ÉGLISES POUR PRIER. IL FAUT SURVEILLER CES RÉUNIONS ORDONNE LE MINISTRE DE LA POLICE.

(Arch. C.-du-N., L^m 5, liasse 107 ; cf. aussi L^m 5, 104, note accompagnant l'envoi de cette circulaire.)

Lettre du Ministre de la Police à l'Administration centrale des Côtes-du-Nord du 2 juillet 1796 (14 messidor an IV).

« Je pense comme vous, citoyens, que l'article 5 de la loi du 7 vendémiaire, n'est point applicable à ceux des habitants des communes qui n'ayant point de ministres du culte, se réunissent, après en avoir prévenu la municipalité, pour y chanter l'office et y réciter des prières.

» Mais je dois vous observer que vous devez néanmoins veiller à ce que dans ces réunions, il ne s'y introduise pas, soit des prêtres qui n'auraient pas fait la déclaration prescrite, soit d'autres individus qui chercheraient à fanatiser l'esprit des habitants des campagnes et à troubler la tranquillité publique. A cet égard, je me repose sur votre amour pour l'ordre social et pour le maintien de la paix. »

Signé : Cochon (de Lapparent).

Le 25 messidor, les Administrateurs des Côtes-du-Nord transmirent en ces termes cette circulaire : « Vous y verrez comment on doit entendre la loi du 7 vendémiaire an IV et qu'elle ne peut jamais être invoquée pour alarmer les consciences et mettre des entraves aux réunions des hommes qui sont déterminés par le besoin le plus pressant : celui de rendre à Dieu un hommage commun. Ces cérémonies doivent entretenir les sentiments de fraternité et contribuer à épurer les mœurs.

» C'est à vous, magistrats du peuple, à en profiter encore pour l'intérêt de la République, en y portant la surveillance de la police et en y faisant connaître les lois, les instructions et les actes du gouvernement qui peuvent faire respecter et chérir la Constitution. »

Signé : Le Mée ; Le Normant de Kergré ; P. Daniel.

D'après les documents contenus dans la liasse L^m 5, 101, les habitants de Saint-Alban par la plume de Joseph Barbedienne, agent municipal,

demandent aux administrateurs du Département de bien vouloir les autoriser par écrit à s'assembler les jours de dimanches et de fêtes à l'église,
pour y faire leurs prières et entendre la publication des décrets et des
arrêtés, soit du département, soit des généraux.

Même requête des paroissiens de la Bouillie, le 24 nivôse an IV
(14 janvier 1796).

221. — Pétition des habitants d'Yffiniac pour obtenir la mise
en liberté de leur recteur, le 11 thermidor an IV (29 juillet
1796). (Arch. C.-du-N., L^m 5, 107.)

Aux Administrateurs des Côtes-du-Nord :

« Citoyens, la liberté du culte vient d'être proclamée. Le citoyen Jean-
Louis Trécherel, ministre du culte dans notre commune d'Yffiniac, est
détenu dans une maison de la commune de Saint-Brieuc. Il n'est ni accusé,
ni prévenu d'aucun délit. Nous demandons à l'administration du Département des Côtes-du-Nord qu'il lui plaise permettre au citoyen Trécherel
de retourner à Yffiniac pour y exercer ses fonctions afin que nous jouis-
sions de la liberté de notre culte conformément à la proclamation. »

A Yffiniac le 11 thermidor, l'an IV de la R. F. U. et I.

> Signé : *F. Berder ; Joseph Chapin ; Hello*, adjoint ; *Gouinguené*,
> agent ; *Guillard*, président (il a rédigé la supplique) ;
> *Etesse ; Guillaume, Jean et Julien Guinard ; Nicolas Du-
> clin ; Chanclin ; Mathurin et Yves Gueno ; M.-P. Hourdin*,
> capitaine de la Garde nationale ; *H. Dugourlay ; Jean de
> Saintilan ; Charles Guinard ; M. Hello ; Jean Senault.*

221bis. — Le 10 thermidor an V (28 juillet 1797), l'Administration municipale de Plouguenast écrit au Département.
(Arch. C.-du-N., L^m 5, 111.)

« Les citoyens Lalleton, Laubé, prêtres constitutionnels et Porterul,
viennent de nous dénoncer qu'il se faisait chaque dimanche depuis quelque
temps à Gomené en Plouguenast, un rassemblement de plus de 800 personnes, à l'occasion d'une messe y célébrée par le prêtre Le Quilleuc, sans
autre connaissance ni certitude de ce fait.

» Nous nous empressons de vous en donner connaissance. Cette infraction aux lois n'a aucunement troublé la tranquillité. Nous allons nous
informer plus amplement de son existence et nous occuper de la détruire.
Nous vous instruirons de suite du résultat de nos recherches. »

> Signé : *Savouroux*, adjoint municipal ; *Jacques Basset*, idem ;
> *M. Robin*, idem ; *Loncle ∴* (*sic*), secrétaire.

222. — Circulaire du Ministre de la Police générale au Commissaire du Pouvoir exécutif, *près l'Administration départementale*

*des Côtes-du-Nord, le 8 septembre 1796, pour recommander plus de
modération envers le clergé.*

(Arch. C.-du-N., L^m 5, 107.)

« Je suis informé, citoyen, qu'il se manifeste dans les cantons des
insurgés de votre département des germes de mécontentement qui paraissent avoir leur force dans *l'intolérance qu'on exerce envers les prêtres* pour
raison des serments que l'on exige d'eux et qu'ils croyent contraires à leurs
opinions religieuses.

» Sans doute, il est nécessaire d'user de la plus grande sévérité et de
faire poursuivre et punir, conformément aux lois, tous les ci-devant ecclésiastiques, qui, par leurs discours, leurs actions ou autrement, s'écarteraient
du respect dû aux lois, tous ceux qui prêcheraient la désobéissance et la
révolte ou tenteraient de quelque manière que ce soit de troubler la tranquillité publique.

» Mais aussi il convient de ne pas inquiéter *(au moins quant à présent)*,
par des serments ou des déclarations inutiles, les prêtres tranquilles et qui
prêchent l'obéissance aux lois et la soumission au gouvernement républicain.

» Vous savez que la loi du 7 vendémiaire n'astreint pas les ministres
du culte à un serment, elle n'exige d'eux qu'une simple déclaration, et
les y assujettir trop rigoureusement, ce serait dans les circonstances
actuelles, s'exposer à troubler de nouveau la tranquillité publique, à aigrir
les esprits, à rallumer les torches du fanatisme et les fureurs du royalisme.

» D'ailleurs, il faut craindre de heurter de front les préjugés religieux
dont le peuple est imbu ; l'expérience ayant prouvé qu'il est capable de tout
braver plutôt que de renoncer au culte qu'il a adopté. Il faut ménager sa
faiblesse et même sa superstition. Ce n'est qu'avec le temps et des moyens
d'instruction sagement combinés, qu'on peut espérer le ramener aux principes de la raison... »

Signé : *Cochon* [de Lapparent].

CEPENDANT LES PRÉJUGÉS DU GOUVERNEMENT VIS-A-VIS DU CLERGÉ
DEMEURAIENT TOUJOURS VIVACES, TEMOIN LA CIRCULAIRE CI-DESSOUS.

(Arch. C.-du-N., L^m 5, 108.)

Le Ministre de la Police générale de la République au Commissaire
du Pouvoir exécutif près l'Administration centrale des Côtes-du-Nord,
le 25 octobre 1796.

« Je suis informé que dans votre Département, quelques prêtres
auxquels l'indulgence du Gouvernement a remis la peine encourue par
leur longue résistance aux lois de la République, exercent de nouveau
sur l'esprit faible et crédule des habitants des campagnes, la *dangereuse
influence des préjugés religieux*, influence susceptible de compromettre de
rechef la tranquillité publique dans vos contrées.

» Il est un moyen de concilier avec ce système d'indulgence les mesures
de sûreté nécessaires au maintien du bon ordre : c'est d'exercer à leur

égard une rigoureuse surveillance dont le résultat sera de neutraliser l'effet de leurs perfides insinuations et d'appeler au besoin la sévérité des lois contre ceux d'entre eux dont les maximes et la conduite offriront les caractères de quelques troubles apportés à l'ordre public.

» Autant le prêtre agitateur et factieux mérite toute l'animadversion de la justice, autant le prêtre paisible et ne prêchant que l'amour des lois et le respect des autorités est digne de la *tolérance* du Gouvernement. C'est sous le rapport de cette distinction essentielle que vous devez, citoyen, prendre ma circulaire du *25 thermidor*, et inspirer des plus fort, aux fonctionnaires publics de votre Département, d'en faire à l'égard des prêtres la règle de leur conduite. »

Signé : Cochon [de Lapparent].

223. — Nouvelles instructions sur la conduite a tenir vis-a-vis des prêtres dénoncés aux tribunaux.

(Arch. C.-du-N., L^m 5, liasse 102, imprimé.)

Joseph-Marie Gourlay, accusateur public au Tribunal criminel du Département des Côtes-du-Nord, aux Directeurs du Juré d'accusation ; aux Commissaires du Directoire Exécutif près les Tribunaux correctionnels ; aux Juges de paix, Officiers de Police Judiciaire du même département, le 22 vendémiaire an V (13 octobre 1796).

« Citoyens, trop longtemps la majeure partie du territoire de notre département a été le théâtre de la guerre civile et de toutes les horreurs qui en sont la suite nécessaire. Nulle part on ne jouissait de cette sûreté que la loi doit au citoyen. Le pillage, le viol, le meurtre, l'assassinat désolaient les campagnes. Chaque jour étoit marqué par de nouveaux forfaits. Les lois étaient sans vigueur. Le cultivateur abandonnait ses travaux et ses propriétés. Il cherchait dans le sein des villes un repos que la fureur des partis ne lui permettait plus de jouir dans sa maison.

» Le Gouvernement a su mettre un terme aux fléaux qui nous désolaient. Il a senti que le pardon généreux du passé devait ramener à l'obéissance des hommes égarés. Il leur a tendu une main bienfaisante et tout est rentré dans l'ordre.

» Comment se fait-il que nous soyons menacés de nouveaux troubles ? Quelle main ennemie tente encore d'armer des hommes qui viennent de promettre obéissance aux lois de la République. De quel moyen veut-on se servir pour ensanglanter de nouveau des terres trop souvent abreuvées du sang des Français ? — Existerait-il donc des monstres pour lesquels la tranquillité publique est un tourment continuel ?

» Oui, citoyens, ils existent ; ils ont saisi le moyen le plus sûr de nous exposer à nouveau à toutes les horreurs de la guerre civile. Ils n'ignorent pas que le peuple est fortement attaché à la Religion de ses pères. Qu'il est capable de tout braver plutôt que de renoncer au culte qu'il a adopté. De nouvelles persécutions contre les Ministres du Culte vont faire naître de nouveaux troubles. Aux uns, on demande un serment que la loi n'exige pas. Aux autres on impose trop durement l'obligation de faire la déclaration prescrite par la loi du 7 vendémiaire an IV (29 septembre 1795). La résistance des Ministres amène la clôture des Temples ; les esprits s'enflamment et la moindre étincelle va produire un embrasement presque général.

» Le Ministre de la Justice vient de nous transmettre une lettre du Ministre de la Police Générale, par laquelle, il nous mande « que le » plus sûr moyen de maintenir la tranquillité publique est de ne *pas* » *heurter de front les préjugés religieux* dont le peuple est imbu ; qu'il » faut ménager sa faiblesse, jusqu'à la superstition même..., qu'en exi- » geant trop rigoureusement des Ministres du Culte la simple déclaration » à laquelle ils sont astreints par la loi du 7 vendémiaire, on s'exposerait, » dans les circonstances actuelles à troubler de nouveau la tranquillité » publique, à aigrir les esprits, à rallumer les torches du fanatisme et » les fureurs du royalisme ».

» Il est de notre devoir de nous conformer aux mesures que le Gouvernement ne cesse de prendre pour le maintien de la tranquillité publique. Nous devons tolérer l'exercice libre du culte. Nous sommes obligés de poursuivre ceux qui le troubleraient.

» Mais nous avons à remplir un devoir non moins rigoureux. Nous devons poursuivre et faire punir conformément aux lois tous les ministres qui par leurs discours ou leurs actions s'écarteraient du respect qui leur est dû ; tous ceux qui prêcheraient la désobéissance ou la révolte ou tenteraient, de quelque manière que ce soit, de troubler la tranquillité publique ; qu'ils soient livrés à la justice.

» Donnons sûreté et protection aux Ministres paisibles. N'exigeons plus trop rigoureusement la déclaration prescrite par la loi du 7 vendémiaire. Livrons à la vengeance de la loi les Ministres qui chercheraient à troubler l'harmonie sociale. C'est le vœu du Gouvernement, ce doit être le vôtre puisque la tranquillité publique en dépend. »

Salut et Fraternité.   Signé : *Gourlay.*

224. — Loi du 19 fructidor an IV (5 septembre 1796), *qui déclare que les prêtres dont la reclusion a été ordonnée par la loi du 3 brumaire an IV, sont autorisés à reprendre la possession et la jouissance de leurs biens.*

(*Bulletin des Lois de la R. F. de l'an IV,* n° 74, loi n° 684.)

224 bis. — Loi qui modifie ou rapporte différentes dispositions de celles des 3 et 4 brumaire an IV, *à la date du 14 frimaire an V (4 décembre 1796). Cf. présent volume n° 206.*

(*Bulletin des Lois de la R. F.,* n° 95, an V, p. 4, Archives personnelles.)

(Du 16 frimaire). Le Conseil des Cinq-Cents, sur le rapport de sa commission spéciale, après avoir entendu les trois lectures prescrites par la Constitution..., prend la résolution suivante...

....

ART. 6. — Les articles VII, VIII, IX, X, XI, XII, XIII, XIV, XV et XVI de la loi précitée du 3 brumaire an IV sont rapportés.

ART. 7. — La présente résolution sera imprimée.

> Signé : *Cambacérès*, président ; *Dubois* (des Vosges), *T. Berlier*, *Fabre*, secrétaires.

225. — Les Administrateurs des Côtes-du-Nord ordonnent la mise en liberté des prêtres détenus dans les maisons de reclusion, le 2 nivôse an V (22 décembre 1796).

(Arch. C.-du-N., L^m 5.)

« Les Administrateurs des Côtes-du-Nord composés de Michel-Morvonnais vice-président, Lefebvre et Limon ; présent : Daniel f. f. de commissaire du Directoire Exécutif, vu la loi du 14 frimaire dernier qui rapporte l'art. X de celle du 3 brumaire an IV qui ordonnait que les lois de 1792 et 1793 contre les prêtres sujets à la déportation ou à la réclusion seraient exécutées dans les 24 heures de la promulgation...

» Arrêtent que les prêtres détenus dans les maisons de reclusion de Saint-Brieuc et de Guingamp en exécution de la loi du 3 brumaire an IV, seront mis de suite en liberté, à charge à tous de vivre aux lois de la République et à ceux qui voudraient exercer un culte de se conformer aux dispositions de la loi du 7 vendémiaire an IV...

» En ce qui concerne « les prêtres qui pourraient se trouver détenus en vertu d'un jugement, renvoie à l'accusateur public, sauf à lui, à en donner connaissance aux tribunaux... »

En exécution de cet arrêté, les prêtres détenus à la maison de reclusion de Saint-Brieuc au nombre de 32, « y compris les absents pour cause de maladie et par permission, furent mis en liberté le même jour 2 nivôse an V à 1 heure après-midi par le citoyen Ferrary, délégué à cet effet par la municipalité de Saint-Brieuc. »

226. —Les prêtres condamnés a la déportation par le tribunal criminel et emprisonnés a Saint-Brieuc demandent des aliments. — « *Affaire d'urgence, Pétition pour aliments.* »

(Arch. C.-du-N., L^m 5, 109.)

Aux Administrateurs du Département des Côtes-du-Nord, quatre ecclésiastiques détenus aux prisons de Saint-Brieuc, le 7 pluviôse an V (26 janvier 1797).

« Citoyens, nous vous exposons d'abord que dans le mois de vendémiaire dernier, nous vous avons fait une pétition tendante à obtenir ce que nous vous demandons encore aujourd'hui. Nous n'avons point de connaissance que vous y avez fait droit. Nous savons seulement que vous dîtes dans le temps qu'elle était juste, mais qu'il n'y avait pas de fonds. Là-dessus, nous prîmes le parti du silence et de gémir sur notre malheureux sort.

» Citoyens, nous sommes prêtres insermentés : voilà tout le crime que l'on peut nous reprocher, si c'en est un? Mais ne peut-on pas être bons citoyens sans avoir prêté un serment, qui est aujourd'hui, reprouvé par le Gouvernement même?

» C'est en vertu de l'article 10 de la loi du 3 brumaire que nous avons été condamnés à la déportation. Ces jugements ont été déclarés nuls et non avenus, comme abolis en vertu des articles 1er et 6 de la loi du 14 frimaire dernier et article 3 de la loi du 3 brumaire an IV, mais un appel au tribunal de Cassation qui était défendu, fait que nous sommes toujours en prison.

» Si les lois de Robespierre nous ravissent encore aujourd'hui notre liberté, si elles nous font vivre avec des voleurs et des assassins et respirer l'air infect et contagieux des prisons et des cachots, nous ne croyons pas qu'elles doivent nous condamner à mourir de faim et à périr de misère.

» Jusqu'ici nous n'avons reçu du Gouvernement que deux livres par jour d'assez mauvais pain sec et de l'eau, de sorte que nous avons été obligés de vivre de charités et de contracter des dettes. Vous avez adjugé différentes fois et par quartier, un traitement alimentaire à nos confrères qui étaient détenus à la maison commune. Nous ne sommes pas plus coupables qu'eux, si ce n'est que nous sommes plus jeunes!

» Qu'il vous plaise donc, citoyens administrateurs, jetter sur notre situation un œil paternel et de commisération et voir ci-joint l'état nominatif de chacun de nous avec l'époque de son entrée en prison. En conséquence, ordonnez le traitement ou au moins une portion du traitement qui revient à chacun, à compter de la dite époque, jusqu'au premier de ce mois. C'est justice. C'est humanité.

» Aux prisons de Saint-Brieuc, ce jour, 7 pluviôse an V de la République. »

> Signé : *Yves Riou*, condamné à la déportation le 23 germinal an IV, entré le 5 pluviôse an IV (25 janvier 1796), jusqu'au 1er pluviôse an V (20 janvier 1797), soit 360 jours.
>
> *Guillaume Jamin*, condamné à la déportation le 23 germinal an IV, entré le 27 pluviôse an IV (26 février 1796), jusqu'au 1er pluviôse an V, soit 335 jours.
>
> *Pierre-René Piquet*, condamné à la déportation le 19 germinal an IV, entré le 17 germinal an IV (6 avril 1796), jusqu'au 1er pluviôse an V, soit 288 jours.
>
> *Claude-Louis Le Noan*, condamné à la déportation le 2 messidor an IV, entré le 18 prairial an IV (6 juin 1796), jusqu'au 1er pluviôse an V, soit 227 jours.

Nota. — D'après un état de la série L^m 5, liasse 110, en date du 10 germinal an V, le prêtre *Joseph Hervé* de Henon, « arrivé ici (à la prison de Saint-Brieuc), le 29 vendémiaire an V (20 octobre 1796). avait été arrêté près Angers muni d'un passeport de la municipalité d'Utrecht ». On ajoute : le tribunal criminel attendant chaque jour l'intervention d'une loi relative aux prêtres, n'a pas cru devoir rien prononcer à son égard.

226 ^{bis}. — Le Directoire des Côtes-du-Nord recommandait lui-même aux autorités municipales dinannaises de pratiquer la tolérance envers les prêtres réfractaires.

(Arch. C.-du-N., reg. L 289, f° 129.)

L'Administration des Côtes-du-Nord écrit à la municipalité de Dinan le 28 nivôse an V (15 janvier 1797) :

« ...Vous nous demandez, Citoyens, des règles de conduite par rapport aux prêtres insermentés qui sont dans votre commune et par rapport à l'exercice du culte qu'ils se permettent de faire sans avoir fait la déclaration prescrite par la loi du 7 vendémiaire an IV.

» Sur le premier objet, le prêtre, qui n'a point fait la soumission, mais qui n'exerce point son culte, est considéré comme tout autre citoyen, et, après le rapport des articles X et XI de la loi du 3 brumaire fait par celle du 14 frimaire an V, il ne peut être inquiété, si par ailleurs il ne trouble par l'ordre public.

» Sur le second objet, nous ne pouvons que nous référer à la loi du 7 vendémiaire an IV et à l'arrêté ci-joint que nous avons pris pour mettre en liberté les prêtres reclus. Ainsi, il nous paraît impossible que vous autorisiez ceux des ministres du culte catholique qui n'ont pas fait la soumission prescrite par la loi du 7 vendémiaire an IV, à exercer publiquement leurs fonctions.

» Mais s'en suit-il qu'il faille poursuivre ceux des ministres qui, sans avoir fait la déclaration, exerceraient leur culte dans des maisons ; y faire des visites domiciliaires et les dénoncer aux tribunaux ? — Nous ne pouvons à cet égard que vous renvoyer aux circulaires que vous connaissez des ministres de la justice et de la police générale par lesquelles ils exhortent les administrateurs et les juges à user d'une sage tolérance et à ne pas insister rigoureusement sur la simple déclaration demandée, etc. D'après cela, nous croyons que vous devez tolérer et néanmoins surveiller, de manière que l'exercice du culte dans l'intérieur des maisons ne soit point empêché, pourvu qu'il n'en résulte aucun trouble à l'ordre public.

» Au surplus, il vaudrait infiniment mieux que l'exercice du culte se fit publiquement partout, comme ici, dans les locaux assignés par les autorités constituées, mais il faut pour cela que les prêtres fassent comme ici la déclaration prescrite par la loi du 7 vendémiaire an IV.

» Il est à désirer pour l'intérêt public et l'intérêt particulier que les prêtres qui sont dans votre commune se conforment enfin à une disposition suivie dans presque toute la France. Quel homme sage et ami de la paix pourrait refuser au gouvernement du pays où il vit cette garantie de sa soumission aux lois ? — Nous croyons que vos prêtres ne se refuseront pas plus longtemps à un acte, qui n'est au fond que le renouvellement de la soumission du 11 prairial an III, au moyen duquel ils feront cesser l'état précaire où ils se trouvent, ce qui les mettra à lieu de jouir de la protection publique dans l'exercice de leur culte. »

Les efforts des Catholiques pour obtenir la liberté religieuse.

227. — Pétition des habitants de Lamballe aux corps législatifs pour demander le libre exercice de leur culte, le 26 décembre 1796.

(Arch. C.-du-N., L^m 5, 109, et Arch. Nat., F 7, 7262.)

« Citoyens, sur vous, se fixent nos regards et se fondent nos espérances. Accablés de vexations et d'outrages, jusqu'ici nous n'aurions osé nous plaindre : le schisme, l'irréligion et l'anarchie nous auraient accusés de conspiration et dévoués à la mort. Ils ne sont plus ces temps désastreux ; l'orage est dissipé, la tranquillité s'annonce, la justice paraît, la sûreté s'établit. Aujourd'hui, nous réclamons avec confiance ; votre sagesse nous encourage, votre impartialité nous rassure. Vous avez reconnu la Constitution ; elle sera la base et la règle de vos lois : à ce titre, nous vous demandons justice et vous ne vous refuserez pas à nos vœux. La liberté du culte catholique, le rappel et la liberté de tous ses ministres, voilà nos désirs ; ils sont ceux même de tous nos co-diocésains et de la majorité des Français.

» Y aurait-il à craindre que vous ne vous y rendiez pas ? La liberté des cultes est proclamée ; la Constitution l'autorise ; tous les cultes sont donc libres ? Pourquoi le catholique est-il encore proscrit ? N'est-ce pas à son égard blesser ou violer la Constitution ? Vous l'avez reconnu, Citoyens : une commission est nommée, son rapport est attendu, le culte catholique sera permis et déclaré libre ! Mais en déclarant sa liberté, rendez-nous ses ministres ; nous les refuser, ce serait ne nous rien accorder ! Sans ministres, est-il possible d'exercer un culte, surtout le nôtre ? Et une société sans chef, une religion sans ministres, que sont-elles ? Ce seraient des corps sans tête ou sans âme ! Déjà vous avez ordonné l'examen des lois révolutionnaires et toute la France en attend le rapport avec impatience. Quelles lois plus injustes que les lois qui chassaient les prêtres de France. Peut-être quelques-uns ont-ils prévenu ce temps ? Y aurait-il à leur en faire un crime ? Peut-on être coupable de pourvoir à sa sûreté, de se soustraire à la mort ? Rappelez-vous ces temps d'horreur, où de toutes parts, on criait au serment ou la lanterne ? Hâtez-vous de nous rendre nos recteurs et curés ! Riches et pauvres les désirent. »

228. — Les Catholiques romains de Saint-Brieuc, a la fin d'avril 1797, pétitionnent pour obtenir le rappel des prêtres exilés et le libre exercice de leur culte.

(Arch. Nat., F 7, 7263.)

Daniel, suppléant du Commissaire du Directoire Exécutif près l'administration du département des Côtes-du-Nord au Ministre de la Police Générale, le 24 prairial an V (5 mai 1797).

Citoyen ministre, je vous adresse ci-joint un exemplaire imprimé d'une pétition aux corps législatifs, au nom des catholiques romains de la commune de Saint-Brieuc, tendant au rappel de tous les prêtres déportés. Il ne m'est parvenu jusqu'ici aucune plainte, ni réclamation contre cette pétition de la part d'aucun commissaire près les administrations municipales, ce qui annonce d'une part le vœu prononcé de la majorité et de l'autre, qu'elle ne cause aucun trouble. Je présume cependant qu'elle est répandue dans les campagnes. C'est au Gouvernement à prescrire la conduite que je dois tenir dans une circonstance aussi délicate. Je me borne en attendant à une exacte surveillance.

Signé : *Daniel.*

« Les citoyens professant la religion catholique, apostolique et romaine dans la commune de Saint-Brieuc, chef-lieu du département des Côtes-du-Nord, à tous les représentants du peuple, membres des deux Conseils.

» Citoyens : Votre réunion en nouvelle législature est pour nous l'aurore d'un beau jour qui semble nous inviter à oublier les temps de désolation et de calamité, pour nous consoler dans l'espérance d'un avenir heureux. L'espérance nous apprend que la moralité est la source du bonheur, et que les plus grands malheurs n'ont fondu sur nous que quand on a méconnu les principes de la religion et de la morale. Nous n'avons pas besoin de l'hypocrite Robespierre pour nous assurer l'existence d'un Etre suprême et l'immortalité de l'âme. Cette croyance est aussi ancienne que le monde : elle est celle de toutes les nations. Mais pouvait-on s'attendre que dans un pays où la liberté des cultes est décrétée sans exception, la religion catholique, apostolique et romaine, était la seule dont les ministres seraient exilés et proscrits et dont le culte ne s'exercerait que dans les entraves d'une perpétuelle contrainte. La propriété la plus sacrée, le droit le plus inviolable de l'homme, n'est-ce pas celui de professer et de conserver intacte la foi de ses pères? Et lorsque sa croyance n'est pas l'ouvrage des hommes, leur appartient-il d'y porter atteinte?

» Nous vous demandons avec confiance, nous vous demandons avec instance, le libre exercice de la religion de nos pères : nous vous le demandons dans toute sa plénitude. Nous vous demandons en conséquence et sans exception le retour de tous ces ecclésiastiques éloignés de France pour cause de religion.

» Les insensés! qu'ont-ils fait? Ils ont profané nos autels, immolé les ministres de notre culte, détruit les signes extérieurs de notre religion et renversé nos temples. Croyaient-ils donc que notre foi n'était écrite que sur des murailles ? Eh ! ils n'ont fait que de la graver plus profondément dans les cœurs... Rappelez-vous sans cesse cette grande sentence que l'on trouve dans l'Écriture, au livre des Proverbes ; elle mérite d'être inscrite en grand caractère dans tous les lieux où l'on traite les affaires politiques : « La justice relève les nations ; l'iniquité fait l'opprobre des peuples. »

229. — La population de Pleurtuit, par l'organe de sa munici-palité demande la disposition de son église, le 24 juin 1797.

(Arch. I.-et-V., série L.)

L'Administration municipale de Pleurtuit écrit le 6 messidor an V aux citoyens Administrateurs du département d'Ille-et-Vilaine : « D'après les différentes réclamations que nous ont adressées les habitants de notre commune tendant à obtenir le libre exercice du culte catholique, nous croyons devoir vous inviter à vouloir bien nous autoriser en vertu de la loi du 3 ventôse an III, art. I et IV à faire ouvrir l'église de la com-mune afin que les prêtres y exercent publiquement leurs fonctions. Le motif qui donne lieu à notre réclamation est le pur désir de maintenir le bon ordre, l'union et la tranquillité qui règnent parmi nos administrés.

» Convaincus des mêmes principes qui vous animent, nous espérons recevoir par le prochain courrier une décision favorable. Nos concitoyens l'attendent avec impatience. »

Signé : *N. Tranchemer, Sohier, Jean Oger, Ribault.*

230. — Les habitants de Dollo réclament près des Conseils le libre exercice de la religion catholique, le 24 juin 1797.

(Arch. Nat., F 7, 7269.)

Dollo (Côtes-du-Nord), le 6 messidor an V.

Les habitants de Dollo professant la religion catholique, apostolique et romaine aux représentants du peuple français.

« Citoyens législateurs, de tous les fléaux qui, depuis plusieurs années, désolent notre patrie, celui qui, par ses désastreux et incalculables effets, doit plus particulièrement fixer votre attention, c'est sans contredit, la dépravation des mœurs, suite du fanatisme irréligieux, auquel nous devons attribuer tous nos malheurs.

» Témoins et justement alarmés de ses progrès, convaincus qu'on ne saurait y apporter un trop prompt remède, nous vous adressons sur ce sujet, nos réclamations et nos vœux.

» Législateurs, il est aussi simple que facile ce remède que nous solli-citons aujourd'hui, c'est le rétablissement de l'antique religion de nos pères et le rappel de ses ministres. »

Signé : *Jacques Botrel, Marc Botrel, P. Botrel.*

231. — Réponse a une requête des Plerinais, tendant a obtenir le rétablissement des Sœurs blanches dans cette localité.

(Arch. C.-du-N., L^m 5, 111.)

Les Administrateurs des Côtes-du-Nord, écrivent à la municipalité rurale du canton de Saint-Brieuc, le 29 thermidor an V (16 août 1797).

« Nous avons examiné la lettre que vous nous avez écrite le 25 de ce mois par laquelle vous nous demandez à être autorisés à installer dans leur ancienne maison les ci-devant sœurs blanches de Plerin.

» Ces sœurs ayant été supprimées comme congrégation par la loi, nous ne pouvons autoriser leur réintégration en cette qualité, mais il dépend de vous, citoyens, d'appeler et d'établir dans cette ancienne maison, les personnes que vous croirez propres à secourir les indigents dans leurs domiciles. Les biens de ces établissements sont conservés par la loi. »

Signé : *Lenormant-Kergré*, président ; *P.-M. Daniel.*

Les Voix opposées.

232. — Une pétition pour obtenir le rappel des prêtres exilés, *que l'on fait circuler dans le canton de Paimpol, remplit d'inquiétude l'âme du citoyen Pouhaër.*

(Arch. Nat., F 7, 7263.)

Le Commissaire du Directoire Exécutif près l'administration municipale du canton de Paimpol au Ministre de la Police Générale, le 1er messidor an V (19 juin 1797).

« Citoyen, je crois devoir vous instruire que le fanatisme s'agite plus que jamais. On colporte de maisons en maisons dans toutes les communes du département des Côtes-du-Nord une pétition qui a pour objet le rappel de tous les prêtres déportés et de tous ceux que la violence a éloignés de leur pays. Pour mieux réussir à escroquer des signatures, on répand qu'il est tenu note exacte des refusants. Ce genre de pétition n'est-il pas contraire à l'article 364 de la Constitution et par suite ceux qui seraient convaincus d'avoir été de portes en portes recueillir des signatures, ne pourraient-ils pas être traduits devant les tribunaux ? Les hommes naguère connus par leur opposition constante à l'établissement de la République s'empressent de signer cette pétition et annoncent d'un air triomphant un ordre de chose nouveau très prochain. Les succès qu'ils ont obtenus dans les assemblées primaires et électorales leur donnent une hardiesse qui dégénère même en audace et l'on ne peut se dissimuler qu'ils doivent aller loin si de belle heure on ne déjoue leurs manœuvres. Ce parti se grossit d'une manière effrayante par l'influence qu'exercent sur la classe simple et crédule les prêtres dits insermentés. Ceux-ci forts de cette influence et se sachant appuyés jettent le plus grand mépris sur la loi du 7 vendémiaire à laquelle ils refusent de se soumettre, en annonçant qu'elle ne tardera pas à être rapportée. Il semble qu'il ne manque plus à son triomphe que de faire au Gouvernement nommer ses commissaires dans son sens. On peut en juger par le refus que le Département fait de délivrer leur commission à quelques commissaires nommés il y a environ deux mois et dans les efforts qu'il m'est revenu qu'une partie de la députation des Côtes-du-Nord faisait auprès du Ministre de l'Intérieur pour faire rapporter l'arrêté qui les nomme. Les premières nominations sont bonnes et le bien public exige qu'elles soient maintenues. Il est en effet aisé de sentir quand on sait que ceux qui assassinaient, il y a un an, au nom de Louis XVIII et de la religion ont eu une part marquée dans les derniers renouvellements. Combien des commissaires dans le même sens seraient funestes à l'opinion publique, surtout auprès d'administrations rurales où l'on sait qu'ils sont tout, par l'avantage qu'ils ont sur les cultivateurs peu instruits et indifférents, dont elles sont en général composées. »

Signé : Pouhaër.

233. — Les partisans du Clergé constitutionnel a Lannion, se plaignent au Ministre de la Police le 10 juin 1797, *qu'on veut leur retirer l'usage de l'église Saint-Jean-du-Baly.*

(Arch. Nat., F 7, 7265.)

« Exposent les citoyens Yves Le Coq et François Bahic, procurateurs des habitants de Lannion qui suivent le culte catholique romain, desservi par des prêtres assermentés. Depuis le commencement de la Révolution, ils occupent l'église paroissiale, dite Baly, pour l'exercice de leur culte ; elle leur a été d'ailleurs conférée par l'administration du district de Lannion en vertu de la loi du 11 prairial, an III. C'est dans cet édifice que l'on n'a jamais cessé de *prêcher le républicanisme.* C'est là que les citoyens ont constamment et publiquement adressé des vœux au ciel pour le gouvernement républicain, constamment soumis aux lois de l'Etat, sans s'avilir, ni s'apostasier sous la persécution de Carpentier. Les ministres de ce culte ont perpétuellement pratiqué les principes de la concorde et de la paix fraternelle. Tels sont les citoyens qui, malgré leur possession légale, sont menacés de perdre la jouissance d'une église ruinée lors de sa transformation sacrilège en temple montagnard et par eux réparée à grands frais. Les exposants apprennent que les sectateurs des prêtres insermentés font mouvoir plusieurs ressorts pour s'approprier exclusivement cet édifice. Le crédit actuel dont ils se targuent, leur en fait naître l'espoir ; qu'ils viennent en frères se réunir à nous et joindre leurs voix aux nôtres pour implorer dans le même temple la protection divine envers la République et ses gouvernants. Ah ! nos bras sont ouverts pour les recevoir et chaque jour nous accélérons par nos vœux la fin d'une scission malheureuse.

234. — Les prêtres assermentés Lalleton et Laubé protestent près du Directoire Exécutif contre le retour du Clergé insermenté.   (Arch. Nat., F 7, 7.)

Le Pontgamp, en Plouguenast, 3 messidor an V (21 juin 1797).

Citoyens directeurs, la circonstance critique où se trouvent les prêtres constitutionnels du département des Côtes-du-Nord, nous force à recourir à vous. Vous le voyez, comme nous, d'un accord combiné, ont subitement sorti de toutes les communes de ce département des pétitions pour demander la rentrée des prêtres indistinctement. Des hommes habiles ont adroitement parcouru leurs communes respectives pour prendre des signatures, on en a surpris à plusieurs bons patriotes, d'autres les ont données par crainte. Ceux qui ont été pour la négative sont déjà désignés et marqués au coin de la réprobation. Que n'avons-nous pas à craindre en ce moment où on nous a fait demander nos signatures à mon collègue et à moi. Nous n'avons rien répondu, nous avons regardé ces pétitions comme inconstitutionnelles, puisqu'elles demandent en partie la rentrée des émigrés ; comme dangereuses, puisqu'elles demandent la rentrée des ennemis du gouvernement actuel ; comme injurieuses pour nous, puisqu'elles demandent le libre exercice d'un culte qui existe, et qu'on s'efforce malignement de faire croire que nous ne professons pas. Nous ne nous opposons pas à leur rentrée, au contraire, nous serons les premiers à solliciter auprès de vous quand nous connaîtrons leurs intentions pures et qu'ils sont décidés à travailler de concert au bien commun de l'Etat et à en reconnaître efficacement et publiquement les lois. Nous avons fait jusqu'ici à leur égard toutes les avances qu'on pouvait attendre de nous pour une réconciliation. Pour récompense, nous avons été voués au mépris, à la haine, à l'exécration de leurs partisans et la plupart à la mort. Vous allez, citoyens directeurs, être leurs juges et les nôtres ; placés dans le sanctuaire des lois, vous peserez tout dans la balance de votre sagesse et de votre justice. Ce n'est ici qu'un léger tourbillon. Vous avez su jusqu'ici prévenir et calmer de plus grands orages. Nous avons toujours respecté vos lois, toujours vous nous avez soutenus. Toute notre confiance repose encore en vous. C'est dans ces sentiments respectueux que nous serons toujours vos plus fidèles administrés.

Le résultat final.

235. — Loi qui rapporte celles relatives a la déportation ou a la reclusion des prêtres, du 7 fructidor an V (24 août 1797).

(*Bulletin des Lois de la R. F.* de l'an V, n° 139, loi n° 1375.)

« Considérant qu'il est instant de faire jouir tous les Français des avantages des lois constitutionnelles, le Conseil des Anciens décrète :

» Art. 1ᵉʳ. — Les lois qui prononcent la peine de déportation ou de reclusion contre les ecclésiastiques qui étaient assujettis à des serments ou à des déclarations ou qui avaient été condamnés par des arrêtés ou des jugements comme *réfractaires* ou pour cause *d'incivisme* et contre ceux qui avaient donné retraite à des prêtres insermentés, sont et demeurent abrogées.

» Art. 2. — Les lois qui assimilent les prêtres déportés aux émigrés, sont également rapportées.

» Art. 3. — Les individus atteints par les susdites lois rentrent dans tous les droits de citoyen français, en remplissant les conditions prescrites par la Constitution pour jouir de la susdite qualité. »

236. — Un prêtre revenu prématurément d'exil, expose sa pénible situation au point de vue légal.

(Arch. C.-du-N., Lᵐ 5, liasse 112.)

« Aux citoyens administrateurs du Département des Côtes-du-Nord, expose *François-Julien*, ex-vicaire de Tredrez et de Locquemau, que lors du décret concernant l'organisation civile du clergé; les prêtres furent assujettis à consommer une option, ou de faire le serment indiqué par cette loi ou de se déporter. L'exposant, consommant l'option, prit le parti de se déporter.

» En conséquence le 10 septembre 1792, an IVᵉ de la Liberté et 1ʳᵉ de l'Egalité, il se munit d'un passeport, après avoir manifesté à sa municipalité son intention de se déporter, il partit et se rendit à Jersey et ensuite a passé à la grande terre, où obéissant à la loi qui l'exilait de sa patrie, il a demeuré constamment.

» Mais un nouvel ordre de choses est venu. Les papiers publics lui ont annoncé que cette loi de rigueur et de circonstance, venait d'être rapportée et que le Conseil des Anciens, réunis par une même opinion à celui des Cinq-Cents, venait de rendre à la Liberté et leur patrie ces infortunées victimes gémissantes depuis longtemps et soupirantes après leur retour dans leurs foyers.

» En paisible citoyen, j'accours, comme tant d'autres de mes confrères, avec joie, pour revoir mes parents et mes amis. Mais à mon arrivée sur le territoire français, j'apprends avec la plus grande surprise que non seulement la loi qui nous rappelait de notre exil n'était pas rendue (elle vient de l'être), mais même que mon nom était porté sur la liste des émigrés à la date du 9 germinal an II, au premier supplément à cette liste.

» C'est une erreur, citoyens administrateurs, qui si elle subsistait, serait bien funeste pour moi et injuste à tous égards. Je me suis donc empressé de recourir aux moyens de détruire cette erreur et de démontrer que je n'ai jamais du être envisagé que comme déporté.

» Je me suis en conséquence rendu sitôt mon arrivée sur le territoire français dans le sein de ma municipalité ancienne, sous les yeux de laquelle j'avais, en ministre paisible, exercé mes fonctions. J'ai manifesté aux anciens membres et aux nouveaux toutes mes inquiétudes. Je leur ai présenté le tableau de ma situation. Pénétrés du sentiment de la justice et animés du désir de rendre hommage à la vérité, ils n'ont point balancé à m'accorder un certificat qui constate que ma déportation n'a point été clandestine, que je n'ai point quitté ma patrie en fugitif, ni avec le titre d'émigré, mais seulement comme un citoyen obéissant à la loi...

» Je demande donc, citoyens administrateurs, à ce qu'égard au contenu de la présente, voyant ci-joint le passeport à fin de déportation du 10 septembre 1792, an IVe de la Liberté, délivré par la municipalité de Tredrez, le certificat du 16 fructidor, présent mois, constatant que j'ai quitté le territoire français pour obéir à la loi, publiquement et en plein jour..., vous veuillez dire par l'arrêté qui interviendra, que c'est pas erreur que mon nom a été porté sur la liste des émigrés et ordonner qu'il en sera rayé et que je serai déclaré libre. »

Signé : François Julien, prêtre.

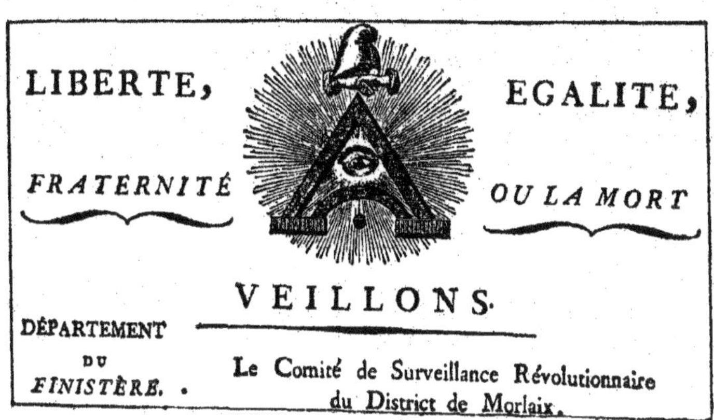

CHAPITRE II

De la persécution religieuse depuis la loi du 19 fructidor an V jusqu'au coup d'État du 18 brumaire an VIII.

SOMMAIRE. — (237[1], *bis* et *ter*) Peu avant le coup d'Etat de fructidor, la municipalité cantonale de Loudéac appréciait ainsi la mentalité du public dans ses environs : « C'est une aversion profonde contre la » noblesse de la part des propriétaires bourgeois (ancien tiers) ; l'éloi- » gnement pour toute révolution de la part des gens aisés (les jouisseurs) ; » tant qu'à la classe indigente (l'immense majorité), peu importe ce » qui lui arrive, elle veut des prêtres. » (*Arch. Nat.*, F[10], III ; *C.-du-N.*, 12) ; cité par H. Pommeret : *L'Esprit public*, etc. — C'est à cette immense majorité, désireuse de pouvoir pratiquer en paix la religion de ses pères, que les Jacobins, minorité infime, mais audacieuse et organisée, allaient imposer, à la suite de leur coup d'Etat de fructidor an V (septembre 1797), une législation tout à la fois hypocrite, cruelle et impitoyable, dont nous donnons le texte pour la partie qui vise le clergé ; législation qui, elle aussi, a fait des martyrs, trop longtemps méconnus et oubliés. Cette « révolution », qui anéantissait tout espoir de restauration du culte catholique en France, fut accueillie dans les C.-du-N., écrit l'abbé Pommeret, avec une insigne veulerie, tant de la part des agents du pouvoir que de leurs administrés : « les honnêtes gens » étant peu combattifs de leur nature. Aussi les fonctionnaires qui présidaient aux destinées de ce département, s'empressèrent-ils de faire connaître au Directoire Exécutif les mesures qu'ils avaient prises pour assurer le succès de la persécution que l'on venait de décréter. — (238) Du reste, Sotin, le ministre de la police, par ses circulaires, dont nous donnons un échantillon, poussait de toutes ses forces aux mesures de rigueur contre les prêtres réfractaires. — (239-240) Le résultat fut une vaste enquête, menée dans toute l'étendue du département et dont nous publions tout ce que nous en avons retrouvé aux Arch. des C.-du-N. L'abbé Pommeret : *L'Esprit public*, etc., op. cit., p. 414, écrit que « 164 prêtres réfractaires disparurent dans les C.-du-N., après le 18 fructidor ». La cause principale de cet événement ne fut point leur refus de jurer le serment « de haine à la royauté », prescrit par l'art. XXV de la loi du 19 fructidor, mais « leur crime », demeuré jusqu'en 1801, irrémissible, fut de n'avoir pas prêté serment à la Constitution Civile. Les listes que nous publions, indiquent les noms de ces prêtres et les griefs qu'on leur imputait. *Il est évident qu'il faut tenir compte, en lisant ces actes d'accusation, de la mentalité de leurs rédacteurs*, jacobins enragés pour la plupart (nous dirions aujourd'hui radicaux-socialistes). — (241) La mentalité, que nous découvrent les enquêtes qui suivirent fructidor an V, n'était pas, grâce à Dieu, générale. Il ne manquait pas de populations qui, comme à Hémonstoir, souffraient des mesures prises contre leurs prêtres et protestèrent, mais vainement. — (242) Aucune considération, ne pouvait arrêter le Directoire Exécutif. Informé par des « indicateurs *ad hoc* », son ministre de la police dénonçait sans cesse de nouvelles victimes à incarcérer aux autorités locales et stimulait activement leur zèle, témoin sa lettre du 18 janvier 1798. — (243) Certains commissaires cantonaux du reste, étaient à la hauteur des dirigeants de la capitale, tel Mareschal, de Lamballe, franc-maçon militant, auteur de l'*Armorique littéraire*, que la lecture d'une lettre mystérieuse, adressée à une personne de Quintenic, remplissait d'effroi et excitait à réclamer une nouvelle loi qui mit fin « aux crimes » des prêtres réfractaires. — (244) Les années 1798 et 1799 furent ainsi témoins de ces mesures persécutrices dirigées contre le clergé et jusqu'à la fin du Directoire, les autorités françaises, sans se lasser, organisèrent la chasse aux prêtres réfractaires. — (245) Aussi, à quelle pénible existence ceux-ci n'étaient-ils pas réduits? — A Hénansal, paroisse qui jusqu'à la fin conserva des ecclésiastiques insermentés, ceux-ci vivaient sous des cabanes de branchages, et c'est sous ces abris précaires, qu'en plein champ, ils célébraient les cérémonies religieuses. — (246 A et B) L'article 24 de la loi du 19 fructidor an V donnant tout pouvoir au Directoire Exécutif de déporter à la Guyane les individus dont ils voulaient se débarrasser (et les prêtres réfractaires étant du nombre), par plusieurs fois le Ministre de la Police de ce gouvernement traita *ex professo*, par ses circulaires, des conditions qui rendaient les ecclésiastiques passibles de cette peine redoutable. Nous reproduisons deux des monitions qu'il fit paraître à cette fin. — (247 à 250) A la suite des rapports demandés aux commissaires près les municipalités cantonales, le Directoire Exécutif ordonna l'arrestation et la déportation des prêtres vivants dans les cantons actuels de Merdrignac et de Caulnes à la date du 12 novembre 1797. Six semaines plus tard, il sévissait contre ceux du pays de Lannion de la même manière. Aucun de ces arrêtés ne fut exécuté. Il eût fallu pour cela saisir les inculpés qui surent se dérober à toutes les recherches. La plupart de leurs noms sont défigurés et sont fort difficiles à rétablir. Ils témoignent de la légèreté avec laquelle ces listes furent établies ; 31 prêtres, dont un assermenté, se trouvèrent ainsi sous le coup de la loi ; seul d'entre eux l'abbé Megret, de Caulnes, subit la peine de la déportation, mais ce ne fut seulement que l'année suivante. — (251) Non seulement le Directoire Exécutif condamnait à la déportation par simple décret, mais des commissions militaires jugeaient les prêtres revenus d'exil et si elles pouvaient les convaincre d'être émigrés rentrés, elles les condamnaient à mort, tel l'abbé *Pierre Corbel*, à Saint-Brieuc, le 6 janvier 1795 ; sinon c'était pour eux la peine de la déportation à la Guyane, tel *André Le Pape*, qui mourut à Konamana, en 1799. (Cf. les biographies de ces deux prêtres dans les *Actes des prêtres insermentés* que nous avons publiés à Saint-Brieuc en 1927.) Le tribunal criminel des C.-du-N. condamnait lui aussi à la déportation des prêtres qui n'avaient jamais quitté la France et dont le seul tort était d'être classés réfractaires, tel *Charles Le Bouloign*, condamné le 21 brumaire an VI, et dont l'administration centrale des C.-du-N. confirma le jugement le 10 janvier 1798. — (251 *bis*) Les départements voisins n'agissaient pas autrement et se montraient plus impitoyables encore à l'occasion ; par exemple les administrateurs de la Vendée vis-à-vis des prêtres Le Jolly et Prigent, des C.-du-N., que la tempête avait jetés sur leurs côtes en revenant d'Espagne. — (252) Les prêtres des C.-du-N. qui s'étaient retirés dans le Finistère, y furent aussi traqués, saisis et condamnés : tel Boncors, assermenté rétracté, tel Dohollou, qui lui n'avait jamais varié dans son orthodoxie. — (253) A côté d'eux, Coudé, assermenté de Saint-Launeuc et révolutionnaire avéré, réclamait véhémentement contre l'arrêté qui le condamnait à subir la déportation à la Guyane, sur le vu de dénonciations calomnieuses que le Directoire ne s'était pas donné la peine de vérifier, preuve du sérieux avec lequel procédait ce gouvernement. — (254) Non seulement le gouvernement du Directoire envoyait les prêtres réfractaires périr à la Guyane, mais il faisait emprisonner tout ecclésiastique insermenté qu'il pouvait saisir. La municipalité de Guingamp fournissait le 12 juillet 1798 un état de 12 prêtres incarcérés dans cette ville, lesquels ne semblent pas jouir d'une santé bien robuste. — (255) Du reste la chasse aux réfractaires était régulièrement organisée et le nombre des détenus augmentait chaque jour ainsi que les profits du citoyen Mattat, commandant la place de Dinan, qui les poursuivait avec acharnement. — (256) Les tribulations que l'on fit endurer à l'abbé *J.-B. Garnier*, d'Allineuc, vieillard des plus inoffensifs, sont un exemple que rien ne pouvait mettre le clergé réfractaire à l'abri des arrestations inopinées. — (257) Le 6 mars 1799, 14 prêtres insermentés languissaient dans la prison de Saint-Brieuc. — (258) Le 5 avril suivant, une partie de ces prêtres avait été transférée à Guingamp. Un tableau fort intéressant nous donne les noms de 27 d'entre eux et les dates de leur emprisonnement. La plupart de ces détenus étaient sexagénaires. Quinze jours plus tard, dans la nuit du 26 au 27 avril, cinq parmi les plus jeunes, savoir MM. *Le Vannais*, de Henon ; *Etienne Saillet, Jacques Liziard*, récollet de Tréguier ; *Jacques Gaudin*, de Moncontour et *Claude Le Noan*, de Plusquellec, trouvèrent moyen de s'enfuir et ne purent être repris. (*Arch. Nat.*, F 7, 7580, n° 803.) — (259) L'Ille-et-Vilaine du reste ne procédait pas autrement que les Côtes-du-Nord ; le prêtre valétudinaire *Louis Naud*, de Pleurtuit, que nous avons vu au t. Ier du *Manuel*, incarcéré à Dinan, puis à Guingamp, était appréhendé comme il s'apprêtait à célébrer la messe et incarcéré à Saint-Servan par les soins de Dubois, ex-religieux jacobin de Dinan (1). — (260) Dans le Finistère, on condamnait à la déportation le prêtre *Pierre Corgat*, arrêté à Plusquellec dans les C.-du-N. — (261) Enfin dans ce dernier département, les administrateurs rendaient le 2 mai 1799 un décret de déportation à l'île de Ré (les escadres anglaises empêchant les convois vers la Guyane), contre onze ecclésiastiques, auxquels on ne pouvait reprocher d'autre crime, que celui, irrémissible à la vérité, « de n'avoir pas prêté serment à la Constitution Civile du Clergé », depuis longtemps abolie, ou d'avoir, pour tranquilliser leur conscience, « rétracté le dit serment ». — (262) Le 12 mai 1799, les autorités du département des C.-du-N., après avoir sévèrement tancé la municipalité de Plouër, coupable de protéger les prêtres réfractaires de cette localité qui y avaient passé toute la Révolution, condamnaient à la déportation à l'île de Ré, le prêtre réfractaire J.-P. Nicolas, de Plouër. — (263) Le 11 juin suivant, deux autres prêtres réfractaires et un ecclésiastique qui venait de recevoir le sacerdoce à Paris, subirent le même sort. Deux mois plus tard, le 5 août, *Pierre Botrel*, recteur de Plerneuf, bien que se trouvant « dans un grand état d'infirmité », était transporté de la prison de Saint-Brieuc dans celle de Guingamp ; sept jours après, les militaires qui avaient arrêté *Jean Brexel*, recteur de Trégomar, recevaient 50 francs de récompense, et le 14 septembre suivant, on internait à la maison d'arrêt de Saint-Brieuc *François Huart*, recteur de Lescouët-Gouarec. (*Arch. C.-du-N.*, reg. L 166.) Les misères de toutes natures que le gouvernement révolutionnaire faisait endurer aux curés bretons, il ne les épargnait même pas au pasteur suprême. A cette époque, le vénérable pape Pie VI, alors âgé de 82 ans, après avoir été arraché de Rome, le 20 février de l'année précédente, trépassait à la citadelle de Valence, le 22 août 1799, au moment où un ordre signé du prêtre apostat *Sieyès* (ex-chanoine de Tréguier, où Louis XVI l'avait fait nommer), ordonnait le transfert du saint vieillard, qualifié de *ci-devant pape* de Valence à Dijon.

---

(1) Sur Naud, cf. *Manuel*, I, n°s 106, 120 ; II, p. 4. — Sur Dubois : *Hist. du Pays de Dinan*, I, p. 36 et 516.

PARTIE DOCUMENTAIRE

237. — *Le retour des prêtres catholiques en France remplissait de dépit l'âme des Jacobins. Dans leurs rapports fielleux adressés au pouvoir central, ils dénonçaient le péril que leur présence faisait courir aux institutions révolutionnaires et réclamaient la reprise des mesures persécutrices, tel le rapport du commissaire Dieupart à Plouha le 21 août 1797. On lira à la suite la réponse du Ministre de la Police.*

(Arch. Nat., F⁷ 7285.)

Dieupart, commissaire du Directoire Exécutif près l'administration municipale du canton de Plouha, écrit au Ministre de la Police Générale :

« Citoyen Ministre, on me prévient qu'il s'est retiré dans mon canton une certaine quantité de prêtres *réfractaires*, dont j'appréhende les manœuvres et les intrigues. Je suis également informé que ces réfractaires, exerçant le culte dans l'intérieur des maisons, y attirent une grande quantité de personnes, et là, sans doute, une fois réunis, ils ne peuvent, sans agir contre leurs intentions, prêcher l'amour du gouvernement républicain, dont ils n'ont jamais été les partisans. Il est temps, Citoyen Ministre, de mettre un frein à tant de désordres. La paix, qui a toujours régné dans ces contrées, pourrait être troublée, si le gouvernement ne se porte à prendre des mesures contre ces détracteurs de la loi. Ni ma personne, ni celle de mes concitoyens patriotes, ni celle des acquéreurs de domaines nationaux, ne sont à l'abri de leurs manœuvres cruelles et pourraient-elles, même bientôt se croire en sûreté contre leurs attaques et leurs partisans. Les autorités constituées tombent dans l'apathie ; les lois vont rester sans vigueur ; les contributions rentrer avec peine, et tout ce mal vraiment désolant ne proviendra que des désordres occasionnés par ces intrigants, par ces réfractaires, ennemis de l'ordre social. J'aurai toujours le courage de les poursuivre, de les combattre, mais il faut que je sois secondé, je ne pourrais seul soutenir le choc de tant de malveillants. Je vous prie, citoyen ministre, de ne pas donner de la publicité à mon nom parce que j'aurais peut-être à craindre pour ma personne, d'après le rapport que je suis obligé de vous faire. J'ai donné connaissance de l'entrée de ces prêtres dans mon canton au commissaire près mon département. »

Réponse du Ministre de la Police Générale Sotin, au commissaire près l'administration municipale de Plouha, le 23 fructidor an V (9 septembre 1797).

« Le Conseil des Anciens a sanctionné le 7 de ce mois, citoyen, la loi relative aux ministres des cultes. Elle doit désormais vous servir de règle de conduite à l'égard des prêtres réfractaires et déportés. Je vous invite cependant à les surveiller soigneusement et à les dénoncer exactement aux tribunaux toutes les fois qu'ils se permettent de prêcher des principes contraires à ceux du gouvernement. S'il se trouvait parmi eux des prêtres émigrés, c'est-à-dire des prêtres qui eussent quitté la France volontairement, sans aucune pièce qui prouvât leur déportation, et avant que les lois eussent prononcé cette mesure de sûreté générale, vous ne devez pas hésiter à les faire arrêter sur-le-champ. Au reste, comme le silence que vous m'invitez à garder sur vos avis me donne lieu de penser que votre administration ne marche pas ferme dans le devoir, je vous recommande de me faire passer de suite des renseignements sur la conduite et les principes des membres qui la composent. »

Salut et fraternité.

Signé : SOTIN.

Le chef de la 2ᵉ division : DONDEAU.

237 ᵇⁱˢ. — EXTRAITS CONCERNANT LES ECCLÉSIASTIQUES DE LA LOI DU 19 FRUCTIDOR AN V (5 SEPTEMBRE 1797), *qui décrète la reprise de la persécution religieuse.*

(*Bulletin des Lois de la R. F.* de l'an V, nº 142, loi nº 1400.)

....

ART. XXIII. — La loi du 7 de ce mois qui rappelle les prêtres déportés, est révoquée.

ART. XXIV. — Le Directoire Exécutif est investi du pouvoir de *déporter*, par des arrêtés individuels motivés, les prêtres qui troubleraient dans l'intérieur la tranquillité publique.

ART. XXV. — La loi du 7 vendémiaire sur la police des cultes continue d'être exécutée à l'égard des ecclésiastiques autorisés à demeurer sur le territoire de la République, sauf qu'au lieu de la déclaration prescrite par l'art. VI de la dite loi, ils seront tenus de prêter le serment « *de haine à la royauté et à l'anarchie, d'attachement et de fidélité à la République et à la Constitution de l'an III* ».

ART. XXVI. — Tout administrateur, officier de police judiciaire, accusateur public, juge, commissaire du pouvoir exécutif, officier ou membre de la gendarmerie nationale qui ne fera pas exécuter ponctuellement, en ce qui le concerne, les dispositions ci-dessus relatives aux émigrés et aux *ministres du culte*, ou qui en empêchera l'exécution, sera puni de deux ans de fer ; à l'effet de quoi, le Directoire Exécutif est autorisé à décerner tous mandats d'arrêts nécessaires...

237 ᵗᵉʳ. — APPLICATION DE LA LOI DE FRUCTIDOR DANS LES CÔTES-DU-NORD. *Lettre de l'administration centrale du département des Côtes-du-Nord au Ministre de l'Intérieur pour lui rendre compte de ce qu'elle a fait précédemment pour persécuter les réfractaires.*

(Arch. C.-du-N., L 287, fº 43.)

« ...Les prêtres insermentés ayant beaucoup de partisans, nous surveillâmes leur conduite. Nous avons pris un arrêté pour rétablir dans l'église où ils célébraient à Saint-Brieuc l'affiche de leur déclaration et soumission aux lois de la République.

» Nous avons fait imprimer un arrêté pour obliger chaque municipalité à nous instruire sous quinzaine, s'il existait dans son arrondissement des prêtres sujets à la déportation, en exécution des lois du 26 août 1792 et du 21 avril 1793 ou qui fussent rentrés en France.

» Plusieurs municipalités ne répondirent point. La plupart envoyèrent des déclarations négatives.

» Au mois de prairial dernier, nous écrivîmes à la municipalité de Dinan pour avoir des renseignements certains sur les prêtres déportés ou émigrés rentrés qui pourraient exister en cette commune. Nous lui marquâmes positivement que ces prêtres devaient tomber sous le coup des lois et nous lui rappelâmes celle du 20 fructidor an III et l'instruction du Directoire Exécutif du 23 nivôse an IV, bulletin n° 20, pour qu'elle eût à s'y conformer.

» Le 10 fructidor dernier, nous avons rappelé à la municipalité de Pléneuf, les principes des lois qui défendent de souffrir un prêtre déporté sur le territoire français avant la promulgation de la loi que l'on attendait alors. »

Dispositions pour l'application de la loi du 19 fructidor contre les prêtres insermentés.

238. — Circulaire du Ministre de la Police Générale *au commissaire du Directoire Exécutif près l'administration centrale des Côtes-du-Nord du 25 octobre 1797 (4 brumaire an VI).*

(Arch. C.-du-N., L^m 5, 113.)

« Vous devez, citoyen, déployer la plus grande sévérité contre les prêtres réfractaires soumis aux lois de 1792 et 1793, qui ne sont rentrés dans votre département que par suite de cette dépravation de l'esprit public qui a failli être si funeste à la France.

» Il faut que ceux qui ne sont point sortis dans les délais déterminés par la loi du 19 fructidor, soient à l'instant arrêtés et conduits sous bonne et sûre escorte à Rochefort afin d'y être embarqués pour le lieu qui leur sera désigné par le Directoire Exécutif pour leur déportation.

» Qu'aucune *considération particulière* ne vous détourne de vos devoirs ; armez-vous à l'égard de ces individus de toute la *rigueur de la loi*; mais l'humanité demande une exception en faveur des sexagénaires et des infirmes ; ceux-là doivent demeurer chez eux, sous une surveillance très sévère. On doit cependant continuer d'étendre le voile de l'amnistie seulement sur ceux qui étaient domiciliés dans votre département pendant les troubles et à l'instant de la pacification, mais si, abusant de cette indulgence, ils excitaient les habitants à la révolte et troublaient la tranquillité publique, vous me les dénonceriez alors nominativement et le Directoire instruit par moi aussitôt, saurait les punir de leur désobéissance et de leur ingratitude.

» Faites promptement parvenir ces instructions aux commissaires près les municipalités de votre arrondissement afin que le calme qui règne dans vos contrées ne soit point troublé. »

Signé : SOTIN.

Pour copie conforme :

Signé : POUHAËR.

239. — ETAT DES PRÊTRES RÉFRACTAIRES *qui existaient dans le département des Côtes-du-Nord à l'époque du 18 fructidor an V. Ce document, antérieur à nivôse an V, n'est pas daté. Nous le croyons de novembre 1797. Il faut tenir compte des haines politiques qui ont inspiré ces notes.*

(Arch. C.-du-N., L^m 5, 112. — Nous avons complété cet état avec plusieurs autres documents.)

A *Lanfains*, canton de BODEO : Le Covec, septuagénaire, réputé pacifique.

CANTON DE BOTHOA. — A *Sainte-Tréphine* : Pade, impétueux chouan et royaliste, réside dans sa commune comme chouan amnistié. — A *Saint-Ygeaux*, même canton : Vincent Le Bronec, hypocrite, distille le poison le plus dangereux dans le cœur de ceux qui l'approchent. — A *Saint-Nicolas-du-Pelem* : Le Garrec, [45 ans, vicaire à Bothoa], déporté rentré. — Claude Le Roux, 55 ans, d'abord vicaire conformiste, s'est rétracté, n'exerce aucune fonction, réside dans le pays. — Jacques, dit Coz, 60 ans, matinalier, prêtre sans aveu. A paru dans le pays à l'époque où ses pareils vinrent l'inonder. — A *Peumerit*, même canton : Yves Le Moing et Le Barazer, septuagénaires, autorisés à demeurer sous la surveillance de la municipalité. — A *Plounévez-Quintin*, même canton : [Noël Baudremont, septuagénaire, ex-recteur de Plounévez et y demeurant, soumis à l'inspection de sa municipalité]. Pierre Caïrou, 52 ans, vicaire, émigré rentré, royaliste outré. — A *Canihuel*, même canton : Yves Julien, ex-capucin, 50 ans, d'abord conformiste, donne depuis longtemps sujet de douter de son opinion. Présumé rétracté, n'exerce aucune fonction, réside dans le canton. — Yves Le Milin, d'abord conformiste, s'est rétracté, n'exerce aucune fonction, réside dans le canton. — André Le Pape, 36 ans, vicaire à Rosquelven, déporté rentré, demeurant à Kerhuel, capturé sur le territoire de la République après le délai prescrit par la loi de fructidor. Condamné à la déportation par jugement de la commission militaire séant à Port-Brieuc, en date du 1er nivôse an VI.

Le 10 brumaire an VI (31 octobre 1797), on écrit que Le Corvaisier, curé de CHATELAUDREN, est disparu depuis la loi du 19 fructidor. (L^m 5, 113.)

CANTON DE DINAN. — Chauvin ; Chilou ; Gérard ; Richard (en surveillance) ; Regeard ; Lemarchand ; Robichon : tous déportés rentrés, n'ayant pas justifié de leur sortie du territoire de la République.

A Duault, canton du dit : Pierre Corbel, natif de Duault, non soumis, exerçait à *Pestivien*, émigré rentré. — Le Gof, simple prêtre à *Carnoët*, chouan amnistié, exerçait avant le 18 fructidor, a disparu depuis ainsi que Laurent Bercot, ex-curé de Locarn, Le Guillerm de *Maël-Pestivien;* Le Coz, sans domicile fixe ; Pobaër se qualifiant de vicaire général ; Le Rouzic, prêtre de Duault. [Sur *Corbel*, cf. p. 64].

A *Laniscat* : Noël Olivier, [ex-recteur, homme politique, intelligent et vindicatif, ne manquant pas d'esprit, L^m 5, 113], méchant, exerce l'empire le plus prononcé sur l'esprit public, a constamment déclamé contre le gouvernement républicain. — Jean Guillou, ex-curé de *Saint-Gelven*. — François Couëdic, [natif de Laniscat et y demeurant], homme astucieux, ne néglige aucun moyen de rallumer la guerre civile dans le canton où il est présumé caché. — Collin, diacre ou sous-diacre, déporté rentré. — [Vincent Le Bronec, ex-curé d'une trêve de Laniscat, sexagénaire, a déjà été dans une maison de reclusion, n'en est pas plus sage. L^m 5, 114.] — A *Saint-Gelven*, canton de Laniscat : Mathurin Le Maout, [habite chez son père], violent contre-révolutionnaire, persécuteur déclaré des Amis de la Révolution. — A *Plussulien*, même canton : Le Querré, [natif de cette commune où il fait fonctions de recteur], implacable ennemi de la Révolution, prêchant audacieusement la révolte et la désobéissance aux lois. — Yves Riou (faisant fonctions de vicaire à Saint-Mayeux), effréné contre-révolutionnaire. — A *Gouarec*, même canton : Henry Pampenay, diacre, déporté rentré. S'est montré dans son canton lorsque les chouans ont paru pour la première fois et les accompagnant dans leur expédition. — [Hervé Le Bourhis, ancien vicaire et curé constitutionnel. Ce vieillard, après avoir exercé pendant quelque temps à Châteaulin, vint comme curé à Plounévez-Quintin où il resta jusqu'aux débuts de la chouannerie. Il se retira alors à Gouarec, son pays natal, où il se vit forcé de rétracter son serment ou de subir la mort.]

Canton de Jugon. — A *Plénée-Jugon* : Meheust, émigré rentré, n'a pas justifié sa sortie.

A Plédéliac : Armand Minet, sexagénaire, ci-devant prieur du Saint-Esprit en Plédéliac. Gros bénéficiaire affectant le luxe d'un prélat, riche de patrimoine, très dangereux par son hypocrisie, sa prépondérance connue parmi les gens de robe et son influence sur l'esprit et le cœur des paysans dupes de ses beaux dehors et du ton doctoral de cet ennemi du gouvernement. A fait publier sa retraite à Nantes. [Cf. n°s 249 et 250].

A Lannion, canton du dit : Lallier, ex-supérieur du séminaire de Tréguier ; Guillaume. — François Le Montréer, ex-vicaire de Rospez. — Le Quellec. — Le Neuder, ex-vicaire de Plounévez. — Le Bris, curé de Brelevenez, tous signalés comme déportés rentrés n'ayant pas justifié de leur sortie du territoire de la République. (Cf. L^m 5, 113 et 114.) Une autre liste qualifie Guillaume et Lallier de royalistes outrés.

A Lanloup, canton du dit : Auffray, émigré rentré.

A Lanvollon : Vincent-Auguste Couffon, ci-devant recteur de Locquenolé, chouan effréné, vendu aux ex-nobles, actif, ayant fait tout le mal possible, scélérat monstre. — Guillaume Macé, d'abord conformiste, s'est rétracté depuis deux ans, fait le commerce, n'exerce aucun culte, ami des nobles, des ennemis du nom républicain, a figuré comme royaliste aux élections de l'an V. Meneur des ennemis du gouvernement.

A Loudéac : Jamin, Leclerc, Jeglot, septuagénaires, autorisés à demeurer sous la surveillance de la municipalité.

A Maël-Carhaix : Pohaër (ou Poher), Le Rue, Le Guern, Coadic, Huitorel, Causel. Aucun n'a justifié sa sortie du territoire de la République. [Ils se retirent chez Raphaël Le Baron, chez Joseph Lagadeuc, etc., etc., cf. L^m 5, 113].

Canton de Matignon. — A *Saint-Pôtan* : Labbé, déporté rentré, n'a pas justifié sa sortie. — Jacques Raffray, déporté rentré, connu en différents cantons sous les noms de Bonaventure, de Petit Jacques et de Petit Jean. [Sur ces prêtres et ceux de Mégrit, cf. *Hist. du Pays de Dinan*, II].

Canton de Mégrit. — A *Mégrit* : Le Marchand, ex-vicaire, déporté rentré depuis quatre ans. Ce fut lui qui organisa la chouannerie, qu'il cherche encore à relever. Il fit et fait sans relâche les plus grands maux. A su se soustraire aux recherches les plus actives. — Louis Buart, d'abord conformiste, cessa ses fonctions durant les troubles. S'est rétracté scandaleusement. Travaille avec activité l'esprit des habitants des campagnes. — A *Tremeur* : Turmel, déporté rentré, n'a pas justifié de sa sortie du territoire de la République. — A *Saint-Urielle* : René Colombel ; même mention.

A Mellionnec, canton du dit : Yves Guillouzo, ex-recteur de Mellionnec, émigré rentré, a paru sans interruption sous la réaction. Exerçait sans avoir fait aucun acte de soumission aux lois, dignitaire. — Tiberge : Dangereux par l'influence et la considération dont il jouit. — Huart, *idem*, [ex-recteur de Lescouët où il a beaucoup d'influence, L^m 5, 114]. — A *Plélauff*, même canton : Marion, ex-vicaire, [jeune homme bien fanatique, ne manquant pas d'esprit, L^m 5, 114], dangereux par sa réputation d'homme d'esprit. — A *Plougonver*, canton du dit : l'ex-curé de Plougonver, déporté rentré.

A Moncontour, canton du dit : Jacques Gaudin, chouan, a disparu. — A *Trédaniel* : Rochard, infirme, réputé n'être pas dangereux, mais fut toujours réfractaire.

A Paimpol : Richard, ex-curé de Ploubazlanec, homme turbulent, contre-révolutionnaire décidé. — Le Lay, d'abord conformiste, s'est rétracté. N'exerce aucune fonction. A disparu.

A *Bégard* : canton de Pedernec : Le Garlé ; Jégou, ce dernier circulait clandestinement avant le 18 fructidor. — Le Baudour, réfractaire, accablé d'infirmités, consigné à l'hôpital civil de Saint-Brieuc.

A PLÉDRAN, CANTON DU DIT : Leclerc, ex-vicaire de Saint-Carreuc, demeure au village de Plehan ; Jamet, ex-recteur, demeure au bourg chez Marie Bidan ; Julien Corlay habite sa maison neuve au rocher du Madray ; Saillet, au château de Piruit ; Le Meunier, au village de Crehac. — A *Hénon*, canton de PLEDRAN : Le Faucheur réside au Moulin au Comte ; Le Vannais, au bas du bourg ; Boinet, à la métairie de Launay-Rouault. — A *Plaintel*, canton de PLEDRAN : Vainsot, réside au bourg ; Le Gallée, ex-capucin, réside au bourg, réputés tous deux dangereux (1).

A PLÉLO, CANTON DU DIT : Quettier.

Le 10 brumaire an IV, on signale à PLÉRIN, Person et Le Pouliquen, qui s'étaient conformé à la loi du 7 vendémiaire. Ils sont assez tranquilles. — A *Ploufragan*, un prêtre appelé Philippe, non soumis, a une influence dangereuse. — A *Trégueux*, un prêtre nommé Le Moulnier, non soumis, est assez tranquille. Un autre prêtre appelé Oizel, est rentré à Ploufragan le 24 brumaire an VI, on le croit à Ploubalay. (L^m 5, 113.) — *Trémuzon* est sans prêtre. — *Langueux* a trois prêtres assermentés, les deux Corbel, oncle et neveu et Jaffrin.

A PLESTIN [les Grèves], CANTON DU DIT : Toussaint Adam ; Jacques Le Gallou ; Le Herry, mêmes mentions que précédemment. Le Jeune, réputé imbécile, assermenté rétractataire, couche dans les bois. — A *Pommerit-les-Bois*, même canton : Julien Pierre ; Yves Duval, septuagénaire réputé pacifique.

Le 9 nivôse an VI (29 décembre 1798), on signale à *Plcubian* le prêtre Berthou rétracté depuis thermidor dernier, qui ne fait aucune déclaration de soumission aux lois de la République. (L^m 5, 114.)

CANTON DE PLOUËR. — A *Plouër* : Lemoine ; Yves Lemoigne ; François Beaudouar ; Pierre Rouault ; P.-J. Journeaux ; Nicolas ; Fouché ; Le Bourgeois ; Jean-Joseph Fouace ; Germain Fouace ; Gallée ; René Cathenos ; Houitte, Jacques Lecuyer : tous déportés rentrés, n'ont pas justifié de leur sortie du territoire de la République. (Cf. en outre L^m 5, 11.)

CANTON DE PLUMAUDAN. — A *Plumaudan* : Le Bigot et Hannier, émigrés rentrés, n'ont pas justifié de leur sortie du territoire de la République.

A *Rostrenen* : Paul Collet, ex-doyen.

A *Kergrist*, canton de ROSTRENEN : François Le Garrec. — A *La Madeleine* : Etienne Le Garrec et Le Coent, déportés rentrés. — A *Glomel* : Guéguen. — A *Plouguernevel* : Le Mahé ; Le Joncour, mort. — A *Glomel* :

---

(1) Pour les notes des prêtres du canton de Plancoët, cf. *Hist. du Pays de Dinan*, t. II, p. 148. Sur Person : *Hist. du Pays de Dinan*, I, p. 68 ; II, 86, 141.

Donniou, sexagénaire réfractaire, s'est déporté conformément à la loi du 18 fructidor.

A Saint-Brieuc : Hyacinthe Bourgault ; Antoine Besson ; Pierre Connen, émigré, a porté les armes dans la horde des chouans, avait adopté le nom de *Pierre Le Matelot*, a tondu les patriotes et commis d'autres excès, chouan amnistié. — René Jouannin : D'abord conformiste, s'est rétracté de son serment, a fait partie de la horde des chouans. A exercé après sa rentrée le culte catholique, chouan amnistié. Jean-Louis Le Pesant : « caffart insinuant, de la plus faible constitution, réputé désormais capable de sacrifier son opinion à son repos ». — Manoir, ex-chanoine : « chouan amnistié, l'être le plus dangereux de son espèce, incorrigible, jouissant de la confiance, qu'il sait manier adroitement. Présumé être redevenu brigand depuis le 18 fructidor ».

Le 4 brumaire an VI (25 octobre 1797), on avise le commissaire près l'administration centrale des Côtes-du-Nord que les prêtres Olivier Chancerel, René-Etienne Sica et Joseph Le Marc, ont pris des passeports pour l'étranger. (L^m 5, 113.)

A *Kermoroc'h*, canton de Saint-Gilles. — Le Mat, recteur de Saint-Laurent, « réputé instruit, vindicatif, très influent ». — Le Mignot, n'a pas justifié de sa sortie du territoire de la République.

Le 28 vendémiaire an VI (19 octobre 1797), on signale dans le canton d'Uzel : Denys, de Merléac et Carcref, d'Uzel, déportés rentrés ; Jean-François Glé, d'Uzel ; François Frenay, d'Allineuc ; Le Dantec, de Merléac ; Guyomart, du Quillio, qui ont disparu depuis le 18 fructidor ; Hamon, de Merléac et Guyomart, du Quillio, assermentés rétractés ; Gouzin, d'Uzel et Jean Garnier, d'Allineuc. [Sur Gouzin, cf. p. 2.]

240. — Quelques fiches intégrales fournies par les Commissaires cantonaux du Directoire Exécutif, *et que l'on a utilisées pour rédiger l'état précédent.* Elles permettent de juger la mentalité des magistrats de la Révolution et du petit nombre des prêtres insermentés résidant dans les Côtes-du-Nord.

A. — *Etat des individus sujets à la déportation et qui étaient domiciliés dans le canton de Broons, lors de la loy du 19 fructidor.*

(Arch. C.-du-N., L^m 5, 113.)

Jean Richard et *Jean Bougault*, prêtres réfractaires à Broons.
Leforestier et *Le Mercier*, prêtres réfractaires à Sévignac.
Wouiste (Vitte), prêtre réfractaire à Rouillac.

Les quatre premiers prêtres sont dangereux. Celui de Rouillac, moins méchant.

A Broons. Certifié véritable, le 6 brumaire an VI (27 octobre 1797).

Signé : Huet.

B. — *Le Commissaire du Directoire Exécutif près la municipalité de Dinan au Commissaire près l'Administration Centrale Départementale, le 5 brumaire an VI (26 octobre 1797).*

(Arch. C.-du-N., L^m 5, 113.)

« Je réponds à votre circulaire du 18 vendémiaire relative aux mesures à exercer envers les individus sujets à la déportation. Je l'ai communiquée à la Municipalité de Dinan. Comme moi, cette administration est remplie de zèle et de bonne volonté.

» Depuis le moment où la journée du 18 fructidor a été connue, les prêtres qui se montroient dans la commune, en ont entièrement disparu. Tous ces réfractaires étoient munis de sauf-conduits de généraux et ceux qui n'en avaient pas, n'y venaient que furtivement et il y avoit aussi plusieurs vieillards.

» Les prêtres qui se montraient habituellement se nommaient : *Chauvin, Chilou, Richard, Gérard, Regeard, Lemarchand, Havoui* et *Robichon* (1).

» On m'a assuré et je suis très convaincu que *Le Moine,* ex-curé de Plouër, y a aussi résidé longtemps, mais caché. Ce dernier est regardé comme un perturbateur et un fanatique à l'excès et il a dû, depuis quelques mois, se domicilier dans la commune de Cancale par ordre de celui qui exerce à Port-Malo les prétendues fonctions de grand vicaire... »

Signé : Denoual (du Plessis).

C. — *Lamballe, l'an VI* (sans date plus précise). *Lettre du franc-maçon Mareschal, Commissaire du Directoire Exécutif.*

(Arch. C.-du-N., L^m 5, 113.)

« Le nommé *Saillet,* ci-devant recteur de Quintenic, habite dans le moment même la dite commune... J'espère, sous le 28 de ce mois, avoir tous les renseignements nécessaires pour que l'on puisse s'en emparer. »

D. — *État des insermentés de la ville de Loudéac.*

(Arch. C.-du-N., L^m 5, liasse 113.)

Loudéac, le 6 frimaire an VI (26 novembre 1797).

Lettre de Duboishardy, Commissaire du Directoire Exécutif près la municipalité de Loudéac au Commissaire près l'Administration centrale des Côtes-du-Nord.

« Citoyen, par votre lettre du 28 vendémiaire (19 octobre) que je n'ai reçue que le 5 de ce mois, vous me mandez que le Ministre de la Police Générale vous charge d'exiger de moi un compte rendu décadaire et circons-

---

(1) Nous ignorons qui pouvaient être MM. Havouy et Gérard. Quant aux autres, on trouvera leurs biographies aux t. I et II de l'*Histoire du Pays de Dinan,* de même que celles des prêtres du canton de Broons.

tancié, des résultats des mesures que l'administration et moi auront prises pour accélérer la déportation des individus soit émigrés, soit prêtres déportés et rentrés et dont l'expulsion est ordonnée par la loi du 19 fructidor...

» Pour ce qui concerne les prêtres déportés et rentrés, ce que je puis vous dire à cet égard, citoyen collègue, c'est qu'il en existait un dans la commune, qui, vraisemblablement attiré par la loi rapportée par celle du 19 fructidor, s'était rendu dans ses foyers et y exerçait ses fonctions assez tranquillement, ne s'attendant pas à un nouvel ordre de choses ; mais ayant été instruit avant que nous le fussions nous-mêmes, il fit son paquet et disparut. L'on peut dire de lui comme disait Cicéron de Catilina : « *Abiit, excessit, evasit, erupit* ». Mais s'il était tenté de retourner, soyez sûr que je prendrai les moyens les plus efficaces pour faire saisir cet individu, à tous égards dangereux.

» Quant aux autres prêtres qui ne sont pas bien positivement de la catégorie de *Guillot*, il en existe deux dans la commune : le prêtre *Jamin* et le prêtre *Jeglot*. Le premier n'est et n'a toujours été qu'un imbécile, qui ne sait pas lire, ni à plus forte raison comprendre son bréviaire. Je ne le crois pas absolument dangereux. Il n'exerce aucune fonction. Il n'a même jamais hazardé à dire la messe par scrupule ; croyant, ce qui pouvait être vrai, qu'il n'en était pas digne ; mais malgré tout cela, il pourrait, non obstant sa presque imbécilité, influencer beaucoup sur l'esprit plus faible encore que le sien, de certains habitants des campagnes.

» Relativement au prêtre *Jeglot* c'est un vieillard plus que septuagénaire, assez et très vigoureux (*sic*) pour son âge, puisque cela ne l'empêche pas, presque journellement, d'aller courrir la campagne. Y exerce-t-il un ministère ? — Qu'y fait-il ? — C'est ce que j'ignore, et ce que personne ne me dira. Point de témoins contre des prêtres ! Mais il paraît cependant que Jeglot n'excite pas de troubles.

» ...Recevez, je vous prie, le salut le plus amical et le plus fraternel. »

Signé : DUBOISHARDY.

E. — *Marchix, commissaire du Directoire Exécutif, près le canton de Mégrit, écrit le 18 brumaire an VI (8 novembre 1797).*

(Arch. C.-du-N., L^m 5, 113.)

« *Louis Buart* fit d'abord le serment et exerça fort longtemps en qualité de vicaire provisoire de Mégrit. Il cessa pendant le chouannage et, la tranquillité un peu rétablie, à la sollicitation de Le Marchand, il s'est rétracté il y a environ 5 mois en présence d'une grande affluence de peuple qui assistait dans une grange aux cérémonies religieuses de Le Marchand et sa rétractation, quoique dans l'ancien temps, il n'ait été un sujet de bon exemple, n'a pas manqué d'endurcir encore bien de pauvres paysans que lui et son digne collaborateur travaillent à leur gré.

» *Turmel*, ancien curé assez tranquille et qui, m'a-t-on assuré, s'abstient de toute fonction ; néanmoins j'en doute.

» *René Colombel*, assez tranquille et dans le cas du précédent (1). »

F¹. — *Guyomard, commissaire près le canton de Plénée, écrit le 8 novembre 1797.*   (Arch. C.-du-N., Lᵐ 5, 113.)

« ...Il n'y a point et n'y a jamais eu des prêtres réfractaires à résider dans mon canton. Dans le temps que le gouvernement leur accorda des indulgences plénières, il en passa quelques-uns sur mon canton, mais ils n'y débitèrent point longtemps leur mauvaise marchandise. »

Le 18 brumaire an VI.   Signé : GUYOMARD.

F². — *Le commissaire du Directoire Exécutif près le canton de Plénée, écrit le 15 pluviôse an VI (3 février 1798) au commissaire près l'administration centrale des Côtes-du-Nord.*

(Arch. C.-du-N., Lᵐ 5, 115.)

« J'ai été instruit, citoyen, que plusieurs prêtres réfractaires aux lois résident dans plusieurs communes et y font leurs fonctions à leur manière accoutumée : 1° un nommé *Veron*, restant dans sa maison en Brehan, dit canton. D'autres restant à Noyal, proche Lamballe, font des mariages à la manière accoutumée et défendent au peuple, sur ce que j'ai entendu dire, d'aller aux messes des prêtres soumis aux lois. »

Signé : RABASTÉ.

G. — *Etat des insermentés du canton de Pédernec.*

(Arch. C.-du-N., Lᵐ 5, 115.)

Le commissaire du Directoire Exécutif près la municipalité cantonale de Pédernec, écrivait de Bégard le 2 pluviôse an VI (21 janvier 1798) au commissaire du Directoire Exécutif des Côtes-du-Nord :

« Lorsque les orateurs de Londres au Corps Législatif appelaient à grands cris les prêtres déportés et sujets à la déportation, les autorités constituées eussent été plus que téméraires de songer seulement à faire arrêter les oints du Seigneur.

» Chacun de ces Messieurs avait pris son poste : Missire *Yves Jegou* remplissait sa mission à Lanneven, pays natal de missire *Savidan*, ancien principal du collège de Tréguier, qui, dans ce bon temps, visitait fréquemment sa famille et ses amis. Mais, sa destination étant pour le pays de Plougasnou et de Morlaix, il ne faisait que les visites archidiaconales. Un autre missire, *Yves Le Mat*, ex-recteur de Laurent, accouru de Jersey pour sauver ses plus chères ouailles de la damnation imminente dans

---

(1) Sur les prêtres ci-dessus. cf. le t. II de l'*Histoire du Pays de Dinan.*

laquelle les entrainait le curé constitutionnel, suait sang et eau à Saint-Norvez à refaire et à faire des mariages et des baptêmes. Le saint homme terminait toutes ces cérémonies par une utile cueillette qui le dédommageait amplement de l'ancien casuel.

» L'inattendu 18 fructidor vient d'arrêter le cours de tant de prospérités spirituelles et temporelles : Messieurs (*sic*) plient bagages et disparaissent incivilement sans prendre congé de la municipalité. Celle-ci charge l'agent de Bégard de s'informer ce que sont devenus ces intéressants personnages. Il s'adresse aux personnes qui ont la faveur de loger et d'héberger ces saints hommes. On lui répond par écrit qu'on ne sait ce qu'ils sont devenus depuis le 18 fructidor et on assure qu'ils ne sont plus dans la commune.

» L'administration centrale jugera si ces individus qui étaient en France le 18 fructidor et qui sont réputés en être sortis sans passeports, ne doivent pas être portés sur la liste des émigrés. »

Salut et Fraternité.   Signé : RIVOALLAN.

H. — *Le 1ᵉʳ frimaire an VI (21 novembre 1797), Faisant, commissaire du Directoire Exécutif, près le canton de Plumaudan, écrit :*

(Arch. C.-du-N., Lᵐ 5, 114.)

« Je n'ai pas connaissance qu'il y ait dans mon canton des émigrés rentrés. Deux prêtres réfractaires et sujets à la déportation : l'un nommé *Le Bigot*, cy-devant, curé de Plumaudan, l'autre *Hannier*, cy-devant curé de Trélivan (1), sont cachés dans les communes de Plumaudan et Yvignac, j'en ai donné connaissance à la gendarmerie afin qu'elle fasse les perquisitions nécessaires pour s'assurer de leurs personnes. »

Signé : FAISANT.

I. — *Kermoroc'h, le 27 brumaire, l'an VI (17 novembre 1797).*

Le Commissaire provisoire du Directoire Exécutif près l'administration municipale du canton de Saint-Gilles-le-Vicomte au Commissaire près l'administration centrale des Côtes-du-Nord.

« Citoyen : J'ai reçu le 25 de ce mois votre circulaire du 28 concernant l'exécution des dispositions de la loi du 19 fructidor, relative aux émigrés et aux prêtres déportés rentrés.

» Il était rentré sur le territoire de ce canton deux prêtres déportés : *Le Mat*, ex-recteur de Saint-Laurent et *Le Mignot*, ex-recteur de Kermoroc'h. Pendant leur courte apparition dans ces communes, ils ont gagné quelques individus, mais en très petit nombre. La voie était faite dès longtemps par leurs associés de l'intérieur. Les plus riches paysans leur

---

(1) Sur ces deux prêtres, cf. les deux volumes de l'*Histoire du Pays de Dinan*.

étaient favorables et ils ont trouvé de l'azile chez leurs fidèles ouailles où ils ont messé, confessé, etc., etc., le tout en chambre, parce qu'ils ne voulaient nullement faire la déclaration présente, par la loi du 7 vendémiaire an IV.

» Sitôt la publication de la loi du 19 fructidor, ils ont disparu et je n'ai pu savoir où ils se seraient retirés. Ce qu'il y a de certain est qu'ils n'ont pris aucun passeport de l'administration.

» Pour des émigrés, il n'y en a point dans le canton.

» Le nommé *Perennès*, prêtre d'abord sermentaire, puis desservant à Landebaëron, Saint-Laurent et Saint-Clet où l'on prétend qu'il s'est rétracté, réside sur la commune de Saint-Gilles et n'exerce aucune fonction publique de son ministère. On m'a même assuré que depuis plusieurs mois il n'exerce nulle part. Mais j'ai aussi appris qu'il a parfois été à la messe dans la maison de *Guezou* à *Brélidy*, lorsque celui-ci s'étoit mis aussi à la mode d'officier auprès de son feu pour le plus grand bien de l'Eglise.

» Ce premier est chez ses parents et est actuellement assez tranquille ; mais probablement un ennemi caché de la Révolution qu'il a abandonnée.

» Ceux des prêtres qui ont le plus influé sur l'opinion publique dans ces parages, ça a été *Le Mat*, célèbre prédicateur breton, homme de conduite ; savant, astucieux et vindicatif. Il est la boussole des autres prêtres. Même avant son départ, notre juge de paix lui parlait un jour de faire sa soumission aux lois : « ma conduite, dit-il, répondra de tout ».

Tel était le langage de ces hommes entêtés dans leurs opinions et qui ont la République et les républicains en horreur.

Salut et Respect. Signé : F. DERIENNIC.

K¹. — *Etat des prêtres réfractaires, émigrés ou déportés, qui résidaient à Tréguier avant la loi du 19 fructidor an III, en vertu de radiations provisoires ou de permissions émanées du département.*

(Arch. C.-du-N., L^m 5, 114.)

« *Garat de Saint-Priest*, vicaire général et chanoine de Tréguier. Etait suivant bien des apparences le chef des prêtres réfractaires rentrés, l'agent et le correspondant de l'évêque de Tréguier. A pris un passeport pour se déporter, a disparu.

» *Etienne* et *Pierre Briand*, vicaires d'une commune, ont disparu. Insoumissionnaire à la loi du 7 vendémiaire, Etienne fut pris et envoyé en arrestation à Guingamp d'où il s'évada. A été autorisé à demeurer à Tréguier par le département jusqu'à la loi du 19 fructidor.

» *L'Archantec*, curé de Hengoat ; *Olivier Lhermite*, ex-vicaire de Guimaec ; *Yves Ollivier*, matinalier à Berhet. *Le Jouan*, rétractataire, *Le Court*, ex-prieur de Beauport, ont constamment refusé depuis le mois de vendémiaire an V, malgré les invitations de la municipalité, de célébrer le culte dans l'enceinte désignée. Ils ont préféré pratiquer leurs fonctions dans l'intérieur des maisons particulières, ou dans grand scandale, on voyait plus de 300 personnes réunies, soit dans la maison, soit dans la cour, soit dans la rue même, au devant de la porte. Qui que ce fut, (s'il, était) reconnu pour aimer la République, n'était pas admis dans l'intérieur. Ils tenaient des registres des mariages et des naissances. C'était dans les maisons des ex-religieuses, qui sont réunies et rassemblées à Tréguier par escouades (*sic*), qui prennent quantité de pensionnaires femelles de la campagne, qu'elles instruisent ainsi que les enfants de Tréguier, non dans l'amour de la République, au contraire, elles inspirent de l'horreur pour les prêtres constitutionnels. — Tous ces prêtres ont disparu depuis la loi du 19 fructidor.

» *Lisiart*, en prison à Port-Brieuc, arrêté à la Roche-Derrien, sans passeport lors de son évasion. [Cf. *Manuel*, I, p. 40 et 193].

» *François Le Quellec*, curé de Plouguiel : homme dangereux, propre à séduire le peuple, a disparu. Autre *Le Quellec*, son neveu, n'a fait que paraître quelques jours avant la loi et s'est retiré.

» *Charles Riou*, ex-chanoine de Tonquedec, résidant dans ce canton. A disparu.

» Les deux *Rolland de Cheffontaine*, frères, chanoines de Tréguier. Ont paru à Plouguiel, mais ont disparu. (NOTA : L'un de ces prêtres avait péri à Quiberon en 1795 ; on peut juger par là de la valeur du renseignement et de celle des autres !).

» *Jean Lasnier*, ex-vicaire. S'était exilé ; rentra et fut pris le 1er juin 1793. Condamné à 10 années de détention. Il fut élargi de Guingamp. A disparu actuellement. [Cf. *Manuel*, I, p. 216].

» *Olivier Paris*, ex-curé de Langoat. A reparu peu avant la loi du 19 fructidor, a disparu. »

Le 10 brumaire an VI (31 novembre 1797).

Signé : MORINIÈRE-VILLEFORT.

K².

(Arch. C.-du-N., Lm 5, 113.)

Tréguier, le 11 frimaire an VI (1er décembre 1797).

Le commissaire du Directoire Exécutif près le canton de Tréguier, près celui du département des Côtes-du-Nord.

« Citoyen, comme vous m'avez recommandé de vous instruire des agissements de l'administration de ce canton à l'égard des individus que frappe la loi du 19 fructidor, je ne dois pas vous laisser ignorer que sur la connaissance qu'à eue l'adjoint municipal de Tréguier qu'un *quidam*, en ce cas, était réfugié chez une ex-sœur de la Croix, nommée sœur Hélène, il y fit une visite avec la force armée, mais (elle fut) malheureusement vaine et ne trouva que la culotte du prêtre qui, deux heures auparavant avait parti, suivant la déclaration de la chaste none. Il ne manquait que d'avoir trouvé sa coiffe aux rideaux du lit et ses pantoufles dessous, comme cela arriva au presbytère de Hengoat, lorsqu'on y fit perquisition de la personne du célèbre *L'Archantec*, qui se trouve le propriétaire de la culotte ci-dessus mentionnée.

» Rien de plus vrai que l'existence de ces réfractaires en cette ville, ainsi que je vous l'ai dit dans ma dernière (lettre). Rien de plus vrai aussi que ces religieuses n'élèvent leurs pensionnaires que dans l'horreur pour les ministres constitutionnels, puisque le curé de Trédarzec m'a dit hier en la présence de témoins « que la sœur Goupil, ex-pauline, avait défendu à des jeunes personnes de Trédarzec d'aller à la messe du curé sous peine de damnation éternelle... »   Signé : Morinière-Villefort.

L. — *Trémorel, le 1ᵉʳ brumaire an VI (22 octobre 1797).*
(Arch. C.-du-N., Lᵐ 5, 113.)

« Un nommé *Dreux*, ex-curé de Trémorel, y demeurant avant le 19 fructidor, n'a jamais sorti du territoire français. Il a exercé publiquement lorsque les lois le lui ont permis ou du moins toléré. Sa conduite depuis mon entrée dans le canton est irréprochable : jamais il ne s'est refusé à la lecture des papiers ou publications exigées par la loi. Désirant et prêchant toujours la paix, il a contribué par la lecture des avertissements que la municipalité donnait au peuple pour le recouvrement des contributions, il se permettoit même des observations suite de justes réflexions qui loin d'être nuisibles, n'étaient qu'engageantes et excitatives. Enfin je m'en suis toujours servi comme d'un moyen efficace et j'ai réussi.

» Un second appelé *Eballard* n'a jamais mérité d'être dans la classe des déportés, ayant toujours resté en France, aussi pacifique qu'éloquent, il a fait tout ce qu'on pouvait en attendre pour engager ses concitoyens à s'acquitter de leurs impôts. Il leur mettoit sous les yeux les fâcheux événements qui auraient pu résulter de leur négligence et ses expressions persuasives faisant le peuple se gêner pour l'acquit de leurs contributions (1).

» Un *Dessaince*, simple prêtre (de Ploërmel), exerçant dans la commune d'Illifaut, n'a manifesté aucune mauvaise intention. Je pense qu'il n'a guère exercé sur l'esprit public, toujours tranquille et prêchant la concorde... » [Cf. p. 3 et 75.]   Signé : Lorand,
Commissaire du Directoire Exécutif.

241. — Dans de nombreuses localités, les mesures prises contre le clergé blessent la conscience populaire et suscitent des protestations. *Nous ne citerons pour exemple que la pétition des habitants d'Hémonstoir en faveur de leur curé, l'abbé Jamin.*
(Arch. C.-du-N., Lᵐ 5, 113.)

Hémonstoir, le 25 brumaire an V (13 novembre 1797).

L'agent et l'adjoint municipal d'Hémonstoir aux citoyens administrateurs du Directoire Exécutif du département des Côtes-du-Nord.

---

(1) Sur M. Eballard, cf. le t. II de l'*Histoire du Pays de Dinan.*

« Citoyens, nous avons connaissance que depuis longtemps la Convention Nationale ayant décrété la liberté aux prêtres et leur a donné la permission d'exercer leurs fonctions ecclésiastiques sans que personne les inquiète ni les trouble, dans l'exercice de leurs fonctions. Cependant, citoyens, nous voyons que cette loi n'a point son exécution à l'égard de Guillaume Jamin, prêtre que vous retenez dans vos prisons, lequel est originaire de cette commune.

» Les habitants d'Hémonstoir ne cessent journellement de réclamer ce ministre en nous exposant qu'ils veulent bien être républicains, qu'ils n'ont jamais voulu porter aucune résistance contre le gouvernement républicain ; qu'au contraire, ils sont disposés d'employer tout leur pouvoir à défendre une République qui fait le bonheur de tous les Français, mais les dits habitants disent que s'ils sont républicains, ils veulent être aussi chrétiens. La connaissance qu'ils ont de la religion catholique les engage toujours à la réclamer. En conséquence nous réclamons vers vous jointement avec nos administrés la personne de Guillaume Jamin, prêtre d'Hémonstoir, qu'il vous plaise, citoyens, de lui donner la liberté et qu'il vienne résider en la dite commune pour y exercer les fonctions ecclésiastiques comme nous le désirons.

» Les citoyens les plus considérables de cette commune ont signé avec nous la présente ; nous vous sollicitons de nous renvoyer en diligence ce ministre que nous réclamons et nous le prendrons sous notre responsabilité personnelle et nous prenons (*sic*) à répondre de sa conduite. Tâchez donc, citoyens, de donner la liberté à ce ministre. »   Salut et Fraternité.

Signé : *Jean Robin*, adjoint ; *René Kerfanton*, agent municipal ; *Louis Le Denmat; Marc Guillemain; Jean Le Goff; Louis Gourgand; Julien Lucas; Vincent Robin; Guillaume Robiot; Joseph Lemauff; Pierre Benard; Olivier Trevaux; Jean Le Denmat.*

(Cf. sur le prêtre Jamin tout un dossier à la liasse L^m 5, 115 et p. 35.)

242. — Aucune considération ne pouvait du reste arrêter le Directoire Exécutif. *Informés par des « délégués » jacobins, ses ministres de la police et de l'intérieur stimulaient sans cesse les commissaires près les administrations cantonales et autres à poursuivre les prêtres réfractaires, telle cette* Monition du Ministre de la Police concernant la présence dans le pays de Broons d'une foule d'ecclésiastiques insermentés.

(Arch. C.-du-N., L^m 5, 114.)

Le Ministre de la Police Générale au Commissaire du Directoire Exécutif près le Directoire des Côtes-du-Nord à Port-Brieuc, le 19 nivôse an VI (18 janvier 1798).

« J'ai reçu, citoyen commissaire, votre lettre du 18 nivôse, présent mois, je vois que le sanguinaire *Corbel*, prêtre émigré, chef de chouans, a été condamné par la commission militaire à la peine capitale et a subi son jugement, que son frère a été aussi condamné par la même commission à un an de détention et à 1.000 francs d'amende. Vous avez bien fait de me transmettre ces détails, dont la connaissance m'importe sous le rapport de la Police Générale, qui ne doit rien ignorer.

» Des instructions qui me parviennent sur la situation de votre département, m'apprennent que le fanatisme le plus dangereux semble y renaître de toute part et qu'une infinité de prêtres réfractaires et même plusieurs prêtres assermentés (?) cherchent à y soulever le peuple en le déchaînant contre la République.

» Que les cloches, au mépris des lois, sonnent à Port-Brieuc l'*Angelus* trois fois par jour, que les effets les plus funestes peuvent résulter de l'empire que reprennent et dont abusent tous ces ministres du culte.

» Je désire avoir de vous votre opinion particulière sur cet état de choses, vos idées sur les moyens de remédier aux dangers qu'il peut entraîner. On m'a signalé aussi comme très dangereux plusieurs individus sur lesquels j'appelle votre surveillance et l'emploi des moyens de répression que la loi vous prescrit, savoir :

» A *Broons* : Jean Bougault, caché sous le nom de Jean Deschamps, prêtre réfractaire. — A *Sévignac* : Nicolas-Victor Picot, chef de chouans, connu sous le nom de Tape-à-Mort. On le dit porté sur la liste des émigrés et Jean Mercier, prêtre réfractaire. — A *Hurteloup* : Marie Le Forestier, ex-noble, chef de chouans, non rendu. — A *Rouillac* : Jean Vitte, prêtre déporté. — A *Caulnes* : Louis Megret, chef de chouans. — A *Saint-Jouan-de-l'Isle* : Jean Gallan. — A la *Chapelle-Blanche* : Levrel et Launay, prêtres réfractaires (1). — A *Langourla* : les deux Livaudrais, dont l'un a émigré. — A *Eréac* : Le Coq, ex-vicaire, prêtre déporté. — A *Merillac* : Pasturel, ex-curé réfractaire. — A *Collinée* : Cadoret, ex-président de canton, chouan et émigré. — A *Mégrit* : Chardon et Le Marchand, prêtres réfractaires. — A *Trédias* : Colombel, prêtre réfractaire. — A *Trémeur* : Turmel, ex-curé de cette commune réfractaire. — A *Merdrignac* : les nommés Sotinel dit Duchesne, Mathurin Bernard fils, Toussaint Hamon et Leray, marchand : ces quatre chouans faisaient, m'assure-t-on, partie de la cavalerie royale ; et ceux-ci après étaient chefs de l'infanterie : Pierre Carmonet, Henry Le Bas, J.-B. Sablé et Gaborel fils ; et encore dans le même endroit Aubert, ex-vicaire et Thomas, prêtre réfractaire, qui ont aussi chouanné et porté les armes. A *Gomené* : Jean-Baptiste Ruault, chef de chouans et Uzot (Vrot), prêtre réfractaire. — A *Saint-Veran* : Even, prêtre réfractaire déjà condamné à une détention perpétuelle. — A *Plénée-Jugon* : Durocher-Beauregard, Queslin, Charlier et Montfort, tous chouans armés ; enfin à *Illifaux* : Dessins (Dessaince), prêtre réfractaire.

------

(1) Sur tous ces prêtres et les suivants, voir leurs biographies au t. II de l'*Hist. du Pays de Dinan*. Cf. aussi présent vol., n° 247.

» La connaissance que vous avez des localités et des individus doit vous mettre à même de profiter avec prudence de ces instructions que je ne vous transmets que comme renseignement et pour en faire l'usage le plus convenable...

» Vous me rendrez compte du résultat... Je compte sur votre dévouement à servir la République. »

243. — Tous les commissaires cantonaux du Directoire exécutif n'avaient du reste pas besoin d'être stimulés, *pour voir dans le clergé catholique un ennemi à exterminer, c'est ainsi que le franc-maçon Mareschal dénonçait aux autorités des Côtes-du-Nord une lettre énigmatique qu'il vient de saisir et réclamait de nouvelles mesures coercitives contre le clergé.*

(Arch. C.-du-N., L^m 5, 115.)

Le commissaire du Directoire Exécutif près l'administration municipale du canton de Lamballe au commissaire près l'administration centrale des Côtes-du-Nord (l'an VI).

« Voici une nouvelle découverte, qui est suivant moi des plus importantes, puisqu'elle donne des indices assez clairs sur la manière dont MM. les Chats veulent encore travailler l'intérieur de la République. Jamais les prêtres ne pouvaient prendre un nom qui les caractérise mieux. En effet le chat est un animal souple, fin, cauteleux, rusé, infidèle et perfide, qui ne se plait qu'à faire le mal, marchant toujours d'un pas oblique, n'aimant que les ténèbres et portant presque toujours sa griffe sur la main qui le caresse. Tel est le chat, tel est en général le prêtre.

» Mais, citoyen commissaire, il faut vous donner quelques détails sur la lettre ci-jointe, que j'arrêtai hier à la poste. Cette Hélène Gaillard est la gouvernante d'un ci-devant recteur de Quintenic, nommé *Saillet*, qui dans le moment même habite la dite commune de Quintenic.

» Ce Saillet a un frère prêtre aussi, émigré ou déporté comme celui-ci devait l'être. C'est l'auteur de la lettre dont les mots énigmatiques, sont je crois, aisés à expliquer. Il est clair, suivant mon idée, que les chats les prêtres, les gros chiens mordants et meurtriers sont la force armée. Les rats et les souris sont les patriotes, le soleil est un roi et pour expliquer ce qu'il dit du gouvernement actuel, « enfant bâtard », cela doit s'entendre des choix faits en l'an IV et l'an V et de l'espérance qu'ils ont encore sur ceux de l'an VI.

» Cette lettre indique d'ailleurs assez les mesures et les moyens que les ennemis de la chose publique emploient et emploieront pour détruire s'ils le pouvaient, le gouvernement républicain. Ils ont toujours les plus grandes espérances dans le retour d'un Roi et, si leurs manœuvres ne sont absolument et promptement déjouées, on doit encore s'attendre aux plus grands troubles. Tant que la caste des prêtres souillera le sol républicain, elle dominera toujours sur les esprits faibles qui sont malheureusement en grand nombre. Aussi, citoyen commissaire, je le dis avec douleur, *mais l'humanité me force de le dire* : tant que l'on n'emploiera que des voies de douceur contre ces monstres, jamais la République ne sera tranquille. Il faut qu'ils soient tous expulsés de son sein (les prêtres non soumis s'entend), c'est le seul moyen de voir renaître la tranquillité. J'attendrai vos ordres pour faire agir contre celui dont il est question et j'espère sous le 28 de ce mois avoir tous les renseignements nécessaires pour que l'on puisse s'emparer de sa personne ainsi que de celle de sa suivante, si vous le jugez à propos. »   Signé : MARESCHAL .'.

P.-S. — Si le Ministre de la Police était instruit de toutes les trames des prêtres, je suis persuadé qu'il pourrait faire rendre une loi qui mettrait fin à tous leurs crimes.

TEXTE DE LA LETTRE INCRIMINÉE.

(Arch. C.-du-N., L^m 5, 115.)

A la citoienne Hélène Gaillard en Quintenic, près Lamballe en Bretagne, province de France, par Palencia, Burgos, Bayonne et Lamballe (Suscription). Nous respectons l'orthographe.

20 janvier 1798.

« Je t'embrasse et t'envois, Hélène, ces énigmatiques étrennes. Dans cette nouvelle année, come dans celle qui est passée, par devoir M^{rs} les Chats chasseront encore les souris et les rats, car, come je l'entends, ces petits animaux sont semblables aux péchés capitaux, et, toujours il sera salutaire de prendre les moïens pour pouvoir s'en défaire.

» Les gros Chiens mordants et meurtriers, qui, jusqu'ici, faisaient trembler les chats, ont bien perdu de leur rage, ils pourront bien encore aboyer, mais il est à croire qu'ils ne morderont pas : ils sont de plus en plus dégoûtés du sang qui coule depuis dix ans.

» Pour se défendre d'eux longtemps, M^{rs} les Chats ont nécessité trois vertus : la force ou courage, la prudence et la patience. Mais aujourd'hui, il paraît qu'ils peuvent s'en garantir s'ils ont la prudence et la patience. La prudence pour ne pas aller du côté où ils sentiront aboyer. La patience pour demeurer sous un (illisible) jusqu'à ce que les chiens soient passés si par hazard on vient à les lâcher. Et ainsi le Chat, qui pour sauver sa vie, aujourd'hui sortirait de sa patrie, ferait la plus grossière étourderie, et paierait bien chaudement sa folie.

» Le gouvernement actuel, enfant bâtard d'un fatal hiver, ne se revêtira pas tout à coup des caractères flatteurs d'un doux printemps, mais il s'en revêtira et sortira des épines et des ronces au milieu desquels sa mere l'enfanta. En attendant, il passera toujours quelques nuées entre le Soleil et les Chats et ces nuées pourront même quelquefois porter de gros tonnerres, mais Dieu ne permettra pas que des rayons fâcheux tombent sur ces chats.

» Sa miséricorde propice ramenera enfin un jour serain où un chat allongé sur sa paille pourra se grâter, se peigner, s'épucer à son aise, arranger et adoucir son poil avec sa langue et goûter à longs traits les délicieuses influences d'un soleil sans nuages.

» Ainsi Hélène, dites à votre Chat qu'il soit patient, sage et prudent, qu'il prene des souris et des rats come il en a pris ci devant. Le Maître qu'il sert ne craint pas grand monde et il ne permettra qu'un fâcheux revers vint affliger un chat qui purge ses maisons de souris et de rats.

» Vives expressions de mon souvenir à tous. Profonds respects et viscerale reconnaissance de leur... souvenir à Lamballe. » (*Pas de signature.*)

244. — Cette politique du Directoire Exécutif persévéra jusqu'au renversement de ce gouvernement. *C'est ainsi qu'en août 1798, on prescrivait à la municipalité de Corseul de faire des perquisitions pour découvrir les émigrés et les prêtres.*

(Archives municipales de Corseul.)

Le 14 thermidor an VI (1ᵉʳ août 1798).

« L'administration municipale de Corseul prend connaissance d'une lettre de l'administration du Département en date du 27 messidor dernier, par laquelle on recommande l'exécution de l'arrêté du Directoire Exécutif du ...... qui ordonne des visites domiciliaires pour parvenir à l'arrestation des Agents de l'Angleterre, des émigrés, des *prêtres déportés rentrés* ou sujet à la déportation, des ex-chouans non soumis.

» Il a été en conséquence arrêté qu'il sera fait en chaque commune des visites domiciliaires par l'agent ou l'adjoint qui réquerra à cet effet une force armée et qui en rendra compte à l'administration en lui remettant le procès-verbal constatant une opération, qu'ensuite il sera donné avis à l'administration centrale de cette salutaire mesure et de son résultat. »

245. — A quelle pénible existence étaient condamnés les prêtres catholiques romains qui faisaient du ministère

(Arch. C.-du-N., reg. L 166, f° 48 et L 290, f° 49.)

A. — Le 20 prairial an VI (8 juin 1798), séance extraordinaire de l'administration centrale des Côtes-du-Nord tenue par les citoyens Beaudoin, président ; Le Provost ; Barbedienne ∴ ; Le Mée et Denoual. Présent le citoyen Pouhaër, commissaire du Directoire Exécutif.

« Vu le procès-verbal rapporté le jour d'hier par les citoyens Wevre, chef du 1ᵉʳ bataillon de la 13ᵉ demi-brigade d'infanterie légère en garnison à Lamballe, etc., constatant que sur l'ordre du général Romand, daté de Port-Brieuc du 18, ils ont marché à la tête de 150 hommes d'infanterie et de 8 gendarmes, pour dissiper un rassemblement illégal, qui était annoncé devoir se tenir en la commune de Hénansal, sous l'influence de *prêtres réfractaires* et d'autres ennemis de la République, et sous prétexte d'assister à des *cérémonies religieuses ;* que rendus sur les lieux désignés pour être le théâtre de ces rassemblements et abordant le lieu nommé la Villeblo, ils en ont vu sortir plusieurs individus qui couraient et criaient. Que la maison a été cernée aussitôt, qu'en même temps la gendarmerie et partie de la troupe ayant suivi les personnes fuyant de la Villeblo, ont aperçu dans un champ un rassemblement d'environ douze à quinze cents personnes des deux sexes, qui, à l'approche de la troupe se sont enfuies ; que parmi ces personnes on a distingué un prêtre revêtu d'une aube et d'une étole ; que dans ce champ situé au-dessous de la Villeneuve et déclaré appartenir à un nommé La Vigne-Dampierre, de Lamballe, on a trouvé un autel élevé en bois ; que visitant la ferme de la Villeblo louée par Jean Marguerite et Marie Ouainsy, sa femme, on a trouvé dans la maison 5 bougies d'autel et la boîte dite aux saintes huiles en fer blanc, une bouteille dans laquelle il y avait du vin rouge et dans la grange un autel dressé avec des planches sur une barrique et une cuve surmontée de 4 piquets de bois, destinée à tendre le dai pour l'ornement du dit autel ; qu'enfin, le dit Jean Marguerite, a été, avec d'autres personnes, saisi dans l'endroit du rassemblement et déposé à la maison d'arrêt.

» ...L'administration des Côtes-du-Nord prescrit en conséquence de faire poursuivre le dit Jean Marguerite, fermier à la Villeblo devant le jury d'accusation de Saint-Brieuc et, le même jour..., elle ordonna la destitution du citoyen Guéguen, commissaire du Directoire Exécutif près le canton de Plédéliac, « qui n'a point rendu compte des manœuvres que depuis quelque temps poursuivent en son canton les prêtres réfractaires » ...et « notamment sur le rassemblement très considérable de gens provenant de plusieurs communes, qui a eu lieu le 19 de ce mois en la commune d'Hénansal et qui a été dissipé par la force publique, rassemblement présidé par des prêtres réfractaires, sous prétexte de cérémonies religieuse. » (La troupe en l'affaire arrêta 134 personnes de tout âge).

(Arch. Nat., F⁷ 7452.)

B. — « Nous, Antoine Coutenet, capitaine de grenadiers du 3ᵉ bataillon de la 89ᵉ brigade de ligne, en garnison à Lamballe, rapportons qu'en conséquence des ordres à nous donnés par le commandant du susdit corps, nous sommes partis de Lamballe à deux heures du matin de ce jour et nous nous sommes transportés dans la commune de Henansal pour découvrir et arrêter des brigands, *des prêtres réfractaires* et autres ennemis publics qui infestent ces parages. Arrivés dans cette commune près les métairies des Hautes et Basses-Touches, de Beillard et Bourdon, vers les trois heures, nous avons aperçu vers le milieu d'un petit bois taillis, situé au bord d'une prairie, entre les dites fermes, un feu assez considérable et indiquant un incendie. Nous nous sommes aussitôt portés vers cet endroit avec notre troupe afin de procurer le secours nécessaire. Nous avons vu que l'objet incendié était une baraque construite partie en terre, branchages et chaume. Nous n'avons vu personne en cet endroit, soit qu'il eût été abandonné avant notre arrivée, soit enfin, à notre approche. Nous avons sauvé tout ce qu'il a été possible des objets renfermés dans cette baraque, lesquels consistent en deux coètes, deux oreillers en plume, deux matelas, deux couvertures de laine blanche et une verte, un surplis, une serviette, une soutane noire, une lévite noire, deux vestes dans le genre de celles des cultivateurs, dont une brune et l'autre blanche, une calotte noire, deux draps de lit, une paire de bas de laine noire et brune et deux ou trois vieux morceaux de soutane, trois cartes d'autel avec un purificatoire et autres linges servant à la consécration, n'en connaissant pas l'usage, ni les termes, une chasuble verte et une autre blanche, une étole marquée S. V., un manipule, une couverture de calice pour mettre par-dessus un morceau de taffetas, un devant d'autel de papier, collé sur toile, 5 petits collets et 5 scapulaires neufs, plusieurs sermons, prônes et conférences manuscrites, 48 volumes traitant de la religion catholique sur quelques-uns desquels se trouvent les noms de Baudouard, recteur de Henansal, Gautier et Leparc, recteur de Saint-Rieul et une brochure contre-révolutionnaire intitulée : « Réponse aux réflexions sur la lettre du Comité de législation, année 1796 ». Tous ces effets y compris un vieux chapeau en laine noire, nous avons fait garder provisoirement. Le citoyen Favrel, agent municipal de la commune d'Henansal étant arrivé sur les lieux, d'après notre invitation, nous lui avons rendu compte de ce qui s'était passé et demandé qui habitait la baraque incendiée. Il a répondu qu'il ignorait qu'elle existât. Quoique nous ayons pris des informations à ce sujet près de tous les voisins du lieu, nous n'avons pu nous procurer aucun renseignement sur les personnes qui demeuraient dans cette baraque. Cependant nous avons cru devoir saisir ces effets comme appartenant évidemment à des prêtres réfractaires. Nous les avons fait conduire à Lamballe au moyen d'une voiture qui nous a été procurée par l'agent. Nous avons fait fouiller les quatre métairies ci-dessus nommées, par l'agent municipal et mon lieutenant qui n'y ont trouvé rien de suspect (juillet 1798). »

Les résultats de la persécution religieuse de fructidor.

I. — La déportation en Guyane et à l'île de Ré en 1797 et 1798.

246. — Le Ministre de la Police traite ex professo de l'interprétation a donner aux lois de persécution auxquelles n'échappe en réalité aucun ecclésiastique insermenté.

A. — *Le Ministre de la Police Générale de la République, écrit le 14 janvier 1798 (25 nivôse an VI), aux Administrations centrales des Départements, et aux Commissaires du Directoire Exécutif près ces Administrations :*

« Dans ma circulaire du 3 brumaire dernier (24 octobre 1797) on lit au commencement de la sixième page : « Tous les ecclésiastiques, qui, n'étant pas dans le cas des lois de 1792 et 1793, c'est-à-dire qui, fonctionnaires publics en 1790 et 1791, ont prêté les serments décrétés à ces époques ; qui, non fonctionnaires publics, ont prêté le serment du 15 août 1792 et qui les uns et les autres ne se sont pas rétractés, et n'ont pas été dénoncés pour incivisme, ou dont la dénonciation n'a pas été jugée valable, sont autorisés à rester sur le territoire français.

» L'omission de quelques mots dans ce paragraphe, et un chiffre mis pour un autre, donnent à la décision qu'il présente un sens qu'elle ne peut avoir, parce qu'il serait contraire à la justice et à la loi : en effet, celle du 15 août 1792 n'ordonne qu'aux fonctionnaires publics de prêter le serment de la liberté et de l'égalité ; elle ne pouvait donc concerner cette classe d'ecclésiastiques que les lois ne considéraient pas comme fonctionnaires publics. Mais celle du 14 août, même année 1792, avait déclaré que tout Français, recevant traitement ou pension de l'Etat, serait censé y avoir renoncé s'il ne prêtait pas le serment de liberté et de l'égalité ; il est sensible que l'obligation du serment imposée par cette loi, s'étendait à *tous les ecclésiastiques sans exception*, qui, quoique non fonctionnaires publics, recevaient un traitement ou une pension de l'Etat. C'était donc à ceux-ci, et à eux seulement, que s'appliquaient les dispositions des décrets d'avril 1793 et de vendémiaire an II, qui ordonnaient la déportation de tous les ecclésiastiques séculiers et réguliers, frères convers et lais, qui n'avaient pas prêté le serment de liberté et d'égalité, décrété au mois d'août 1792, ou s'étaient rétractés après l'avoir prêté. Il faut donc, dans le paragraphe que je viens de rappeler, ajouter après ces mots : *qui, non fonctionnaires publics;* ceux-ci : *mais recevant un traitement ou une pension de l'Etat;* et substituer à la date du *quinze* août 1792, celle du *quatorze*, qui est la vraie date du décret par lequel le serment de liberté et d'égalité a été exigé de tout Français recevant traitement ou pension de l'Etat. Au moyen de cette addition et de cette correction, tous doutes sur le sens de cette partie de ma lettre doivent disparaître, et il n'est plus permis d'en induire que les ecclésiastiques qui n'étaient ni fonctionnaires publics, ni pensionnaires de l'Etat, sont rangés dans la classe des déportables, s'ils n'ont pas prêté le serment de liberté et d'égalité décrété au mois d'août 1792.

» Il est aussi une instruction importante que je dois ajouter à celles que je vous ai déjà données sur l'exécution de la loi du 19 fructidor, en ce qui concerne les ecclésiastiques.

» Il m'avait été demandé si l'on devait admettre les ministres du culte au serment prescrit par cette loi, sans prendre aucunes mesures pour s'assurer qu'ils n'avaient pas rétracté ou modifié la déclaration faite pour obéir à la loi du 7 vendémiaire an IV. M'étant borné à donner dans ma circulaire la réponse à cette question, quelques Administrations paraissent en avoir conclu que les mesures que j'ai indiquées ne devaient pas s'étendre à une autre espèce que celle sur laquelle j'avais été consulté ; *mais on ne saurait se dissimuler que des ecclésiastiques insermentés, restés ou rentrés en France, peuvent avoir obéi à la loi du 7 vendémiaire an IV, et fait la déclaration qu'elle ordonnait ; cependant cette déclaration n'a pu légitimer leur désobéissance antérieure, et ils n'en sont pas moins soumis aux lois de 1792 et 1793, remises en vigueur par celle du 19 fruc-*

tidor dernier. Ainsi, lorsqu'un ecclésiastique se présente pour prêter serment en exécution de cette loi, il ne faut pas se contenter de la preuve qu'il a fait et n'a ni rétracté ni modifié la déclaration ordonnée par la loi du 7 vendémiaire an IV, il doit encore justifier, de la manière indiquée dans la circulaire qu'il a exécuté les lois antérieures qui lui étaient applicables et qu'il n'a jamais rétracté les serments prêtés pour obéir à ces lois. »

Signé : SOTIN.

B. — *Circulaire du Ministre de la Police Générale concernant l'exécution des lois relatives aux prêtres réfractaires qui sont remises en vigueur.*

(Arch. C.-du-N., L 156, f° 146.)

Paris, le 14 brumaire an VII (4 novembre 1798).

« J'ai souvent observé, Citoyens, que les Administrations centrales exécutent diversement les mesures relatives aux prêtres qui sont dans le cas de la déportation. Ce défaut d'uniformité est aussi contraire aux règles d'une bonne administration, que nuisible à l'ordre public. Il importe de la faire cesser et pour y parvenir, j'ai cru devoir vous rappeler les principales dispositions des lois qui concernent cette partie de vos devoirs.

» CELLE DU 19 FRUCTIDOR AN V (5 septembre 1797) porte, article 23 : « La loi du 7 de ce mois, qui rappelle les prêtres déportés, est révoquée. » — Article 24 : « Le Directoire Exécutif est investi du pouvoir de déporter, par des arrêtés individuels motivés, les prêtres qui troubleraient dans l'intérieur la tranquillité publique. » — De la révocation de la loi du 7 fructidor, il résulte que les lois précédentes, qu'elle avait abrogées, sont remises en vigueur.

» CELLE DU 26 AOÛT 1792 ordonne la déportation : 1° des ecclésiastiques qui n'ont pas prêté le serment auquel ils étaient assujettis par les lois du 24 août, 26 décembre 1790; 18, 22 mars et 17 avril 1791. — 2° De ceux qui n'étant pas obligés à ce serment, auraient occasionné des troubles venus à la connaissance des Corps administratifs ou dont l'éloignement aurait été demandé par six citoyens domiciliés dans le même département.

» PAR LA LOI DES 21 ET 23 AVRIL 1793 sont également condamnés à la déportation, les ecclésiastiques salariés par l'Etat, qui n'ont pas prêté le serment prescrit par la loi du 14 août 1792. (*Serment dit de Liberté-Egalité.*) Elle porte la même peine contre ceux qui seraient dénoncés pour cause d'incivisme, par six citoyens du même canton. Les mots *pensionnés* ou *salariés* ne laissent aucune incertitude dans la désignation des individus que la loi des 21 et 23 avril 1793 frappe de la déportation. Ceux qui sont atteints par celle du 26 août 1792 sont compris dans les lois du 26 décembre 1790, 17 avril 1791, 29 et 30 vendémiaire an II (16 et 21 octobre 1793).

» Il est essentiel de remarquer que les serments ne sont valables qu'autant qu'ils ont été prêtés dans les formes, les termes, les lieux et les délais prescrits par les lois et qu'ils n'ont pas été rétractés ou modifiés.

» L'époque de la déportation des prêtres qui ont été condamnés à cette peine comme auteurs de troubles ou sur la dénonciation de six citoyens doit être observée avec soin.

» La loi du 14 frimaire an II (4 décembre 1793) avait chargé les Directoires de district de l'exécution des mesures de salut public. Celle du 28 germinal an III (17 avril 1796) a rendu aux Administrations de département toutes leurs attributions. Ainsi les déportations ordonnées dans cet intervalle par les Directoires des districts sont définitives et ne peuvent être révoquées; mais les arrêtés qu'ils ont pris à ce sujet avant le 14 frimaire an II ou depuis le 28 germinal an III, ne doivent être regardés que comme des avis soumis à la décision des Administrations de département.

» *Les prêtres infirmes et les sexagénaires dont l'âge ou les infirmités sont constatées*, sont exceptés de la déportation et doivent être mis en réclusion. Cette disposition est applicable à tous ceux qui sont actuellement en France, quand même ils auraient été déportés précédemment et qu'ils ne seraient devenus sexagénaires ou infirmes que depuis leur rentrée sur le territoire de la République.

» C'est aux Administrations centrales à distinguer, sur le rapport d'Officiers de santé nommés par elles, si les infirmités sont de nature à motiver la réclusion ou seulement à suspendre l'exécution de la déportation, l'individu demeurant en détention provisoire. L'autorité supérieure a seule le droit de mettre en surveillance dans leurs communes les prêtres sujets à la reclusion. Cependant ceux à qui les Administrations centrales ont accordé cette faveur continueront d'en jouir, si par leur conduite paisible, ils conservent des droits à l'indulgence; mais ils seront renfermés dès qu'ils troubleront l'ordre public par une influence dangereuse.

» *Les prêtres qui ont préféré la déportation à la réclusion*, ne doivent pas, pour cette seule cause, être réputés émigrés. L'inscription des prêtres sur la liste des émigrés, a fait naître à leur égard des doutes qu'il est intéressant d'éclaircir. Trois espèces d'inscriptions les concernent : 1° avec le mot DÉPORTÉ ; 2° avec la qualification d'ÉMIGRÉ ; 3° sans aucune désignation.

» Les prêtres compris dans la première espèce d'inscription, doivent être traités comme déportés. Ceux compris dans la deuxième doivent l'être comme émigrés.

» Quant à ceux qui sont inscrits sans désignation, le fait d'émigration sera d'abord jugé administrativement et le prévenu demeurera en arrestation provisoire jusqu'à ce que par l'effet de la décision définitive du Directoire Exécutif, il soit déclaré déporté ou émigré.

» L'expérience a prouvé que les ecclésiastiques atteints par les lois de 1792 et de 1793, sur le sort desquels les Administrations centrales doivent se prononcer, ne sont pas les seuls dont la présence soit dangereuse sur le sol de la Liberté, aussi *la loi du 19 fructidor an V a-t-elle délégué au*

Directoire Exécutif le pouvoir de déporter tout prêtre qui troublerait la tranquillité publique. Le devoir des Administrations centrales est donc de me faire parvenir des détails exacts sur l'âge et les infirmités des individus dénoncés.

» Les ecclésiastiques déportés qui étaient rentrés en France avant le 18 fructidor an V, ont dû sortir du territoire de la République dans le délai de 15 jours à dater de la publication de la loi du 19 du même mois. Ceux qui sont restés ou rentrés en France depuis cette époque, ont dû être conduits à l'*île de Rhé* pour être embarqués et transportés au lieu désigné par le Directoire Exécutif. La même mesure est applicable aux prêtres dont la déportation est ordonnée par le Directoire Exécutif en vertu de l'article 24 de la loi du 19 fructidor et à tous ceux qui sont actuellement, ou seront arrêtés à l'avenir dans l'étendue de la République, quelles qu'aient été la cause et l'époque de la déportation.

» J'espère, Citoyens, que les explications que je vous transmets, dirigeront utilement votre zèle... Rappelez-vous sans cesse, que si la Loi protège les Ministres du Culte qui lui sont soumis, elle frappe avec sévérité tout prêtre perturbateur, dont l'influence se trouverait en opposition directe avec le succès des institutions républicaines. »

Salut et Fraternité. Signé : DUVAL.

247. — ARRÊTÉ DE DÉPORTATION DU 12 NOVEMBRE 1797, SIGNÉ LA RÉVELLIÈRE-LEPEAUX, CONTRE PLUSIEURS PRÊTRES DE LA RÉGION DE MERDRIGNAC. *Cet arrêté ne put être exécuté, faute d'avoir saisi les inculpés.* (Arch. Nat., F7 4371.)

Le Directoire Exécutif, après avoir entendu le rapport du Ministre de Police Générale, duquel il résulte que des ministres du culte domiciliés dans le département des Côtes-du-Nord, tiennent une conduite telle que si l'on ne prend à leur égard des mesures aussi fortes que promptes, la guerre civile ne peut manquer de se rallumer dans la partie sud de ce département, que deux individus, non qualifiés de prêtres, sont également désignés comme complices du même système de la révolte ;

ARRÊTE, article premier :

Les nommés *Even*, ex-vicaire de Saint-Vran (Cf. *Les Actes des prêtres insermenté*, 1re édition, t. II, p. 394 et *Manuel*, I, p. 215).

Aubert (Mathurin), ex-vicaire de Trémorel (Lisez Merdrignac).

Dreux, ex-vicaire de Loscouët (-sur-Meu) (Cf. n° 241 L).

Duval (Jean-Marie), ex-vicaire à Langourla (puis recteur de cette paroisse lors du Concordat).

Pasturel (Anastase), ex-curé de Merillac.

Coudé (Julien), curé de Saint-Launeuc, assermenté (Cf. n° 253).

Esballard, ex-vicaire à Trémorel (Cf. *Hist. du Pays de Dinan*, II, p. 155 et 230).

Gueneau. — (Le même que le suivant : lire Quénéau-Dessaince).

Dessaince, ex-vicaire à Illifaut (Cf. présent vol. p. 3 et 63).

Thomas, ex-vicaire à Merdrignac (Voir sur ce prêtre, né à Paimpont vers 1760, le *Diocèse de Saint-Brieuc*, op. cit., II, p. 69).

Manseau (Mathurin), ex-vicaire à Lanrelas (Cf. *Hist. du Pays de Dinan*, t. II, p. 276).

Lemarchand, ex-vicaire à Mégrit (Cf. *Hist. du Pays de Dinan*, II, p. 285).

Lemercier, ex-vicaire de Sévignac. Nous avons trouvé son arrestation mentionnée le 5 octobre 1797 (Voir sur ce prêtre : *Hist. du Pays de Dinan*, II, p. 302).

Megret (Louis), ex-vicaire à Caulnes (Cf. *Hist. du Pays de Dinan*, II, 338).

Gaudin (Jacques), curé de Moncontour (lequel s'était fait, d'après ses propres dires), ordonner prêtre à Paris par Mgr de Bellecize « neuf ou dix mois après la loi du 26 août 1792 ». Il revint ensuite à Moncontour où il exerça un fructueux ministère caché. Cf. *Arch. C.-du-N.*, L^m 5, 129).

Boscher (Jacques), exerçant clandestinement son ministère sur la commune de Quessoy ; les tous seront sur-le-champ mis en arrestation et déportés hors du territoire de la République.

Article 2 :

Les nommés... *Vrot*, professeur à Dinan (au collège des Laurents, cf. *Hist. du Pays de Dinan*, I), domicilié à Gommené (son pays natal), ...seront provisoirement mis en état d'arrestation, pour être statué à leur égard ce qu'il appartiendra.

Observations. — Cet arrêté de déportation, ainsi que les suivants, pour des raisons que nous ignorons, ne furent pas exécutés. Vraisemblablement ne put-on arrêter les ecclésiastiques qui y figuraient. Seul de tous ces prêtres, l'abbé *Megret* subit la déportation, mais seulement deux ans plus tard. Quant à l'abbé Gaudin, il trouva moyen de s'évader de la prison de Guingamp ainsi qu'on l'a vu précédemment, p. 48.

Les noms qui figurent sur le document que nous venons de reproduire sont en général défigurés. L'original orthographie Alevin, Ducas, Abalard, etc. Dans la *Terreur sous le Directoire*, V. Pierre écrit, p. 459, que 26 ecclésiastiques des Côtes-du-Nord, quoique condamnés à la déportation à cette époque, ne subirent pas cette peine.

248. — Arrêtés de déportation du Directoire Exécutif concernant quinze prêtres de l'ancien évêché de Quimper, pris le 28 frimaire an VI (18 décembre 1797). *Ces arrêtés ne purent être exécutés.*   (Arch. Nat., F⁷ 4371.)

Chacun des prêtres ci-dessous désignés est l'objet d'un arrêté ainsi conçu :

Le Directoire Exécutif,

« Après avoir pris connaissance d'un rapport du Ministre de la Police Générale, relatif à la conduite du nommé N..., dans le cas de la loi du 19 fructidor ;

» Arrête en vertu de l'article 24 de la dite loi, N..., sera à l'instant arrêté pour être déporté. » Signé : BARRAS. »

Ferève, réfractaire, ex-curé de Plouaret, domicilié en Guerlesquin (Finistère) (1).

Querré, prêtre réfractaire de Louvargat (2).

Le Cloarec, réfractaire de Plougras.

Le Bescond, réfractaire de Plougras (3).

Heller, ci-devant recteur de Loguivy (4).

Lemoigne, vicaire de Loguivy.

Leticier, ci-devant curé de Plougras (5).

Dohollou, canton de Guerlesquin. (Cf. n° 252, B.)

Maledant, de Pluvier (6).

Lejean, prêtre réfractaire des Côtes de Plestin (7).

---

(1) Beaucoup de ces noms, tant ceux des personnes que des localités, sont défigurés. C'est ainsi qu'au lieu de Ferève, il faut lire *Fercoq* (René-Yves-Marie), né à Plougonver et recteur insermenté de Plouaret, où il demeura jusqu'en juillet 1791, date à laquelle il se retira à Pont-Melvez. Il fut détenu au château de Dinan une partie de 1792, puis nous le retrouvons séjournant en qualité d'infirme aux maisons de détention de Saint-Brieuc et de Guingamp. S'il a donc accompli du ministère caché (*Dioc. de Saint-Brieuc*, op. cit., II, p. 236, 242 et 243, cela n'a pu avoir lieu qu'après sa libération, vers avril 1795. L'enquête de Boullé le note en 1803 comme revenu à Plouaret depuis dix mois environ et le signale comme « invalide ». Cf. *Manuel*, I, p. 118, 190; II, p. 4.

(2) Bien que le *Dioc. de Saint-Brieuc*, op. cit., II, p. 9, n'indique pas M. Querré comme prêtre de Louargat, nous croyons qu'il s'agit de cette commune aujourd'hui située dans le canton de Belle-Isle-en-Terre.

(3) Boullé signale dans son enquête Guillaume *Le Bescond*, né à Plougras, dans le doyenné actuel de Plouaret, comme résidant depuis 21 mois dans son pays natal. Il en devint le recteur le 16 janvier 1804.

(4) M. *Ellés* (Philippe-Augustin), né à Morlaix le 14 décembre 1753, puis recteur de Loguivy le 15 octobre 1789, refusa comme tel le serment et se tint caché toute la Révolution. Il devint curé de Perros-Guirec le 8 avril 1803 et mourut curé de Lannion le 3 avril 1831 (Cf. Levot, *Biographie Bretonne*, II, p. 899, et *Dioc. de Saint-Brieuc*, op. cit., II, p. 21 et 243).

(5) D'après le *Dioc. de Saint-Brieuc*, op. cit., II, p. 239, M. Le Techier, ou Le Texier, assermenté rétracté, fut autorisé le 21 juin 1795 à exercer le culte à Plounévez-Moëdec.

(6) Boullé indique Yves *Maledant*, 45 ans, natif de Plounévez-Moëdec, comme desservant Plounérin depuis un an et le taxe « d'intolérance ». D'après le *Dioc. de Saint-Brieuc*, op. cit., II, p. 236, ce prêtre avait prêté le serment le 16 février 1791 comme chapelain résidant à Plounérin, mais il s'était rétracté ensuite. Il mourut recteur de Prat, âgé de 80 ans, le 25 décembre 1832.

(7) J.-B. *Lejean*, refusa le serment comme vicaire de Plouaret, son pays natal. L'enquête de Boullé le note comme intolérant (Cf. *Dioc. de Saint-Brieuc*, op. cit., II, p. 239 et 242).

Leguillou, ex-vicaire de Lohuec (1).
Henry, de Plestin.
Le Gallou, de Plestin (2).
L'Arhantec, ci-devant recteur (3).
Goariva, ex-curé de Plounévez (4).

249. — A. — Arrêté du Directoire Exécutif, du 20 pluviôse an VI, signé Barras, *condamnant à la déportation les prêtres Minet, Marc et Brionne (8 février 1798). Cet arrêté ne put être exécuté.*

(Arch. Nat., F⁷ 4372.)

« ...Considérant que la tranquillité publique est menacée dans le canton de Lamballe par les manœuvres de quelques séditieux, tendantes à opérer une nouvelle révolte, que des prêtres réfractaires en sont les chefs ; que les nommés Minet, Marc et Brionne, tous ministres du culte catholique, sont prévenus d'être leurs complices, de leur donner asile et de pourvoir à leurs besoins...

» Arrête en vertu de l'art. 24 de la loi du 19 fructidor dernier... que les dits (5) :

» *Minet* (Louis-Armand). (Cf. la longue notice que nous lui avons consacrée au t. II de l'*Hist. du Pays de Dinan*, op. cit., p. 78).

» *Marc* (Joseph), (né à Ploufragan en 1741, ordonné prêtre en 1770, vécut quelque temps en cette qualité à Ploufragan. Il était recteur de Plénée dès 1788 et refusa comme tel le serment constitutionnel en 1791. L'*Estourbeillon* cite le nom de l'abbé Marc parmi les prêtres qui séjournèrent à Jersey. Ce prêtre reprit les fonctions de recteur de Plénée-Jugon de 1802 à 1804. Il mourut dans cette paroisse le 30 mars de cette année). Cf. Lᵐ 5, 113 et *Manuel*, t. Iᵉʳ, p. 170.

» *Brionne* (Jean-Baptiste), (natif de Lamballe et prêtre de cette ville dès 1788, refusa le serment et s'embarqua à Erquy le 28 octobre 1792. Il revint en France aux débuts de 1797 (*Dioc. Saint-Brieuc*, op. cit., II, p. 378). Il habitait Saint-Alban en 1803 et Planguenoual en 1804. Il

---

(1) Peut-être faut-il lire Le Quellec, qui devint recteur de Loguivy-Plougras en 1804, après en avoir été le vicaire au moment de la Révolution. Comme tel il refusa le serment et s'exila quelque temps en Espagne (Cf. *Dioc. de Saint-Brieuc*, op. cit., II, p. 240).

(2) Il s'agit sans doute de Jacques Le Gallou, du Pré-Ledan, que les auteurs du *Dioc. de Saint-Brieuc*, op. cit., II, p. 176, indiquent comme logé à Plestin, chez les citoyennes Bizien du Lezard, le 25 brumaire an III (15 nov. 1794), ainsi qu'un autre prêtre, Yves-Etham Lhostis, dont on a peut-être défiguré le nom en celui de Henry.

(3) Faut-il lire Larchantec, recteur de Hengoat ? C'est vraisemblable.

(4) Goariva, autrement dit Etienne Le Bihan, auquel nous avons consacré une notice au chapitre des prêtres déportés à l'île de Ré, dans le t. II des *Actes des Prêtres insermentés du Diocèse de Saint-Brieuc*, p. 284.

(5) Afin d'éviter les renvois, nous avons ajouté au texte les passages biographiques placés entre parenthèses.

devint recteur de la Poterie en 1820. Le nécrologe de l'Evêché le fait
mourir en fonctions le 11 avril 1826, âgé de 69 ans.)

» Seront, sans délai, saisis et arrêtés pour être déportés dans le lieu qui
sera désigné par le Directoire Exécutif... »

B. — Extrait de la correspondance échangée entre Saint-Brieuc
et Paris, concernant les trois prêtres énoncés ci-avant.

(Arch. Nat., F⁷ 7384, 17.)

On écrit de Saint-Brieuc le 27 janvier 1798 : « Les nommés Minet,
recteur de Plédéliac ; Marc, recteur de Saint-Rieul (1), scélérat con-
sommé, et Erionne, prêtre des plus fanatiques, sont accusés d'avoir
fomenté des troubles dans les campagnes des environs de Dinan. On les
fait rechercher, mais on ne peut les saisir. Le commissaire du département demande au Directoire Exécutif leur déportation ».

« Toutes les recherches qu'on fit ne purent amener leur arrestation. Le
sieur Minet s'était réfugié dès le mois de vendémiaire précédent dans le
département d'Ille-et-Vilaine. Il y vécut tranquille et ignoré jusqu'au
8 thermidor an VI. Cédant aux sollicitations de sa famille, il se déter-
mina à présenter une pétition à l'administration des Côtes-du-Nord pour
se fixer en la commune de Dinan, pour y vivre soumis aux lois. Mais
l'administration avait oublié l'arrêté de déportation. Quand la police
remarqua cette erreur, elle voulut la réparer. D'abord conduit en une
maison de détention, l'administration départementale décida que M. Minet
serait extrait de la maison de détention et mis en arrestation dans la
maison de son frère à Dinan, sous caution de 20.000 francs en numé-
raire. Minet était septuagénaire et enfermé. Le Ministre de la Police
blâma cette mesure de l'administration départementale. Il révoqua les
mesures qui avaient été prises à son insu et demanda de maintenir en
détention du citoyen Minet jusqu'à la décision qu'il dicterait. »

(Vendémiaire an VII).

250. — Ordre du Ministre de la Police du 17 germinal an VI
(6 avril 1798) d'arrêter et de déporter a l'île de Ré, « si
rien ne s'y oppose », *les prêtres Jean Bougault, de Broons ; Lecoq,
d'Eréac et Pasturel, de Merillac « qui parcourent les campagnes et fana-
tisent impunément le peuple ».*

(Arch. C.-du-N., Lᵐ 5, 116.)

Cet ordre ne put recevoir d'exécution. Voir les notices biographiques
de MM. Bougault et Lecoq, aux p. 254 et 267 du tome second de l'*Hist.
du Pays de Dinan*, précitée.

---

(1) M. Marc était recteur de Plénée-Jugon.

251. — Extrait de l'arrêt de la commission militaire de Port-Brieuc, le 1er nivôse an VI (21 décembre 1797), *condamnant l'abbé Le Pape à la déportation* (1).

(Arch. C.-du-N., L^m 5, liasse 114; Arch. Nat., F⁷ 7365, 457.)

...La dite commission réunie pour prononcer sur le sort de *André Le Pape*, âgé de 42 ans, vicaire de Rosquelven, district de Rostrenen, prévenu d'émigration et *François Guyomard*, cultivateur à Kerhuel, commune de Sainte-Tréphine, même arrondissement, prévenu d'avoir recélé le dit Le Pape, lesquels ont été arrêtés le 13 frimaire dernier (3 décembre), par un détachement de la gendarmerie et de la force armée de Corlay et renvoyés devant une commission militaire par ordonnance du 16 de ce mois. Vu l'interrogatoire de ce jour.

« Vu l'arrêté de l'administration centrale des Côtes-du-Nord en date de ce jour, portant que le dit Le Pape, quoique porté sur la liste générale des émigrés, doit être considéré comme prêtre sujet à la déportation et non comme émigré.

» La Commission condamne le dit André Le Pape à la peine de la déportation ; mais considérant que Guyomard n'a pas participé au chouannage et usant de la faculté de commuer les peines, condamne le dit Guyomard à trois mois de détention et à une amende de 400 francs, sur laquelle somme sera prélevée celle de 75 francs, pour l'impression, au nombre de 500 exemplaires, du présent jugement. »

251 bis. — Comment MM. Le Jolly et Prigent furent-ils envoyés a la Guyane par les administrateurs de la Vendée.

M. Jean Le Jolly, recteur de Plémet et *Jean-Guillaume Prigent*, vicaire à Glomel, tous deux prêtres insermentés et exilés en Espagne à la suite de la loi du 26 août 1792, ayant voulu revenir de l'étranger au milieu de l'année 1797, virent le bateau qui les ramenait en France « jeté à la côte d'Aiguillon par un coup de mer ». On amena les naufragés au nombre de 17 à Luçon, puis on les conduisit à Fontenay-le-Comte. Le 14 septembre 1797, l'administration départementale de la Vendée les dénonça au juge de paix pour qu'il instruisît leur affaire comme « prêtres déportés rentrés ». Enfin à la suite d'une circulaire du Ministre de la Police du 11 octobre suivant, les administrateurs de la Vendée décidèrent le 21 octobre 1797 que M. Le Jolly et les 16 prêtres détenus avec lui seraient « conduits à Rochefort sous le plus bref délai » pour être embarqués pour la Guyane. (Pris sur Chassin : *Les Pacifications de l'Ouest*, t. III, in-8°, Paris, 1899, p. 78-85, d'après les *Arch. de la Vendée*, L, 63, f° 21-23.)

Pour compléter cet épisode de l'existence de ces deux prêtres, se reporter aux notices biographiques que nous leur avons consacrées au tome II

---

(1) Sur M. Le Pape, cf. les *Actes des Prêtres insermentés,* etc., op. cit., II, p. 209. Il était né à Loctudy, le 21 juin 1755.

des *Actes des prêtres insermentés du diocèse de Saint-Brieuc*, op. cit., p. 267 et 270. Sur Jolly, cf. *Arch. C.-du-N.*, L^m 5, 9, 26, 27 ; reg. L 161, f. 18.

252. — Arrêtés de déportation des abbés Boncors, ex-vicaire de Trébrivan, et Dohollou (1).

(Arch. Nat., F⁷ 7394, 3668.)

A. — *Extrait des registres de l'administration centrale du Finistère du 12 pluviôse an VI (31 janvier 1798) :*

« …Vu les procès-verbaux de capture de Joseph-Marie Boncors, fonctionnaire ecclésiastique, domicilié de la commune de Carhaix.

» Considérant que le dit Boncors, prêtre exerçant le ministère en 1790, a rétracté le serment qu'il avoit fait ; que depuis, il n'a fait aucune des soumissions prescrites, notamment la déclaration exigée par la loi du 7 vendémiaire ; qu'au mépris de cette dernière loi, il s'est permis de continuer l'exercice du culte et d'exciter par son exemple le fanatisme dans la commune de Carhaix.

» Déclare que le dit Boncors est sujet à la déportation ; et qu'en conséquence, il sera conduit dans le plus bref délai à Rochefort pour être déporté... (1). »

B. — *Extrait d'une lettre du commissaire du Directoire Exécutif près le département du Finistère, au Ministre de la Police Générale.*

Quimper, le 18 pluviôse an VI (6 février 1798).

« …Les nommés *Boncors* (ex-vicaire de Trébrivan) et Le Brusq, prêtres réfractaires, seront dirigés demain sur Rochefort et avec eux, le nommé *Guillaume Dohollou* (ex-recteur de Plourac'h), pour lequel vous m'avez fait parvenir un arrêté de déportation.

» Ce dernier est l'un des fanatiques les plus forcenés qui aient désolé le Finistère et je regarde sa capture, due à l'extrême diligence de la gendarmerie, comme un événement heureux, qui contribuera beaucoup au maintien de l'ordre et de la paix intérieure. »

253. — Dans sa fièvre de déporter, le Directoire Exécutif signait des arrêtés, *sans vérifier les accusations portées contre les inculpés. Il lui arrivait ainsi de frapper de ses meilleurs partisans : Pétition en faveur de Coudé, curé constitutionnel de Saint-Launeuc, condamné sur de fausses dénonciations à la peine de la déportation.*

(Arch. Nat., F⁷ 7368.)

---

(1) Sébastien-Eloy Le Brusq, assermenté rétracté, partagea le sort de M. Boncors et fut embarqué avec lui sur la *Vaillante* (Cf. Tresvaux, *op. cit.*, II, p. 321). Sur Boncors et Dohollou, cf. les *Actes des Prêtres insermentés*, etc., II, p. 276 et 277. Sur Boncors, *Manuel*, I, p. 91 et 286.

Pontivy, le 26 nivôse an VI (15 janvier 1798).

Pièces remises par le représentant du peuple du Morbihan, Boullé.
(C'est sans doute à ce dernier qu'est adressée cette lettre.)

« Citoyen : Le zèle avec lequel vous vous portez à rendre service aux malheureux, me détermine à m'adresser à vous pour en secourir un qui le mérite à plus d'un titre. Le citoyen *Coudé*, curé constitutionnel de la commune de *Saint-Launeuc*, département des Côtes-du-Nord, vient d'être enlevé de sa demeure pour être déporté sur un ordre du gouvernement, en vertu de la loi du 19 fructidor. Ce citoyen qui a toujours été l'ami de la Révolution, après avoir été pillé par les chouans, fut obligé pour sa sûreté de se retirer ici, en l'an III. Mon mari qui connaissait son patriotisme et ses mœurs, l'accueillit à la maison et il y demeura jusqu'au retour de la tranquillité. Pendant son séjour à Pontivy, il a mérité l'estime des patriotes et s'est soumis un des premiers à la République conformément à la loi du 7 vendémiaire an IV. Il était depuis quelque temps retourné dans sa commune où il vivait tranquille en s'occupant d'y faire exécuter les lois et d'accommoder les différends et les procès de ses concitoyens et *pas de son état de prêtre*. Les prêtres réfractaires, ses ennemis, jaloux de sa tranquillité, fâchés de n'avoir pu le faire assassiner pendant la guerre des chouans, ont imaginé un autre moyen de le perdre. Ils ont répandu un libelle imprimé contre le gouvernement ayant pour titre : *rétractation du recteur de Saint-Launeuc*, qu'ils ont eu la méchanceté de signer à peu près de son nom, je dis, à peu près, car son nom s'écrit Coudé et l'imprimé est signé Cuodé. Ce libelle, dénoncé au gouvernement, a suffi pour motiver l'ordre de déportation et le citoyen Coudé va l'être sans délai, si la pétition qu'il a présentée au Ministre de la Police n'a pas de succès. Vous en trouverez ci-joint un double. Oserais-je vous prier de l'appuyer et d'en presser surtout l'expédition, car le retard la rendrait inutile. La moralité et les principes du citoyen Coudé sont connus de quelques-uns des membres du département des Côtes-du-Nord, ils ont dit que s'ils étaient consultés, ils en rendraient bon témoignage, mais qu'ils n'osaient suspendre l'ordre du gouvernement. N'exerçant pas de fonctions, il n'avait pas fait le dernier serment, mais il était prêt et est encore disposé à le faire si on l'avait exigé, ayant été toujours dans les meilleurs principes. Je compte assez sur l'amitié qui nous lie, pour être convaincue que vous ferez tout ce qui dépendra de vous pour m'obliger dans cette occasion. Ma famille se réunit à moi pour vous prier d'agréer l'assurance de notre attachement. »

Votre concitoyenne : *V*ᵛᵉ *Delaizire*.

7 nivôse an VI.

Au citoyen Ministre de la Police, Jullien Coudé (ou *Condé*), *de la commune de Saint-Launeuc*, département des Côtes-du-Nord, arrêté ce jour dans son domicile, pour être conduit à la maison d'arrêt de Port-Brieuc.

« Citoyen Ministre : Je vivais avec sécurité sous l'obéissance des lois et à l'ombre de mon patriotisme et de ma probité, lorsque cette nuit qui sépare le 18 frimaire an VI du 17° du même mois, dans mon domicile, en la commune de Saint-Launeuc, dont j'étais curé depuis le 30 juillet 1776, je suis arrêté sur des ordres qu'on ne me présente pas, pour être conduit à la maison d'arrêt de Port-Brieuc. A ce moment, on me déclare que c'est par votre ordre, Citoyen Ministre, qu'on m'arrête et que je suis condamné à la déportation. En ce cas, Citoyen Ministre, votre religion a été trompée. On ajoute que ma condamnation est fondée sur ce que vous m'avez regardé comme auteur d'un *libelle*, contre le gouvernement, sous le titre de *rétractation du serment que j'avais prêté en conformité de la loi du 26 novembre 1790*. Mais, Citoyen Ministre, cet imprimé ne peut faire foi contre moi. Par lui-même, il n'est pas authentique ; il n'est pas souscrit de moi. A la représentation qu'on me fait d'un exemplaire, je vois que mon véritable nom qui est Coudé (Condé), ne se trouve pas à l'endroit de la souscription, mais Cuodé, qui n'est pas mon nom. La qualité de curé, que j'ajoute depuis plusieurs années à ma signature, n'y est pas, mais celle de recteur que je n'emploie pas. Je pourrais invoquer à l'appui de cette assertion la présentation des registres de naissances, mariages et décès que je tenais en 1792, conformément aux lois anciennes. La qualité de curé se trouve à la souscription de chaque acte et dans aucun ne se trouve la qualité de recteur. Vous verrez encore, Citoyen Ministre, dans toutes les pièces ci-jointes on me qualifiait de curé et jamais on ne me qualifiait de recteur. L'imprimeur n'a fait connaître ni son nom, ni son domicile, on ne peut donc le regarder comme témoin. Il se cache, il a raison, c'est un faussaire. S'il a entendu parler de moi, mon délit qui serait d'être auteur du libelle dont il s'agit, n'est donc pas prouvé, et je défie aucun imprimeur de représenter ni une autorisation de ma part, ni un manuscrit souscrit de moi, comme le suppose l'imprimé. Cet ouvrage est de mes ennemis qui, n'ayant pu me faire assassiner par les chouans, cherchent à me perdre près du gouvernement. Je ne dois pas, Citoyen Ministre, être victime de leur scélératesse. Si vous jugez à propos, Citoyen Ministre, de faire des informations sur ma conduite publique, tant d'avant que depuis la Révolution, je me flatte que les autorités constituées, centrales et municipales, vous rendront un compte satisfaisant de mes principes et de ma moralité. Je joins d'avance des pièces qui justifient de ma bonne conduite et la satisfaction que le peuple de ma commune et des communes environnantes en ressentait. Je vais, j'espère, voir les habitants de ma commune me réclamer, c'est du moins ce qu'ils annoncent par leurs larmes, mais je les laisse libres à cet égard.

» Je prends la liberté, Citoyen Ministre, de mettre devant vos yeux une partie de ma conduite. Dans les premiers temps de la Révolution, j'avais rempli les fonctions de procureur de la commune. Pendant ce temps, tout fut exactement exécuté, même les réquisitions tant en hommes que fournitures, le tout en paix et sans trouble, aucun réquisitionnaire ne désobéit, tous sont encore à leur poste.

» Lorsque dans l'an III, les chouans se déclarèrent dans les environs (il n'y en eut aucun dans notre commune), leur premier projet parut être de me massacrer. Ils ne réussirent pas, mais ils pillèrent et dévastèrent toutes mes propriétés. Alors je me refugiai à Pontivy et j'y fixai mon domicile. Je vécus soumis aux lois, même à celle du 7 vendémiaire an IV. Je ne parle pas du serment prescrit par la loi du 26 novembre 1790 ; il est évident que je l'avais prêté, la prétendue rétractation le suppose essentiellement. Lorsque par la remise des armes de la part des chouans, il me fut permis de rentrer dans ma commune, j'y revins et j'y ai vécu jusqu'à ce jour en honnête et bon citoyen. C'est ce que tous les habitants veulent exprimer eux-mêmes, ils vont porter eux-mêmes la nouvelle de mon arrestation au juge de paix de notre canton, parce qu'ils croient qu'il reconnaîtra mon civisme et ma probité. Qu'il vous plaise, Citoyen Ministre, vu que mon délit n'est nullement prouvé et que la pièce, qui est censée en faire la preuve, renferme des choses fausses et qui ne peuvent me convenir, ordonner ma mise en liberté, révoquer ma condamnation à la déportation et vous ferez justice. »

Au pied on lit : « Les Administrateurs municipaux et Commissaire du Directoire Exécutif du canton de Plumaugat attestent la vérité du tout. Il s'est toujours montré bon patriote et soumis aux lois (5 nivôse an VI).

» Les Agents et Conseils municipaux de Saint-Launeuc, d'Eréac, de Lanrelas, de Merillac, attestent la même chose. Tous vantent les bons services de Coudé. »

Sur les déportés des Côtes-du-Nord, cf. *Arch. des C.-du-N.;* reg. L. 166, f° 18. 54, 55 ; *L^m 5,* 114 ; *Arch. Nat.,* F 7, 7368, et F 7, 384. — Victor Pierre : *La Déportation ecclésiastique sous le Directoire,* documents inédits, in-8°, Paris, 1895, p. 38, 167, 389.

II. — Les arrestations en 1798. — Les déportations en 1799.

254. — Etat présenté le 2 juillet 1798, par la municipalité de Guingamp, des prêtres insermentés détenus en cette ville.

(Arch. C.-du-N., L^m 5, 119.)

François Hemery, 62 ans, prêtre de Collinée, habitant Langourla, infirme.

François Le Mée, 46 ans, de Plélan-le-Grand, recteur de Ménéac, goutteux. [Cf. *Hist. Pays de Dinan,* I, p. 194, 294, 303 ; II, p. 331.]

Jean-François Liziard, 56 ans, d'Irvillac, chapelain de Lanvellec, débilité de nerfs.

Jean Saillet, 42 ans, de Plédran, curé d'office de Quintenic, souvent incapable de marcher.

Guillaume Jamin, 38 ans, d'Hémonstoir, fièvre continue.

André Le Sénéchal, 43 ans, vicaire de Saint-Méloir de Dinan, poitrine mauvais état. [Cf. *Hist. Pays de Dinan,* I, p. 30 et *Manuel,* II, 166.]

Jean-François Le Couedic, 46 ans, du Quillio, simple prêtre à Pestivien, bonne santé mais sanguin.

François-Marie Pouliquen, de Pordic, simple prêtre à Plérin, hernieux.

Jean Vannais, 41 ans, simple prêtre à Henon, sort d'une fièvre putride, bilieux.

Philippe Lejeune, 40 ans, simple prêtre à Trémel, presque fou.

Mathurin Doré, 52 ans, simple prêtre à Plémy, 3 fois attaqué de folie.

Louis Guenveur; Jean Posnic; Vincent Guezou.

255. — ARRESTATIONS DE MM. CATTENOS ET LEAU-LA TOUCHE, *tous deux déportés à l'île de Ré.*

(Arch. Nat., F⁷ 7532, 187.)

A. — *État des individus suspects, arrêtés dans l'arrondissement pendant les mois de pluviôse et de ventôse an VII (janvier-février 1799) :*

Mathurin Jean, prêtre réfractaire, arrêté le 2 ventôse (20 février 1799).

(Étienne-Jean) Lefranc, prêtre réfractaire, du 3 ventôse (21 février).

Pierre Le Giemble, recéleur du prêtre Mathurin, du 2 ventôse (1).

Leau Louis-Marie, prêtre réfractaire, du 4 ventôse (22 février).

Le Texier Louis, recéleur de prêtre réfractaire, du 11 ventôse (1ᵉʳ mars).

Cathenos René-Jean, prêtre réfractaire émigré, du 13 ventôse (3 mars).

Certifié véritable le 4 germinal an VII (24 mars 1799), par le commandant temporaire de la place et arrondissement de Dinan.

Signé : MATTAT.

B. — *Extrait d'une lettre du dit Mattat, au Ministre de la Police Générale réclamant le remboursement de ses frais de capture et d'espionnage, etc. (Du 4 germinal an VII) :*

....

« Il y a environ un an que le Ministre a promis 600 francs de gratification à ceux qui feraient capturer les nommés *Mathurin* et *Cathenos.* Ce sont deux grands scélérats..., etc.

» ...En conséquence le citoyen Mattat réclame 640 francs « pour dépenses secrètes » ...Les résultats du reste justifient cette dépense, car on a arrêté deux prêtres réfractaires : l'un débarqué depuis peu de Jersey, venait soulever les chouans (Cathenos) ; l'autre (Mathurin), était fameux depuis longtemps par son audace à prêcher la désobéissance aux lois... »

256. — LES TRIBULATIONS D'UN CURÉ SEXAGÉNAIRE (MAI-JUIN 1798).

(Communication de l'abbé Le Texier, vicaire à Loudéac.)

I. — Extrait du « Registre... pour servir au gardien de la maison d'arrêt de l'arrondissement de Loudéac :

---

(1) Voir les biographies de ces ecclésiastiques aux t. I et II de l'*Histoire du Pays de Dinan* précitée. — Le Giemble, de la Landec, et Le Texier, d'Evran, étaient tous deux parents de prêtres insermentés.

« Le concierge de la maison d'arrêt gardera à sa charge et sous sa responsabilité le nommé Jean-Baptiste Garnier, prêtre de la commune de Galineut (*sic*).

> » Loudéac, le 9 prairial, l'an VI.

> » Signé : *Lhonoré.* »

« Bon pour décharge de Jean-Baptiste Garnier, le 9 prairial an VI.

> » *Thierry*, maréchal des logis. »

II. — Extrait des registres de l'Administration centrale des Côtes-du-Nord du 12 prairial an VI, séance tenue par les citoyens Beaudouin, président ; Le Provost ; Barbedienne ; Le Mée et Denoual : présent le citoyen Pouhaër, commissaire du Directoire Exécutif :

« Vu la requête de Jean-Baptiste Garnier, prêtre sexagénaire et insermenté, saisi le 8 de ce mois au bourg d'Allineuc, canton d'Uzel, où il résidait, actuellement detenu en la maison d'arrêt de Port-Brieuc, par laquelle il demande les motifs de son arrestation, et sa mise en liberté, en même temps qu'il avoue qu'il disait la messe quelquefois, prétextant l'ignorance absolue de la loi du 18 fructidor an V.

» Considérant que l'arrestation dudit Garnier est fondée sur la qualité de prêtre insermenté, astreint à la déportation ou à la réclusion, et sur ce qu'il a, d'après la notoriété publique, confirmée par son propre aveu, rempli, en contravention à la loi, les fonctions du culte ;

» L'Administration, ouï le commissaire du Directoire Exécutif :

» Arrête : 1° Qu'il n'y a pas lieu d'accorder au prêtre Garnier sa mise en liberté qu'il réclame ;

» 2° Qu'il y a lieu de le dénoncer et le dénonce au tribunal correctionnel de l'arrondissement de Loudéac pour être jugé, conformément aux lois des 7 vendémiaire an IV et 19 fructidor an V.

« Pour expédition certifiée conforme.

> » Signé : *Claude Le Gorrec*, secrétaire en chef. »

III. — De par la Loi.

« Nous Pierre Boulon-Dumesny, directeur du jury d'accusation de l'arrondissement de Loudéac, département des Côtes-du-Nord et président du Tribunal de police correctionnelle du dit Loudéac, en vertu de l'article 70 du Code des délits et des peines, mandons et ordonnons à tous exécuteurs des mandements de justice de conduire à la maison d'arrêt de Loudéac : Jean-Baptiste Garnier, prêtre non soumissionnaire, demeurant commune d'Allineuc, prévenu d'avoir fait les fonctions du culte en contravention (*sic*) des lois des 7 vendémiaire an IV et 19 fructidor an V ; mandons au gardien de la dite maison d'arrêt de le recevoir, le tout en se conformant à la loi.

» Requérons tous dépositaires de la force publique, auxquels le présent mandat sera notifié, de prêter main-forte pour son exécution, en cas de nécessité.

» Loudéac, le 24 prairial an VI de la République une et indivisible.

» Signé : *Boulon-Dumesny* ∴ ».

IV. — « Concierge de la maison d'arrêt de *céant tu es* par moi soussigné chargé de la personne de Jean-Baptiste Garnier. prêtre, et le nourriras conformément à la loi. » Ce 24 prairial an VI.

» Signé : *Corniquel.* »

V. — En marge du registre : « Mise en liberté aux fins de jugement du Directoire du jury, en date de ce jour, qui admet le dit Garnier à fournir caution, au désir de la loi.

» Loudéac, le 25 prairial, an VI de la République.

» Signé : *Le Normand.* »

257. — Etat des prêtres détenus a Saint-Brieuc, le 6 mars 1799, *date à laquelle l'administration des Côtes-du-Nord ordonna leur transfert à Guingamp.*

(Arch. C.-du-N., reg. L 166, f° 140.)

Jean Posnic, recteur de Lancieux. — *Louis Le Coq,* prêtre de Saint-Juvat. — *Jean Person,* dit le P. Aimé, capucin de Dinan. — *Michel Manoir,* chanoine de Saint-Guillaume. — *Louis du Fou,* ancien chanoine de Dol. — *Noël Le Clerc.* curé de Saint-Carreuc. — *Jacques Gaudin,* prêtre de Moncontour. — *Louis Leau-La Touche.* d'Evran, curé de Courcemont (Sarthe). — *Jean Mathurin,* prêtre de La Landec. — *Pierre Le Forestier,* vic. de Lescouët-Gouarec. — *François Le Coëdic,* vic. de Maël-Carhaix. — *François Hemery,* prêtre de Langourla. — *Jean Prigent,* vicaire de Saint-Gilles-Gouarec. — Ajoutons à cette liste *Pierre Botrel,* recteur de Plerneuf, qui fut transféré de la prison de Saint-Brieuc à celle de Guingamp, le 10 août 1799.

258. — Etat des prêtres insermentés détenus a la prison de Guingamp, le 5 avril 1799.

(Arch. C.-du-N., Lm 5, liasse 130.)

François Hemery, 62 ans, prêtre (de Langourla), détenu depuis octobre 1797 par ordre du Ministre de la Police. — *Vincent Gouezeu,* 43 ans, assermenté rétracté, curé de Brelidy, détenu depuis juillet 1798 par ordre du Département. — *Jean-François Le Vannais,* 43 ans, prêtre de Henon, détenu depuis avril 1798. — *Hyacinthe Corbel,* 61 ans, carme, détenu depuis le 4 novembre 1798. — *Louis-François Le Barazer,* 60 ans, curé de Lannion, détenu par ordre du Département. — *Claude-*

Louis Le Noan, 39 ans, curé de Calanhel. — *François-Marie Le Pouliquen*, 37 ans, prêtre de l'ordic, détenu depuis le 4 avril 1798. — *René-Jouannin*, 45 ans, vicaire assermenté rétracté, détenu depuis le 20 juillet 1798. — *Jacques Gaudin*, 31 ans, prêtre de Moncontour.

Noël Le Clerc, 63 ans, recteur de Saint-Carreuc, détenu depuis le 15 mars 1799. — *Jean-Étienne Saillet*, 43 ans, curé d'office de Quintenic, détenu depuis février 1798. — *Jean Le Sénéchal*, 43 ans, vicaire à Saint-Malo de Dinan, jugé le 2 août 1797. Amené l'avant-veille à Guingamp. — *Mathurin Doré*, 52 ans, prêtre de Plémy, détenu depuis mai 1798. — *Pierre Josse*, 65 ans, vicaire à Jugon, détenu depuis le 24 ou 25 décembre 1798. — *Louis Guenveur*, 48 ans, vicaire assermenté rétracté à Lanvellec, détenu depuis le 18 juillet 1798. — *Jean-François Le Couëdic*, 47 ans, vicaire à Le Moustoir, détenu depuis mars 1798. — *Jean Le Loarer*, 49 ans, prêtre détenu depuis mai 1798.

Louis-Marie Jean La Touche, 53 ans, curé assermenté rétracté de Courcemont (Sarthe) détenu depuis janvier 1799. — *Jean Mathurin*, 51 ans, prêtre de Cancale, résidant à La Landec, détenu depuis janvier 1799. — *Louis-Guillaume du Fou*, 74 ans, dignitaire du chapitre de Dol, détenu depuis janvier 1799. — *Étienne-Jean Le Franc*, 74 ans, ex-chantre à Saint-Sauveur de Dinan, détenu depuis janvier 1799. — *Jean-Mathurin Person*, 70 ans, ex-capucin de Dinan, détenu depuis janvier 1799.

Pierre Le Forestier, 43 ans, vicaire à Perret, détenu depuis août 1798. — *Louis Le Coq*, 50 ans, prêtre de Saint-Juvat, détenu depuis le 30 septembre 1798. — *François Le Coëdic*, 46 ans, vicaire à Maël-Carhaix, détenu depuis septembre 1798. — *Jean Prigent*, vicaire à Saint-Gilles-Gouarec, détenu depuis janvier 1799. — *Joseph-Marie Aumont*, prêtre du diocèse de Dol, arrêté à Dinan, détenu depuis le 24 mars 1799.

259. — LE PRÊTRE NAUD, DE PLEURTUIT, EST CAPTURÉ AU MOMENT DE CÉLÉBRER SA MESSE.

(Note communiquée par feu le chanoine Bondon.)

Le 8 août 1799, le prêtre assermenté Dubois, commissaire du Directoire Exécutif près le canton de Saint-Énogat, écrit au commissaire du Directoire près le Département d'Ille-et-Vilaine :

« Je vous instruis qu'un prêtre insoumis nommé *Louis-Toussaint Naud*, de la commune de Pleurtuit, a été pris par la gendarmerie le 17 de ce mois (Dimanche 4 août 1799). Il a été amené au juge de paix de notre canton qui a lancé contre lui un mandat d'arrêt et l'a fait conduire à la maison d'arrêt de Saint-Servan avec différentes personnes qui étaient venues pour entendre la messe. La veille de cette arrestation, les gendarmes vinrent chez moi sur les 11 heures du soir me faire part de leurs desseins. Je leur fournis un guide (le citoyen *Carillon*, qui ne se refuse jamais dans ces sortes d'opérations et qui, par conséquent, a un titre à la reconnaissance nationale). Je leur fournis, dis-je, un guide, qui les conduisit dans l'endroit, ce que je ferai toujours contre les ennemis de la chose publique, seul motif qui me conduit en mes démarches. »

Signé : DUBOIS.

260. — ARRÊTÉ DE DÉPORTATION DE L'ABBÉ CORGAT (1).
(Arch. Nat., F⁷ 7568, 661.)

Extraits des Registres de l'Administration Centrale du Finistère du 4 germinal an VII (3 avril 1799).

« ...Vu le procès-verbal de capture de Pierre-Hyacinthe Corgat, prêtre réfractaire, arrêté à Plusquellec (canton de Callac), le 5 frimaire an VII (25 novembre 1798), l'interrogatoire du même jour et l'arrêté du département des Côtes-du-Nord le renvoyant devant celui du Finistère ; l'interrogatoire du 7 nivôse.

» Considérant que Pierre Corgat s'est rendu en Espagne dans les premiers jours de juillet 1792, qu'il n'est âgé que de 50 ans ; par conséquent, sujet à la déportation.

» Arrête que Pierre Corgat, ex-recteur de Landrevarzec (1), sera conduit de brigade en brigade jusqu'à l'île de Ré, pour être déporté... »

261. — ARRÊTÉ DE DÉPORTATION CONTRE ONZE PRÊTRES DES CÔTES-DU-NORD, LE 6 MAI 1799 (*Extrait*) (2).
(Arch. Nat., F⁷ 7582, 833. — Voir le texte original, C.-du-N., reg. L 166, f° 154 et sq.)

Extrait des Registres de l'Administration Centrale des Côtes-du-Nord. Séance du 13 floréal an VII. Présents : Beaudouin, président ; Barbedienne ; Le Mée ; Denoual et Le Provost de Launay, administrateurs. Présent : Pouhaër, commissaire du Directoire Exécutif.

« ...Vu la liste des prêtres réfractaires détenus à Guingamp et à Port-Brieuc, ensemble les motifs de leur arrestation. Vu la circulaire du Ministre de la Police Générale du 14 brumaire an VII.

» Considérant que *Vincent Guézou,* ex-vicaire de Brelidy, canton de Pontrieux, a rétracté le serment suivant sa déclaration aux commissaires de la municipalité de Guingamp, le 15 germinal ; qu'il n'est âgé que de 43 ans, sans infirmité.

» *Jean Le Sénéc·il,* ex-vicaire de Saint-Malo de Dinan ; n'a prêté aucun serment, 43 ans, sans infirmité.

» *Louis Guenveur,* ex-vicaire de Lanvellec, canton de Vieux-Marché, a déclaré le 16 de ce mois avoir rétracté ; 48 ans, pas d'infirmités.

---

(1) Landrevarzec, à deux lieues de Quimper, fait aujourd'hui partie de la commune de Briec (Ogée, *Dictionnaire de Bretagne,* 2ᵉ édition).

(2) Nous avons publié, sur tous ces prêtres, une brève notice biographique, au t. II des *Actes des Prêtres insermentés du diocèse de Saint-Brieuc.*

... » *Jean-François Le Coëdic*, ex-vicaire du Moustoir, canton de Maël-Carhaix ; a déclaré le 16 germinal n'avoir prêté aucun serment quoique assujetti comme curé du Moustoir, 47 ans, sans infirmité.

» *Louis-Marie Leau-La Touche*, a rétracté au Mans en ventôse an III ; 53 ans, non infirme.

» *Pierre Le Forestier*, n'a pas prêté serment, quoique vicaire de Perret à l'époque de la Constitution Civile, 43 ans, sans infirmité.

» *Louis Le Coq*, ex-vicaire de Plouasne, Saint-Juvat et Combourg, n'a pas prêté serment, 50 ans, non infirme.

» *François Le Couëdic*, 46 ans, ex-vicaire de Maël-Carhaix, n'a pas prêté serment.

» *Jean Prigent*, 47 ans, pas de serment, quoique vicaire de Maël-Carhaix à l'époque de la Constitution Civile.

» *Louis Mégret*, ex-curé de Caulnes, n'a pas prêté serment, 37 ans, non infirme.

» *René Cathenos*, ex-recteur de Taden, déporté rentré, sans infirmité ; n'a pas l'âge qui pourrait l'exempter de la déportation.

» *René Jouannin*, 45 ans, vicaire de la commune de Châtillon (Ille-et-Vilaine), à l'époque de la Constitution Civile ; pas de serment présentement ; aucune infirmité.

» Considérant que tous les dénommés ci-dessus sont sujets à la déportation... Arrête que Vincent Guézou, etc., etc..., seront extraits de la maison de détention de Guingamp (excepté Mégret et Cathenos qui sont à Port-Brieuc) et conduits de brigade en brigade jusqu'à La Rochelle, où ils seront remis au Commandant de la Gendarmerie qui prendra les moyens de les faire transporter à l'île de Ré. De plus, charge le Commandant de la Gendarmerie de l'exécution du présent, en certifiant le départ le 25 de ce mois et l'arrivée à La Rochelle le 1er messidor... »

262. — VOULOIR PROTÉGER SES PRÊTRES ET LEUR ÉVITER LA DÉPORTATION ÉTAIT AUX YEUX DES AUTORITÉS DÉPARTEMENTALES UNE PRÉTENTION INTOLÉRABLE, *ainsi que le prouve la sévère algarade qu'adressa le 14 avril 1799 l'Administration centrale des Côtes-du-Nord à la municipalité de Plouër. Des perquisitions rigoureuses ayant été faites alors dans cette localité, amenèrent l'arrestation de l'abbé Nicolas qui fut aussitôt condamné à la déportation à l'île de Ré.*

(Arch. C.-du-N., reg. L 290, f° 128.)

L'Administration des Côtes-du-Nord écrit à la municipalité cantonale de Plouër le 25 floréal an VII (14 avril 1799) :

« Nous sommes on ne peut plus satisfaits, Citoyens, de votre exactitude dans la correspondance et du zèle que vous mettez à remplir les diverses opérations qui ont trait à votre administration, mais nous craignons beaucoup que ce ne soit pour sauver seulement les apparences.

» Nous savons, à n'en pouvoir douter que les ennemis de la chose publique, et notamment les *prêtres réfractaires*, trouvent dans votre canton (soit) plus par sentiment d'humanité mal entendue sans doute que par conformité d'opinion, un azile assuré. On peut même dire qu'ils y sont hautement *protégés*, puisque leur séjour y devient public par le concours de personnes qui les visitent dans leurs refuges et que jusqu'à présent vous n'avez fait aucune des démarches qui pourraient vous mettre à l'abri des soupçons de complicité, ou tout au moins d'insouciance qu'autorise votre silence.

» Nous en avons la preuve évidente par le séjour habituel qu'ont fait et font encore dans votre canton le prêtre *Guérin*, votre ci-devant recteur, et son curé, Le Moinne, homme extrêmement dangereux et dont la mauvaise volonté contre le gouvernement républicain (s'est affirmée) dans tous les temps et dans tous les sens possibles. Vous ne pouvez nier aucun de ces faits ; pas même la connaissance certaine que vous en avez, à moins que par un raffinement de mauvaise foi, que nous sommes loin d'imaginer en vous, vous ne veuilliez arguer qu'elle n'est pas officielle ; mais tout subterfuge à part : répondez ? — Qu'avez-vous fait ? — Rien de ce que vous deviez faire ! Au contraire, vous avez gardé un continuel silence. Peut-être même, les avez-vous reçus dans vos maisons, écoutés, suivis et adoptés leurs principes subversifs de l'ordre politique que vous devez être chargés de maintenir.

» L'irascibilité de leur caractère, trop bien connue et démontrée par la plus fatale expérience, n'a pu vous garder de l'influence tyrannique qu'ils exercent sur les esprits faibles, et, quoique fonctionnaires publics, vous n'avez pas craint de trahir votre devoir en courbant la tête sous le joug du fanatisme et de l'erreur. N'est-ce pas vous, qui au mépris de la loi des 21 et 23 avril 1793, qui frappait de la peine de la déportation tout prêtre, non fonctionnaire public, qui n'avait pas prêté le serment exigé par celle du 14 août précédent, avez délivré un passeport au nommé *Beaudouard*, prêtre insermenté originaire de votre commune.

» L'Administration, appliquant la loi du 19 fructidor an V, avait droit d'attendre de vous une conduite plus ferme et plus patriote, pour prix de l'indulgence dont elle avait usé envers vous. La peine portée par l'article 4 est de deux années de fers.

» Nous nous plaisons cependant à croire, qu'éclairés sur vos véritables intérêts et ceux de vos administrés, vous déploierez à l'avenir plus de vigilance ; que vous veillerez surtout sans relâche à ce que rien ne puisse troubler la tranquillité de votre arrondissement et que vous ne négligerez aucun moyen pour vous assurer des individus dont les insinuations perfides et les projets criminels, peuvent attirer sur votre canton des maux incalculables. »

262 bis. — ARRÊTÉ DE DÉPORTATION DU PRÊTRE NICOLAS, DE PLOÜER.

(Arch. C.-du-N., reg. L 166, f° 160ᵛ.)

Le 23 floréal an VII (12 mai 1799), les Administrateurs des Côtes-du-Nord : Denoual, président ; Le Provost ; Brichet et Loncle, condamnent *J.-Pierre Nicolas* à la déportation, pour les motifs ci-dessous :

« Considérant, disent-ils, que le dit Nicolas est dans le cas de la peine prononcée par le décret de la Convention Nationale des 21 et 23 avril 1793.

» Considérant que la lettre du Ministre de la Police Générale du 14 brumaire an VII, explicative du dit décret, soumet à la déportation les ecclésiastiques salariés ou pensionnés par l'État.

» Considérant qu'il n'existe aucun doute que le dit Nicolas en sa qualité de chapelain de la cathédrale de *Port-Malo*, ne fut dans le cas d'être salarié ou pensionné, que d'ailleurs la conduite ténébreuse de ce prêtre avouée par lui-même dans ses interrogatoires, sa vie *errante et vagabonde*, donnent la mesure de ses intentions malévoles. »

263. — ARRÊTÉ DE DÉPORTATION DES PRÊTRES GUILLAUME. AUMONT ET LE POULIQUEN *(Extraits)*.

(Pris aux Arch. Nat., F⁷ 7582, 833. — Voir texte original Arch C.-du-N., reg. L 166, f⁰ 157 et sq.)

A. — Le 23 prairial an VII (11 juin 1799).

Le Ministre de la Police transmet à Pouhaër, Commissaire du Pouvoir Exécutif près le département des Côtes-du-Nord, la copie d'un arrêté du Directoire Exécutif du 18 de ce même mois (6 juin) portant que les nommés *Guillaume, Aumont* et *Le Pouliquen*, prêtres des Côtes-du-Nord, détenus à Saint-Brieuc, seront déportés sur-le-champ et prescrivant de donner des ordres pour qu'ils soient transférés à l'île de Ré, lieu d'embarquement. (Sur *Aumont*, cf. *Hist. Pays de Dinan*, I, p. 38.)

B. — Extrait des Registres de l'Administration Centrale des Côtes-du-Nord ; Denoual, président.

« ...*Pierre Guillaume*, prêtre réfractaire, 37 ans, sans fonction lors de la Constitution Civile, ce qui le met hors le cas des lois de déportation ; mais étant domicilié à Maël-Pestivien, il a par son influence coopéré au système de rébellion du canton de Duault et doit en conséquence être compris dans les dispositions de l'art. 24 de la loi du 19 fructidor an V.

» *Joseph-Marie Aumont*, prêtre perturbateur, d'après sa déclaration du 16 germinal à la municipalité de Guingamp, a été reçu prêtre à Paris en l'an V par le soy-disant évêque d'Alais, n'est pas assujetti à la déportation, mais la dénonciation faite contre lui le faisant connaître perturbateur, le Directoire est d'avis qu'il soit condamné à la déportation.

» *François Pouliquen*, prêtre réfractaire, 37 ans, capturé commune de Plérin, détenu à Guingamp, n'est pas dans le cas de la déportation, mais il paroit constant qu'il a exercé clandestinement le culte et qu'il s'est servi de son influence pour éloigner du gouvernement républicain les citoyens crédules. Le Directoire est d'avis qu'il soit condamné à la déportation... »

(Même registre, L 166, f⁰ 180.)

Le 3 messidor an VII (21 juin 1799), le Directoire des Côtes-du-Nord après avoir reçu la réponse du Directoire Exécutif, ordonne de mettre en route sur La Rochelle les prêtres Aumont et Le Pouliquen.

CHAPITRE III

Le Culte constitutionnel, le Culte décadaire et les Fêtes civiques.

SOMMAIRE. — (264, *bis* et *ter*) Quelques lettres de l'abbé Bouguet, de Pléneuf, ancien missionnaire aux îles Saint-Pierre et Miquelon, ex-administrateur du district de Lamballe, nous donnent un échantillon de la mentalité d'un des membres les plus distingués du clergé assermenté dans les Côtes-du-Nord. Elles nous font toucher du doigt les difficultés auxquelles ces ecclésiastiques se heurtèrent après la séparation de l'Eglise constitutionnelle et de l'Etat qui l'avait créée. Enfin, elles nous montrent combien tenaces furent leurs illusions et leurs espérances. — (265) Le curé constitutionnel de Plumagoar, dans une réponse à un questionnaire de son évêque, adressé par celui-ci à la suite de son synode tenu en prairial an IV, expose en 14 articles l'état de sa paroisse un an après la Terreur. Son rapport est rempli de curieux détails sur la situation religieuse à cette époque. — (266) Une instruction de l'évêque Jacob à ce même curé nous montre à son tour la mentalité de ce prélat, toujours prêt à exécuter tous les règlements inventés par les révolutionnaires pour entraver la liberté religieuse. — (267) Au fond, cet évêque intrus, si plat valet devant les persécuteurs, ne travaillait rien moins qu'à exciter les autorités administratives contre le clergé catholique romain, dont la « conduite et les discours, écrivait-il en avril 1795 dans une lettre-circulaire à son clergé, ne tendent rien moins qu'à saper le gouvernement, et qui porte l'intolérance jusqu'au point d'en méconnaître les lois fondamentales et de s'y soustraire..., et pour qui, la religion n'est que le prétexte dont ils se servent pour égarer les faibles et les porter à la rébellion (1) ». De plus, dans sa séance du 23 vendémiaire an VI (14 octobre 1797), les membres de l'administration centrale des Côtes-du-Nord décidaient d'imprimer le décret du Concile National du 5 septembre précédent portant l'obligation de jurer le serment « de haine à la Royauté (2) ». Cette funeste mentalité, qui faisait de la plus grande partie du clergé constitutionnel des dénonciateurs acharnés du clergé réfractaire, provoqua contre eux de terribles vengeances : Dans les deux volumes de notre *Hist. du Pays de Dinan,* nous avons relaté les assassinats des prêtres mariés Nouazé à Evran et Haye à Corseul, et celui de Mauny à Lanrelas. Voici le procès-verbal de l'assassinat du « beau » Mauffray, ex-prieur de Bégard, ex-vicaire épiscopal, ex-curé de la Malhoure, qui avait épousé une religieuse, et une lettre où l'on mentionne le meurtre du prêtre Oly de Trémeur, auquel nous avons consacré un article à la p. 322 du tome second de l'*Hist. du Pays de Dinan.* Au t. Ier, p. 179 de la *Correspondance de Le Coz,* publiée par le P. Roussel, in-8°, Paris, 1900, on raconte l'assassinat par les chouans le 30 mars 1796, de François Morand, curé assermenté de Plédéliac, à l'âge de 62 ans. — (268) Le clergé constitutionnel, malgré les rétractations, les apostasies et les assassinats dont une quinzaine de ses membres furent victimes, et les décès naturels, comptait encore 195 représentants à la fin de 1798. Nous donnons leurs noms d'après un registre de paiement conservé aux *Arch. des Côtes-du-Nord.* Cette liste rapprochée de celles que nous avons publiées aux p. 42-44, 90-92, 257-262 et 274 du premier volume du *Manuel,* permettra d'établir une statistique sérieuse du clergé assermenté dans les Côtes-du-Nord. — (269) Malgré toute la servilité des prélats de l'église constitutionnelle, le gouvernement directorial ne cessait de la vexer de mille manières. L'une des plus pénibles fut d'interdire toute sonnerie de cloches pour annoncer les réunions cultuelles. Après avoir dépouillé les clochers de leurs carillons, les révolutionnaires prétendaient rendre muette l'unique cloche qu'ils y avaient conservée. — (269 *bis*) Cette loi, d'application difficile en Bretagne, subissant de nombreuses entorses, le Ministre de la Police en rappela l'exécution par une longue circulaire le 19 décembre 1797. — (270) En même temps qu'on entravait de mille façons l'exercice du culte catholique, les jacobins de Basse-Bretagne interdisaient la représentation des « mystères » chers à l'âme de ces populations celtisantes, ainsi agirent les municipaux de Prat, le 4 juillet 1797. — (271) Comme on ne détruit bien que ce que l'on remplace, les jacobins révolutionnaires, dont le but avoué était la destruction de toute religion révélée, avaient imaginé, dès le 5 octobre 1793, lors de la création de leur *calendrier républicain* (cf. *Manuel,* t. Ier, p. 233), l'établissement d'un certain nombre de fêtes inventées pour faire perdre au peuple le souvenir des solennités religieuses d'autrefois. En nivôse

---

(1) Adresse de Yves Coëtglas, du 1er mai 1795, au citoyen Jacob, etc. A Saint-Brieuc, chez L.-J. Prud'homme (*Archives personnelles*).
(2) In-12 de 23 pages, imprimé chez J.-M. Beauchemin ∴, à Saint-Brieuc.

an III, le député Mathieu de l'Oise, dans un rapport, trop long pour l'insérer ici, avait déposé tout un projet de solennités laïques « destinées, déclarait-il, à assurer les fruits de la Révolution ». Dans ce courant d'esprit, le Directoire Exécutif, après le coup d'Etat de fructidor an V, reprit l'idée d'instaurer coûte que coûte, avec l'usage du calendrier républicain, le culte décadaire, au lieu et place du dimanche aboli (Cf. sur ces mêmes tentatives sous la Terreur, le présent *Manuel*, t. Ier, p. 234 à 239). — On lira avec intérêt la circulaire qu'adressa dans ce but, le 6 novembre 1797, le ministre Letourneur aux administrations centrales des départements de la République. — (272) Une grosse liasse cotée L^m 5, 121, aux Arch. des Côtes-du-Nord, est remplie des comptes rendus des fêtes décadaires et autres qui furent célébrées alors. Nous avons exhumé seulement deux de ces procès-verbaux qui furent rédigés par l'administration cantonale de Ploubalay. Nous faisons précéder leur reproduction de la relation d'une fête plutôt cocasse, imaginée en 1794 par les sans-culottes de Pleurtuit. Enfin nous achevons par le tableau de la fête de la Souveraineté du Peuple, telle qu'elle fut célébrée l'an de grâce 1799 par la municipalité de Corseul. — (273) A la suite d'un décret très oppressif pris le 16 germinal an VI (3 avril 1798), par le Directoire Exécutif à propos du *calendrier républicain* et de son application aux marchés, un arrêté pris le 12 mai 1798, par l'administration de Plancoët, alors présidée par l'ex-prêtre Gouinguené, nous montre que ce n'est point d'aujourd'hui que cette municipalité vogue dans la voie du « Progrès ». — (273 *bis*) Les lois du 7 thermidor an IV (4 août 1798) ; du 13 et du 23 fructidor de la même année (30 août et 9 septembre), confirment et développent le système imposé par le décret du 16 germinal précédent pour tous les actes de la vie des Français. La loi du 13 fructidor en particulier, règle les modalités des fêtes décadaires, en rend l'assistance obligatoire par une foule d'individus et ordonne aux instituteurs publics d'y conduire leurs écoliers, prétendant de la sorte « écraser les débris de la superstition sur ses moyens et sur son autel ». Nous n'insisterons pas sur cette tentative vouée à l'avance à l'insuccès à cette époque. La franc-maçonnerie s'est montrée autrement avisée de nos jours pour opérer la laïcisation du dimanche.

*
* *

Avec ce chapitre, s'achève le livre que nous avons consacré à la persécution religieuse sous le Directoire Exécutif pour le clergé catholique romain. Voici le bilan de celle-ci : dix-huit prêtres, y compris les deux religieux de Saint-Aubin, mis à mort par les colonnes mobiles, un dix-neuvième exécuté à Saint-Brieuc, un autre envoyé périr à Cayenne, vingt-sept déportés à l'île de Ré, dix-huit gémissant encore en prison depuis plusieurs années l'an 1800 dans la ville de Guingamp, sans compter tous ceux incarcérés en 1796 et ceux qui, à la fin du Directoire, se trouvaient détenus à Saint-Brieuc.

Impossibilité d'autre part pour ce même clergé d'exercer publiquement le culte catholique, par vouloir lui imposer comme condition préalable un serment auquel répugnait sa conscience et par lequel on prétendait faire de lui, malgré la séparation des Eglises et de l'Etat, comme une sorte de fonctionnaire public : « En vérité, écrivait Hoche dès 1796, à cause de l'impopularité des prêtres jureurs, le seul mot de serment effraie tous les autres » (Chassin : *Les Pacifications*, etc., II, p. 499). Notons enfin l'obstination du clergé constitutionnel à perpétuer un schisme sans issue, faute pour lui de pouvoir se recruter et l'acharnement du pouvoir à instaurer l'athéisme en France en imposant le culte décadaire et la création de fêtes aussi ennuyeuses au fond que prétentieuses dans leur ordonnance, décades et fêtes, dont l'impopularité rejaillit sur leurs organisateurs. Quant au vrai peuple, qui n'avait pas encore subi, comme celui de nos jours, l'effort déchristianisateur de cinquante ans d'école laïque et obligatoire, voici son sentiment, tel qu'un violent révolutionnaire, farouche ennemi des chouans, le curé jureur de Plouguenast, François Laletton, va nous le faire connaître en toute franchise : « Le peuple est mécontent, Il veut la religion. Il l'aura où il périra. Il ne veut ni décade ni nouveau calendrier. A ces conditions, il se rit des nobles auxquels il n'est nullement attaché... Qu'on lui accorde la demande ci-dessus énoncée, paix et satisfaction à l'intérieur » (*Arch. C.-du-N.*, L^m 5, 138). C'est ce que devait réaliser Bonaparte quelques mois plus tard et ce que nous verrons au livre suivant.

PARTIE DOCUMENTAIRE

264. — LA MENTALITÉ D'UN CURÉ JUREUR D'APRÈS SA CORRESPONDANCE : *Le prêtre Bouguet, le 31 octobre 1790, expose ses titres au poste de vicaire épiscopal à l'abbé Armez, procureur syndic des C.-du-N.*

(Arch. C.-du-N., série L^V, district de Lamballe.)

Monsieur et très respectable confrère,

« Tous les bons patriotes bénirent le Ciel de voir en vous le mérite récompensé par votre élévation à la première place du département des Côtes-du-Nord dans l'Assemblée électorale de Saint-Brieuc et comme vous réunissez presque tous les suffrages des électeurs, nous ne pouvons douter de la voix de Dieu.

» Votre pouvoir était très grand dès lors, mais combien plus ne sera-t-il pas aujourd'hui qu'il est remis à sa place. J'implore aujourd'hui cette puissante protection pour un zélé et fidèle patriote : c'est pour moi-même.

» Vous scavez qu'il n'est pas permis de demander des bénéfices, mais il est permis de demander du pain quand on n'en a pas : c'est le cas où je me trouve. Vous ignorez sans doute combien il m'en coûte pour tous les voyages que j'ai faits pour disposer le peuple à secouer le joug de la tyrannie pour obtenir la liberté. J'avais déjà bien fait des dépenses avant d'avoir eu l'honneur de vous connoître à l'Assemblée de Saint-Brieuc où l'abbé (*Maurice*) Kerangal (de la Richardière) mit en œuvre toute la juridiction depuis l'Assemblée cléricale dans la même ville, ensuite l'Assemblée électorale, dont vous n'ignorez pas la durée et à Lamballe, à la première desquelles je fus élu administrateur (du dit district).

» Tous ces voyages ne peuvent se faire sans bien des dépenses ; enfin pour m'achever de ruiner, je faisais les fonctions de curé dans la paroisse de Pléneuf depuis mon retour de l'Amérique, je veux dire depuis 12 ans.

» M. le Recteur me voyant administrateur, a fait demander et obtenir des lettres de curé pour M. l'abbé *Hourdin*, parce que j'avais été obligé de passer la moitié de mon temps au district. Me voilà donc sans place, sans pain, n'ayant pas 200 l. de rente. J'avais une ressource dans une pension de 400 l., que le Roy m'avait accordée, mais voilà toutes les pensions supprimées. La mienne sera-t-elle relevée ? n'ayant que 5 ans de services aux missions étrangères ? Voilà mon état.

» J'avais voulu tenter la place d'aumônier du Département, mais on m'a dit que cette place ne donneroit que des honneurs et non du pain, que d'ailleurs j'avais de puissants concurrents, entre autre l'abbé [Micault] de Soulville. Que me reste-t-il donc à demander. Oserais-je prétendre à une place de vicaire dans la cathédrale, je n'ose m'en flatter !

» Voici cependant mes titres : J'ai été préfet apostolique de l'Amérique septentrionale ; en conséquence vicaire général du Saint-Siège ; quoique le nom soit différent, le vicaire du Souverain Pontife peut-il prétendre à une place de vicaire de l'évêque, surtout aujourd'hui qu'il est inutile d'être gradué ?

» Pendant le même temps, j'ai été curé ou recteur de l'île Saint-Pierre, de Terre-Neuve et missionnaire des Sauvages. J'ai lieu d'espérer que Dieu a béni mes travaux. J'ai toujours eu le bonheur de me faire aimer des Français et même des Anglais qui me donnèrent, en nous conquérant, des preuves générales de leur respect.

» Je n'ai même pas déshonoré mon état depuis que je suis de retour en France ; j'ai fait du bien, j'ose le dire, tant au spirituel qu'au temporel, dont peu de prêtres ont donné des exemples. J'offre de prouver tout ce que je viens d'avancer tant pour l'Amérique que pour la France et même je remontrai jusqu'au temps de mes écoles et des cinq années de séminaire, que j'étais à Paris au Séminaire du Saint-Esprit où mes anciens supérieurs vivent encore.

» Ma pauvreté actuelle m'a déjà forcé de vendre une perrée de froment de rente sur mon patrimoine pour ma subsistance. Plein de confiance en vos bontés, je suis avec un profond respect ». Monsieur. cher et honoré Confrère, votre très humble et très obéissant serviteur.

Signé : BOUGUET, missionnaire apostolique
A Pléneuf, dernier octobre 1791.

264 bis. — Le curé Bouguet, le 13 septembre 1796, proteste auprès des Administrateurs des Côtes-du-Nord, *contre la situation pénible qu'on lui crée à Pléneuf. Il expose les dangers qu'il a courus.*

(Arch. C.-du-N., série L, pièces non cotées.)

« Citoyens administrateurs, il faut que les prêtres républicains et encore plus leur culte soient bien préjudiciables au parti des royalistes, puisque plusieurs de mes collègues ont succombé sous leur fer assassin, et même dans ce département ; que d'autres n'en sont échappés qu'en se sauvant avec une simple chemise et un bonnet, obligés d'abandonner tout aux brigands qui n'ont pas manqué d'en profiter, que les autres ont de même perdu tout ou en partie ce qu'ils avaient, que *tous entier* (*sic*) ont été à chaque instant au danger de perdre la vie et ne se sont sauvés qu'en bivouaquant dans la neige ou sous les amas de glé ou sous les hangars dans l'affreux hiver de l'an III ; ou l'été sur les montagnes à l'abri d'un buisson. J'ai été de ce nombre, mais l'hiver dernier je pris le parti d'aller coucher ou aux casernes ou au corps de garde de la côte et depuis l'été, des militaires sont venus coucher chez moi pour me garder jusqu'à la reddition des chouans.

» Ma crainte n'était pas une terreur, puisque tous ceux qui m'aimaient encore quoique du parti aristocratique, me faisaient la grâce de m'avertir de ce que les chouans tramaient contre moi. Ils vinrent un jour au nombre de trente-six pour m'assassiner la nuit dans mon lit. On leur dit que j'étais couché au corps de garde. La veille de Noël dernier, ils s'assemblèrent au nombre de 400, dit-on, dans un champ de genests aux confins de la paroisse (le lendemain ce champ était tout pilletonné) (*sic*). La nuit ils députèrent sept des leurs pour venir m'attendre sur le chemin qui conduit de chez moi au bourg, afin de m'assassiner si j'étais venu dire la messe de minuit. Trompés dans leur attente, ils retournèrent vers leurs camarades et projettèrent tous ensemble de venir m'assassiner en célébrant la messe et ceux qui m'assisteroient. L'affaire était d'autant plus effrayante qu'il n'y avait qu'une des portes de l'église ouverte, l'agent ayant déjà retiré les clefs et fait patteficher les autres portes, surtout celle du côté du presbytère, dont la clef me restait, parce qu'elle était en même temps celle de la sacristie ; mais par une continuation de la Providence, je fus encore conservé, parce que le bruit d'une colonne mobile ou une autre troupe qui arrivait, effraya les chouans qui se retirèrent avec précipitation vers le bois de Corron.

» Comme vous venez de le voir, Citoyens, il paraît que notre municipalité nouvellement élue avait déjà prévenu les vues des chouans, puisque l'agent avait déjà ôté les clefs de l'église à la citoyenne qui avoit soin de l'ouvrir et de la balayer. La première fête suivante, *Jean-Baptiste Barbedienne* dit Guillouzette, nouvel agent, me signifie par écrit, que j'eusse à faire tous mes offices le matin, qu'il avait besoin de l'après-midi. J'obéis sans insistance. Cependant j'ignorais que son but étoit, comme on me l'a dit, de m'empêcher de faire le cathéchisme que je faisais l'après-midi, avant les vêpres. La persécution continuant toujours m'obligea de cesser mes fonctions pour 4 ou 5 mois en attendant quelque pacification. Après cette cessation, forcé par les remords de ma conscience, je repris mes fonctions à Pâques. Nouvelle persécution ! On convoqua dans l'église à l'heure de la grande messe, une assemblée du canton pour fournir des chevaux. Le peuple, n'ayant point été averti, s'était rendu pour l'office et s'en retourna affligé. Le dimanche de la Quasimodo : item entier. Je voulus reprendre le dimanche du Bon Pasteur. En allant chercher les clefs, le président me dit que pour deux ou trois... (*sic*) qui me suivaient aux offices, j'aurais bien fait de ne point mettre le trouble et je répondis que quand il n'y aurait que deux ou trois personnes à me suivre, je ferais mon possible pour les faire aimer la République et que lui-même, par son état et son devoir, devoit me soutenir. Après plusieurs propos, dont aucun n'échappa de ma bouche qui pût manquer au président, on me donna les clefs. Je continuais tranquillement mon office durant un certain temps. Mais après, il prit fantaisie à l'agent de me dire qu'il avait besoin de l'église à l'heure de 10 heures et que je pourrais commencer quand je voudrais pourvu qu'à 10 heures l'église fût libre pour leurs assemblées et lire les lois. J'obéis encore et je commençai mon office à 9 heures, mais le gouvernement militaire étant arrivé, les militaires me prièrent de célébrer la messe à mon heure ordinaire, que plusieurs d'entre eux voulaient y assister, qu'ils étaient éloignés du bourg et qu'enfin cette heure ne convenait point à la discipline de leur état. Leur prière sans doute fut un ordre pour moi, je recommençai à 10 heures. Grâce à la reddition des chouans, le gouvernement militaire ayant cessé, le commissaire, le président et l'agent (se) tenant à la chambre municipale, m'envoyèrent chercher et l'agent, après m'avoir dit qu'il ne m'avait pas indiqué le lieu d'exercer mon culte (ajouta qu'en conséquence) j'étais un prévaricateur à la loy de l'exercer dans l'église. — Je lui répondis que l'ancienne municipalité me l'avait indiquée, et que lui-même, par écrit, me l'avait indiquée en m'ordonnant de faire tous mes offices le matin, qu'il avait besoin de l'église l'après-midi et qu'enfin la nature du bâtiment et le lieu indiquoient l'église de Pléneuf. Il m'ordonna alors de dire la messe dès le matin, et que l'église fût libre à 9 heures pour les assemblées et que, si je voulais, je dirai les vêpres l'après-midi, pourvu que ce fût après 4 heures.

» Je lui répliquai qu'il fallait autant me dire « je ne veux pas qu'on fasse d'office à Pléneuf », car avant 9 heures, le peuple est à garder aux champs ses bestiaux et aussi le soir à l'heure qu'il m'indiquait ; que d'ailleurs j'étais de trois lieues aux environs le seul prêtre en fonctions. Les personnes d'une ou deux lieues, qui venaient à l'office n'y pourraient venir dans l'hiver qui s'approche à grands pas, et que si je disois la messe ce ne serait que pour moi et mon répondant. Là-dessus je sortis de la chambre.

» Dimanche dernier, le même agent entra dans l'église après la messe et avertit publiquement qu'il avoit besoin de l'église de 9 heures à 4 heures de l'après-midi et que l'office se ferait avant et après.

» Cette conduite n'est que pour faire le peuple se fatiguer et le dégoûter dés offices. En effet, il réussit et bientôt il est à craindre que dans plusieurs endroits le culte des prêtres républicains ne soit anéanti.

» Ne croyez pas, citoyens administrateurs, que ce soit par intérêt que j'exerce mes fonctions. Elles ne m'ont pas rapporté six francs depuis plus de 3 ans. Ce n'est pas non plus par cet esprit de domination et d'intolérance dont on prend plaisir à accuser les prêtres, puisque malgré ma pauvreté, je ne laisse pas de rendre tous les services possibles, même à ceux qui loin de me suivre, ne cessent de me calomnier. J'en donnerai des preuves s'il le faut. J'exerce mon culte pour acquitter ma conscience et le serment que la loi a exigé de moi quand les assemblées électorales m'ont choisi pour l'instruction des habitants de Pléneuf, c'est-à-dire pour prouver que la religion catholique peut sympathiser avec le gouvernement républicain, pour faire aimer la République et chérir des lois qui doivent faire notre bonheur. Ce sont ces motifs qui ne plaisent pas aux royalistes et les font se convulsionner en tout sens pour anéantir les prêtres républicains.

» Je ne crains point les accusations qu'on peut faire contre moi. Qu'on me les signifie, ils me mettront à même de produire au grand jour ma justice et mon patriotisme constant.

» J'ose attendre de vous, citoyens administrateurs, une réponse dans la semaine et je vous la demande avec instance. Vous m'indiquerez l'heure de mes offices, (pour) que le peuple ne soit plus bafoué et harcellé aux caprices d'un particulier. »

Salut respectueux et fraternité.

Signé : J. Bouguet, ministre du culte catholique.

A Pléneuf, ce 27 fructidor, la IV° de la République. 1796, vieux style.

Au pied, on lit : « Répondre que la République ne reconnaît ni ne » salarie aucun ministre du culte, donc le Département ne peut, ni ne » doit fixer les heures des services. »

264ter. — Le prêtre Bouguet, le 6 février 1801, se plaint au Préfet des Côtes-du-Nord du partage de son église, *que sa municipalité lui a imposé.* (Cf. n° 283.)

(Arch. C.-du-N., série V, non cotée.)

« Citoyen, les nommés Jacques-Jean Bouguet, curé constitutionnel de la commune de Pléneuf, et François Hourdin, prêtre émigré, rentré depuis la loi qui le permet, tous deux originaires de la susdite commune où leur présence actuelle fournit quelque sujet de trouble, dont je veux vous faire l'exposé.

« A l'arrivée du dernier de ces prêtres, ils se sont mutuellement rendu visite et même ont mangé ensemble pour se voir avec la même cordialité qu'autrefois, quand le premier, prenant la main de l'autre lui tint ce propos : « Je suis, mon cher confrère, au comble de ma joye de vous voir de retour, pour plusieurs raisons, car je commence à vieillir et à m'appesantir. Le service spirituel du peuple va se faire mieux et plus aisément, réunissant nos offices et nos fonctions comme nos cœurs, à la manière du temps passé. »

» L'insermenté a répondu que pour « ce qui était de communiquer *in divinis,* cela ne dépendait pas de lui, mais de ses supérieurs, et qu'il en rendrait réponse en peu de jours ». En conséquence il partit le lendemain pour les environs de Lamballe, où il y avait une assemblée de prêtres insermentés. De retour à Pléneuf après ce petit conseil, il fit partir les autres prêtres dissidents qui officiaient dans la commune dans les chambres et dans les greniers, pour se réserver à lui seul l'administration spirituelle et dès le dimanche suivant, il dit la messe dans une chapelle rurale (1) où il a continué d'officier durant quinze jours. Après ce temps, ses ouailles ont présenté une requête, d'accord prémédité, à la municipalité de la commune, pour partager l'église et se placer dans la nef, comme étant un nombre incomparablement supérieur à celui des citoyens que l'on enfermerait dans la partie du chœur, alléguant, pour principale raison, qu'ils ne pouvaient pas tous entrer dans la chapelle et souffroient beaucoup des injures du temps, étant obligés de rester dehors ; qu'en outre le commerce s'anéantissoit dans le bourg depuis que tout le peuple ne s'y réunissait plus, et qu'enfin, le peuple se réunirait plus vite de cœur par la fréquentation.

» Sur cette requête, la municipalité de Pléneuf fit venir le prêtre assermenté pour lui communiquer la lecture et l'examen de la pétition des habitants. Celui-ci répondit qu'ils avaient la puissance et la loi, qu'ils devaient se comporter selon la loi, que pour ce qui étoit de la réunion des cœurs, ils risquoient plutôt de prendre un moyen tout à fait contraire en batissant un mur de division dans l'église pour partager les cultes et les sentiments. Ensuite, il sortit de la chambre commune. Cependant en sortant, il leur fit observer que tant en France qu'ailleurs, on voyait différents cultes s'assembler dans la même église à différentes heures ; que les citoyens étaient donc bien plus contagieux que les huguenots, si l'on ne pouvait pas leur laisser dire la grande messe à dix heures, selon la coutume ordinaire et assigner aux autres une autre heure dans la même église.

» Alors les municipaux répondirent à l'assermenté, que les supérieurs de l'insermenté ne voulaient pas le permettre. En conséquence, dès le lendemain, on se mit à construire la muraille de division ; non en pierres, mais en planches. On renferma donc la chaire pour que le prêtre constitutionnel n'y pût faire le prône, y prier pour la République, pour ses administrateurs et ses défenseurs ; on renferma les grandes portes, de peur qu'aucun citoyen en passant, n'eût souillé le lieu de prières des royalistes, ou qu'on y pût faire entrer un cadavre pour lui chanter un *libera.* On renferma les fonts baptismaux pour empescher un citoyen de recevoir le sacrement de régénération.

______

(1) Saint-Sісorien.

» Toutes ces manœuvres, citoyen préfet, ne font que pervertir les sentiments républicains, de même que de refuser l'aumône aux pauvres qui suivent les enterrements, du travail aux journaliers, manœuvres ou artisans, de renvoyer les pauvres domestiques, de forcer les moribonds de recevoir les derniers sacrements des mains des prêtres dissidents, enfin de terroriser tout le peuple ou de l'entraîner par intérêt.

» Je demande, citoyen préfet, si la loi a permis aux habitants de Pléneuf, d'enfermer les citoyens dans le chœur et de les diviser par un mur du reste des habitants, ou si vous, interprète de la loi, l'avez permis et vous prie de leur donner sur cette conduite ce que votre prudence vous dictera. »

Veuillez bien agréer, mon salut très respectueux.

Signé : BOUGUET, curé de Pléneuf.

285. — L'ÉTAT RELIGIEUX D'UNE PAROISSE DES ENVIRONS DE GUINGAMP ADMINISTRÉE PAR UN PRÊTRE CONSTITUTIONNEL, *d'après les réponses de Dedienne, curé de Ploumagoar, aux questions de la circulaire du citoyen J.-M. Jacob, évêque du diocèse des Côtes-du-Nord, en date du 4 mai 1796 (21 floréal an IV), contenant 14 articles rédigés le 12 juin 1796 (2 messidor an IV).*

(Arch. C.-du-N., L^m 5, 107.)

« 1° Dans ma paroisse aucun ecclésiastique n'a repris ses fonctions sans y être autorisé, et *quand même que quelqu'un l'eut fait,* si d'ailleurs, il n'a fait que déposer ses lettres au district, *quid juris?* — L'opinion de plusieurs canonistes et jurisconsultes est ici que la déposition des lettres purement et simplement au district n'a pu ôter à un prêtre dont le caractère est ineffaçable, le droit de dire sa messe, ni à un pasteur de retourner à son troupeau. Il peut jouir de la confiance des fidèles, si d'ailleurs il remplit bien son état et peut même espérer des succès (!).

» 2° Il n'y a dans ma paroisse aucun prêtre sans mission. Je n'ai avec moi que le citoyen *Denis* qui a été mon vicaire et qui est approuvé dans le diocèse.

» 3° Le culte ne souffre aucune entrave ici que de la privation d'assembler les fidèles à l'office par le son des cloches et d'exercer le culte hors de l'église, de dire la messe dans les chapelles les jours de pardon, ce qui nous est défendu par les autorités constituées. Par ailleurs, les lois du culte sont exactement observées.

» 4° Mon église est entretenue dans la décence convenable, et j'ai tout ce qu'il faut pour le service du culte. Le calice, le soleil, les trois custodes pour porter le Bon Dieu aux malades sont en *fer-blanc.* La rouille n'y paraît pas et n'y paraîtra pas pour peu qu'on en ait soin. La grand'messe et les vêpres sont chantées les dimanches et fêtes aux heures réglées. Les prières et les instructions pastorales s'y font exactement et produisent des fruits.

» 5° Depuis le trouble et la division du clergé, il n'y a guère de subordination, ni d'union de cœurs et de sentiments. Il y a exactement tous les dimanches et fêtes une messe matinale et les exercices de piété ne sont troublés par aucun laïque, depuis qu'il nous est défendu de dire la messe dans les chapelles mêmes.

» Les jours de pardon, un laïque y fait des exercices de piété au peuple, comme lectures et cantiques. Au surplus, c'est aux autorités à veiller sur les rassemblements.

» 6° Je n'ai point dans mon église de reliques, ni de statues, Celles qui y étaient ont été brisées du règne de Roberts pierre (*sic*).

» 7° Point de réponse : le temps et les circonstances ne le permettent pas.

» 8° Dans ma paroisse, il n'y a ni hérétiques, ni schismatiques, ni divorcés. Tous les enfants me sont présentés sur les fonts baptismaux. Je n'en connais point de baptisés par les non-conformistes. La matière des vases qui contiennent les eaux baptismales est de plomb et je crois que l'eau ne s'y corrompt pas. Les boîtes qui contiennent le *sanctum chrisma* et le *sanctum oleum* sont en fer-blanc.

» 9° Le tribunal de la pénitence y est fréquenté : Je n'en connais fort peu qui l'aient abandonné, excepté quelques-uns fanatisés par les prêtres non-conformistes et dont le nombre est très petit. Je ne sache pas qu'ils cherchent à disséminer leurs erreurs et qu'ils fassent des prosélytes.

» 10° Aucun malade ne meurt sans sacrement et si cela est arrivé, ce n'a été ni par l'insouciance des familles, ni par le défaut et la négligence. Je ne prends le costume ecclésiastique que dans la maison du malade.

» 11° Tous mes paroissiens viennent à l'église recevoir le sacrement de mariage et je ne leur le donne qu'après qu'ils ont ratifié le contrat civil. Je ne publie point les bans. Ils le sont par l'officier public et affiché à la porte de l'église. Je n'interroge les parties sur les empêchements canoniques que dans le tribunal et au cas qu'il y en ait, je dispense en vertu des pouvoirs accordés par la circulaire.

» 12° *Ni farces, ni tragédies, ni fêtes lyriques* ne se célèbrent point ici. Les saints jours de dimanches et de fêtes sont exactement observés et on y travaille que par nécessité et pour les besoins de la République.

» 13° On y garde l'abstinence et les jeûnes commandés par l'Eglise.

» 14° Je ne sache pas qu'on lise dans ma paroisse aucun écrit impie, ni qu'on y lance des sarcasmes, ni blasphèmes contre la religion.

» Telles sont les réponses du citoyen curé de Ploumagoer (*sic*) à la circulaire du citoyen J.-M. Jacob, évêque du Département des Côtes-du-Nord. »

A Ploumagoer, le 12 juin 1796.

Non signé.

266. — La mentalité de Jacob, l'évêque constitutionnel des Côtes-du-Nord, *d'après une circulaire adressée de Saint-Brieuc au citoyen Dedienne, desservant la cure de Ploumagoar, le 14 prairial an IV (2 juin 1796).*

(Arch. C.-du-N., L^m 5, 106.)

« Citoyen, j'apprens, non sans inquiétude que quelques pasteurs du diocèse n'ont pas exécuté les lois sur la police extérieure des cultes. Les moteurs de cette insurbordination n'avaient pas des intentions pures ou n'en prévoyaient pas les suites. Vous êtes ami des lois par inclination comme par principes de conscience. C'est à vos instructions et à votre exemple que la patrie est redevable de cette soumission aux autorités constituées qu'on voit régner dans votre paroisse. Je vous exhorte à continuer et à ôter à la malveillance attentive à observer nos démarches l'occasion de nous perdre.

» Ces lois ne dérogent point aux fonctions cultuelles de notre ministère. Nous avons des églises où nous pouvons distribuer les secours spirituels dont nous sommes les dispensateurs. Elles sont favorables à notre sollicitude envers les fidèles qui ne peuvent se rendre à nos saintes assemblées.

» En nous soumettant aux lois, l'exercice de nos fonctions en souffrira plus d'entraves, mais en nous y soustrayant, l'indiscrétion de notre zèle, nous exposerait aux dangers les plus allarmants et pour nous et pour nos ouailles.

» Si des agitateurs troublent nos assemblées religieuses, adressez-vous aux autorités constituées qui vous maintiendront dans l'exercice paisible du plus précieux de vos droits, et si la lettre de la loi vous paraît obscure, veuillez bien m'en instruire et je proposerai vos doutes au centre de correspondances, qui, s'il y a lieu, se pourvoira vers qui de droit pour en fixer le sens. »

Salut et fraternité.

Signé et écrit tout entier de la main de :

† J.-M. Jacob, *évêque des Côtes-du-Nord.*

267. — Les chouans, lorsqu'ils en trouvaient l'occasion, se vengeaient sans rémission, *tant de l'animosité que leur témoignaient les prêtres assermentés, que des dénonciations qu'ils leur imputaient ; en même temps qu'ils se croyaient autorisés à châtier certains d'entre eux de leur apostasie. En voici deux exemples.* Nous en avons donné d'autres aux t. Ier et IIe de l'*Hist. du Pays de Dinan.*

A. — *Procès-verbal rédigé par le juge de paix Alexis Cauret, le 16 thermidor an III (3 août 1795), de l'assassinat commis deux jours auparavant, vers les sept heures du soir, de Jean Mauffray, ex-prêtre, époux de Mathu-*

rine Le Corgne, ex-religieuse (1), *environ huit à neuf jours après son mariage.*

(Dossiers du Tribunal criminel, affaire de Pierre Loncle, an V, communication de M. l'abbé H. Pommeret.)

« Le 14 du présent mois, vers les sept heures du soir, Mathurine Le Corgne étant dans sa maison du Clos-Cadieu, en l'Isle-des-Haye (aujourd'hui Penguilly), en compagnie du citoyen Jean-Marie Mauffray, son époux et sa nièce, Etiennette Fraboulet, une voix venant de la cour de devant la maison, demanda : « Est-on couché à la maison? » — Mauffray qui était à table à lire les « nouvelles » publiques, répondit « non ». La même voix répliqua : « Citoyen, voici un détachement de Lamballe qui veut vous parler ». Aussitôt Mauffray déposa la feuille qu'il tenait entre les mains sur la table, se leva de sa chaise et courut à la porte d'entrée de la maison pour les faire entrer. Comme il quittait le seuil, trois ou quatre coups de fusil furent tirés sur lui et il tomba mort sur-le-champ.

» Les assassins, au nombre de 12 à 13, pénétrèrent alors dans la demeure, la fouillèrent, s'emparèrent d'un fusil et de deux pistolets, y restèrent une heure et burent quelques verres de cidre. En sortant, ils fouillèrent le cadavre de Mauffray et le dévalisèrent de sa montre d'or et de son portefeuille. Les « brigands » inconnus avaient pour guide le jeune domestique de Mauffray, nommé Jacques Guérin, qu'il avait emmené avec lui, lorsqu'il quitta le presbytère de la Malhoure où avait eu lieu son mariage.

» Le corps de Mauffray était encore dans la cour du Clos-Cadieu, à droite de la porte en entrant, lorsque Pierre Jean-Baptiste Prevel, officier de santé à Lamballe, vint en faire l'autopsie. Deux balles avaient pénétré à la partie postérieure du côté droit entre la 5e et 6e côte, une autre avait perforé le sternum, deux autres s'étaient logées vers l'articulation claviculaire gauche. Quant au défunt, c'était un homme de 5 pieds, 3 pouces, cheveux, sourcils et barbe bruns, vêtu d'une veste brune, d'un pantalon de même couleur avec des bas de fil blanc et un mouchoir de soie noire au cou (2). »

B. — *Assassinat du prêtre Oly à Trémeur, le 5 novembre 1795. Lettre de l'ex-cistercien Huet, commissaire du Directoire Exécutif à Broons aux Administrateurs des Côtes-du-Nord.*

(Arch. C.-du-N., série L, pièce non cotée.)

« Citoyens, nous vous apprendrons, avec la plus grande douleur, que les assassinats, vols et pillages ne cessent point même aux portes de Broons. *Le citoyen Oly, prêtre et ami des loix*, de la commune de Trémeur,

---

(1) Celle-ci en était à son troisième mari.
(2) Sur Mauffray, cf. l'appréciation qui figure au t. Ier du présent Manuel, p. 292. Cf. même volume, p. 37, 42 et 261.

a été fusillé chez lui dans la nuit du 18 par la horde sanguinaire des chouans. Cet infortuné patriote a été trouvé les mains liées derrière le dos, traversé d'un coup de fusil à balle et la poitrine percée de trois coups de bayonnette. On a tout emporté de la maison et il étoit très à son aise ; ils ont été chez le citoyen Doublet, cultivateur et habitant de la commune de Broons, la nuit dernière, et y ont tout volé. Ce particulier s'est sauvé par son grenier. Dans l'instant, nous apprenons que deux diligences escortées ont été attaquées par eux entre Montauban et Quédillac ; qu'un brave sergent a été tué et plusieurs militaires blessés. Ils étoient environ trois cents cachés dans les genêts et broussailles dans un champ près La Barette. Tous les jours, ce sont de nouvelles plaintes. Les campagnes se terrorisent de plus en plus. Aussi aucun citoyen ne veut plus accepter de place dans les municipalités, puisque c'est un titre pour être égorgé par ces monstres.

» Plusieurs citoyens enlevés de force des communes de Merdrignac, Plumaugat, Trémorel, Lanrelas et qui étoient partis pour le Morbihan, sont de retour ; la faim, la fatigue, sans doute l'horreur des crimes que ces bandes de brigands commettent à tout instant, les a fait fuir une telle société. Si l'on ne prend dans le plus bref délai de grandes mesures, c'en est fait de la République dans ces malheureuses contrées, puisque le mal s'augmente tous les jours. Il y a de très fortes présomptions que leur retraite principale est dans les communes de Guenroc, Quédillac, Plouasne. La Chapelle-Blanche et Yvignac. Ce seroit par des sorties bien combinées, d'où l'on partiroit des cantonnements, qu'on pourroit les cerner en les attaquant sur différents points à la fois. Notre attachement à la chose publique sera toujours le motif qui nous déterminera à vous donner tous les renseignemens que nous aurons sur leur marche. »

Signé : HUET, prés.; A. BOUVIER, adj. et HERVARD, comm.

268. — Après avoir donné aux p. 42-44, 90-92, 257-262, 274 et sq. du t. Ier de ce *Manuel*, diverses listes du clergé assermenté dans les Côtes-du-Nord, il nous a paru intéressant de faire figurer l'ETAT NOMINATIF DE CE MÊME CLERGÉ, ARRÊTÉ LE 22 NOVEMBRE 1798 ET CONTINUANT JUSQU'À L'ACCEPTATION DU CONCORDAT.

Nous le reproduisons d'après un *registre contenant le tableau des ex-curés, vicaires, religieux et religieuses*, qui ont fourni toutes les pièces exigées par l'arrêté du Directoire Exécutif en date du 5 prairial an VI (24 mai 1798) et qui ont fait les serments prescrits par les lois du 14 août 1792 et du 19 fructidor an V (5 septembre 1797) dans les délais prescrits et ne les ont pas rétractés (1).

(Arch. C.-du-N., série I., un registre non coté.)

---

(1) Nous avons déjà donné un tableau incomplet des institutions canoniques accordées par Jacob, après la Terreur. Nous sommes heureux de pouvoir, grâce à M. l'abbé H. Pommeret, le compléter par les noms ci-dessous :

Le Zéchier, élu et institué curé de Servel le 28 avril 1798; P. Le Feyer,

Nota. — La présente liste suit en général l'ordre alphabétique des administrations cantonales sous le Directoire (1).

François Lavenant, ex-curé constitutionnel de Belle-Isle-en-Terre, né le 3 janvier 1733, pension de 1.000 francs. — *Gouriou (Joseph-François)*, ex-curé de Louargat, né le 22 décembre 1759, décédé le 27 frimaire an XII (1), pension de 800 francs.

Yves Godest, vicaire de Tréglamus, né le 7 août 1765, pension de 800 francs. — *Joseph Tredern*, né le 19 septembre 1748, vicaire à Louargat, pension de 800 francs. — *Marc Brignonnen*, né le 19 janvier 1755 († le 3ᵉ jour complémentaire an X), vicaire à Louargat, 800 livres.

Pierre Le Guillerm, né le 26 août 1744, vicaire à Mousterus, 800 francs de pension. — *Marc Le Gars*, né le 2 novembre 1748, curé de Bourbriac, décédé le 2 floréal (sans rien plus), 800 francs. — *Philippe Le Bescont*, né le 24 mars 1746, ex-curé, domicilié à Bourbriac, 800 francs; décédé. — *Jean-Gabriel Huet*, né le 23 février 1745, ex-curé de Merdrignac, 800 francs. — *Mathurin Jalu*, …ex-curé de Broons. 800 livres, décédé à l'Armée. Sa pension lui a été payée jusqu'au 1ᵉʳ semestre de l'an V.

Gabrielle Rioche, née le 19 novembre 1766, domiciliée à Saint-Jouan-de-l'Isle, sœur de Charité, 500 francs; a justifié avoir payé une dot.

Jean-Marie Le Denmat, né le 2 février 1754, ex-vicaire, domicilié à Callac, pension de 800 francs. — *Thomas-Marie Bellom*, né le 3 juillet 1732 († le 18 germinal an IX), chapelain, résidant à Bulat, 1.000 livres; tombé en démence et interdit le 3 fructidor an V. — *Louis Le Boursec*, né le 8 février 1738, vicaire à Botmel, 1.000 livres. — *Joseph-Marie Plus-*

---

institué curé de Plemeur-Bodou à la mort de Nayrod, le 21 prairial VI; Gabriel-François Mordellet, institué curé du Merzer, le 22 messidor VI; Vincent Le Saint, institué curé de Plouézec, le 25 pluviôse VII; Laurent Gouriou, institué curé du Faouët, le 25 floréal VII; Jacques-Louis-Joseph Le Douarin, institué curé de Kérity, le 9 vendémiaire VI; Jean-Baptiste Landouar, institué curé de Plounévez-Moëdec, le 8 brumaire VIII; Laurent Gouriou, curé du Faouët, institué curé de Quemper-Guézennec, le 4 frimaire VI; François-Rodolphe Bouëtard, de Moncontour, institué curé de Pordic, le 4 floréal VIII; Charles Le Troadec, desservant de Pleudaniel, institué curé, *ibidem*, le 28 floréal VI.

Le 12 vendémiaire VI, Nicolas Jégou, curé de Louannec, fut nommé archiprêtre de Lannion; François-Marie Prigent, curé de Ploumiliau, substitut. — Yves Galbon, curé de Plemeur-Gautier, archiprêtre de Paimpol; Charles Le Guen curé de Pléhédel, substitut.

Le 30 pluviôse VI, Gouriou, curé de Louargat, fut nommé archiprêtre de Belle-Isle; Hamon, curé de Pluzunet, substitut.

Le 4 germinal V, Lemée, curé de Plévenon, archiprêtre de Matignon; Jean Bouëtard, curé de Pléhérel, substitut. Cf. pour le reste, *Manuel*, I, p. 262.

(1) Observations : Le titre énoncé tout d'abord est celui en qualité duquel on a alloué la pension. Le chiffre de celle-ci, 800 ou 1.000, est en rapport avec l'âge du pensionné. Nous n'avons qu'assez rarement reproduit les noms des religieuses pensionnées, non plus que des frères lais. Le terme « ex-curé », en ce temps où le gouvernement professait ne connaître aucun culte, ne signifie pas que l'individu ainsi qualifié ne remplit plus les fonctions ecclésiastiques, mais seulement qu'il occupait tel ou tel poste quand on lui retira son traitement pour ne lui laisser qu'une pension. Cf. *Manuel*, I, p. 270.

quellec, né le 7 juin 1761 († le 30 germinal an XIII), vicaire, domicilié à Calanhel, 800 francs.

René-Marie Jouan, né le 7 avril 1748 († le 17 mai 1809), ex-curé, domicilié à Châtelaudren, 800 francs. — *Guillaume Le Picard*, né le 21 mars 1713, ex-vicaire, domicilié à Tressigneaux († le 7 juin 1806), 800 francs. — *Le Flahec (François)*, né le 8 mars 1756, ex-vicaire, domicilié à Châtelaudren, 800 francs.

Le Gros (Julien), né le 6 février 1736, ex-curé de Brusvily, domicilié à Dinan, 1.000 francs. — *La Louelle (Claude-Marie)*, né le 8 février 1756, *idem*, 800 francs. — *Jean-Baptiste Gautier*, né le 29 novembre 1737, ex-vicaire épiscopal, domicilié à Dinan. — *Charles Egault*, né le 11 février 1759, ex-vicaire, domicilié à Saint-Carné († le 20 février 1806), 1.000 francs. (Sur ces 4 prêtres, cf. *Hist. du Pays de Dinan*, I et II.)

Le Clech (Pierre-François), né le 8 octobre 1764, ex-curé, domicilié à Pordic, 800 livres. — *Richard (François)*, né le 22 avril 1750, ex-vicaire, domicilié à Pordic, 800 francs. — *Claude Le Febvre*, né le 13 décembre 1760 († le 23 vendémiaire an XIII), ex-curé, domicilié à Pléguien, 800 francs. — *Renouard (François-Mathurin)*, né le 17 octobre 1759 († le 20 prairial an XI), curé de Joué (Loire-Inférieure), *nunc* domicilié à Pléguien. — *Marie Josse*, née le 2 février 1751, sœur converse, domiciliée à Pléguien, 400 francs. — *Marie-Yvonne Le Vicomte*, née le 16 septembre 1728, sœur hospitalière, domiciliée à Pordic, 466 francs. — *Doméon (Angélique-Marie)*, née le 26 janvier 1758, sœur Blanche, domiciliée à Pordic, 333 francs.

Hamon (Yves), né le 11 mai 1762, ex-curé, domicilié à Guingamp, 800 francs. — *Lefebvre (Jean-François)*, né le 11 avril 1754 († le 1er messidor an VII), *idem*. — *Derrien (François-Marie)*, né le 19 novembre 1752, *idem*. — *Paul-Alexis Onfray*, né le 5 décembre 1722 († le 13 février 1808), ex-vicaire, domicilié à Guingamp, 1.000 francs. — *Briand (Louis)*, né le 21 septembre 1762, *idem*, 800 francs. — *Jean-Baptiste Beaulard*, né le 7 novembre 1746 († le 3 juillet 1808), *idem*, 800 francs. — *Le Bail (François-Charles)*, né le 8 octobre 1729, *idem*, 1.000 livres. — *Le Kervern (Yves-Pascal)*, frère lai cordelier, né le 3 octobre 1757, domicilié à Guingamp, 300 francs. — *Louis-Jacques Burlot*, né le 28 mars 1754, bernardin, domicilié à Guingamp, 770 francs. — *Hervé (Jeanne-Françoise)*, née le 9 avril 1757, ursuline, domiciliée à Guingamp, 500 livres. — *Le Fol (Jacquette-Hyacinthe)*, née le 1er mai 1746, chanoinesse, *idem*, 800 francs (sortie du département). — *Geffroy (Guillaume-Alain)*, né le 23 juillet 1761, ex-curé, domicilié à Gurunhuel, 800 francs.

Salmon (Charles), né le 10 décembre 1760, ex-vicaire à La Bouillie, 800 francs. En démence dès avant le 19 fructidor an V. — *Le Corre (Toussaint)*, né le 18 novembre 1756, curé à Plestan, 800 francs. — *Le Mée (Louis-Jacques)*, né le 30 août 1761, curé de Jugon, 800 francs. — *Micault de Souleville (René-Charles-Thomas)*, né le 14 novembre 1729, ex-curé de Plénée-Jugon, en résidence à Lamballe, 1.000 francs. — *Jean-*

nerod (Jacques-François), né le 26 février 1731, ex-curé de Saint-Cast, 1.000 livres († le 28 floréal an XI). — *Dépagne (Jacques-Louis)*, né le 10 avril 1735, ex-curé de Morieux, 1.000 livres (fut vicaire général de Mgr Caffarelli). — *Gallet (Michel)*, né le 2 décembre 1765, ex-curé de Pordic, 1.000 francs. — *Bichemin (Julien)*, né le 9 janvier 1750, vicaire épiscopal, résidant à Lamballe, 800 francs. — *Josset (Mathurin-Florian)*, né le 13 mai 1752, ex-curé de Planguenoual, *marié*, 800 francs (1).

Noël (Jérôme-Joseph), né le 30 septembre 1758, ex-curé, en résidence à Lamballe, 800 livres. — *Petitbon (Louis)*, né le 20 avril 1756, ex-vicaire, en résidence à Lamballe, 1.000 livres. — *Mahé (Louis-Philippe)*, né le 26 octobre 1738, ex-vicaire, en résidence à Lamballe, 1.000 livres. — *Dayot (Amateur-Olivier)*, né le 25 janvier 1765, ex-curé de Matignon, 800 livres († le   brumaire an XIV). — *Grolleau (César)*, né le 14 septembre 1749, chapelain de l'Hôpital, 400 livres. — *Vernes (Jean)*, ∴, né le 18 mai 1763, ex-curé de Pléhédel, 800 livres.

Sallou (Guillaume), né le 6 juin 1752, ex-curé de Lanloup, 800 livres. — *Le Guen (Claude)*, né le 2 août 1739 († le 19 prairial an IX), ex-curé, en résidence à Lanloup, 1.000 livres.

Le Sec'h (Yves), né le 21 mars 1760, curé de Trémeven, 800 livres. — *Le Roy (Pierre)*, né le 31 août 1723 († le 2 juin 1807), curé de Pludual, 1.000 livres. — *Le Marrec (Yves)*, né le 10 janvier 1751, curé, en résidence à Lannion, 800 livres. — *Dumay (Antoine-Louis)*, né le 18 mars 1738, curé en résidence à Brélévenez ; mort. — *Le Corre (Henri)*, né le 22 juin 1753, curé en résidence à Landerneau. — *Le Roux (Jean-Corentin)*, né le 10 mars 1744, ex-vicaire, en résidence à Lannion. — *Le Goff (François-Marie)*, né le 15 juin 1757, ex-vicaire, en résidence à Lannion, 800 livres. — *Le Martrel (Guillaume-Jean)*, né le 23 juin 1760, vicaire en résidence à Buhulien, 800 livres. — *Le Zéchier (Louis-Marie)*, né le 28 avril 1767, curé de Servel.

Bogé (Charles-Alain), né le 28 octobre 1728, vicaire, en résidence à Le Moustoir (nom rayé), annotation en marge : cf. Mesle-Carhaix. — *Delange (Noël-Toussaint)*, né le 30 décembre 1750, prémontré, en résidence à Lannion, 800 livres. — *Le Goff (François-Félix)*, né le 11 novembre 1733, ex-récollet, vicaire, en résidence à Lannion, 1.000 livres. — *Martin (Jacques-Guy)*, né le 7 janvier 1728, ex-bernardin, en résidence à Lannion († le 28 vendémiaire an X). Suivent quatre noms de religieuses.

Barazer (Jean-François), né le 16 décembre 1732 († le 18 fructidor an XII), curé de La Roche-Derrien, 1.000 livres. — *Omnes (François)*, né le 13 septembre 1762, ex-dominicain, en résidence à La Roche.

Le Denmat (Jean-Yves), né le 12 février 1752, ex-bernardin à Loudéac, 800 livres († le 9 novembre 1808). — *Morice (Toussaint-Mathurin)*, né le 30 octobre 1755, vicaire, en résidence à Loudéac. — *Lebéan (Jean)*,

---

(1) Tous ces constitutionnels habitaient alors Lamballe par crainte des incursions des chouans. — Cette observation vaut pour les localités où l'on trouve groupés bon nombre d'assermentés.

né le 27 octobre 1750, curé, en résidence à Pleubian, 800 livres. — *Le Bastard (Jacques)*, né le 11 octobre 1764, vicaire, en résidence à Pleubian. — *Le Collen (Maurice)*, né le 18 avril 1725, curé, en résidence à Pleubian († le 2 avril 1808), 1.000 livres. — *Le Pivaing (Pierre)*, né le 27 juin 1766 († le 24 mars 1809), ex-vicaire, en résidence à Kerbors. — *Le Troadec (Charles)*, né le 27 mars 1764 († le 8 vendémiaire an XI), vicaire, en résidence à Pleudaniel. — *Le Saint (Jacques-Vincent)*, né le 13 février 1764 († le 23 prairial an XI), curé, en résidence à Pleudaniel.

Galbon (Yves), né le 22 mars 1752 († le 28 vendémiaire an XII), curé, en résidence à Pleumeur-Gautier, 800 livres. — *Le Chaffotec (Jean-Marie)*, né le 1er février 1759, curé, en résidence à Pleudaniel. — *Le Collen (François)*, né le 2 mai 1762, curé, en résidence à Lézardrieux, 800 livres. — *Lhotelier (Vincent)*, né le 26 octobre 1742, vicaire, en résidence à Pleumeur-Gautier. — *Moreau (Yves)*, né le 30 juillet 1743 († le 26 mars 1809), frère lai capucin, en résidence à Pleumeur-Gautier. — *Landouard (Jean-Baptiste)*, né le 29 mai 1771, vicaire, à Plounévez. — *Buhot (Paul-Jean-Marie)*, né le 8 février 1765 (décédé, sans date), curé, à Loguivy-Plougras.

Besnard (Jean-François), né le 11 janvier 1769, vicaire à Plévenon. — *Renaud (Georges-Marie)*, né le 22 novembre 1753, curé à Pléhérel. — *Jean Bouétard*, né le 9 août 1750, curé à Pléhérel. — *Droguet (Claude-Marie)*, né le 17 août 1749 (décédé, sans date), curé, à Plévenon. — *Le Mée (Guy)*, né le 13 décembre 1728, curé à Plévenon. — *Bouétard (François-Rodolphe)*, né le 14 janvier 1747, curé, à Pléhérel. — *Pirrois (Jean)*, né le 29 janvier 1741, curé, en résidence à Trémeur (décédé, sans date).

Boscher (Etienne), né le 15 mai 1759, curé, domicilié à Moncontour. — *Coquelin (Françoise)*, née le 27 avril 1769, domiciliée à Moncontour, ex-dominicaine. — *Le Heran*, ex-carmélite, née le 16 avril 1732, domiciliée à Moncontour.

Visdeloup (Yves-Hyacinthe-Marie), né le 25 mars 1737, curé, domicilié à Paimpol. — *Jacob (Allain)*, né le 10 décembre 1730, vicaire, domicilié à Plounez. — *Hervé (Pierre-Charles)*, né le 2 octobre 1756, vicaire, domicilié à Paimpol.

Deniel (Philibert-Julien), né le 24 juillet 1752, ex-curé de Bréhat († le 20 novembre 1806). — *Maignou (Laurent)*, né le 16 janvier 1765, vicaire, domicilié à Plounez. — *Derien (Olivier)*, frère lai, né le 9 mars 1765, domicilié à Ploubazlanec, plus deux religieuses.

Le Corre (François), né le 23 décembre 1764, curé domicilié à Pédernec.

Le Loüedec (Yves), né le 8 mars 1739 († le 15 janvier 1806), à Pédernec, curé. — *Garnier (François)*, né le 17 mars 1733, à Pédernec, curé. — *Vincent (Charles)*, né le 27 décembre 1764, à Pédernec, curé. — *Le Goff (René)*, né le 4 février 1766, à Pédernec, vicaire. — *Le Meur (Henri)*, né le 30 septembre 1715 († le 30 floréal an X), à Pédernec, vicaire. — *Blévin (François)*, né le 14 juillet 1746, ex-bernardin, en résidence à Pédernec. — *Jagou (François-Vincent)*, né le 22 octobre 1750, curé, domicilié à Lannion. — *Nicolas (François)*, né le 14 mars 1744, vicaire, domicilié à Trelevern. — *Scolan (François)*, né le 10 février 1725 († le 5 novembre 1806), curé, domicilié à Plougrescant. — *Jégou (Nicolas)*, né le 7 septembre 1769, curé, domicilié à Louannec. — *Le Boulbin (Joseph-Ange)*, né le 11 mai 1756, curé, domicilié à Kermaria-Sulard († le 30 pluviôse an X). — *Le Bricquir (Olivier-François)*, né le 2 avril 1752, curé, domicilié à Trebeurden († le 8 messidor an IX). — *Le Cam (Guillaume)*, né le 17 août 1738 († le 17 ventôse an XI), vicaire, domicilié à Saint-Quay. — *Le Bonniec (Yves-Marie)*, né le 15 août 1762, curé, domicilié à Trégastel.

Le Feyer (Pierre-Louis), né le 2 janvier 1760, curé, domicilié à Pleumeur-Bodou. — *L'Archanton (Jean-François-Alexandre)*, né le 27 décembre 1735, vicaire, domicilié à Kermaria-Sulard (1). — *Philippe Jacques-François*, né le 29 octobre 1736, curé, domicilié à Saint-Carreuc. — *Rouxel (Yves)*, né le 3 mars 1731 († le 8 pluviôse an X), frère lai, domicilié à Plédran. — *Gouinguené (Félix)*, né le 8 novembre 1765, ex-curé de Bourseul, domicilié à Plancoët, *marié*, pension 800 livres. — *Goupil (Laurent)*, né le 22 octobre 1727, ex-curé de Saint-Postan, pension de 1.000 livres. — *Onen (Julien-René)*, né le 29 décembre 1752, ex-bernardin de Boquen, domicilié à Plancoët, pension de 800 livres. — *Huet (François-Denis)*, né le 22 juin 1750, ex-prieur de Saint-Jacut, domicilié à Plancoët, pension de 800 livres. — *Trobert (René)*, né le 28 octobre 1717, ex-curé de Saint-Lormel, domicilié à Plancoët, pension de 1.000 livres.

Chevalier (Yves-Marie), né le 6 juillet 1748 († le 10 mai 1806), curé de Tramain. — *Desnöe* (Céleste-Marie-Florianne), ex-religieuse, née le 15 avril 1755, domiciliée à Plénée-Jugon, en démence depuis 1781. — *Dobet (Louis-Marc)*, né le 10 janvier 1769, ex-directeur au séminaire, domicilié à Pléneuf. — *Besret (André-Gilles)*, né le 30 novembre 1767, ex-curé à La Bouillie. — *Clerivet (Joseph)*, né le 19 mars 1751, curé, domicilié à Pléneuf. — *Bouguet (Jacques-Jean)*, né le 16 juillet 1743 († le 17 septembre 1806), curé à Pléneuf. — *Guesnier (Jean-Joseph-Julien)*, né le 24 janvier 1765, curé, domicile actuel, à Pléneuf. — *Dutemple (Jeanne)*, converse ursuline, née le 29 janvier 1739, domiciliée à Pléneuf.

Perret (Charles-Anne), né le 16 avril 1762, curé, domicilié à Plufur. — *Pirriou (Pierre)*, né le 23 décembre 1731, curé, domicilié à Treduder. — *Rouat (Guillaume)*, né le 11 mars 1746, curé de Plestin-les-Grèves. — *Le Lannou (Christophe)*, né le 15 mai 1738 († le 24 ventôse an XI), vicaire, domicilié à Plestin-les-Grèves. — *Kergroas (François)*, né le 7 mai

---

(1) Ce doit être le même que Jean Largentois, mauvaise lecture, qui figure à la p. 290, 6° l. du 1er vol. du *Manuel*.

1745 († le 5 vendémiaire an XII). — *Raoul (Jacques)*, né le 4 mars 1739, chantre, domicilié à Plestin-les-Grèves.

Le Mao (François-Marie), né le 23 juillet 1753, ex-récollet, domicilié à Plouzelambre, 700 livres. — *Le Penneuc (Jean)*, né le 7 octobre 1759, curé, domicilié à Plouvara. — *Le Verger (Louis-Mathurin)*, né le 23 avril 1760, curé, domicilié au Pontgamp. — *Laubé (Honoré-Eléonor)*, né le 23 février 1760, ex-vicaire, domicilié à Plessala. — *Lalleton (François-Marc)*, né le 1er mai 1760, curé de Plouguenast, domicilié au Pontgamp. — *Emery (Jacques)*, né le 5 janvier 1760 (décédé de mort violente, le 17 brumaire an VIII), curé à Plœuc. — *Jarnet (Jean-Brieuc)*, né le 19 octobre 1741, vicaire, domicilié à Saint-Brieuc, décédé le 5 juillet 1806.

Le Dû du Mezhuel (Charles-Madeleine), né le 21 mai 1722, curé, domicilié à Plouha, décédé le 26 floréal an VI. — *Robert (Yves-Jean)*, né le 21 janvier 1758, curé, domicilié à Plouha. — *Le Ny (Pierre)*, né le 24 septembre 1723, curé, domicilié à Plouézec, décédé le 14 nivôse an VII. — *Gouarin (Yves-Marie)*, né le 17 septembre 1752 († le 18 floréal an XIII), vicaire, domicilié à Plouézec. — *Lyvonnet (Jean)*, né le 31 mai 1743 († le 24 germinal an XII), vicaire, domicilié à Plouézec. — *Loysel (Toussaint-Michel)*, né le 4 décembre 1759, carme, domicilié à Lanloup, marié. — *Guillo (Yves-Joseph)*, né le 29 octobre 1753, ex-prémontré, domicilié à Lanleff († 6 thermidor an XI).

Le Provost (François-Balthasar), né le 23 juillet 1737 († le 19 août 1806), curé, domicilié à Goudelin. — *Bourgneuf (Jean-Zacharie)*, né le 23 juin 1760, curé à Plouagat. — *Le Cren (Julien)*, né le 5 janvier 1736, curé, domicilié à Plouagat. — *Le Corre (Yves)*, né le 4 juin 1728 († le 23 octobre 1806), vicaire, domicilié à Plouagat. — *Le Friec (Jean)*, né le 2 juin 1736 († le 27 pluviôse an XII), vicaire, domicilié à Plouagat. — *Raoult (François)*, né le 6 février 1761, vicaire, *idem*. — *Poulouin (Jacques)*, né le 12 février 1756, vicaire, *idem*. — *Tanguy (Jean-Baptiste)*, né le 22 janvier 1756 († le 16 ventôse an XII), *idem*. — *La Personne (Roland)*, né le 2 août 1722 († le 25 pluviôse an X), *idem*. — *Morice (Marc)*, né le 17 janvier 1741, vicaire, *idem*.

Conan (Jean), né le 12 août 1742, curé, domicilié à Plouézec. — *Du Couëdic (René)*, né le 10 août 1737, vicaire, domicilié à Pabu ; mort (sans plus). — *Denis (Jean)*, né le 2 septembre 1733 († le 16 pluviôse an X), vicaire à Ploumagoar. — *Le Tertre (Jean-Charles)*, né le 29 mars 1752, curé, domicilié à Plouisy. — *Le Clerc'h (Pierre)*, né le 28 juillet 1753 († le 16 ventôse, l'année n'est pas indiquée), ex-récollet, vicaire à Bonvallon (Saint-Agathon). — *Le Bourhis (Christophe-Anne)*, né le 6 avril 1760 († le 16 décembre 1806), vicaire, domicilié à Grâces-Guingamp. — *Salaün (François)*, né le 10 mai 1756, vicaire, domicilié à Ploumagoar (indiqué comme mort, sans plus).

Le Cornec (Guillaume), né le 29 juin 1744, curé, domicilié à Pommerit. — *Souvestre (René)*, né le 18 février 1749, vicaire, domicilié à Gommenec'h. — *Le Garf (François)*, né le 18 février 1720, vicaire, domicilié au Merzer. — *Mordellet (Gabriel)*, né le 16 octobre 1738, curé, domicilié à

Pommerit. — *Belœil (Louis)*, né le 25 janvier 1763, *idem*. — *André (Claude-René)*, né le 28 février 1760, vicaire, domicilié à Pontrieux, *marié*. — *Jégou (Pierre)*, né le 28 juillet 1736 († le 9 mai 1807), curé, domicilié à Quemper-Guezennec. — *Le Bras (Jean)*, né le 22 juillet 1750 († le 28 fructidor an XIII), curé, domicilié à Ploëzal. — *Marion (Jean-François)*, né le 19 janvier 1753, curé, domicilié à Quemper-Guezennec.

Jacob (Jean-Marie), né le 23 août 1741, évêque, domicilié à Saint-Brieuc († le 8 prairial an IX), 1.000 francs. — *Odio (Pierre-Marie)*, né le 28 septembre 1749, vicaire épiscopal († le 21 fructidor an XII), 800 francs. — *Jacques-René-Yves Ernault*, né le 27 juillet 1751 († le 11 germinal an IX), vicaire épiscopal, 800 francs. — *Jacques-Jean-Marie Pasturel*, né le 19 octobre 1748 († le 24 fructidor an XI), vicaire épiscopal, 800 francs.

Le Nouvel (Jean-Antoine), né le 30 mars 1758, ex-curé, domicilié à Saint-Brieuc, 800 francs. — *Le Maréchal (François)*, né le 29 mars 1739. *idem*, 1.000 francs. — *Alexis Boyer*, né le 20 août 1743, *idem*, 1.000 francs (décédé). — *Resmond (Louis-Etienne-Charles)*, né le 25 mars 1741 († le 4 juin 1808), ex-vicaire, domicilié à Saint-Brieuc. — *Berthelot (François-Olivier)*, né le 16 mars 1760, ex-vicaire, *idem*, 800 francs. — *Dibon (Barthelémy-Guillaume)*, né le 12 octobre 1756, 800 francs. — *Jean-Michel Corlay*, né le 7 octobre 1739, 1.000 francs. — *Ducouteau (Pierre-Terence)*, né le 26 janvier 1737, carme. — *Jean Corbel*, né le 9 novembre 1733, curé, domicilié à Langueux. — *Geoffrain (Olivier)* (ou Jaffrain), né le 3 décembre 1743, vicaire, *idem*. — *Corbel (Jean-Joseph-Ignace)*, né le 1er février 1764, vicaire épiscopal et ex-directeur au Séminaire, domicilié à Langueux.

Joseph-Marie Saudrais, né le 18 août 1756, curé d'Yvignac, domicilié au Lescouët-Jugon, *marié*. — *Prigent (François-Marie)*, né le 9 avril 1763, curé, domicilié à Ploumilliau, 1.000 livres. — *Bahic (Gabriel-Ange)*, né le 28 mars 1746, curé, domicilié à Saint-Michel-en-Grève, 800 livres. — *Callégan (Yves)*, né le 20 mars 1748, domicilié à Saint-Michel-en-Grève, 800 livres. — *Helary (Olivier)*, né le 29 juin 1750, curé, domicilié à Tréguidel. — *Chêvé (Louis-François)*, né le 13 décembre 1736, curé, domicilié à Uzel, 1.000 livres.

Tassel (Alain), né le 2 avril 1763, curé, domicilié à Plouaret, 800 francs. — *Hamon (Joseph)*, né le 20 août 1754, curé, domicilié à Pluzunet, 800 livres. — *Pichouron (Alain)*, né le 24 mars 1753, domicilié à Plouaret, ex-frère récollet. — *Armez (Nicolas)*, né le 17 mars 1754, ex-prêtre de Plourivo, 800 livres. — *Le Roux (Yves-Marie)*, né le 17 avril 1740, vicaire, domicilié à Kérity, 1.000 livres. — *Jouan (Pierre-François)*, né le 17 avril 1760, curé, domicilié à Yvias.

Le Saint (Sébastien), né le 26 novembre 1753, curé, domicilié à Yvias, 800 livres. — *Le Kerhiet (Jean)*, né le 12 décembre 1743, curé, domicilié à Plourivo, 800 livres. — *Guillaume (Nicolas)*, né le 29 juillet 1746, vicaire, domicilié à Plourivo, 800 livres. — *Testard (Bertrand)*, né en 1724, ex-chanoine, domicilié à Tréguier, 1.000 livres.

269. — *Nous avons vu (n° 266) comment Jacob prescrivait à ses curés l'observation intégrale de toutes les lois édictées par les révolutionnaires pour brimer l'exercice du culte catholique. Certaines de ces lois étaient cependant d'une application bien difficile, ainsi celle qui interdisait l'usage des cloches et de toute autre espèce de convocation publique pour l'exercice d'un culte, du 22 germinal an IV (11 avril 1796) (1).*

(Arch. C.-du-N., L^m 5, 104, et *Bulletin des Lois*, n° 39 de l'an IV,
Archives personnelles.)

Le Conseil des Anciens adoptant les motifs de la déclaration d'urgence qui précède la résolution ci-après, approuve l'acte d'urgence... Le Conseil des Cinq-Cents, considérant qu'il importe au maintien de l'Ordre public de ne laisser aucun moyen aux perturbateurs de susciter des troubles et de former des rassemblements séditieux sous le prétexte de l'exercice d'un culte..., prend la résolution suivante :

ART. 1er. — Tout individu qui au mépris de l'art. VII de la loi du 3 ventôse an III ferait une proclamation ou convocation publique, soit au son des cloches, soit de toute autre manière, pour inviter les citoyens à l'exercice d'un culte quelconque, sera puni par voie de police correctionnelle d'un emprisonnement qui ne pourra être moindre de 3 décades ni excéder 6 mois pour la première fois et une année en cas de récidive.

ART. 2. — Les ministres d'un culte qui feraient ou provoqueraient de pareilles convocations ou, qui instruits de la publicité de la convocation d'une assemblée, y exerceraient quelque acte relatif à leur culte, seront punis pour la première fois d'une année de prison ; en cas de récidive, ils seront condamnés à la déportation.

....

Après une seconde lecture, le Conseil des Anciens approuve la résolution ci-dessus. Le 22 germinal an IV de la R. F.

269 ^{bis}. — L'INTERDICTION DES SONNERIES DE CLOCHES ÉTANT UNE DES PLUS PÉNIBLES AUX POPULATIONS BRETONNES, ÉTAIT EN GÉNÉRAL FORT MAL APPLIQUÉE. *Les cartons de la série L^m 5, sont remplis de dénonciations sur cet article. Voici une circulaire ministérielle, émanant de Sotin, Ministre de la Police, en date du 19 décembre 1797, qui insiste sur la sagesse de cette mesure et sur les sanctions qui doivent atteindre ceux qui la violent.*

(Arch. C.-du-N., L^m 5, 114.)

Le Ministre de la Police Générale de la République aux Administrations centrales et municipales de la République.

---

(1) Sur la question des sonneries de cloches, cf. H. Pommeret : *L'Esprit public dans le département des Côtes-du-Nord*, op. cit., p. 448, où l'auteur, avec références, mentionne des affaires dans les cantons de Tréguier, Paimpol, Bourbriac, canton rural de Saint-Brieuc, Lannion, Pommerit-le-Vicomte.

« Au moment, Citoyens, où tout sur l'étendue du continent proclame la puissance et la modération du peuple français, son Gouvernement doit tendre sans cesse à ramener à l'unité d'action toutes les parties de la République, il doit veiller à ce que sur tous les points du territoire de la Grande Nation s'établisse l'harmonie sociale qui seule peut constituer la félicité de tous.

» Trop longtemps les factions ont agité la France, trop longtemps le *hideux fanatisme* a exercé son sanguinaire empire sur la classe la plus intéressante comme la moins éclairée du peuple. Son règne a fini. La Constitution, les lois et la victoire l'ont remplacée par la raison, la justice et l'humanité.

» ...Que les Administrations redoublent donc de zèle et de courage ; qu'ils soient continuellement en garde et contre le royalisme toujours occupé à forger des fers et contre le *fanatisme, qui ne cesse de conspirer l'anéantissement des lumières pour y substituer les préjugés et l'erreur.* Celui-ci ne néglige rien pour parvenir à ses fins et sait tirer avantage des choses les plus simples et en apparence les moins importantes.

» Le *son des cloches* est un des moyens qu'il emploie dans certains départements pour rétablir son empire sur la masse crédule du peuple. Les ministres du culte catholique s'en servent comme d'un levier puissant pour le ramener à ses anciens usages. En vain essaient-ils de persuader que le son de la cloche est nécessaire pour avertir les habitants des campagnes *des heures de travail et de celles du repos.* Quel est l'homme de bonne foi qui n'aperçoit pas la fausseté d'un tel langage ? Qui ne sait, que l'usage d'appeler au travail par le son d'une cloche, n'a eu lieu que dans les grands établissements..., où des ouvriers sont rassemblés sous la direction d'un ou de plusieurs chefs ?... Qui ne sait que jamais et nulle part le son d'une cloche n'a été employé pour annoncer au peuple agricole les heures consacrées au travail ou au repos et que c'est en suivant le cours des saisons, ...qu'il a constamment trouvé la mesure de son labeur journalier.

» Il est donc évident que le son habituel de la cloche dans les communes où il est conservé, n'a pour objet réel que de rappeler le peuple aux *exercices du culte ci-devant dominateur,* au mépris de l'article VII de la loi du 3 ventôse an III (21 février 1795) et de l'article Ier de celle du 22 germinal an IV (11 avril 1796). Ce dernier s'exprime ainsi : Tout individu qui au mépris de l'article VII de la loi du 3 ventôse an III, ferait une proclamation ou convocation publique, soit au son de cloches, soit de toute autre manière pour inviter les citoyens à l'exercice d'un culte quelconque, sera puni par voie de police correctionnelle d'un emprisonnement qui ne pourra être moindre de 3 décades, ni excéder 6 mois pour la première fois et une année en cas de récidive.

» Ces dispositions sont précises. Elles interdisent tout son de cloches destiné à rappeler l'exercice des anciens cultes et s'il était des administrations qui eussent cru pouvoir autoriser le son des cloches à certaines heures de la journée, lors même que leurs intentions eussent été pures, elles ne pourraient toujours se soustraire au reproche d'avoir commis une grande imprudence en autorisant un usage, dont on ne peut en dissimuler le danger, puisqu'il ne tend à rien moins qu'à entretenir et ranimer le *fanatisme* et à lui assurer le moyen d'éluder l'exécution des lois.

» Il est des communes où des prêtres ennemis de la Révolution et du Gouvernement ne daignent même pas dissimuler leur haine et couvrir d'un prétexte leur désobéissance aux lois ; dans ces communes, le son des cloches annonce encore aujourd'hui sans exception, tous les exercices du culte catholique ; et aucunes mesures n'ont été prises pour arrêter ce désordre et aucuns moyens n'ont été employés pour faire cesser cette lutte scandaleuse entre quelques hommes et la loi ! Que pourraient donc alléguer des Administrateurs pour excuser une semblable tolérance ! Combien ils sont coupables, quand ce ne serait que par faiblesse qu'ils auraient été les froids témoins de cette prévarication des ministres du culte ! Qu'ils se hâtent de réparer le mal qu'a dû faire leur funeste insouciance, et qu'ils déploient enfin l'énergie nécessaire pour assurer le triomphe de la loi ; ce n'est qu'à ce prix qu'ils peuvent reconquérir l'estime et la confiance des républicains et du Gouvernement. Que la loi du 22 germinal an IV soit à l'instant et strictement exécutée ; *que le son habituel des cloches soit sévèrement interdit ;* qu'il soit réservé pour les seuls cas des dangers publics tels que l'incendie, l'inondation, l'approche de l'ennemi et le rassemblement d'individus qui menaceraient soit sa tranquillité, soit la sûreté et la propriété des citoyens ; que les arrêtés qui permettent cet usage illimité des cloches, soient rapportés et remplacés par des arrêtés qui le proscrivent.

» J'aime à croire, Citoyens, que, pénétrés de la vérité des principes que je viens de rappeler, vous sentirez la nécessité d'en faire la règle de votre conduite, et que je n'aurai désormais qu'à vous féliciter du succès des soins que vous prendrez pour que vos administrés ne perdent jamais de vue que la Constitution ne leur garantit le libre exercice du culte qu'ils ont choisi, qu'à la charge de se conformer aux lois de la République. »

Salut et Fraternité.

Signé : SOTIN.

270. — *En même temps qu'ils entravaient de mille façons l'exercice du culte catholique, les révolutionnaires interdisaient la représentation des « mystères » chers aux populations bretonnes.*

(Arch. C.-du-N., L^m 5, 111.)

Le 16 messidor an V (4 juillet 1797), l'Administration municipale du canton de Prat, rendait compte au Département que « par mesure de sûreté », elle venait de prendre un arrêté à la date de ce jour, pour s'opposer à la représentation des « soi-disant comédies, connues sous la dénomination de Vies des Saints, qui ne peuvent que fomenter et entretenir le fanatisme parmi le peuple, dont l'abus s'est introduit dans ce canton ».

9

Nous soumettons ci-joint, ajoutent-ils, copie collationnée de notre arrêté à votre approbation.

> Signé : F. POULLENEC, agent ; P. LE BONNIEC, agent ; LE GALLOU ; COUALLAN, *adjoint ;* J. ANTHOINE, président.

271. — LES AVANTAGES ET LES BEAUTÉS DU CULTE DÉCADAIRE *sont exposés dans une circulaire de Letourneur, ministre de l'Intérieur, aux administrations centrales et municipales de la République, concernant la célébration des fêtes décadaires, le 19 brumaire an VI (6 novembre 1797) (Extraits) (1).*

(Arch. C.-du-N., L^m 5, 121.)

« ...Les lois qui consacrent le dixième jour de chaque décade au repos, existent depuis plusieurs années ; on les a laissé tomber, il est vrai, dans une espèce de désuétude : mais *elles existent ;* il est temps qu'elles soient ponctuellement exécutées.

Le Calendrier républicain, après avoir été quelques années le Calendrier de tous les Français, n'est presque plus en ce moment que celui des Fonctionnaires publics. Il entrait dans le plan des ennemis de la République, de renverser l'une après l'autre les institutions qui l'avaient fondée ; le Calendrier fut une de celles qu'ils attaquèrent avec le plus de fureur.

Ils dirent que l'intervalle entre les jours de repos était trop long ; que l'artisan, le laboureur ne pouvaient travailler neuf jours de suite. Cette objection devait être accueillie par la paresse. Personne, avant les jours de la réaction, ne s'était aperçu de ce prétendu inconvénient du nouveau Calendrier ; les citoyens industrieux et actifs avaient même su gré aux Législateurs d'avoir réduit à un plus petit nombre, les jours consacrés au repos. Ceux qui se plaignent de cette réduction et plaident ainsi pour l'oisiveté, sont pour la plupart les mêmes hommes qui autrefois déclamaient avec plus de force contre la trop grande multiplication des fêtes, et demandaient qu'on en supprimât au moins la moitié.

Ils dirent encore (ou avec une grande mauvaise foi, ou avec une grande ignorance), que la nouvelle division du temps contrariait celle qui est indiquée par la nature : et le nouveau Calendrier était l'ouvrage de nos plus habiles astronomes, et il n'avait été conçu, adopté, que pour corriger les vices, les erreurs de l'ancien.

Le Calendrier d'un culte particulier ne doit pas être celui d'une République où tous les cultes sont admis ; il en fallait un qui pût convenir aux hommes de tous les pays, de toutes les opinions. Le nôtre a cet avantage ; et ce qui doit encore nous y attacher, c'est qu'il est presque le même que le Calendrier du plus célèbre, du plus éclairé et du plus libre des peuples

---

(1) Sur toute cette question, il est indispensable de consulter les pages 447-459 de l'*Esprit public dans le département des Côtes-du-Nord*, op. cit., où l'auteur, M. l'abbé H. Pommeret, la traite à fond et fournit de multiples références que nous n'aurions pu que répéter.

anciens. Nos mois sont divisés comme ceux des Athéniens, et c'est d'eux que nous avons pris la dénomination de *Décades*.

Il serait à désirer que les Ministres de tous les cultes s'accordassent à transporter aux Décadis leurs fêtes, leurs cérémonies religieuses les plus importantes. C'est un spectacle scandaleux, dans les villes surtout, de voir à certains jours tels ateliers de travail déserts ou fermés, tandis que d'autres sont ouverts ; ne vaudrait-il pas mieux que les jours de travail et de repos fussent les mêmes pour tous les Français ? — Quoi qu'il en soit de cette idée, et soit que les Ministres des divers cultes l'adoptent ou la rejettent, ADMINISTRATEURS, vous n'en devez pas moins employer tous les moyens que vous croirez propres à faire prévaloir l'institution des fêtes décadaires.

Aucune loi ne vous attribue sans doute le pouvoir d'ordonner, quelque jour que ce soit, la clôture des ateliers, des magasins et des boutiques ; mais en attendant que le Corps législatif se soit expliqué sur cet objet, les Magistrats peuvent du moins retirer ou suspendre les permissions qu'ils donnent. Vous ne permettrez donc pas que, le Décadi, aucun marchand étale dans les rues, ou empiète d'une façon quelconque sur la voie publique ; vous ferez aussi fermer les lieux destinés aux changes et affaires commerciales, et suspendre, sauf les cas d'urgence, tous les travaux qui se font aux frais du Gouvernement ; enfin, vous veillerez à ce que les tribunaux vaquent, à ce qu'aucun Fonctionnaire n'exerce son emploi.

Je n'ai pas besoin de prévenir que tout Magistrat, tout Fonctionnaire public, tout employé par le Gouvernement, doit non seulement se conformer à cette règle, mais y assujettir aussi sa famille. Les Instituteurs publics doivent encore y être tenus, ainsi que leurs élèves. C'est aux Instituteurs, aux élèves des écoles publiques, à se montrer les plus zélés observateurs des Fêtes nationales : ils doivent toujours être présens aux cérémonies ordonnées pour les célébrer.

Citoyens Administrateurs, je vous invite à relire sur les exercices et les jeux qu'il faut adopter dans ces Fêtes, l'Instruction que j'ai précédemment citée ; que les Décadis y soient spécialement consacrés. Invitez ces jours-là les jeunes gens à se livrer, sous les yeux de leurs parens, à des exercices qui développent et fortifient leurs corps. Cherchez, préparez pour ces exercices et ces jeux, des lieux vastes et commodes.

Mais surtout prenez tous les moyens légaux pour que dans les communes où il y a des théâtres, ils soient ouverts les Décadis, et pour qu'on n'y représente que des pièces dignes d'un peuple républicain. »

        Salut et Fraternité.   Signé : LETOURNEUR.

272. — DE LA FAÇON DONT ON CÉLÉBRAIT LES FÊTES RÉPUBLICAINES DANS LES CANTONS DE PLEURTUIT, PLOUBALAY ET CORSEUL.

A. — *Procès-verbal d'une fête patriotique à Pleurtuit, le 12 juillet 1794.*
(Archives de la mairie de Pleurtuit.)

Du vingt-six messidor an II de la République Française une et indivisible. Nous, Membres du Conseil Général de la Commune de Pleurtuit, district de Port-Malo, département d'Ille-et-Vilaine, aux 9 heures du matin, assemblés à la maison commune, avons partis, accompagnés du Peuple et autres authorités constituées et nous sommes rendu au *Temple de la Raison.*

Là le Maire, les Officiers municipaux et toutes les authorités constituées, en vertu de la fette du 14 juillet décrétée par la loi du 18 floréal, ont tous prêté individuellement le serment républicain et ensuite la garde nationale assemblée sous les armes l'ont aussi fait. Le peuple l'a répété par acclamations, même les femmes. Après quoi l'on a fait la lecture des Loix et autres, et ensuite l'on s'est tous de compagnie et en ordre, transporté jusqu'au Champ-de-Mars en chantant des hymnes et des chansons, en réjouissances des victoires remportées sur nos ennemis.

Sept mannequins représentant, savoir : *L'Infâme Pitt*, avec cette inscription : « Toutes mes trahisons retombent sur moi ». — *Georges Dandin* (?) : « Tu m'as trompé Pitt. Nous recevons le prix de nos trahisons ». — *L'Empereur :* « Les Français sont des diables. Rien ne saurait les arrêter ». — *Le Roy de Prusse :* « C'est en vain. Nous sommes... foutus. La République triomphera malgré nous ». — *Le Roy de Sardaigne :* « Pourquoi me suis-je mêlé de cette affaire? Me voilà chassé de mes Etats, sans espoir ». — *Le Roy d'Espagne :* « Il est temps de fuir mes braves Saints! Les Français ont autant d'amour pour vous qu'ils ont de haine pour moi. Vous serez convertis en monnoye ». — *Le Pape :* « Rien ne peut arrêter ces républicains, ni mes canons, ni mes bulles, ni mes excommunications ». — Tous ont été apportés, jetés dans le feu de joie, l'on a chanté plusieurs chansons ironiques à leur égard et la fête s'est terminée par l'hymne des *Marseillais* et faisant tous des vœux que dans peu on célèbre la fette de la deffaite entière de tous les tyrans.

B. — *Procès-verbal de la plantation de l'arbre de la Liberté à Ploubalay, le 8 février 1797.*

(Arch. C.-du-N., L^m 5, 121.)

Ce jour, 20 pluviôse an VIe de la R. F., nous, soussignés agents et adjoints municipaux des communes de Ploubalay, Lancieux, Saint-Jacut, Trégon, le Plessis-Balisson, Pleslin, Tréméreuc et Langrolay, département des Côtes-du-Nord.

Certifions qu'en exécution de la loi du 22 nivôse. nous nous sommes assemblés, chacun en nos communes, pour célébrer la fête de la plantation de l'arbre de la Liberté, que (*sic*) nous avons planté le plus grand nombre.

Des habitants étant assemblés, le Commissaire du Pouvoir Exécutif et le Commandant de la force armée de Ploubalay, à la tête de l'Assemblée, y ont fait voir un zèle vraiment patriotique; les autres communes en ont fait autant. Les arbres plantés aux cris multipliés de « Vive la République ». les Assemblées se sont terminées par des chants d'allégresse patriotique et aux cris de « Vive la Constitution de l'an III !... ».

Signé : Jean GUILLAUME, adjoint (de Saint-Jacut); DAGORNE, agent; Pierre DURAND, agent; Mathurin JOSSELIN, agent; Pierre JAFFRELOT, agent.

C. — *Célébration de la Fête de la Paix, à Ploubalay,*
le 12 novembre 1797.
(Arch. C.-du-N., L^m 5, 121.)

« Extrait du registre des délibérations de la commune et chef-lieu de canton de Ploubalay, séance publique du 22 brumaire l'an VI, tenue par les citoyens Mathurin Josselin, vice-président ; Charles Dagorne, agent ; Pierre Dagorne, agent ; Pierre Durand, agent ; Jean Ouanson, adjoint ; Louis Ohier, adjoint ; sous les ordres du citoyen Malo Leyritz, commissaire du Pouvoir Exécutif. Tous revêtus de nos écharpes, nous nous sommes assemblés conjointement avec le citoyen (Rouault de) Coligny, capitaine commandant en chef la force armée cantonnée à Ploubalay, à l'effet de célébrer *la fête d'une paix si différée.*

» Les différents citoyens de la commune s'y sont rassemblés, le canon a commencé à tirer environ les 5 heures du matin, a continué jusqu'à environ 2 heures de l'après-midy. Toute la troupe (étant) sous les armes, le capitaine Coligny a fait faire un feu de peloton et de file, qui a duré la (*sic*) même espace de temps. On a ensuite fait un discours pour encourager le peuple à continuer sa fidèlité pour la République. Le discours fini, le canon a recommencé, le feu de file pareillement. On a chanté des hymnes différents à la République. La fête a fini par les cris multipliés de « Vive la République ». Les différents particuliers ont fait voir un zèle vrayement patriotique qui a été admiré de tous les citoyens. »

> Signé : MALO LEYRITZ ; (ROUAULT DE) COLIGNY, capitaine ; DAGORNE, agent ; Mathurin JOSSELIN, agent municipal.

D. — *Une fête républicaine à Corseul, le 20 mars 1799.*
(Archives municipales de Corseul.)

L'an VII de la République Française, le 30ᵉ ventôse, les habitants de la commune de Corseul réunis à la salle de l'administration, aux 10 heures du matin, pour procéder à la célébration de la fête de la *Souveraincté du Peuple* dans les formes prescrites par la loi du 13 pluviôse an VI, il a été choisi par nous, agent et adjoints de Corseul, le nombre de 12 citoyens parmi les plus âgés et non célibataires, lesquels ont été invités à représenter le peuple dans les cérémonies de cette fête.

Cela fait, 4 jeunes gens ont été également nommés par eux pour les précéder à l'autel de la patrie préparé et décoré à cet effet, portant à la main chacun sa bannière. La première ayant l'inscription : « La souveraineté réside essentiellement dans l'universalité des citoyens » ; sur la seconde : « L'universalité des citoyens français est la souveraine » ; sur la troisième : « Nul ne peut, sans une délégation légale, exercer aucune authorité, ni remplir aucune fonction publique » ; sur la quatrième : « Les citoyens se rappelleront sans cesse, que c'est de la sagesse des choix dans les assemblées primaires et électorales que dépendent principalement la durée, la conservation et la prospérité de la République ». .

Chacun des vieillards ayant une baguette blanche à la main et tous réunis en cérémonie, ont suivi les jeunes gens à l'autel de la patrie et ont été suivis par l'agent et l'adjoint de la dite commune de Corseul. Le cortège étant arrivé, les jeunes gens ont planté leurs écritaux aux deux côtés de l'autel de la patrie, les vieillards s'y étant rangés en demi-cercle, les fonctionnaires civils placés entre eux, la cérémonie a commencé par le chant : « Allons enfants de la Patrie ».

En suite de quoi, un des vieillards a monté sur le degré de l'autel de la patrie et a adressé aux magistrats ce qui suit : « La souveraineté du peuple est indéniable. Comme il ne peut exercer par lui-même tous les droits qu'elle lui donne, il délègue une partie de sa puissance à des représentants et à des magistrats choisis par lui-même ou par des électeurs qu'il a nommés. C'est pour se pénétrer de l'importance de ce choix que le peuple se rassemble aujourd'hui ».

L'agent de la commune a répondu par ces mots : « Le peuple a su par son courage reconquérir ses droits trop longtemps méconnus, il saura les conserver par l'usage qu'il en fera. Il se souviendra de ce précepte qu'il a lui-même consacré par la charte constitutionnelle : c'est à la sagesse des choix dans les assemblées primaires et électorales que dépendent principalement la durée, la conservation et la prospérité de la République ». Et il a été fait lecture à haute voix de la proclamation du Directoire Exécutif sur les élections de l'an VII du 23 pluviôse dernier.

273. — Arrêté pour l'observation du Décadi dans la commune de Plancoët.

(Placard imprimé, Archives personnelles.)

Extrait du registre des délibérations de l'administration municipale du canton de Plancoët, du 23 floréal an VI de la R. F. (12 mai 1798).

Séance tenue par les citoyens Félix Gouinguené (ex-prêtre), faisant fonctions de président ; Charles Salmon ; M. Bonnenfant ; François Jegu ; Joseph Samson et Laurent Cahurel, administrateurs municipaux. Présent le citoyen François Hannelais, commissaire du Pouvoir Exécutif.

« Vu l'arrêté du Directoire Exécutif du 14 germinal an VI qui prescrit des mesures pour la stricte exécution du calendrier républicain, l'administration municipale, après avoir entendu le commissaire du Directoire Exécutif, arrête ce qui suit :

» 1° A compter du 10 prairial prochain, les marchés sont désormais fixés en cette commune aux 3 et 8 de chaque décade, sans que sous aucun prétexte cet ordre puisse être interverti.

» 2° Tout individu qui étalera ses denrées ou marchandises hors les jours désignés au précédent article, sera poursuivi devant le tribunal de police comme ayant embarrassé la voie publique pour, conformément avec l'article IV ci-dessus referé, être puni selon ce que prescrit l'article 605 du code des délits des peines.

» 3° Quant à ce qui concerne la vente du poisson, attendu la proximité de cette commune avec la mer, l'arrivée journalière des marchands de poissons, qui par la grande quantité qu'on en pêche sur les côtes voisines, surtout pendant l'été, fournit aux habitants une nourriture saine et beaucoup moins dispensieuse que la viande, le marché en aura lieu tous les jours, excepté le Decadi.

» 4° Que les séances périodiques de l'administration à compter du même jour 10 prairial, auront lieu tous les huit de chaque décade.

» 5° Enfin que le présent arrêté sera proclamé à son de caisse, etc., etc. »

Pour expédition conforme au registre duement signé.

Y. Moucet, secrétaire.   E. Rouxel, président.

A Lamballe, chez Gabriel Bourel, imprimeur ∴

273 bis. — Par son organisation du culte décadaire et du calendrier républicain, le Directoire espère déraciner les derniers vestiges du culte catholique en France.

A. — *Loi du 17 thermidor an VI contenant des mesures pour coordonner les jours de repos avec le calendrier républicain.*

(*Bulletin des Lois de la République de l'an VI*, n° 216, loi n° 1943.)

Article premier. — Les décadis et les jours de fêtes nationales sont des jours de repos dans la République.

Art. 2. — Les autorités constituées, leurs employés et ceux des bureaux au service public, vaquent les jours énoncés, sauf les cas de nécessité et l'expédition des affaires criminelles.

Art. 3. — Les écoles publiques vaquent les mêmes jours, ainsi que les écoles particulières et pensionnats des deux sexes. Les administrations feront fermer les établissemens d'instruction où l'on ne se conformerait pas aux dispositions du présent article.

Art. 4. — Les écoles publiques, ainsi que les établissemens particuliers d'instruction pour les deux sexes, ne pourront vaquer aucun autre jour de la décade que le quintidi, sous les peines portées en l'article 3.

Art. 5. — Les significations, saisies, contraintes par corps, ventes et exécutions judiciaires, n'ont pas lieu les jours affectés au repos des citoyens, à peine de nullité.

Demeurent toutefois exceptés les actes de procédure qui, par des lois particulières, ont été renvoyés au décadi, en remplacement des jours ci-devant fériés.

Art. 6. — Les ventes à l'encan ou à cri public n'ont pas lieu les mêmes jours, à peine d'une amende qui ne peut être moindre de 25 francs, ni excéder 300 francs.

Art. 7. — Il ne se fait aucune exécution criminelle les décadis et jours de fêtes nationales ; en conséquence il est dérogé, en cette partie seulement, à l'article 443 du code des délits et des peines.

Art. 8. — Durant les mêmes jours, les boutiques, magasins et ateliers seront fermés, sous les peines portées en l'article 605 du code des délits et des peines ; sans préjudice néanmoins des ventes ordinaires de comestibles et objets de pharmacie.

En cas de récidive, il y aura lieu à l'amende portée en l'article 6, et à un emprisonnement qui ne pourra excéder une décade.

....

Art. 10. — Tous travaux dans les lieux et voies publiques, ou en vue des lieux et des voies publiques, sont interdits durant les mêmes jours sous les peines portées en l'article 8, sauf les travaux urgents spécialement autorisés par les corps administratifs et les exceptions pour les travaux de la campagne pendant le temps des semailles et des récoltes...

B. — *Loi réglant les modalités du culte décadaire,
en date du 13 fructidor an VI (30 août 1798).*

(*Bulletin des Lois de la République de l'an VI, n° 221, loi n° 1980.*)

Article premier. — Chaque décadi, l'administration municipale avec le commissaire du Directoire Exécutif et le secrétaire, se rendent, en costume, au lieu destiné à la réunion des citoyens, et y donnent lecture des lois et actes de l'autorité publique adressés à l'administration pendant la décade précédente.

Art. 2. — Le Directoire Exécutif donnera les ordres nécessaires pour la publication et l'envoi à chaque administration municipale, d'un Bulletin décadaire des affaires générales de la République.

Ce Bulletin fera connaître en même temps les traits de bravoure et les actions propres à inspirer le civisme et la vertu. Il contiendra de plus un article instructif sur l'agriculture et les arts mécaniques. Il en sera donné lecture à la suite de celle des lois.

Art. 3. — La célébration des mariages n'a lieu que le décadi, dans le local destiné à la réunion des citoyens, au chef-lieu du canton, ou dans les municipalités particulières des cantons divisés en plusieurs municipalités.

....

Art. 5. — Le décadi, il est donné connaissance aux citoyens, des naissances et décès, ainsi que des actes ou jugemens portant reconnaissance d'enfans nés hors mariage, des actes d'adoption et des divorces qui ont eu lieu durant la décade.

Art. 6. — Les instituteurs et institutrices d'écoles soit publiques, soit particulières, sont tenus de conduire leurs élèves, chaque jour de décadi ou de fête nationale, au lieu de la réunion des citoyens.

Art. 7. — Le Directoire Exécutif prendra les mesures nécessaires pour établir, dans chaque chef-lieu de canton, des jeux et exercices gymniques, le jour de la réunion décadaire des citoyens.

Art. 8. — Toutes lois ou dispositions de loi contraires à la présente, demeurent abrogées.

C. — Loi du 23 fructidor an VI (9 septembre 1798), contenant des dispositions nouvelles pour l'exacte observation de l'annuaire de la République.

(Bulletin des Lois de la République de l'an VI, n° 225, loi n° 2002.)

ARTICLE PREMIER. — Il est défendu d'employer dans tous les actes ou conventions soit publiques, soit privées, aucune autre date ni indication que celle tirée de l'annuaire de la République, ainsi que d'y rappeler l'ère ancienne avec la nouvelle, à peine d'une amende de dix francs contre tout signataire particulier, et de cinquante francs contre tous fonctionnaires publics, notaires et employés de la République, en contravention.

. . . .

Art. 4. — Il est défendu d'employer ou de rappeler aucune autre date ou indication que celle de l'annuaire de la République, dans tous ouvrages périodiques, affiches ou écriteaux, quels qu'ils soient, à peine, contre les auteurs ou imprimeurs, de l'amende portée en l'article 1er contre les fonctionnaires publics.

Dans tous les cas, les autorités chargées de la police tiendront la main à ce que les affiches ou écriteaux en contravention soient enlevés.

Art. 5. — Aussitôt la publication de la présente loi, les administrations centrales dresseront, si fait n'a été, le tableau des foires et marchés de leur département, et les replaceront à des jours fixes de l'annuaire de la République, autres que les décadis et jours de fêtes nationales. Ce nouveau tableau sera porté sur le registre de chaque administration municipale, publié et affiché dans chaque commune du département ; et les foires et marchés n'auront lieu que les jours indiqués, sous les peines portées contre les rassemblemens prohibés par les lois...

Art. 6. — Dans les communes où il y a des marchés ou étalages particuliers de comestibles ou autres objets, à des jours périodiques de l'ère ancienne, les administrations municipales, et, dans les communes divisées en plusieurs municipalités, les bureaux centraux, replaceront pareillement lesdits marchés et étalages à des jours périodiques de la décade ; et lesdits marchés et étalages n'auront lieu que les jours indiqués, sous la peine d'une amende de trois journées de travail ou au-dessous, ou d'un emprisonnement qui n'excédera pas trois jours.

Art. 7. — Les jours indiqués dans l'article précédent et ceux mentionnés en l'article 5, *les marchands seront obligés de tenir leurs boutiques ouvertes*, sous les peines portées en l'article précédent, sauf les empêchemens dont les administrations municipales jugeront la légitimité.

Art. 8. — Dans les communes où il y a des jours ou époques en usage pour les congés, ouverture ou expiration de locations rurales et autres, les administrations municipales les replaceront pareillement à des jours fixes de l'annuaire de la République, et la nouvelle fixation servira de règle aux tribunaux.

Art. 9. — Il en sera de même pour les ouvertures d'écluses, distributions ou dispositions des eaux, et généralement pour tous autres usages soumis à des jours périodiques.

Art. 10. — Le Directoire Exécutif rendra compte au Corps législatif de l'exécution de cette loi, dans les trois mois de sa publication.

> Signé : Lecointe-Puyraveau, *président ;* Boulay-Paty ; Woussen ; P.-J. Briot (du Doubs) ; Duplantier (de la Gironde), *secrétaire.*

SUPPLÉMENT

Les prêtres mis à mort par les colonnes mobiles.

I. — ETAT NOMINATIF DES ECCLÉSIASTIQUES ASSASSINÉS.

Comme nous venons de le voir aux tomes I et II de cet ouvrage, les lois révolutionnaires avaient largement organisé contre le clergé insermenté les assassinats juridiques ainsi que la guillotine sèche, telle que l'abominable déportation sur les vaisseaux de la rade de l'île d'Aix et celle qui eût pour théâtre les marais meurtriers de la Guyane; mais jamais, aucun texte de la loi n'autorisa positivement les soldats de la Révolution en Bretagne à commettre sur les membres du clergé réfractaire les multiples assassinats, dont ils se rendirent coupables dans cette province. A notre avis du reste, la responsabilité de tous ces attentats, qui ne furent jamais en général sérieusement réprimés, remonte aux auteurs de toutes les proclamations furibondes et de tous les écrits en style grandiloquent qui ne cessaient de représenter le clergé catholique romain comme une bande de « monstres et de scélérats fanatiques », coupables des méfaits « les plus atroces » et dignes à ce titre de tous les châtiments.

Toutes ces provocations à la violence, toutes les lois impitoyables qu'ils voyaient sans cesse promulguées, ne pouvaient manquer d'exciter les pires instincts des militaires lancés à la poursuite des ecclésiastiques réfractaires. Voici quels en furent les résultats dans les Côtes-du-Nord, tels que nous avons pu les établir. Sur tous les prêtres dont les noms suivent, on trouvera d'abondants renseignements biographiques dans les *Actes des prêtres insermentés du diocèse de Saint-Brieuc mis à mort de 1794 à 1800*, grand in-8°, de plus de 400 pages, édité chez Prud'homme à Saint-Brieuc en 1927.

1. — AUGUSTIN-ALAIN LE MOINNE, natif de Pleslin, vicaire à Gomméné, mis à mort près l'église de cette paroisse le 6 août 1795, âgé de 48 ans. Voir sa biographie au t. Ier de notre *Hist. du pays de Dinan*, art. Pleslin, p. 447.

2 — **Joseph-Marie Le Veneur de la Ville-Chapron**, né à Plessal. le 10 novembre 1749, prêtre de Saint-Goüéno, mis à mort près du Guéi. rme en cette paroisse, le 1er septembre 1795, âgé de 46 ans. Voir sur ce prêtre : A. Guillon : *Les Martyrs de la Foi, durant la Révolution Française*, 4 in-8°, Paris, 1826, t. IV, p. 24. Les auteurs du *Diocèse de Saint-Brieuc durant la période révolutionnaire*, 2 in-8°, Saint-Brieuc, 1894, t. Ier, p. 319, reproduisent la version de ce vieil auteur, cf. aussi notre tome II, p. 313 et 318 des *Actes des prêtres insermentés du diocèse de Saint-Brieuc*, et surtout les *Actes des prêtres mis à mort, etc.*, précités.

3. — **Guillaume Bellouart**, de Paimpont, recteur de Lanrelas, mis à mort près du pont dit de Lanrelas, dans la nuit du 5 au 6 janvier 1796, Sur cet ecclésiastique, cf. Tresvaux du Fraval : *Hist. de la Persécution révolutionnaire en Bretagne*, op. cit., II, p. 211, qui confond M. Bellouart avec Goron, son prédécesseur. Voir aussi *Le Diocèse de Saint-Brieuc durant la période révolutionnaire*, op. cit., I, 42 et nos *Actes des Prêtres insermentés*, t. II, p. 310, 317, 330. Ce prêtre vénérable a trouvé sa notice au t. II, article Lanrelas de notre *Hist. du Pays de Dinan*, p. 273-276 et dans les *Actes* que nous venons de publier, p. 129-138.

4. — **François-Jérôme Tournois**, profès capucin, natif de Trélivan, mis à mort à l'âge de 31 ans, le 27 janvier 1796, près le champ aux Agneaux, en Quévert. Cf. sur ce prêtre la notice avec références que nous lui consacrons au t. Ier de notre *Hist. du Pays de Dinan*, p. 118-121, et et les *Actes* que nous venons de publier, p. 139-145.

5. — **Paul-Gédéon Rabec**, né à Cérisy-la-Salle (Manche), ancien dignitaire du chapitre de Dol, prêtre habitué à Mégrit, mis à mort à l'âge de 58 ans dans sa propriété du Val-Martel en Mégrit, le 28 janvier 1796. Nous avons donné sa biographie avec toutes les références utiles au t. II de notre *Hist. du Pays de Dinan*, article Mégrit, p. 287.

6. — **Noël Chapel**, natif et prêtre de Plémet, mis à mort en cette paroisse le 30 janvier 1796. Cf. Guillon : *Les Martyrs de la Foi*, op. cit., II, p. 407 et le *Diocèse de Saint-Brieuc pendant la période révolutionnaire*, op. cit., II, p. 223-227. Cf. nos *Actes des Prêtres insermentés mis à mort, etc.*, op. cit., p. 213-215 et *Arch. C.-du-N.*, L.m 5, 42.

7. — **René Garnier**, né à Tréfumel, prêtre de Saint-Germain de Rennes, mis à mort au Quiou où il vivait chez son frère le 25 mars 1796. Cf. une notice avec références sur ce prêtre au tome Ier de notre *Hist. du Pays de Dinan*, article Le Quiou, p. 310-312.

8. — **Jean Gaudin**, né à Guitté, recteur de Lanrigan, fusillé à Guitté, le 6 avril 1796. Cf. sur lui le t. II de l'*Hist. du Pays de Dinan*, p. 311.

9. — **Yves Josses**, avait été curé de la trève de Caurel, jusqu'au 7 avril 1782. Nous ne connaissons jusqu'ici sur lui que ce qu'en dit Tresvaux, au tome II, p. 225 de l'*Hist. de la Persécution révolutionnaire en Bretagne*. Selon cet auteur, M. Josses fut mis à mort le jour de Pâques, 27 mars 1796. Son corps fut inhumé dans le cimetière de Saint-Thélo. Nous

lui avons consacré une longue notice dans les *Actes des prêtres du diocèse de Saint-Brieuc*, précités, que nous venons de publier à Saint-Brieuc, p. 217.

10. — JEAN-PAUL GEORGELIN, natif et prêtre de Plœuc, mis à mort à Plessala, le 24 février 1797. — Guillon : *Les Martyrs de la Foi*, t. III, p. 188, reproduit par Tresvaux : *Hist. de la Persécution, etc.*, II, p. 314, publie une version de sa mort qui ne semble pas exacte. Cf. notre volume des *Actes des prêtres du diocèse de Saint-Brieuc*, précités, que nous venons de faire paraître chez Prud'homme, en 1927, p. 155-166.

11. — PIERRE-LAURENT FRIN, natif de Miniac-sous-Bécherel, et prêtre de cette paroisse lors de la Révolution, mis à mort à la Ville-Davy en Tréfumel peu avant le 1er mai 1798. Cf. sur cet ecclésiastique très zélé le *Diocèse de Saint-Brieuc durant la période révolutionnaire*, t. Ier, p. 303 et la notice que nous lui consacrons au t. Ier de notre *Hist. du Pays de Dinan*, à l'article Tréfumel, p. 318.

12. MATHURIN COCHON, natif de Gommené, et vicaire à la Trinité-Porhoët, mis à mort à la Tantouille en Plémy, le 9 septembre 1798. Voir sur ce prêtre et ceux dont les noms suivent, les longues notices que nous leur consacrons dans les *Actes des prêtres du diocèse de Saint-Brieuc mis à mort*, etc., précités, que nous venons de publier à Saint-Brieuc, p. 167 et sq.

13. — YVES LONCLE, né à Plouguenast et simple prêtre dans sa paroisse natale. Fusillé à Saint-Gouéno, le 29 décembre 1798. Cf. sur lui les *Actes* précités, p. 186-195.

14. — FRANÇOIS-OLIVIER LE GOFF, né à Saint-Martin-des-Prés, recteur de Plourin-Morlaix. Fusillé à Saint-Martin, le 22 janvier 1799. (Cf. les *Actes des prêtres du diocèse de Saint-Brieuc mis à mort*, précités, p. 195 et sq.)

15. — PIERRE CAÏROU, né à Plounévez-Quintin, vicaire de la trêve de Trémargat, fusillé dans la forêt de Lorges, le 22 octobre 1799. (Cf. les *Actes des prêtres du diocèse de Saint-Brieuc*, précités, p. 224.)

16. — PIERRE MÉHEUST, né à Hillion, prêtre de Morieux. Fusillé à Morieux, le 3 février 1800. (Cf. les *Actes* précités, p. 225.)

LES RELIGIEUX CISTERCIENS DE L'ABBAYE DE SAINT-AUBIN-DES-BOIS
ASSASSINÉS LE 3 MARS 1796.

Nous aurions du regret d'achever le Manuel pour l'étude de la persécution révolutionnaire sans consacrer un article aux cisterciens de Saint-Aubin-des-Bois. L'histoire de ces religieux, qui passèrent la Révolution tout entière dans leur abbaye enfouie au milieu de la forêt de la Hunaudaye est vraiment extraordinaire. Il est non moins surprenant, que l'assassinat de deux de ces religieux ne put faire abandonner aux survivants ce pieux asile qu'ils continuèrent d'habiter jusqu'à la mort du dernier d'entre eux. Sans doute, il est indubitable qu'ils avaient juré le serment de Liberté-Egalité : mais il est non moins certain que nombre d'excellents ecclésiastiques, prêtèrent ce serment ailleurs qu'en Bretagne. Or la plupart des cisterciens de Saint-Aubin n'étaient pas bretons. Si donc, comme nous devons le croire, jusqu'à preuve du contraire, ces moines n'eurent aucune communication « *in divinis* » avec les Constitutionnels, rien n'empêche à notre avis de compter ceux d'entre eux qui furent mis à mort en 1796 parmi les victimes du clergé orthodoxe de la Révolution en Bretagne.

Le personnel de l'abbaye cistercienne de Saint-Aubin-des-Bois en Plédéliac, se composait ainsi qu'il suit en 1790 : Le prieur CHARLES-MARIE DAMAR DE L'ETANG, né à Saint-Malo le 25 octobre 1744 du mariage de J.-B. sieur de l'Etang, officier au régiment de Limousin et de Laurence-Olive Creton, profès le 22 août 1764 ; d'AUGUSTIN PASCAL, né le 11 août 1746, profès le 12 juin 1768 ; d'AMABLE-PHILIPPE FONTAINE, né le 2 août 1741, profès le 6 août 1768 ; ces trois religieux déclarèrent vouloir sans condition « continuer la vie religieuse », lorsque se présenta la commission chargée de recueillir leurs intentions sur ce sujet au cours de l'année 1790.

Quant à ANDRÉ-MICHEL MARTIN, né le 30 novembre 1744, profès le 12 juin 1768, il voulait mener la vie commune, mais à Saint-Aubin seulement. Pour PHILIPPE GOERMANS, né à Paris le 15 mai 1744 de Jean et de Jeanne-Lucie Delboure, profès le 2 juillet 1767, il fit savoir qu'il continuerait volontiers la « vie commune à l'abbaye de Saint-Aubin, si elle était conservée, mais que si au contraire, elle est vendue, il profitera de la liberté qu'on lui a donnée. Qu'au surplus, il est décidé d'y rester jusqu'à ce qu'on lui signifie légalement l'ordre d'en sortir. »

« L'abbaye de Saint-Aubin, écrivait-on à cette époque, est en bon état. Elle peut contenir plus de 20 religieux. Les habitants de Trégomar en demandent la conservation. » Le 26 janvier 1791, ce monastère, qui par sa situation ne tentait aucun acquéreur, fut désigné pour servir de maison aux moines qui désireraient continuer de mener la vie commune. (*Arch. C.-du-N.*, L^m 5, 8.)

Les religieux de Saint-Aubin-des-Bois ne prêtèrent point le serment constitutionnel auquel la loi ne les obligeait pas. Ils ne briguèrent aucune cure et continuèrent à résider dans leur vieille abbaye. Leur situation retirée ne les mit cependant pas à l'abri des dénonciations révolutionnaires, dont voici un échantillon que nous avons pris aux *Arch. des C.-du-N.*, série L, liasses non cotées. Ce factum, daté du 11 mai 1791, est adressé aux administrateurs des C.-du-N. par le franc-maçon *Verne*, ex-prieur des Augustins de Lamballe et président du club de cette ville :

« Je viens d'apprendre par l'abbé Micault de Souleville, que la maison des religieux à Saint-Aubin-des-Bois était le repaire des anti-constitutionnels de leur canton, qu'il s'y fait des assemblées pour exhorter les paysans à s'opposer à la nomination des curés ou recteurs. Que le sieur Minet de Plédéliac, déjà décrété d'ajournement personnel, a chez lui 500 exemplaires d'une lettre imprimée la plus insultante contre M. Jacob, qu'il distribue dans toutes les paroisses voisines. Les frères Bernardins, nouvellement liés avec Minet, quoiqu'avant la Révolution ils n'eussent pu le souffrir, les publient à qui les veut.

» Ils vous avoient promis de se réunir au mois d'avril et cependant ils ne sont que six. Les souffrirez-vous sans qu'ils se complètent ? Leur retard à se réunir a causé une perte considérable à la vente de leurs biens. Hâtez-vous donc conformément aux décrets à les compléter.

» Le mois d'avril est expiré, ou plutôt sommez-les de se retirer chacun chez eux, la loi vous le prescrit... »   Signé : VERNE ∴.

Etait-ce à la suite de cette dénonciation, qui demeura cependant sans effet, que le frère Martin, pris de frayeur, crut plus prudent de quitter Saint-Aubin pour se retirer au Quesnoy, dans le Nord, son pays natal ? — Nous l'ignorons. En tout cas, il se vit remplacer par un nouvel arrivant ; le Père JEAN MELAYS, ex-prieur de Coatmaloüen, originaire de Saint-Hilaire-du-Harcouët, où il était né le 27 décembre 1745. Ce religieux avait prononcé ses vœux le 14 octobre 1770. Lorsqu'en 1790, il avait dû exprimer ses sentiments au sujet de la vie commune, le P. Melays avait déclaré « ne pouvoir vivre en réunion, par ce qu'il avait épousé une maison de 8 religieux (*sic*). En conséquence, il désirait sortir et avoir recours sur les biens de son ordre en cas de non paiement (1) ».

Il fut suivi du P. Roquet, auquel nous avons consacré une notice à la p. 289 du t. Iᵉʳ de notre *Hist. du Pays de Dinan*. Ce cistercien, auparavant moine à Boquen, mais qui s'était retiré à Guitté à la fermeture de son abbaye, fit savoir le 7 juillet 1791 « qu'il ne pouvait en conscience vivre dans sa famille et qu'il demandait à embrasser la vie commune qu'on mène à Saint-Aubin ». Un religieux nommé FÉLIX GAUTIER, que nous ne connaissons pas autrement, suivit son exemple.

L. Dubreuil aux pages 24 et 450 de son volume sur la *Vente de biens nationaux dans les C.-du-N.*, in-8°, Paris, 1912, a exposé les raisons pour lesquelles Saint-Aubin ne fut pas vendu comme bien national. Ce voyant, ses habitants, qui n'étaient pas assez nombreux pour espérer pouvoir y demeurer légalement, prirent l'initiative hardie de louer pour six ans leur abbaye à la date du 16 février 1792. Tranquilles de ce côté, ils n'hésitèrent pas à prêter le serment de Liberté-Egalité prescrit par la loi du 14-15 août de cette année. Ce serment qui, s'il n'a pas été approuvé par le pape Pie VI, n'a du moins jamais été l'objet d'une condamnation explicite par l'Eglise, leur permettait de toucher leurs pensions et assurait à ceux qui l'avaient prêté une sécurité relative. Il est vrai qu'en Bretagne, l'immense majorité des bons prêtres ne put se résoudre à le prêter. préférant s'exposer aux maux les plus cruels : telle est la raison pour laquelle le P. Roquet, plutôt que de s'astreindre à ce serment. préféra reprendre sa liberté et se retirer dans sa famille. Cf. *Hist. Pays de Dinan*, I, op. cit.

---

(1) Jean Melays, Aimable Fontaine, Philippe Goermans et Augustin Pascal furent ordonnés prêtres à Dol en vertu d'un dimissoire, le 21 septembre 1771.

Lors des mesures prises en 1794 par le représentant Le Carpentier contre les ecclésiastiques qui refusaient de « se déprêtriser », les cisterciens de Saint-Aubin n'essayèrent pas de se dérober à leur exécution. Nous les trouvons emprisonnés à Lamballe le 21 août 1794 et pétitionnant à cette date pour obtenir leur liberté. (*Arch. Nat.*, F 7, 3669, n° 2443.) Voici les noms que nous relevons sur le document en question : Charles-Marie Damar ; Jean Melays ; frère A. Pascal ; frère A. Fontaine ; Goermans.

Délivrés à une époque que nous ignorons, mais qui en tout cas n'est pas postérieure au 1ᵉʳ janvier 1795, les cinq cisterciens de Saint-Aubin regagnèrent leur monastère : « Ils y vivaient tranquilles, écrit Tresvaux du Fraval : *Histoire de la persécution en Bretagne*, op. cit., II, p. 217 et 218, observant leur règle autant qu'ils le pouvaient, donnant les secours spirituels aux habitants de la forêt, et, quoiqu'ils n'eussent que des ressources très médiocres, ils trouvaient dans leur économie les moyens de soulager les pauvres assez nombreux du pays.

» Au commencement de 1796, des partis de royalistes armés, poursuivis par les troupes républicaines, se réfugièrent dans la forêt de la Hunaudaye. Il ne paraît pas qu'ils eussent pénétré jusqu'à Saint-Aubin-des-Bois : Y fussent-ils allés, qu'auraient pu faire pour les repousser des religieux sans défense. Ce fut cependant la présence supposée des royalistes dans cette maison qui devint la cause du malheur de ses habitants.

» Sous le prétexte de combattre ces royalistes, des jeunes gens de Lamballe appartenant pour la plupart à des familles riches ou aisées, mais révolutionnaires ardents, comme il y en avait dans cette ville, remarquable par son exagération, arrivent le 3 mars 1796 à sept heures du soir à la porte de l'abbaye, font contre elle une décharge et l'enfoncent. Ils pénètrent dans le cloître en criant : « Aux chouans ! Aux chouans ! ». Un domestique se présente et leur déclare qu'il n'y en a pas dans la maison ; mais ces forcenés, sans l'écouter, montent au dortoir et trouvant les clefs aux portes des cellules, ils y entrent et fusillent deux des religieux (dont l'un d'eux, le P. Pascal, fut tué dans la chambre même du prieur, écrit M. Habasque au tome III, p. 29 de ses *Notices Historiques sur les Côtes-du-Nord*, in-8°, Guingamp, 1836).

» Ce même historien ajoute : « Nous avons encore vu en octobre 1832, dans le manteau de la cheminée, les traces de la balle qui lui donna la mort. Le prieur qui était au lit, malade, fut épargné et le P. Goermans, qui sauta par une fenêtre, fut arrêté dans sa chute par les branches d'un espalier. Il y resta blotti jusqu'au départ des assassins et réussit à se cacher ».

Selon Tresvaux, dont nous reprenons la narration. « les Lamballais dépouillèrent ensuite les morts de leurs vêtements, pillèrent les cellules, brisent ce qu'ils ne peuvent ou ne veulent emporter, puis ils descendent à la sacristie, s'emparent des vases sacrés, déchirent les ornements et chargés de honteuses dépouilles, ils retournent triomphants à Lamballe.

« Deux jours après, le juge de paix du canton de Plédéliac, dressa un

procès-verbal du crime et de ses circonstances, mais c'était à une époque
où on pouvait tout oser contre les prêtres et les assassins se trouvèrent
ainsi à l'abri des coups de la justice humaine. »

C'est vainement que nous avons recherché le procès-verbal de la descente de justice que semble avoir vu le chanoine Tresvaux. Nous n'avons
pu que retrouver l'acte de décès des deux victimes de la férocité des Jacobins
lamballais. Les voici tels que nous les avons relevés sur le registre d'Etat-
Civil de la commune de Plédéliac pour l'an IV, conservé aux *Arch. des
Côtes-du-Nord.*

« Le 17 mars 1796, an IVe de la R. F., à 10 heures du matin, etc.,
» sont comparus Charles-Marie Damar, prêtre religieux bernardin, âgé
» de 52 ans, et Philippe Goërmans, âgé de 52 ans, religieux bernardin,
» tous demeurant à l'abbaye de Saint-Aubin, qui m'ont déclaré que Augus-
» tin Pascal, religieux, est le 3 mars, présent mois, décédé à son
» domicile de Saint-Aubin. »   Signé : Hourdin, officier public.

Le même jour, à la suite, autre déclaration faite dans les mêmes termes,
mentionnant que « Jean Melays, prêtre, est décédé le 3 mars à son
domicile à Saint-Aubin ». Signé comme plus haut.

La mort cruelle que les révolutionnaires venaient de faire souffrir à
leurs deux confrères, n'empêchèrent point les derniers religieux de Saint-
Aubin d'habiter cette abbaye. Le 20 fructidor an V (6 septembre 1797),
les P. P. Damar, Goermans et Gautier écrivirent à l'administration centrale des C.-du-N. pour réclamer le paiement de leurs pensions, qui leur
fut effectivement payée (1).

Le 1er floréal an VII (20 avril 1799), l'administration centrale des
C.-du-N., sans doute sur le ouï de quelques dénonciations, se posa la
question de savoir si les moines de Saint-Aubin se trouvaient bien en
règle avec les lois qui décidaient de leur sort. En conséquence, elle donna
l'ordre de « les arrêter et de les traduire devant elle afin de vérifier leur
situation. » (*Arch. C.-du-N.*, reg. L 166, f° 150.)

Voici l'arrêté qu'elle prit, après les avoir soigneusement interrogés :

« Ayant à vérifier si les trois ex-religieux : Charles Damar, Philippe Goermans, appelé Germain et Félix Gautier, retirés en la ci-devant
abbaye de Saint-Aubin, se trouvaient sous le coup de la déportation ou
de la réclusion, ou s'ils étaient dans le cas de jouir de la liberté, pour
avoir donné les garanties exigées par les lois..., l'administration centrale
des Côtes-du-Nord, après les avoir entendus, a vérifié que les registres
des arrêtés de l'administration à la date du 3 ventôse an II (21 février
1794), ordonnant de leur payer leurs pensions que la loi leur accordait

---

(1) P. 43 du t. Ier de ce *Manuel,* nous trouvons le cistercien *Gautier,* résidant
à Saint-Aubin et touchant sa pension en octobre 1793, nous ne le connaissons pas
autrement.

comme ex-religieux. Ce qui prouve qu'ils avaient précédemment justifié de la prestation des serments exigés des ex-religieux non fonctionnaires publics par les lois des 21 et 23 avril 1793 et du 14 avril 1792 (*Serment de Liberté-Egalité*). D'où il s'en suit que, n'ayant pas, ainsi qu'ils l'assurent postérieurement, rempli les fonctions du culte, ils sont dans le cas de jouir de la liberté accordée aux ecclésiastiques soumis aux lois de la République.

» En conséquence, l'administration arrête de permettre et permet aux citoyens Damar, Germain et Gautier de retourner à leur habitation pour continuer d'y vivre paisibles et soumis aux lois de la République. » (*Arch. C.-du-N.*, reg. L 166, fᵒ 152, du 5 floréal an VII.)

Les religieux de Saint-Aubin achevèrent sans bruit la fin de la Révolution dans leur pieux asile. Le 22 août 1802, les P. P. Damar et Goermans vinrent signer à Saint-Brieuc leur formule d'acceptation du Concordat, le P. Gautier ne les accompagnait pas. Etait-il mort ou avait-il regagné son pays natal, nous l'ignorons. On signale à cette occasion le P. Damar, comme très infirme.

Le P. Damar mourut âgé de 69 ans, le 6 juin 1813, nous apprend le Nécrologe de l'évêché de Saint-Brieuc, mais son acte de décès ne figure pas sur les registres de Plédéliac et nous ignorons où il trépassa.

Quant à Dom Goermans, il voulut demeurer jusqu'à la fin dans l'abbaye qui avait abrité sa jeunesse. Il continua de louer les locaux conventuels qui avaient été attribués à l'hospice de Jugon par le gouvernement consulaire. Il y vivait cultivant son jardin et lorsqu'il mourut, âgé de 74 ans, le 24 janvier 1820, il légua aux pauvres et aux églises du voisinage une somme de six milles francs produit de ses économies.

A la fin de sa vie, ce religieux, écrit Habasque, était devenu tellement scrupuleux qu'il disait sa messe dans la crypte ou église souterraine de l'abbaye, et que la récitation de son bréviaire lui était devenue fort pénible. Mgr Caffarelli l'ayant voulu dispenser de cette obligation et l'engageant à quitter Saint-Aubin : « Monseigneur, lui répondit-il, je veux mourir ici et je dirai mon bréviaire tant que j'existerai. »

Le *Ménologe cistercien* rédigé par un moine de Thymadeuc, in-8ᵒ, Saint-Brieuc, 1898, a retenu dans ses pages les noms des P. P. Melays et Pascal. — Cf. sur l'événement que nous venons de raconter, outre les auteurs déjà cités : G. de Bourgogne et A. de Barthelémy : *Anciens Evêchés de Bretagne*, t. II, p. 441 et t. III, 2ᵉ partie, p. 21. Les mêmes : *Etudes sur la Révolution en Bretagne*, in-8ᵒ, Saint-Brieuc, 1858, p. 109. — P. de Courcy : *Guide de Rennes à Brest*, in-8ᵒ, Paris, 1864, p. 83. — Mgr de la Romagère, que l'abbé Laveille a dépeint sous un faux jour dans son *Lamennais*, nous a, dans un mandement adressé à son clergé en 1827, conservé une bonne description de l'antique abbaye de Saint-Aubin, aujourd'hui complètement détruite, à l'exception d'une charmille centenaire.

LIVRE SIXIÈME

LA PACIFICATION RELIGIEUSE DE BONAPARTE

DES MODALITÉS DE SON APPLICATION DANS LES COTES-DU-NORD

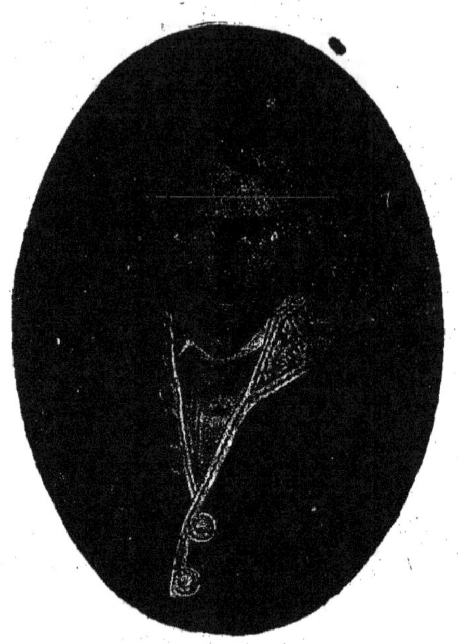

CHAPITRE PREMIER

La Législation religieuse du Consulat.

SOMMAIRE. — Avant de rétablir en France la liberté des cultes, Bonaparte avait à compter avec la haine féroce que les jacobins (les radicaux-socialistes de l'époque), portaient au catholicisme. Aussi ne faut-il pas chercher dans les diverses mesures prises pour réaliser la pacification religieuse, des actes abrogeant du même coup la législation persécutrice révolutionnaire. Ce fut au contraire à travers des chemins sinueux et des sentiers couverts que manœuvra prudemment Bonaparte et l'on assista bien des fois à ce spectacle d'un gouvernement, qui, tout en proclamant officiellement que rien n'était changé aux anciennes lois, les tournait audacieusement. C'est ainsi que grâce à certains artifices de rédaction, le texte des décrets par lesquels il rétablissait peu à peu la liberté des cultes, permettait habituellement d'accorder davantage en réalité, qu'à première vue, leur libellé ne semblait l'exprimer. Aussi plusieurs fois, l'ex-oratorien Fouché, le ministre de la Police, s'efforça-t-il, à coups de circulaires, de restreindre leur extension. — (274[1, 2 et 3]) Il est certain que la révolution politique opérée le 18 brumaire, en donnant le pouvoir à Bonaparte, n'améliora nullement tout d'abord le sort des prêtres réfractaires. Le décret du 29 novembre 1799 prétendait en effet limiter ses bienfaits aux seuls assermentés mariés ou n'exerçant plus, dont le Directoire avait, on ne sait pourquoi, ordonné la déportation. Du reste, une circulaire explicative de ce document, rédigée par Fouché, le 10 décembre 1799, vint anéantir tous les espoirs qu'avait éveillé chez les prêtres détenus à Guingamp le changement de gouvernement. — (275[1, 2 et 3]) Cependant, un mois plus tard, les consuls facilitent la libre disposition des églises pour l'exercice des cultes, et surtout, afin de rassurer les consciences, ils abolissent les serments exigés jusqu'alors des ministres catholiques, pour y substituer une simple promesse de fidélité à la Constitution, dont la prestation du reste donna lieu en Bretagne à de vives controverses. — (276) Mais si tous les serments étaient abolis, il n'y avait pas de raison de retenir prisonniers les ecclésiastiques auxquels on ne pouvait reprocher que d'avoir refusé de les prêter. Les Côtes-du-Nord étant placés immédiatement sous le commandement de l'autorité militaire, celle-ci, qui voyait dans la liberté des cultes un moyen de pacification, eut voulu immédiatement faire cesser la détention des ecclésiastiques captifs. Les jacobins briochins soulevèrent des objections, puis finalement accédèrent à la proposition du général Maringant. Mais une circulaire de Fouché du 12 janvier 1800 vint suspendre momentanément ces intentions bienveillantes. — (277) Du reste, pour donner satisfaction aux philosophes, les consuls ordonnèrent le 22 de ce même mois, de faire servir à la fois les églises aux cérémonies décadaires et à l'exercice des cultes. — (278) Le 19 février 1800, le ministre Fouché, après avoir indiqué que seuls les assermentés détenus à l'île de Ré pouvaient recevoir leur liberté, faisait savoir cependant que certaines catégories de réfractaires auraient aussi pu l'obtenir. Mais l'administration centrale des Côtes-du-Nord n'admettait pas les certificats de complaisance et tançait vertement la municipalité de Tréfumel qui en avait délivré un de cette espèce à l'abbé Le Coq de Saint-Juvat pour favoriser son retour. Le 9 mars de cette même année, Fouché faisait connaître en principe à la municipalité de l'île de Ré « qu'aucun des » prêtres détenus dans cette île comme réfractaires condamnés à la dépor- » tation par l'effet des lois de 1792 et de 1793, ne pouvait être remis en » liberté, ni admis à faire la promesse de fidélité à la Constitution pres- » crite aux ministres des cultes » (*Arch. Nat.*, F7, 7386). C'était là la théorie, mais à la suite, Fouché énonçait un certain nombre de dispositions qui permettaient la libération de plusieurs prêtres réfractaires (1), si

---

(1) Manseau, au t. II, p. 204, de son ouvrage : *Les religieux et les prêtres déportés sur les côtes et dans les îles de la Charente-Inférieure*, écrit que du 16 décembre 1799 au 20 avril 1800, on compte 626 libérés. « Beaucoup, dit-il, furent mis en liberté sur les instances de leurs familles, de leurs amis, des administrations centrales ou de la députation de leurs départements. Plusieurs protestèrent à cause du motif énoncé, tel que celui qu'ils avaient renoncé à leurs fonctions ecclésiastiques, mais ils furent congédiés sans qu'on tint compte de leurs protestations ».

bien que le préfet de la Charente se plaignait peu après « des facilités
» coupables que trouvaient les prêtres détenus à l'île de Ré pour recouvrer
» leur liberté » (12 mai 1800). Il exagérait sans aucun doute, du moins
pour ce qui concernait nos bretons, car une supplique d'un prêtre assermenté rétracté des C.-du-N. à la date du 18 mai 1800, nous incline à
croire que « ces facilités » n'étaient pas aussi grandes qu'on le prétendait.
En tout cas, Jouannin, l'impétrant, n'obtint que sa liberté que le 12 juillet
suivant. — (279) Le 6 septembre 1800, dix mois après le coup d'Etat de
brumaire, le gouvernement consulaire, se décida tardivement à faire rapa-
trier, et encore seulement aux îles de Ré et d'Oléron, les malheureux
ecclésiastiques déportés à la Guyane. Les derniers ne quittèrent qu'en 1802
cette terre meurtrière où le Directoire ne les avait envoyés que pour périr.
Les C.-du-N. n'y comptaient plus que deux prêtres : MM. Joly et Prigent.
— (280) Une mesure d'une portée plus générale, fut prise par Bonaparte le
20 octobre 1800, quand il élimina de la liste des émigrés les ecclésiastiques
qui étaient sortis de France pour obéir aux diverses lois les condamnant
à la déportation. Mais ces personnes ne furent par rappelées en France
pour cela. Une circulaire de Fouché du 21 août 1800 et non abrogée,
portait expressément « que *tout ecclésiastique réfractaire qui s'est retiré*
» à l'étranger, ne pourra rentrer dans ses foyers, ni exercer le culte,
» sans *une autorisation spéciale*, laquelle devra précéder l'admission à la
» promesse de fidélité à la Constitution. Celle-ci doit être faite sans
» restriction » (*Arch. Nat.*, F⁷, 7701). La dite promesse était du reste
expressément fixée par le décret du 20 octobre comme condition pour le
retour en France des prêtres réfractaires déportés à l'étranger. — (281)
Enfin, après des négociations extrêmement laborieuses et malgré le mauvais vouloir manifeste des jacobins qui remplissaient les administrations
consulaires, le Concordat, conclu le 19 juillet 1801 entre sa Sainteté
Pie VII et le gouvernement consulaire, mit fin officiellement à la persécution religieuse qui depuis dix ans désolait l'Eglise de France. — (282)
Pour atténuer le mécontentement que cette mesure soulevait dans les
milieux gouvernementaux, Bonaparte, de sa propre autorité, fit suivre le
texte de ce traité d'*articles organiques*, qui, tout en prétendant l'expliquer,
le dénaturent bien souvent et contre lesquels n'a cessé de protester durant
un siècle l'autorité ecclésiastique. — (283) Sommaire des lois, arrêtés,
décrets et décisions parus de 1802 à juillet 1804 concernant la religion et
ses ministres pour réparer les ruines causées par la persécution religieuse.

PARTIE DOCUMENTAIRE

274¹. — Arrêté des Consuls de la République, *relatif aux prêtres
assermentés, mariés, ou n'exerçant plus leur culte, dont la déportation
avait été ordonnée en application de la loi du 19 fructidor an V.*

(*Bulletin des Lois de l'an VIII*, loi n° 3469.)

**Du 8 Frimaire, an VIII de la République
une et indivisible (29 nov. 1799).**

Les Consuls de la République, chargés spécialement du rétablissement de l'ordre intérieur ; après avoir entendu le Ministre de la Police générale, arrêtent ce qui suit :

ARTICLE PREMIER. — Les arrêtés du Directoire exécutif, tant individuels que collectifs, rendus en application de l'article XXIV de la loi du 19 fructidor an V, sont rapportés, en ce qui concerne les prêtres qui se trouvent compris dans l'une des trois classes suivantes :

1° Ceux qui auraient prêté tous les sermens que les lois ont prescrit aux ministres du culte, et aux époques désignées par ces mêmes lois, et qui ne les ont pas rétractés ;

2° Ceux qui se seraient mariés ;

3° Ceux qui n'ayant point exercé, ou qui ayant cessé d'exercer, avant la loi du 7 vendémiaire an IV, le ministère de leur culte sans en avoir repris l'exercice depuis cette époque, n'étaient plus assujettis à aucun serment.

ART. 2. — Les prêtres compris dans l'une de ces trois classes, et qui se trouveraient actuellement détenus soit à l'île de Ré, soit à l'île d'Oléron, seront mis en liberté après avoir justifié de leur droit à l'une des exceptions ci-dessus déterminées, par-devant l'administration municipale dans l'arrondissement de laquelle ils se trouvent, et par des certificats authentiques délivrés par les administrations municipales des cantons où ils résidaient lorsque leur déportation a été prononcée, et visés par les administrations centrales de leurs départements respectifs.

ART. 3. — Ceux qui se sont soustraits à la déportation, justifieront de leur droit à jouir de cette disposition, par-devant les administrations centrales de leur département.

ART. 4. — Les individus désignés dans l'article 2, se feront délivrer, par l'autorité qui aura reconnu leur droit aux exceptions déterminées dans l'article 1er, un acte authentique qui constate l'application qui leur en aura été faite.

ART. 5. — Les administrations centrales adresseront au Ministre de la Police le tableau nominatif de tous les prêtres mis en liberté ; il sera fait mention, dans ce tableau, du lieu dans lequel chacun de ces prêtres déclarera vouloir fixer sa résidence.

ART. 6. — Cet arrêté sera imprimé au Bulletin des lois ; et le Ministre de la Police générale est chargé de son exécution.

Les Consuls de la République, signé : BONAPARTE, ROGER-DUCOS, SIEYES. Pour copie conforme, *le secrétaire général*, signé : HUGUES B. MARET.

2742. — Circulaire ministérielle réglementant l'application de la loi de la déportation aux ecclésiastiques assermentés.

(Arch. C.-du-N., L^m 5, 149.)

Fouché, Ministre de la Police générale, écrit le 19 frimaire an VIII (10 décembre 1799), aux Administrations centrales et municipales et aux Commissaires établis près d'elles.

Vous avez reçu, citoyens, l'arrêté des Consuls de la République du 8 de ce mois, relatif aux Ministres du Culte, frappés de déportation, en vertu de l'article 24 de la loi du 19 fructidor an V.

Quoique les dispositions de cet arrêté soient assez claires et assez précises pour en faciliter l'application, cependant j'ai reconnu que plusieurs administrations se sont écartées des formes prescrites tant pour la délivrance que pour le visa des certificats exigés.

Comme il importe de prévenir toutes les difficultés et d'éclairer tous les doutes, je vais dans une analyse succincte des divers articles de cet arrêté, expliquer les conditions imposées à ceux qui prétendent à leur liberté et tracer à chaque administration la marche qu'elle doit suivre pour l'exécution uniforme de cette mesure.

1º L'article premier distingue trois classes de prêtres qui peuvent être relevés de la déportation.

A. — La première se compose de ceux qui *ont prêté les serments auxquels ils étaient assujettis* par les lois et aux époques déterminées par elles et qui ne les ont pas rétractés.

Ainsi, si le prêtre actuellement détenu ou caché devait les serments exigés par les lois du 26 décembre 1790 ou 17 avril 1791, soit comme évêque, soit comme curé, vicaire, etc., ou comme professeur, etc. ; il doit, avant de jouir de la liberté, justifier de son obéissance à la loi dans la forme déterminée par l'article 2 de l'arrêté du 8 de ce mois.

Si les deux lois ci-dessus ne lui étaient pas applicables, et s'il ne devait que le serment prescrit par la loi du 14 août 1792 (v. s.), comme recevant ou ayant droit à une pension, il doit établir la double preuve de la non-obligation du premier serment et de la prestation du second.

La non-rétractation des serments est une seconde condition. Elle devra être certifiée par les administrations, ainsi qu'il sera expliqué ci-après.

B. — La seconde classe comprend les prêtres *qui ont renoncé au célibat.* Il suffit à ceux-là de justifier de l'acte de la célébration de leur mariage dûment en forme et d'un certificat authentique de non-rétractation des serments qu'ils auraient prêté.

C. — La troisième classe se compose de ceux qui *n'ayant point exercé,* ou qui *ayant cessé toutes fonctions avant la loi du 7 vendémiaire an IV,* sur la police des Cultes, sans les avoir reprises, n'étaient plus assujettis à aucun serment.

... Ils doivent être relevés de la déportation en justifiant devant l'autorité désignée en l'arrêté ci-dessus et dans la forme voulue qu'ils ont véritablement droit à cette exception.

Quant à ceux qui n'étant assujettis à aucun serment antérieur au 7 vendémiaire an IV, ou les ayant prêté, auraient ou modifié la déclaration exigée par la loi du 7 vendémiaire an IV, ou le serment substitué à cette déclaration par la loi du 19 fructidor an V, ou auraient fait des protestations ou restrictions contraires, ils ne peuvent jouir du bénéfice de l'arrêté des Consuls.

La loi du 7 vendémiaire an IV les bannit à perpétuité du territoire de la République.

2° D'après le développement donné aux dispositions de l'article 1er de cet arrêté, les administrations chargées par l'article 2 de la délivrance des certificats et de leur visa doivent se convaincre qu'il ne suffit pas de délivrer, comme quelques-unes l'ont déjà fait, un extrait certifié de l'acte de prestation d'un serment et de le viser seulement pour valoir de légalisation des signatures.

Il faut un certificat en forme, délivré par l'administration délibérante, sur le vu des pièces ou registres qui établissent la prestation des serments ou la non-obligation de les prêter, de la part de celui qui réclame ou fait réclamer ce certificat.

Il faut encore que la même administration atteste qu'il n'est point à sa connaissance que l'individu certifié n'a point rétracté les serments par lui prêtés.

... Les administrations centrales ont une double tâche à remplir : Veiller à ce que les certificats présentés à leur visa déterminent d'une manière claire et positive la classe à laquelle appartient l'individu certifié, l'espèce du serment prêté et l'époque de la prestation et vérifier la sincérité du certificat avant de le viser.

3° Quoique la plupart des prêtres frappés de déportation par les arrêtés du Directoire Exécutif soient transférés dans les îles de Ré ou d'Oléron, il en est cependant beaucoup, ou qui se sont soustraits à l'arrestation, ou qui ont obtenu l'autorisation de demeurer provisoirement dans leurs communes respectives ou ont été déposés dans des maisons de reclusion à cause de leurs infirmités dûment constatées.

Les uns et les autres, en quelque endroit qu'ils se trouvent momentanément, doivent justifier devant l'administration centrale du domicile qu'ils habitaient au moment où ils ont été atteints par l'article 24 de la loi du 19 fructidor an V, de leur droit à l'une des trois exceptions, et dans les formes prescrites par l'arrêté.

Ces administrations sur le vu des certificats présentés et d'après la vérification qu'elles en auront faite, sont autorisées à prononcer la mise en liberté définitive.

....

J'aime à croire que cette instruction aplanira toutes les difficultés et fournira à chaque autorité le moyen de faire jouir promptement ceux qui en sont l'objet, des avantages que leur offre la justice du Gouvernement. »

    Salut et Fraternité.   Signé : Fouché.

274³. — En conséquence de la circulaire précédente, les espoirs qu'avait éveillés le coup d'état de brumaire dans l'âme des prêtres détenus a Guingamp, durent attendre de longs mois avant de se réaliser. *La première tentative de ces captifs pour recouvrer leur liberté n'obtint aucun résultat.*

    A. — *Le général de division Raphaël Casabianca commandant la subdivision des C.-du-N. écrit le 18 frimaire an VIII (9 décembre 1799), à l'administration centrale de ce département sur la réponse à faire aux prêtres réfractaires reclus à Guingamp qui demandent leur liberté.*

    (Arch. C.-du-N., Lᵐ 5, 149.)

    « Je reçois à l'instant, citoyens administrateurs, une épître au nom de 18 prêtres détenus dans la maison d'arrêt de Guingamp qui demandent leur mise en liberté. Cette pièce est signée par le prêtre capucin *Aimé (Person)*, qui assure que la commune de Plérin l'a réclamé et répondait de lui.

    » J'ignore si les prêtres insermentés peuvent être admis à jouir du bénéfice de l'arrêté du général en chef. Je vous invite en conséquence à me faire connaître ce que vous pensez à cet égard. Si vous partagez mon incertitude, nous en référerons au général Hédouville ; mais je pense qu'alors il faudrait peut-être prudemment lui désigner ceux dont l'influence et les mauvais principes pourraient nuire à la République et aux Républicains, afin qu'ils ne fussent relachés qu'à bon escient. »

                Signé : R. Casabianca.

    (Arch. C.-du-N., reg. I. 291, f⁰ 4.)

    B. — Le 24 frimaire an VIII (15 décembre 1799), l'administration départementale des C.-du-N., en réponse à une lettre du général Casabianca, lui fit savoir que l'application de l'arrêté du général commandant en chef (Brune), ne regarde pas les dix-huit prêtres insermentés détenus à Guingamp et que seuls, ceux qui ont fait tous les serments et ne les ont pas rétractés, sont susceptibles de recevoir leur liberté.

Les étapes dans la restitution de la liberté des cultes.

    275¹. — Arrêté des consuls du 7 nivôse an VIII (28 décembre 1799), *rendant la libre disposition des églises.*

    (*Bulletin des Lois de l'an VIII*, n⁰ 342, loi 3515.)

    « Les citoyens des communes qui étaient en possession au premier jour de l'an II d'édifices originairement destinés à l'exercice d'un culte, continueront à en user librement sous la surveillance des autorités constituées et aux termes des lois du 11 prairial et 7 vendémiaire an IV (30 mai et 29 septembre 1795), pourvu et non autrement, que les dits édifices n'aient point été aliénées jusqu'à présent ; auquel cas les acquéreurs ne pourront être troublés et inquiétés sous les peines de droit. »

Signé : BONAPARTE.

275². — ARRÊTÉ DES CONSULS DU 7 NIVÔSE AN VIII (28 DÉCEMBRE 1799), *déterminant le mode du serment à prêter par les ministres du culte.*

« Tous les fonctionnaires publics, ministres du culte, instituteurs et autres personnes qui étaient par les lois antérieures à la Constitution, assujettis à un serment ou déclaration quelconque, y satisferont par la déclaration suivante :

» Je promets fidélité à la Constitution. »

Cet arrêté fut confirmé par la loi du 21 nivôse suivant, insérée sous le n° 2 au n° 1ᵉʳ du *Bulletin des Lois de l'an VIII*, 3ᵉ série du Bulletin.

275³. — ARRÊTÉ DU 7 NIVÔSE AN VIII (28 DÉCEMBRE 1799), *restituant au culte catholique la liberté de s'exercer aux jours fixés par sa Liturgie.*

(Bulletin des Lois de l'an VIII, n° 342, loi 3517.)

Les Consuls de la République... instruits que quelques administrations, forçant le sens des lois qui constituent l'annuaire républicain, ont, par des arrêtés, ordonné que les édifices consacrés au culte ne seraient ouverts que les décadis, considérant qu'aucune loi n'a autorisé ces administrations à prendre pareille mesure, arrêtent ce qui suit :

ARTICLE PREMIER. — Les dits arrêtés sont cassés et annulés.

ART. 2. — Les lois relatives à la liberté des Cultes seront exécutées selon leur forme et teneur.

276. — LA LIBÉRATION DES INSERMENTÉS DÉTENUS A GUINGAMP EST OPÉRÉE PAR L'AUTORITÉ MILITAIRE, *après pourparlers avec l'administration civile.*

(Arch. C.-du-N., reg. L 291, fᵒˢ 9 et 10.)

Le 16 nivôse an VIII (6 janvier 1800), l'administration des C.-du-N., écrit au chef de brigade Mazingant, commandant par intérim la subdivision des C.-du-N. :

« Par votre lettre du 13 de ce mois, vous nous demandez s'il n'y a point quelque mesure à prendre pour l'exécution des arrêtés des Consuls du 7 de ce mois, relatif aux prêtres et à la liberté des cultes.

» Vous nous observez qu'il y a des prêtres cachés et qu'il y en a de détenus, notamment à Guingamp, et vous nous proposez de rappeler les uns et de faire cesser la détention des autres, sous l'obligation toutefois de faire préalablement la déclaration prescrite : « Je promets fidélité à la Constitution ».

» Nous partageons votre zèle pour seconder les vues du gouvernement, mais nous ne pouvons anticiper sur le moment, ni suppléer au mode, encore inconnu de l'exécution de cet arrêté.

» D'un côté nous voyons dans le texte des arrêtés même, « que les » ministres de la justice et de la police générale, sont chargés, chacun en » ce qui le concerne de leur exécution ». Cela annonce qu'ils doivent prescrire un mode, et il est de règle comme d'obligation d'attendre qu'il soit déterminé, faute de quoi l'unité serait rompue, la hiérarchie serait renversée.

» D'un autre côté, nous avons reçu hier une lettre du Ministre de la Police qui nous demande : 1° le tableau des prêtres qui ont été arrêtés ; 2° le tableau de ceux qui ont été déportés en vertu des arrêtés du Directoire Exécutif. Cette demande vient à l'appui de nos observations que l'exécution des arrêtés des consuls va être assujettie à des règles que nous ne pouvons suppléer et qu'il faut attendre.

» Cependant, cela n'empêche pas que les prêtres cachés ne puissent sortir de leurs cachettes et se montrer, notre intention étant de ne point les faire arrêter dans l'état actuel des choses. »

(Arch. C.-du-N., reg. L 291, f° 15.)

B. — Le 27 nivôse an VIII (17 janvier 1800). Les mêmes au même :

« N'ayant point encore reçu de réponse du Ministre de la Police générale, que nous avions déjà consulté sur l'objet contenu en votre lettre de ce jour ; d'après le renvoi que nous en avait fait le général Casabianca, et auquel nous avions même envoyé la liste des réclamants ; nous croyons qu'on peut sans inconvénient, leur accorder la liberté provisoire, s'ils consentent à faire la promesse de fidélité à la Constitution exigée par la loi du 7 de ce mois. »

C. — *Fouché, Ministre de la Police générale, écrit le 22 nivôse an VIII (12 janvier 1800), aux administrations centrales et municipales du Département comment il faut interpréter les arrêtés consulaires.*

(Arch. C.-du-N., L^m 5, 150.)

« ...Je dois vous expliquer les intentions du Gouvernement sur... le retour des prêtres et la tolérance des cultes...

» Faire rentrer quelques prêtres déportés a été un acte d'humanité et de morale. Le Gouvernement a voulu consacrer la liberté des opinions religieuses, mais non la résurrection du fanatisme. Il a voulu ramener parmi le peuple des précepteurs d'une morale antique et reverée, mais non des réacteurs sanguinaires et des vengeurs superstitieux.

» Le Gouvernement a, par son arrêté du 7 nivôse, rendus à l'usage des cultes la jouissance de plusieurs édifices qui y avaient été originairement .

destinés, mais il n'a pas rouvert des temples à l'intolérance turbulente, ni au fanatisme persécuteur.

» La liberté des cultes est l'ouvrage de la philosophie et de la politique. L'intolérance des sectes religieuses est l'ouvrage de l'ignorance et du crime.

» Le Gouvernement veut que les cultes soient libres et qu'aucun ne soit dominant. La nature entière atteste que c'est aussi le vœu de son Auteur. Si le despotisme a besoin d'une religion exclusive, la République demande des religions amies et hospitalières. Le Ciel ne veut pas qu'on trouble la terre pour l'honorer.

» Le Gouvernement ne voit dans les sectes religieuses que des Français et la loi ; dans toute la latitude de sa justice et de sa bienfaisance, il n'aperçoit que des Républicains. Telles sont citoyens administrateurs les vues vers lesquelles vous devez diriger votre surveillance et vos opérations.

» Que tous les cultes soient donc libres et égaux, *mais que les lois qui en règlent l'exercice, continuent d'être sévèrement exécutées.*

» Respectez la croyance et la pensée qui sont hors du domaine des lois et des Constitutions ; mais montrez-vous inflexibles contre les individus qui s'écarteront des principes de notre ordre social. Soyez inexorables contre les perturbateurs, quels qu'ils soient et sous quelque prétexte qu'ils exécutent le mal sur la terre. »

Signé : FOUCHÉ.

277. — ARRÊTÉ DES CONSULS DU 2 PLUVIÔSE AN VIII (22 JANVIER 1800), *ordonnant de faire servir tout à la fois les églises aux cérémonies du culte et aux cérémonies décadaires.*

(Bulletin des Lois de l'an VIII, n° 1er, article 9.)

A. — ARTICLE PREMIER. — Les édifices remis par l'arrêté du 7 nivôse à la disposition des citoyens pour l'exercice des cultes et qui, antérieurement à l'époque de cet arrêté, servaient à la célébration des cérémonies décadaires, continueront de servir à cette célébration comme à celles des cérémonies des cultes.

ART. 2. — Les autorités administratives règleront les heures qui seront données à l'exercice du culte et aux cérémonies civiles, de manière à prévenir leur concurrence. Elles prendront les mesures nécessaires pour assurer le maintien du bon ordre et de la tranquillité dans le temps consacré au culte et aux cérémonies civiles.

B. — *Fouché, Ministre de la Police générale écrit à l'Administration centrale du département des Côtes-du-Nord, le 8 pluviôse an VIII (28 janvier 1800).* (Arch. C.-du-N., L^m 5, 151.)

Les Consuls de la République ont arrêté le 3 de ce mois que les édifices remis à la disposition des citoyens par l'arrêté du 7 nivôse dernier, serviraient à la célébration des cérémonies décadaires aussi bien qu'à celles des cultes. Ils ont prescrit aux autorités administratives de prévenir toute concurrence entre l'exercice des cérémonies religieuses et celui des cérémonies civiles. Le Gouvernement a fait ce qu'il devait. Il a assuré le libre exercice des cultes. C'est à vous, citoyens, de faire que cette liberté ne puisse jamais servir de prétexte à des désordres publics.

...Ayez donc toujours pour règles de ne compromettre jamais ni la liberté individuelle, en faisant plus que n'ont voulu les lois, ni la tranquillité publique en faisant moins que ce qu'elles ont prescrit.

Signé : Fouché.

278. — Les difficultés qu'éprouvaient les prêtres détenus a l'île de Ré pour obtenir leur libération.

A. — Fouché, Ministre de la Police, écrit le 29 pluviôse an VIII (19 février 1800), au Commissaire du Gouvernement près l'Administration centrale des C.-du-N. (Arch. C.-du-N., L^m 5, 150.)

Vous me dites dans votre lettre du 27 nivôse dernier, citoyen, que plusieurs prêtres réfractaires ont réclamé le bénéfice de l'arrêté du 8 frimaire dernier et que l'Administration centrale n'a pas pensé qu'il leur fut applicable suivant la législation actuelle.

Cette opinion est fondée et les dispositions de l'arrêté précité, ne concernent en effet que ceux qui sont mariés, ou qui, aux époques déterminées, ont prêté les serments prescrits et ne les ont point rétractés, ou qui, n'étant point soumis aux anciens serments, ont cessé toutes fonctions avant la Loi du 7 vendémiaire an IV, et ne les ont point reprises.

Au surplus, votre département étant hors la Constitution, l'Administration centrale ne doit prendre aucune détermination à cet égard sans en avoir préalablement consulté le général en chef de l'armée de l'Ouest.

Lui seul peut, d'après les instructions qu'il a reçues du gouvernement, apprécier les circonstances, où il convient d'user d'indulgence envers les prêtres réfractaires ou autres.

B. — Les autorités centrales des C.-du-N. ne toléraient pas du reste de certificats de complaisance.

(Arch. C.-du-N., reg. L 291, f° 30.)

L'Administration des C.-du-N. écrit le 28 vendémiaire an VIII à la municipalité de Tréfumel (19 mars 1800) :

« Nous refusons, citoyens, de viser un certificat en date du 11 de ce mois, par lequel vous attestez que Louis Le Coq, prêtre réfractaire (détenu à l'île de Ré), ne se trouvait pas dans l'obligation de serment, n'ayant été ni curé, ni vicaire, tandis qu'il est de fait et qu'il est probablement à votre connaissance, qu'il était au commencement de la Révolution vicaire à Saint-Onen, près Saint-Méen.

» Nous avons d'autant plus lieu de nous étonner de cette réticence de votre part, que la première règle des devoirs des fonctionnaires est surtout de dire la vérité et par là d'éclairer les autorités supérieures, afin de prévenir les surprises qu'on tente trop souvent de leur faire. » (Voir la notice que nous consacrons au prêtre Louis Lecoq au t. 1ᵉʳ de notre *Hist. du Pays de Dinan*, p. 359. Cet ecclésiastique s'évada de l'île de Ré le 27 mai 1800.)

C. — *Supplique du prêtre réfractaire Jouannin, adressée
au préfet des C.-du-N., le 18 mai 1800.*

(Arch. C.-du-N., série M.)

Citadelle Saint-Martin, île de Ré, le 28 floréal
an VIII de la République.

Citoyen préfet : « Je gémis dans les fers depuis environ deux ans, et il est évident, sans le 18 brumaire que j'y aurais encore gémi longtemps. Cette époque, à jamais mémorable, a mis un terme à nos malheurs. Chaque jour, je vois avec satisfaction les chaînes tomber des mains de mes confrères. Plusieurs d'entre eux ont fourni des certificats conformément à l'arrêté des Consuls.

» Mon frère a fait à cet égard tout ce qui dépendait de lui. Il a eu recours aux autorités dont je dépendais précédemment et en a obtenu un certificat dressé et légalisé suivant les formes prescrites, mais il n'est pas parvenu au but proposé. C'est pourquoi, citoyen préfet, surtout après avoir vu un certificat légalisé de votre part en faveur d'un des prêtres de la commune de Plérin (Le Pouliquen), je m'adresse à vous avec confiance, persuadé que, vu que je suis dans le même cas que le sus-dénommé, vous vous porterez à m'accorder la liberté dont je n'abuserai pas plus à l'avenir que par le passé.

» Je profite d'une occasion favorable qui se présente dans le moment pour vous faire tenir la présente par Dinan. J'ai donné avis à mon frère Folleville-Jouannin, qui demeure à Saint-Brieuc, de la légalisation que vous avez apposée au certificat du citoyen Le Pouliquen (de Plérin), et je l'engage, en cas que ma lettre lui parvienne, de vous aller trouver au plus tôt à la préfecture ; ce que sûrement il ne manquera pas de faire à la réception de ma lettre d'avis, car il attend avec une grande impatience *le moment de ma délivrance* qui dépend absolument de vous.

» Je suis en attendant une décision de votre part, avec tout le respect et le dévouement possible, citoyen préfet, votre très humble et très obéissant serviteur. »

Signé : JOUANNIN, prêtre à Saint-Brieuc, détenu à l'isle de Ré.

Ce prêtre auquel nous avons consacré une notice à la p. 282 du tome second des *Actes des prêtres insermentés du diocèse de Saint-Brieuc*, publiés en 1920, prêta le serment de Liberté-Egalité et accepta une place de vicaire constitutionnel à Hillion en octobre 1792 pour éviter d'être déporté. Il se rétracta en 1795. Cf. sur lui, p. 56.

279. — Arrêté du 19 fructidor an VIII (6 septembre 1800), *portant que tous les individus déportés à la Guyane Française, seront transférés et mis en surveillance dans les îles de Ré et d'Oléron.*

(Bulletin des Lois de l'an VIII, nº 41, loi 285.)

« Les Consuls de la République, sur le rapport du Ministre de la Police générale ; le Conseil d'Etat entendu ; arrêtent ce qui suit :

Article premier. — Tous les individus condamnés à la déportation autrement que par des actes du pouvoir judiciaire, et qui sont actuellement à la Guyane française, seront transférés, dans le plus court délai possible, dans les îles de Ré et d'Oléron, et mis sous la surveillance du préfet de la Charente-Inférieure.

Art. 2. — Ceux d'entre eux qui, d'après les lois ou les actes du Gouvernement, croiraient avoir droit à leur mise en liberté, adresseront des lieux déterminés pour leur transférement par le présent arrêté, leurs réclamations aux autorités compétentes.

Art. 3. — Le Ministre de la Marine et des Colonies, et celui de la Police générale, sont chargés de l'exécution du présent arrêté, qui sera imprimé au Bulletin des lois. »

> *Le premier Consul,* signé : Bonaparte. Par le premier Consul :
> *le secrétaire d'Etat,* signé : Hugues B. Maret. *Le Ministre
> de la Police générale,* signé : Fouché.

280. — Le 20 octobre 1800, le retour des prêtres exilés, simplement toléré jusqu'alors, devient plus facile, *mais il reste soumis à l'autorisation préalable et à leur arrivée, on les soumet à la surveillance.*

(Bulletin des Lois de l'an IX, nº 48, loi 359.)

Les Consuls de la République sur le rapport du Ministre de la Police générale, le Conseil d'Etat entendu, arrêtent le 28 vendémiaire an IX (20 octobre 1800) :

Des inscriptions qui doivent être retranchées de la liste des émigrés.

Titre premier. — *Article premier,* paragraphe 10 : Seront éliminés de la liste des émigrés…, les ecclésiastiques, qui étant assujettis à la déportation, sont sortis du territoire français pour obéir à la loi.

....

Titre quatrième. — *Art. 16.* — Dans les deux décadis qui suivront la publication du présent règlement, les individus déjà rayés de la liste des émigrés, feront la promesse de fidélité à la Constitution devant le préfet du département ou devant le sous-préfet de l'arrondissement communal où ils résideront.

....

Art. 20. — Le sequestre ne pourra être levé (de sur leurs biens), qu'en vertu d'une attestation du préfet constatant que l'individu a fait la promesse de fidélité à la Constitution.

Art. 21. — Les individus qui seront rayés de la liste des émigrés, demeureront sous la surveillance du Gouvernement pendant la durée de la guerre et un an après la paix générale.

Art. 22. — La surveillance établie par l'article précédent a pour objet spécial la tranquillité intérieure, et la jouissance paisible garantie par la Constitution aux acquéreurs de domaines nationaux.

281-282. — Texte officiel du Concordat qui mit fin a la persécution religieuse (1) et teneur des articles organiques qui prétendaient maintenir sous l'oppression l'Eglise de France.

Du 18 germinal an X (8 avril 1802)
de la République une et indivisible.

(*Bulletin des Lois de l'an X*, n° 172, loi 1344.)

Loi *relative à l'organisation des Cultes.*

Au nom du peuple Français, BONAPARTE, premier Consul, PROCLAME loi de la République le décret suivant, rendu par le Corps législatif le 18 germinal an X, conformément à la proposition faite par le Gouvernement le 15 dudit mois, communiquée au Tribunat le même jour.

Décret :

La convention passée à Paris, le 26 messidor an IX, entre le Pape et le Gouvernement français, et dont les ratifications ont été échangées à Paris le 23 fructidor an IX (10 septembre 1801), ensemble les articles organiques de ladite convention, les articles organiques des cultes protestans, dont la teneur suit, seront promulgués et exécutés comme des lois de la République.

CONVENTION *entre le Gouvernement français et sa Sainteté Pie VII, échangée le 23 fructidor an IX (10 septembre 1801)* (2).

LE PREMIER CONSUL de la République française, et sa Sainteté le souverain Pontife *Pie VII*, ont nommé pour leurs plénipotentiaires respectifs :

Le premier Consul, les citoyens Joseph Bonaparte, conseiller d'état ;

---

(1) Le texte des articles organiques était soudé à celui du Concordat ; cependant le Tribunat, après épuration de ses membres, témoigna encore de son hostilité au projet par 7 voix opposées et 15 abstentions et le Corps législatif ne l'adopta pas sans 21 voix contre une quarantaine d'abstentions ; telles étaient encore vivaces les haines des jacobins contre le catholicisme.

(2) C'est à cette date seulement que le Pape avait ratifié le Concordat signé le 15 juillet précédent.

Crétet, conseiller d'état et Bernier, docteur en théologie, curé de Saint-Laud d'Angers, munis de pleins pouvoirs ;

Sa Sainteté, Son Eminence Monseigneur Hercule Consalvi, cardinal de la sainte Eglise romaine, diacre de Sainte-Agathe *ad Suburram*, son secrétaire d'état ; Joseph Spina, archevêque de Corinthe, prélat domestique de sa Sainteté, assistant au trône pontifical, et le père Caselli, théologien consultant de sa Sainteté, pareillement munis de pleins pouvoirs en bonne et due forme ;

Lesquels, après l'échange des pleins pouvoirs respectifs, ont arrêté la convention suivante :

CONVENTION *entre le Gouvernement français et sa Sainteté Pie VII.*

Le Gouvernement de la République française reconnaît que la religion catholique, apostolique et romaine, est la religion de la grande majorité des citoyens français.

Sa Sainteté reconnaît également que cette même religion a retiré et attend encore en ce moment, le plus grand bien et le plus grand éclat de l'établissement du culte catholique en France, et de la profession particulière qu'en font les Consuls de la République.

En conséquence, d'après cette reconnaissance mutuelle, tant pour le bien de la religion que pour le maintien de la tranquillité intérieure, ils sont convenus de ce qui suit :

Article premier. — La religion catholique, apostolique et romaine, sera librement exercée en France : son culte sera public, en se conformant aux réglemens de police que le Gouvernement jugera nécessaires pour la tranquillité publique.

Art. 2. — Il sera fait par le Saint-Siège, de concert avec le Gouvernement, une nouvelle circonscription des diocèses français.

Art. 3. — Sa Sainteté déclarera aux titulaires des évêchés français, qu'Elle attend d'eux avec une ferme confiance, pour le bien de la paix et de l'unité, toute espèce de sacrifices, même celui de leurs siéges.

D'après cette exhortation, s'ils se refusaient à se sacrifice commandé par le bien de l'Eglise (refus néanmoins auquel sa Sainteté ne s'attend pas), il sera pourvu, par de nouveaux titulaires, au gouvernement des évêchés de la circonscription nouvelle, de la manière suivante.

Art. 4. — Le premier Consul de la République nommera, dans les trois mois qui suivront la publication de la bulle de sa Sainteté, aux archevêchés et évêchés de la circonscription nouvelle. Sa Sainteté conférera l'institution canonique, suivant les formes établies par rapport à la France avant le changement de gouvernement.

Art. 5. — Les nominations aux évêchés qui vaqueront dans la suite, seront également faites par le premier Consul, et l'institution canonique sera donnée par le Saint-Siége, en conformité de l'article précédent.

Art. 6. — Les évêques, avant d'entrer en fonctions, prêteront directement, entre les mains du premier Consul, le serment de fidélité qui était en usage avant le changement de gouvernement, exprimé dans les termes suivans :

« Je jure et promets à Dieu, sur les saints évangiles, de garder obéis-
» sance et fidélité au Gouvernement établi par la Constitution de la

» République française. Je promets aussi de n'avoir aucune intelligence,
» de n'assister à aucun conseil, de n'entretenir aucune ligue, soit au-
» dedans, soit au-dehors, qui soit contraire à la tranquillité publique;
» et si, dans mon diocèse ou ailleurs, j'apprends qu'il se trame quelque
» chose au préjudice de l'Etat, je le ferai savoir au Gouvernement. »

Art. 7. — Les ecclésiastiques du second ordre prêteront le même serment entre les mains des autorités civiles désignées par le Gouvernement.

Art. 8. — La formule de prière suivante sera récitée à la fin de l'office
divin, dans toutes les églises catholiques de France : *Domine, salvam
fac Rempublicam; Domine, salvos fac Consules.*

Art. 9. — Les évêques feront une nouvelle circonscription des paroisses
de leurs diocèses, qui n'aura d'effet que d'après le consentement du Gouvernement.

Art. 10. — Les évêques nommeront aux cures.
Leur choix ne pourra tomber que sur des personnes agréées par le
Gouvernement.

Art. 11. — Les évêques pourront avoir un chapitre dans leur cathédrale, et un séminaire pour leur diocèse, sans que le Gouvernement
s'oblige à les doter.

Art. 12. — Toutes les églises métropolitaines, cathédrales, paroissiales
et autres non aliénées, nécessaires au culte, seront remises à la disposition des évêques.

Art. 13. — Sa Sainteté, pour le bien de la paix et l'heureux rétablissement de la religion catholique, déclare que ni elle, ni ses successeurs,
ne troubleront en aucune manière les acquéreurs des biens ecclésiastiques
aliénés, et qu'en conséquence, la propriété de ces mêmes biens, les droits
et revenus y attachés, demeureront incommutables entre leurs mains ou
celles de leurs ayant-cause.

Art. 14. — Le Gouvernement assurera un traitement convenable aux
évêques et aux curés dont les diocèses et les paroisses seront compris
dans la circonscription nouvelle.

Art. 15. — Le Gouvernement prendra également des mesures pour que
les catholiques français puissent, s'ils le veulent, faire en faveur des
églises, des fondations.

Art. 16. — Sa Sainteté reconnaît dans le premier Consul de la République française, les mêmes droits et prérogatives dont jouissait près d'elle
l'ancien gouvernement.

Art. 17. — Il est convenu entre les parties contractantes que, dans le
cas où quelqu'un des successeurs du premier Consul actuel ne serait
pas catholique, les droits et prérogatives mentionnés dans l'article ci-
dessus, et la nomination aux évêchés, seront réglés, par rapport à lui,
par une nouvelle convention.

Les ratifications seront échangées à Paris dans l'espace de quarante jours.

Fait à Paris, le 26 messidor an IX.

Signé : Joseph BONAPARTE [L. S.]; Hercules, cardinalis CONSALVI
    [L. S.]; CRETET [L. S.]; JOSEPH, archiep. Corinthi [L. S.];
    F. Carolus CASELLI [L. S.]

Articles organiques *de la Convention du 26 messidor an IX* (1).

TITRE PREMIER. — *Du régime de l'Eglise catholique dans ses rapports généraux avec les droits et la police de l'État.*

Article premier. — Aucune bulle, bref, rescrit, décret, mandat, provision, signature servant de provision, ni autres expéditions de la cour de Rome, même ne concernant que les particuliers, ne pourront être reçues, publiées, imprimées, ni autrement mises à exécution, sans l'autorisation du Gouvernement.

Art. 2. — Aucun individu se disant nonce, légat, vicaire ou commissaire apostolique, ou se prévalant de toute autre dénomination, ne pourra, sans la même autorisation, exercer sur le sol français ni ailleurs, aucune fonction relative aux affaires de l'église gallicane.

Art. 3. — Les décrets des synodes étrangers, même ceux des conciles généraux, ne pourront être publiés en France, avant que le Gouvernement en ait examiné la forme, leur conformité avec les lois, droits et franchises de la République française, et tout ce qui, dans leur publication, pourrait altérer ou intéresser la tranquillité publique.

Art. 4. — Aucun concile national ou métropolitain, aucun synode diocésain, aucune assemblée délibérante n'aura lieu sans la permission expresse du Gouvernement.

Art. 5. — Toutes les fonctions ecclésiastiques seront gratuites, sauf les oblations qui seraient autorisées et fixées par les réglemens.

Art. 6. — Il y aura recours au Conseil d'état, dans tous les cas d'abus de la part des supérieurs et autres personnes ecclésiastiques.

Les cas d'abus sont, l'usurpation ou l'excès de pouvoir, la contravention aux lois et réglemens de la République, l'infraction des règles consacrées par les canons reçus en France, l'attentat aux libertés, franchises et coutumes de l'Eglise gallicane, et toute entreprise ou tout procédé qui, dans l'exercice du culte, peut compromettre l'honneur des citoyens, troubler arbitrairement leur conscience, dégénérer contre eux en oppression, ou en injure, ou en scandale public.

Art. 7. — Il y aura pareillement recours au Conseil d'état, s'il est porté atteinte à l'exercice public du culte et à la liberté que les lois et les réglemens garantissent à ses ministres.

Art. 8. — Le recours compétera à toute personne intéressée. A défaut de plainte particulière, il sera exercé d'office par les préfets.

Le fonctionnaire public, l'ecclésiastique ou la personne qui voudra exercer ce recours, adressera un mémoire détaillé et signé, au conseiller d'état chargé de toutes les affaires concernant les cultes, lequel sera tenu de prendre, dans le plus court délai, tous les renseignemens convenables ; et, sur son rapport, l'affaire sera suivie et définitivement terminée dans la forme administrative, ou renvoyée, selon l'exigence des cas, aux autorités compétentes.

---

(1) Jamais Rome n'accepta les dits articles.

Titre II. — *Des Ministres.*

Section première. — *Dispositions générales.*

Art. 9. — Le culte catholique sera exercé sous la direction des archevêques et évêques dans leurs diocèses, et sous celle des curés dans leurs paroisses.

Art. 10. — Tout privilége portant exemption ou attribution de la juridiction épiscopale, est aboli.

Art. 11. — Les archevêques et évêques pourront, avec l'autorisation du Gouvernement, établir dans leurs diocèses des chapitres cathédraux et des séminaires. Tous autres établissemens ecclésiastiques sont supprimés.

Art. 12. — Il sera libre aux archevêques et évêques d'ajouter à leur nom le titre de *Citoyen* ou celui de *Monsieur*. Toutes autres qualifications sont interdites.

Section II. — *Des Archevêques ou Métropolitains.*

Art. 13. — Les archevêques consacreront et installeront leurs suffragans. En cas d'empêchement ou de refus de leur part, ils seront suppléés par le plus ancien évêque de l'arrondissement métropolitain.

Art. 14. — Ils veilleront au maintien de la foi et de la discipline dans les diocèses dépendans de leur métropole.

Art. 15. — Ils connaîtront des réclamations et des plaintes portées contre la conduite et les décisions des évêques suffragans.

Section III. — *Des Evêques, des Vicaires généraux et des Séminaires.*

Art. 16. — On ne pourra être nommé évêque avant l'âge de trente ans, et si on n'est originaire Français.

Art. 17. — Avant l'expédition de l'arrêté de nomination, celui ou ceux qui seront proposés, seront tenus de rapporter une attestation de bonne vie et mœurs, expédiée par l'évêque dans le diocèse duquel ils auront exercé les fonctions du ministère ecclésiastique; et ils seront examinés sur leur doctrine par un évêque et deux prêtres, qui seront commis par le premier Consul, lesquels adresseront le résultat de leur examen au conseiller d'état chargé de toutes les affaires concernant les cultes.

Art. 18. — Le prêtre nommé par le premier Consul fera les diligences pour rapporter l'institution du Pape.

Il ne pourra exercer aucune fonction avant que la bulle portant son institution ait reçu l'attache du Gouvernement, et qu'il ait prêté en personne le serment prescrit par la convention passée entre le Gouvernement français et le Saint-Siége.

Ce serment sera prêté au premier Consul; il en sera dressé procès-verbal par le secrétaire d'état.

Art. 19. — Les évêques nommeront et institueront les curés. Néanmoins ils ne manifesteront leur nomination, et ils ne donneront l'institution canonique, qu'après que cette nomination aura été agréée par le premier Consul.

Art. 20. — Ils seront tenus de résider dans leurs diocèses; ils ne pourront en sortir qu'avec la permission du premier Consul.

Art. 21. — Chaque évêque pourra nommer deux vicaires généraux, et chaque archevêque pourra en nommer trois; ils les choisiront parmi les prêtres ayant les qualités requises pour être évêques.

Art. 22. — Ils visiteront annuellement et en personne une partie de leur diocèse, et, dans l'espace de cinq ans, le diocèse entier.
En cas d'empêchement légitime, la visite sera faite par un vicaire général.

Art. 24. — Ceux qui seront choisis pour l'enseignement dans les séminaires, et les réglemens de cette organisation seront soumis à l'approbation du premier Consul.

Art. 24. — Ceux qui seront choisis pour l'enseignement dans les séminaires, souscriront la déclaration faite par le clergé de France en 1682, et publiée par un édit de la même année; ils se soumettront à y enseigner la doctrine qui y est contenue, et les évêques adresseront une expédition en forme, de cette soumission, au conseiller d'état chargé de toutes les affaires concernant les cultes.

Art. 25. — Les évêques enverront, toutes les années, à ce conseiller d'état, le nom des personnes qui étudieront dans les séminaires et qui se destineront à l'état ecclésiastique.

Art. 26. — Ils ne pourront ordonner aucun ecclésiastique, s'il ne justifie d'une propriété produisant au moins un revenu annuel de trois cents francs, s'il n'a atteint l'âge de vingt-cinq ans, et s'il ne réunit les qualités requises par les canons reçus en France.
Les évêques ne feront aucune ordination avant que le nombre des personnes à ordonner ait été soumis au Gouvernement et par lui agréé.

SECTION IV. — Des Curés.

Art. 27. — Les curés ne pourront entrer en fonctions qu'après avoir prêté, entre les mains du préfet, le serment prescrit par la convention passée entre le Gouvernement et le Saint-Siége. Il sera dressé procès-verbal de cette prestation, par le secrétaire général de la préfecture, et copie collationnée leur en sera délivrée.

Art. 28. — Ils seront mis en possession par le curé ou le prêtre que l'évêque désignera.

Art. 29. — Ils seront tenus de résider dans leurs paroisses.

Art. 30. — Les curés seront immédiatement soumis aux évêques dans l'exercice de leurs fonctions.

Art. 31. — Les vicaires et desservans exerceront leur ministère, sous la surveillance et la direction des curés.
Ils seront approuvés par l'évêque et révocables par lui.

Art. 32. — Aucun étranger ne pourra être employé dans les fonctions du ministère ecclésiastique, sans la permission du Gouvernement.

Art. 33. — Toute fonction est interdite à tout ecclésiastique, même français, qui n'appartient à aucun diocèse.

Art. 34. — Un prêtre ne pourra quitter son diocèse pour aller desservir dans un autre, sans la permission de son évêque.

SECTION V. — *Des Chapitres cathédraux, et du gouvernement des Diocèses pendant la vacance du Siége.*

Art. 35. — Les archevêques et évêques qui voudront user de la faculté qui leur est donnée d'établir des chapitres, ne pourront le faire sans avoir rapporté l'autorisation du Gouvernement, tant pour l'établissement lui-même, que pour le nombre et le choix des ecclésiastiques destinés à les former.

Art. 36. — Pendant la vacance des siéges, il sera pourvu par le métropolitain, et, à son défaut, par le plus ancien des évêques suffragans, au gouvernement des diocèses.

Les vicaires généraux de ces diocèses continueront leurs fonctions, même après la mort de l'évêque, jusqu'à son remplacement.

Art. 37. — Les métropolitains, les chapitres cathédraux seront tenus, sans délai, de donner avis au Gouvernement de la vacance des siéges, et des mesures qui auront été prises pour le gouvernement des diocèses vacans.

Art. 38. — Les vicaires généraux qui gouverneront pendant la vacance, ainsi que les métropolitains ou capitulaires, ne se permettront aucune innovation dans les usages et coutumes des diocèses.

TITRE III. — *Du Culte.*

Art. 39. — Il n'y aura qu'une liturgie et un catéchisme pour toutes les églises catholiques de France.

Art. 40. — Aucun curé ne pourra ordonner des prières publiques extraordinaires dans sa paroisse, sans la permission spéciale de l'évêque.

Art. 41. — Aucune fête, à l'exception du dimanche, ne pourra être établie sans la permission du Gouvernement.

Art. 42. — Les ecclésiastiques useront, dans les cérémonies religieuses, des habits et ornemens convenables à leur titre ; ils ne pourront, dans aucun cas, ni sous aucun prétexte, prendre la couleur et les marques distinctives réservées aux évêques.

Art. 43. — Tous les ecclésiastiques seront habillés à la française et en noir.

Les évêques pourront joindre à ce costume, la croix pastorale et les bas violets.

Art. 44. — Les chapelles domestiques, les oratoires particuliers, ne pourront être établis sans une permission expresse du Gouvernement, accordée sur la demande de l'évêque.

Art. 45. — Aucune cérémonie religieuse n'aura lieu hors des édifices consacrés au culte catholique, dans les villes où il y a des temples destinés à différens cultes.

Art. 46. — Le même temple ne pourra être consacré qu'à un même culte.

Art. 47. — Il y aura, dans les cathédrales et paroisses, une place distinguée pour les individus catholiques qui remplissent les emplois civils et militaires.

Art. 48. — L'évêque se concertera avec le préfet pour régler la manière d'appeler les fidèles au service divin par le son des cloches. On ne pourra les sonner pour toute autre cause, sans la permission de la police locale.

Art. 49. — Lorsque le Gouvernement ordonnera des prières publiques, les évêques se concerteront avec le préfet et le commandant militaire du lieu, pour le jour, l'heure et le mode d'exécution de ces ordonnances.

Art. 50. — Les prédications solennelles appelées *sermons*, et celles connues sous le nom de *stations* de l'avent et du carême, ne seront faites que par des prêtres qui en auront obtenu une autorisation spéciale de l'évêque.

Art. 51. — Les curés, aux prônes des messes paroissiales, prieront et feront prier pour la prospérité de la République française et pour les Consuls.

Art. 52. — Ils ne se permettront dans leurs instructions, aucune inculpation directe ou indirecte, soit contre les personnes, soit contre les autres cultes autorisés dans l'Etat.

Art. 53. — Ils ne feront au prône aucune publication étrangère à l'exercice du culte, si ce n'est celles qui seront ordonnées par le Gouvernement.

Art. 54. — Ils ne donneront la bénédiction nuptiale qu'à ceux qui justifieront, en bonne et due forme, avoir contracté mariage devant l'officier civil.

Art. 55. — Les registres tenus par les ministres du culte, n'étant et ne pouvant être relatifs qu'à l'administration des sacremens, ne pourront, dans aucun cas, suppléer les registres ordonnés par la loi pour constater l'état civil des Français.

Art. 56. — Dans tous les actes ecclésiastiques et religieux, on sera obligé de se servir du calendrier d'équinoxe établi par les lois de la République; on désignera les jours par les noms qu'ils avaient dans le calendrier des solstices.

Art. 57. — Le repos des fonctionnaires publics sera fixé au dimanche.

TITRE IV. — *De la circonscription des Archevêchés, des Evêchés et des Paroisses; des édifices destinés au Culte, et du traitement des Ministres.*

SECTION PREMIÈRE. — *De la circonscription des Archevêchés et des Evêchés.*

Art. 58. — Il y aura en France dix archevêchés ou métropoles et cinquante évêchés.

Art. 59. — La circonscription des métropoles et des diocèses sera faite conformément au tableau ci-joint.

Section II. — *De la circonscription des Paroisses.*

Art. 60. — Il y aura au moins une paroisse dans chaque justice de paix.

Il sera, en outre, établi autant de succursales que le besoin pourra l'exiger.

Art. 61. — Chaque évêque, de concert avec le préfet, réglera le nombre et l'étendue de ces succursales. Les plans arrêtés seront soumis au Gouvernement, et ne pourront être mis à exécution sans son autorisation.

Art. 62. — Aucune partie du territoire français ne pourra être érigée en cure ou en succursale, sans l'autorisation expresse du Gouvernement.

Art. 63. — Les prêtres desservant les succursales sont nommés par les évêques.

Section III. — *Du traitement des Ministres.*

Art. 64. — Le traitement des archevêques sera de 15.000 francs.

Art. 65. — Le traitement des évêques sera de 10.000 francs.

Art. 66. — Les curés seront distribués en deux classes.

Le traitement des curés de la première classe sera porté à 1.500 francs, celui des curés de la seconde classe à 1.000 francs.

Art. 67. — Les pensions dont ils jouissent en exécution des lois de l'Assemblée constituante, seront précomptées sur leur traitement.

Les conseils généraux des grandes communes pourront, sur leurs biens ruraux où sur leurs octrois, leur accorder une augmentation de traitement, si les circonstances l'exigent.

Art. 68. — Les vicaires et desservans seront choisis parmi les ecclésiastiques pensionnés en exécution des lois de l'Assemblée constituante.

Le montant de ces pensions et le produit des oblations formeront leur traitement.

Art. 69. — Les évêques rédigeront les projets de réglement relatifs aux oblations que les ministres du culte sont autorisés à recevoir pour l'administration des sacremens. Les projets de réglement rédigés par les évêques, ne pourront être publiés, ni autrement mis à exécution, qu'après avoir été approuvés par le Gouvernement.

Art. 70. — Tout ecclésiastique pensionnaire de l'Etat sera privé de sa pension, s'il refuse, sans cause légitime, les fonctions qui pourront lui être confiées.

Art. 71. — Les conseils généraux de département sont autorisés à procurer aux archevêques et évêques un logement convenable.

Art. 72. — Les presbytères et les jardins attenans, non aliénés, seront rendus aux curés et aux desservans des succursales. A défaut de ces presbytères, les conseils généraux des communes sont autorisés à leur procurer un logement et un jardin.

Art. 73. — Les fondations qui ont pour objet l'entretien des ministres et l'exercice du culte, ne pourront consister qu'en rentes constituées sur l'Etat : elles seront acceptées par l'évêque diocésain, et ne pourront être exécutées qu'avec l'autorisation du Gouvernement.

Art. 74. — Les immeubles, autres que les édifices destinés au logement et les jardins attenans, ne pourront être affectés à des titres ecclésiastiques, ni possédés par les ministres du culte, à raison de leurs fonctions.

SECTION IV. — *Des Édifices destinés au Culte.*

Art. 75. — Les édifices anciennement destinés au culte catholique, actuellement dans les mains de la nation, à raison d'un édifice par cure et par succursale, seront mis à la disposition des évêques par arrêtés du préfet du département.

Une expédition de ces arrêtés sera adressée au conseiller d'état chargé de toutes les affaires concernant les cultes.

Art. 76. — Il sera établi des fabriques pour veiller à l'entretien et à la conservation des temples, à l'administration des aumônes.

Art. 77. — Dans les paroisses où il n'y aura point d'édifice disponible pour le culte, l'évêque se concertera avec le préfet pour la désignation d'un édifice convenable.

283. — Sommaire des Lois, Arrêtés, Décrets et Décisions qui ont paru dans le courant des années 1802, 1803, 1804, concernant la Religion et ses ministres.

23 mai 1802 (5 prairial an X). — Arrêté accordant aux prêtres qui, faute d'avoir fait les promesses ou prêté les sermens prescrits par les lois, étoient dans le cas de perdre leur pension, le délai d'une année pour se faire liquider, et portant, en outre, que le défaut de prestation de sermens ou promesses anciennes, de la part des ci-devant religieuses, n'est point un obstacle à la liquidation de leurs pensions.

2 juillet 1802 (13 messidor an X). — Décision qui exempte les Citoyens engagés dans les Ordres sacrés, de la conscription militaire, et du service de la garde nationale.

10 septembre 1802 (23 fructidor an X). — Décision portant que les Ecclésiastiques ne peuvent être appellés à remplir les fonctions de Jury.

Autre décision portant que les fonctions de Maire sont également incompatibles avec celles du Ministère Sacerdotal. Compatibilité de ces dernières fonctions avec celles de Conseiller de Préfecture.

18 novembre 1802 (27 brumaire an XI). — Arrêté portant que chaque année S. M. l'Empereur, sur la demande des Evêques, fera passer de la seconde à la première classe, les Curés qui se seront distingués par leur zèle, leur piété et les vertus de leur état. — Déduction sur le traitement des Curés du montant de la pension dont ils jouissent. — Exception en faveur des Curés ayant atteint l'âge de soixante-dix ans.

5 mars 1803 (14 ventôse an XI). — Arrêté qui fixe le traitement des Vicaires Généraux et des Chanoines.

8 avril 1803 (18 germinal an XI). — Arrêté qui détermine sur quels fonds sera imputé le supplément de traitement que les Conseils généraux sont autorisés à voter en faveur des Archevêques, Evêques, Vicaires-généraux et Chanoines, et qui prescrit la marche à suivre pour les acquisitions, locations, réparations et ameublement des maisons épiscopales, pour l'entretien et réparation des Eglises cathédrales; pour l'achat et entretien de tous les objets nécessaires au service du culte dans ces Eglises.

6 mai 1803 (16 floréal an XI). — Décision qui autorise les communes à accepter des biens-fonds pour l'entretien des Desservans.

26 juillet 1803 (7 thermidor an XI). — Arrêté concernant les pensions ecclésiastiques provisoirement liquidées par les Préfets.

26 juillet 1803 (7 thermidor an XI). — 19. Arrêté qui rend à leur destination les biens des fabriques non aliénés, ainsi que les rentes non transférées dont elles jouissaient. Réunion des biens appartenant aux fabriques des Eglises supprimées à ceux des Eglises conservées. — Nomination, par le Préfet, de trois Marguilliers sur une liste double présentée par le Maire et le Curé ou Desservant, lesquels administreront ces biens dans la forme particulière aux biens communaux.

29 août 1803 (11 fructidor an XI). — Arrêté portant que le traitement des Prêtres attachés comme Vicaires, Chapelains, ou Aumôniers aux établissements d'humanité, ensemble les frais du culte dans ces établissemens, seront réglés par les Préfets sur la proposition des Commissaires et l'avis du Sous-Préfet.

2 novembre 1803 (11 brumaire an XI). — Arrêté portant approbation de l'acte ayant pour titre : *Publicatio Indulgentiæ plenariæ in forma Jubilæi*, fait à Paris en octobre 1803, par S. E. le cardinal Légat.

17 décembre 1803 (25 frimaire an XI). — Décision portant que les différens biens, rentes et fondations chargés de messes anniversaires et service religieux, faisant partie des revenus des églises, sont compris dans les dispositions de l'arrêté du 7 thermidor an XI, et qu'en cette qualité ils seront rendus à leur première destination.

8 janvier 1804 (27 nivôse an XII). — Arrêté portant que tous les Ecclésiastiques employés dans la nouvelle organisation, savoir : les Evêques dans leurs diocèses, les Vicaires-généraux et Chanoines dans leur ville épiscopale et autres lieux où ils pourront être en cours de visites ; les Curés, Desservans et autres Ecclésiastiques, dans les territoires assignés à l'exercice de leurs fonctions, continueront à porter les habits convenables à leur état, suivant les canons, réglemens et usages de l'Eglise.

14 mars 1804 (25 ventôse an XII). — Loi portant qu'il y aura par chaque arrondissement métropolitain, et sous le nom de *Séminaire*, une maison d'instruction pour ceux qui se destinent à l'état ecclésiastique. — Examens et exercices publics sur les différentes parties de l'enseignement. Qualités qu'on devra réunir désormais pour être nommé Evêque, Vicaire général, Chanoine ou Curé de première classe. — Qualités requises pour les autres places et fonctions ecclésiastiques. — Nomination par l'Empereur, des Directeurs et Professeurs des Séminaires, sur les indications qui seront données par l'Archevêque et les Evêques suffragans.

18 mai 1804 (28 floréal an XII). — Sénatus-Consulte organique portant, entr'autres dispositions, que les Princes appelés à régner sur les Français, prêteront serment en présence des Archevêques et Evêques.

27 mai 1804 (7 prairial an XII). — Décret impérial portant rétablissement des Missions étrangères, connues sous le nom de Saint-Lazare. — Erection en cure, sous l'invocation de Saint-Vincent-de-Paule, de l'Eglise dépendante du bâtiment affecté à ces Missions, laquelle sera desservie par le Directeur des missions. — Choix des Vicaires et Prêtres desservans, parmi les Missionnaires qui resteront néanmoins à la disposition du Directeur. — Admission dans cet établissement des personnes qui désirent se consacrer au service des missions, lesquelles y recevront les instructions convenables et y apprendront les langues étrangères. Faculté laissée au Directeur des missions, d'envoyer des Missionnaires, hors de France seulement, dans tous les lieux où il le jugera convenable. — Lettres de Vicaire-général pour les îles de France et de la Réunion, accordées à ce Directeur, et titre qu'aura désormais le chef de la mission dans ces iles. — Somme annuelle de quinze mille francs assignée audit établissement.

31 mai 1804 (11 prairial an XII). — Décret concernant la nouvelle circonscription des Succursales et le traitement des Prêtres appellés à les desservir. — Somme annuelle de cinq cens francs accordée aux Desservans, y compris le montant de leurs pensions. — Mode de payement.

13 juin 1804 (24 prairial an XII). — Décret portant qu'aucune inhumation n'aura lieu dans les Eglises, Temples, Synagogues, Hôpitaux, Chapelles publiques, et généralement dans aucun des édifices où les citoyens se réunissent pour la célébration de leur culte, ni dans l'enceinte des villes et bourgs. — Des lieux qui seront consacrés aux sépultures. — Etablissement de nouveaux cimetières. — Concessions de terrains dans les cimetières en faveur des personnes qui désireront y posséder une place distincte et séparée pour y fonder leur sépulture, celle de leurs parens ou successeurs et y construire des caveaux, monumens ou tombeaux. — Conditions auxquelles ces concessions pourront être faites. — De la police des lieux de sépulture. — Rétablissement des cérémonies précédemment usitées pour les convois, dans les villes où il n'existe point de temple Consistorial. — Marche à suivre lorsque le Ministre d'un Culte, refuse son ministère pour l'inhumation d'un corps. — Frais et rétributions à payer aux Ministres des cultes et autres individus attachés aux Eglises. — Mode pour le transport des corps. — Droit de fournir les voitures, tentures, ornement et autres fournitures réservé aux fabriques. — Emploi des sommes provenant de l'exercice de ce droit. Fixation des frais à payer pour les successions des personnes décédées, pour les billets d'enterrement, le prix des tentures, les bières et transport des corps.

22 juin 1804 (3 messidor an XII). — Décret portant qu'aucune Aggrégation ou Association d'hommes ou de femmes ne pourra se former sous prétexte de religion, à moins qu'elle n'ait été formellement autorisée par un décret impérial. — Exception en faveur des Aggrégations connues sous le nom de *Sœurs de la Charité, Sœurs Hospitalières, Sœurs de Saint-Thomas, Sœurs de Saint-Charles, Sœurs Vatelottes*, lesquelles continueront d'exister, conformément aux arrêtés du 22 décembre 1800 (1er nivôse an IX), 16 octobre 1802 (24 vendémiaire an XI), et des décisions des 17 juin 1803 (28 prairial an XI) et 12 avril 1804 (22 germinal an XII), à la charge par lesdites Aggrégations de présenter leurs statuts et réglemens, pour être vérifiés en conseil d'état sur le rapport du Ministre des Cultes.

6 juillet 1804 (17 messidor an XII). — Décret portant que le droit exigé pour la permission d'ériger des Oratoires particulières pour l'exercice du culte, ne sera pas perçu sur les hospices et autres établissemens de charité qui ont obtenu ou obtiendront des permissions de cette nature.

CHAPITRE II

Quelques exemples de la façon dont s'accomplit dans les Côtes-du-Nord la pacification religieuse.

SOMMAIRE. — Les lois de persécution n'ayant jamais été positivement abolies par Bonaparte avant la promulgation du Concordat, il s'en suivit beaucoup d'instabilité dans la situation des ecclésiastiques catholiques romains jusqu'à cette époque dans le département des Côtes-du-Nord. — (284) Et tout d'abord, beaucoup de prêtres rendus à la liberté, se trouvaient réduits à la misère ; le cas de l'abbé *Le Boulaing*, recteur de Maël-Pestivien, rescapé des pontons de Rochefort, puis interné à l'île de Ré, après avoir échappé à la déportation à la Guyane à laquelle il était d'abord destiné, en est un exemple typique. — (285 A et B) Un gros obstacle du reste entravait bon nombre de ces prêtres : bien que n'ayant jamais quitté la France, ils avaient été inscrits sur la liste des émigrés et se trouvaient, de ce fait, frappés de mort civile. Quoique sortis de prison, ils ne pouvaient se délivrer de cette tunique de Nessus. On lira à ce sujet la réclamation très argumentée de l'abbé *Jean Le Sénéchal*, vicaire à Saint-Malo de Dinan. On verra aussi les efforts de la mère du prêtre *Fleury* pour le faire rayer de cette liste fatale et lui faciliter ainsi son retour en France.

La condition générale imposée par le décret du 7 nivôse an VIII (28 décembre 1799) (Cf. nᵒ 275²), tant pour sortir de prison, que pour pouvoir exercer librement le culte, était la promesse de fidélité à la Constitution. Cette promesse substituée au serment « de haine à la royauté et à l'anarchie », nous semble bien anodine. Cependant nombreux furent les prêtres qui éprouvaient de la répugnance à la faire (1). Selon le mot de Hoche : « à cause de l'impopularité des prêtres jureurs de la Constituante, le seul mot de serment effrayait tous les autres ». D'autre part on objectait que la Constitution de l'an VIII comme celle de l'an III, contenait des dispositions iniques, tel que le bannissement perpétuel des émigrés, parmi lesquels se trouvaient compris les évêques réfractaires au serment constitutionnel et l'on croyait qu'accéder à une telle formule, c'était contribuer indirectement au maintien de l'oppression du culte et de l'irreligion. La situation spéciale des départements de l'Ouest, en état de siège à cette époque et sous la dépendance immédiate de l'autorité militaire, permit à celle-ci d'appliquer au clergé, qui désirait avant tout la paix religieuse, un régime exceptionnel, déjà mis en usage au temps du Directoire par ceux des généraux qui tenaient vraiment à pacifier cette région. C'était l'octroi, aux prêtres qui les demandaient, de cartes dites *de sûreté*. En les acceptant, on s'engageait moralement à travailler de son mieux à la cessation des troubles politiques et militaires qui désolaient les campagnes. La liste classée sous le n° 270, nous fait connaître le nom d'un certain nombre de prêtres qui utilisèrent cette méthode. Les ecclésiastiques demeurés cachés dans le pays, ainsi que ceux détenus à Guingamp, à Saint-Brieuc et à l'île de Ré demandèrent en général et obtinrent de l'autorité militaire ces cartes en 1799, 1800 et 1801. Nous donnons le libellé de celle qui fut délivrée à M. Le Sénéchal, vicaire à St-Malo de Dinan, à son retour à l'île de Ré. — (287) Pour les prêtres qui, obéissants aux injonctions de la loi du 26 août 1792, renforcée par celle du 23 avril 1793, s'étaient exilés à l'étranger, les exigences du pouvoir furent beaucoup plus sévères. Sans doute la loi du 20 octobre 1800 (Cf. n° 280), les rayait de la liste des émigrés, mais une circulaire de Fouché, non abrogée, leur intimait l'obligation d'obtenir tout d'abord la permission de revenir en France. Dès avant cette circulaire, nombreux étaient les parents, les amis et les paroissiens des déportés à l'étranger qui multipliaient les démarches pour les faire revenir d'exil. — (288) Plusieurs ecclésiastiques, s'illusionnant sur les événements et les hommes, croyaient pouvoir se passer de toute autorisation officielle, débarquaient clandestinement et se présentaient dans leurs anciennes paroisses. Nous verrons par l'exemple de l'abbé Cairon d'Amery, quels ennuis vinrent éprouver leur patience, avant d'être admis à séjourner dans la mère-patrie et combien de suspicions entourèrent leurs premiers actes cultuels. — (289) D'autres, encore moins favorisés, n'avaient pas même le bonheur de revoir leurs ouailles bien-aimées, dont un long exil les avait séparés. Arrêtés par des douaniers brutaux ou par des garde-côtes sectaires, sitôt après avoir mis le pied sur la terre de France, immédiatement surgissaient pour eux des diffi-

---

(1) Cf. E. Sevestre : *La correspondance et les papiers inédits de Pierre Godard de Belbeuf*, évêque d'Avranches, in-8°, Paris, 1917, p. 216-250 et L. Sciout : *Hist. de la Constitution Civile du Clergé*, op. cit., IV, p. 777, 784, 798.

cultés de toutes espèces, singulièrement aggravées du fait que beaucoup d'entre eux n'osaient faire la promesse exigée « d'être fidèles à la Constitution ». Plusieurs de ces prêtres se virent dépouillés de leurs modestes bagages, menacés de mort et durant plusieurs mois *incarcérés*. Ceux à qui leurs infirmités auraient rendu ce traitement trop cruel, étaient confiés à la surveillance des fonctionnaires municipaux. La promulgation du Concordat ne put soustraire les prêtres aux formalités tracassières inventées par Fouché, mais du moins, n'avaient-ils plus aucun scrupule à prêter une formule de serment autorisée par le Saint-Siège. — N'ayant nulle part émis la prétention de relater les multiples incidents qui marquèrent durant les années 1800-03 dans les C.-du-N. la fin de la persécution religieuse et le retour à une ère meilleurs, nous renvoyons à l'ouvrage de M. René Durand : *Le département des C.-du-N. sous le Consulat et l'Empire*, in-8°, Paris, 1926, p. 384-392, pour plus amples informations. — (290) Nous préférons, pour faire ressortir davantage l'état d'esprit qui animait alors le clergé de ce département, publier le relevé par ordre chronologique des ecclésiastiques qui prêtèrent devant le préfet Boullé en 1801 et en 1802 les divers serments ou promesses exigés par le gouvernement. On verra combien rares furent au début ceux qui s'y soumirent. Il fallut attendre la proclamation officielle du Concordat pour voir les signatures se multiplier. Celles qui tardèrent davantage appartenaient au clergé constitutionnel. — (291) Ce fait, à lui seul, suffirait à démontrer la nécessité d'un Concordat ; l'idée que se faisaient alors les fonctionnaires publics de la liberté des Cultes en est aussi un excellent *confirmatur*. Qu'on lise les instructions du sous-préfet Gagon à ses maires, en date du 27 février 1801, et l'on sera édifié sur ce que cet ancien constituant entendait par « tolérance des cultes ». On verra par ce document quelle valeur il faut attacher à la phrase de Fouché (cf. p. 276), lorsqu'il assure « que depuis deux ans et demi *le culte s'exerce avec décence* dans son département ». La vérité, c'est que l'exercice des cultes était toujours durement brimé par la loi du 7 vendémiaire an IV (cf. n° 205), et par celle du 22 germinal an IV (cf. n° 279), et qu'aucune manifestation extérieure du culte n'était tolérée. — (292) Qu'un franc-maçon militant, comme Leroux, de Lanvallay, intervienne et assiège de ses dénonciations les pouvoirs publics, alors la vie n'était plus tenable, si le prêtre catholique en charge ne possédait le triple airain, dont parle Horace. — (293) Pour finir, songeons aux difficultés qui ne pouvaient manquer de surgir de la rivalité des ecclésiastiques catholiques et des ecclésiastiques constitutionnels, ces derniers toujours en faveur près de l'administration centrale des C.-du-N. tel à Pléneuf, où les constitutionnels expirants n'étaient plus qu'une poignée et nous jugerons si en toute vérité, un concordat n'était pas indispensable pour ramener la paix religieuse en France, si malgré les sacrifices qu'elle dut consentir, la religion catholique n'y gagna pas incomparablement plus que ce qu'elle y céda ; si enfin Bonaparte, au milieu des haines antireligieuses dont il était entouré, n'eut pas un réel mérite à faire aboutir cette grande œuvre pacificatrice.

PARTIE DOCUMENTAIRE

Les difficultés éprouvées par les prêtres réfractaires pour rentrer dans leurs biens et se faire rayer de la liste des émigrés.

284. — EN QUELLE PÉNIBLE SITUATION UN PRÊTRE INSERMENTÉ, NON EXILÉ, POUVAIT SE TROUVER RÉDUIT :

(Arch. C.-du-N., série Q, Contentieux des Prêtres.)

A. — *Requête du prêtre Charles Le Bouloign (ex-recteur de Maël-Pestivien, au préfet des C.-du-N., afin d'obtenir la restitution de son bien, le 23 thermidor an IX (11 août 1801).*

« Charles-Julien-Sixte Le Bouloign, prêtre, fut condamné à la déportation par le tribunal des C.-du-N., le 13 août 1793. Il fut conduit de prison en prison jusqu'au mois de germinal an III (1). Un arrêté du Comité de sûreté générale du même mois lui rendit sa liberté et ordonna que les scellés seraient levés sur ses biens ; un autre arrêté du Département du 15 brumaire an IV (6 novembre 1795) lui rendit la disposition de ses biens en conformité de la décision du Comité de sûreté générale de la Convention et de la loi du 22 fructidor an III (8 septembre 1795) et il ordonna la restitution de ses effets mobiliers de ses revenus qui auraient été versés aux caisses nationales.

» Il fit en vain des démarches de tous genres pour obtenir l'exécution de cet arrêté. Jamais il ne lui fut possible de se faire restituer ses effets enlevés par le district de Lannion, non plus que ses revenus touchés par les receveurs. Il parvint seulement à jouir de son patrimoine, mais cette jouissance ne fut pas de longue durée, et, bientôt, par suite de la loi du 19 fructidor an V, il fut arrêté et conduit à l'île de Ré, d'où il n'est sorti qu'au mois de prairial an VIII (mai-juin 1800), pourvu *d'une sauvegarde du chef de l'Etat-Major de l'Ouest* du 29 du même mois, enregistrée à la sous-préfecture de l'arrondissement de Lannion le 29 messidor suivant.

» Il était revenu dans le dessein de se soumettre aux lois et pour recueillir un médiocre patrimoine qu'il avait chargé un particulier de gérer pendant sa détention, mais quelle fut sa surprise, quand il apprit que son *propre frère* s'en était emparé comme son héritier et comme prétendant en avoir obtenu mainlevée (2). Il devait s'attendre (abstraction faite de l'amour fraternel), que sa présence allait lui faire rendre son bien et mettre fin à la jouissance de son frère, qui, le premier, devait se porter à lui rendre ses moyens de subsistance. Mais celui-ci a prétendu, que non seulement il ne lui devait aucun compte de sa gestion, mais de

---

(1) Y compris les pontons de Rochefort.
(2) Ce frère s'appelait Christophe-Jean-Charles Le Bouloign. L'abbé Le Bouloign possédait aussi une sœur.

plus qu'il continuerait de jouir jusqu'à ce qu'il ne fut dépossédé par la même autorité qui l'avait saisi.

» L'exposant ne s'appesantira pas sur une conduite aussi extraordinaire ; il se bornera seulement à observer que la loi du 19 fructidor an V, en lui enlevant sa liberté, lui laissait la libre disposition de son bien une fois arrivé au lieu de sa déportation ; ainsi son frère n'a pu en disposer (aurait-il même surpris une main-levée au Département), puisqu'il avait choisi un procurateur, seul chargé de la régie de son bien.

» Aujourd'hui les choses ont bien changé de face et la loi du 28 vendémiaire an IX (20 octobre 1800) (cf. n° 270), dispose que les ecclésiastiques qui, « étant assujettis à la déportation, sont sortis du territoire français pour obéir à la loi, seront éliminés de la liste des émigrés ». Or, cette disposition bienfaisante de la Loi est aussi applicable au cas où se trouve l'exposant. Conduit à l'île de Ré pour y subir la déportation, il y attendait l'exécution du jugement qui prononçait son exil, (en vertu) de la loi du 19 fructidor. Il était conséquemment en déportation provisoire et dans un pays désigné par le gouvernement, avant de le faire passer au-delà des mers. Transporté à Cayenne ou dans tout autre pays, la loi du 28 vendémiaire an IX lui devenait au total applicable. En se conformant aux lois du gouvernement, il n'eut eu de plus que les embarras du retour.

» Cette loi bienfaisante demeure sans doute sans exécution envers ceux qui se seraient montrés rebelles aux lois de l'Etat ; mais, ceux qui comme l'exposant, ont promis d'être fidèles à la Constitution, méritent aussi toutes les faveurs qui doivent être la suite nécessaire des dispositions de celle du 22 fructidor an III (8 septembre 1795), qui enjoint de rendre aux ecclésiastiques qui pourraient être relevés de l'état de déportation, reclusion ou mort civile, leurs biens ou leur valeur.

» L'exposant, ayant fait sa soumission aux lois du gouvernement le 17 de ce mois, est aujourd'hui dans une position à réclamer leur dispositif en sa faveur.

» Il conclut, ce considéré, qu'il vous plaise, citoyen préfet, voir attaché à la présente : 1° sa soumission faite par l'exposant le 17 thermidor an IX ; 2° l'arrêté du Comité de sûreté générale de la Convention du 15 germinal an III (4 avril 1795) ; 3° l'expédition de l'arrêté du département du 15 brumaire an IV (6 novembre 1795). Ce faisant, vous lui accorderez main-levée pleine et entière, tant contre son frère, que contre tous les autres détenteurs de ses biens.

» Que vous ordonniez l'exécution de l'arrêté du département des C.-du-N. du 15 brumaire an IV (6 nov. 1795) ; qu'en conséquence et conformément à l'art. 3 de la loi du 22 fructidor an III (8 septembre 1795), il lui soit remboursé : 1° une somme de 10.082 francs 7 sols 4 deniers, versés à la caisse du receveur de l'enregistrement du Vieux-Marché, provenant tant de ses revenus, que de la vente de son mobilier, conformément au compte du dit receveur ci-joint ; 2° celle de 326 francs 18 sols, versés à la caisse du receveur de l'enregistrement de Callac, conformément à son compte joint à la présente ; 3° celle de 496 francs, montant du prix de son argenterie déposé aux mains du trésorier de Lannion, et qu'enfin les livres, qui ont été saisis chez lui et déposés au district de Lannion, lui seront rendus, autant qu'il s'en trouvera portant son nom. »

Signé : C.-J.-S. Le Bouloign.

B. — *Les propriétés des prêtres réfractaires au pillage : pièce à l'appui de la pétition précédente.*

(Arch. C.-du-N., série Q, Contentieux des Prêtres.)

Pétition de M. Le Bouloign aux citoyens administrateurs du département des C.-du-N., le 14 brumaire an IV (5 novembre 1795) :

« Après avoir été renfermé dans vos différentes prisons, condamné et envoyé sur des bâtiments au port de Rochefort pour être déporté à la Guyane française, la Convention, le 15 germinal dernier, a enfin rendu la liberté à *Charles-Julien-Sixte Le Bouloign*, l'a rétabli au rang des Citoyens et restitué ses propriétés même, par décret subséquent.

» Le dit Bouloign, au travers de mille dangers, se rend dans sa patrie, mais quelle surprise : Il ne trouva [à son retour] qu'un triste et affreux vide. Tout son mobilier qui consistait dans un grand ménage de campagne : bétail, harnois et autres ustensiles pour faire valoir environ 40 journaux de terre où il était réfugié, pour pouvoir subsister, n'ayant aucune ressource ; [tout son mobilier], partie jettée et entassée dans les magasins du district de Lannion et une partie envahie et pillée abusivement par des particuliers avides et usurpateurs. Pour rentrer dans ses droits, il a fait cette réclamation au district, qui ne lui oppose d'autre raison, ni difficulté qu'en lui présentant la *liste des émigrés* où il se trouve placé et conservé par erreur, quoiqu'il n'ait jamais disparu du territoire français, comme il conste par ses certificats de résidence et même [par] les arrêtés pris au Département avant son jugement, y cités les 8 juin, 31 juillet, 10 et 12 août 1793, qui statuèrent sur sa non émigration avant de procéder à son jugement.

» Ainsi donc, citoyens, cet objet ne fait plus une difficulté fondée, à laquelle il n'avait considéré (*sic*) ; ayant été dépouillé même à Rochefort de ce dont il était saisi, il vient de le recouvrer ; mais dans la position de perplexité où il se trouvait et ignorant même le droit qui avait été fait à son sujet, il demande aux administrateurs la marche qu'il doit tenir pour obtenir une radiation qu'ils lui disoient essentielle, et indispensable de la dite liste. Il déposa en conséquence le 2 prairial dernier une pétition avec des certificats de résidence tendant à la dite radiation. On lui promet réponse sous un mois, et quatre mois se passent, Le Bouloign ne reçoit aucune nouvelle.

» Surpris d'un pareil retard, il se rend au district, mais il ne trouve aucune démarche faite pour son affaire. Au contraire, il voit des formalités faites pour la perception de son revenu et même pour l'affermer ; personne n'a voulu se charger de ses propriétés, étant en consortie avec son frère et sa sœur. Et d'ailleurs la ferme qui avait été faite lors de leur reclusion ayant été pleinement et entièrement cassée, telle est, citoyens, l'état où se trouve présentement les choses.

» Cependant la saison avance. Tout périclite. La terre sans labour, abandonnés aux jouissances des riverains, point de fermiers. Les édifices sans réparations depuis longtemps et leurs couvertures percées à jour de toutes parts, causent en cette saison des dommages incalculables et menacent une ruine prochaine. Tout est urgent et [le mal] augmente de jour en jour si l'on perd encore des moments précieux.

» Pour pourvoir à tant et de si grands inconvénients, le citoyen Bouloign ne trouvera d'autre ressource que le produit de la vente de son mobilier, qui ne se paiera sans doute qu'en assignats : or vous connaissez de quelle ressource est devenue cette espèce de monnaie ! Encore si elle avait conservé la valeur qu'elle avait alors, il aurait pu faire face à quelques réparations les plus indispensables. Jugez citoyens, de la malheureuse position où se trouve le dit Bouloign dont la santé considérablement altérée et épuisée par les calamités où il a été réduit et qui ne lui permet plus beaucoup de se livrer aux fatigues et aux soins qu'exigent cependant sa triste situation.

» Il nous supplie d'accorder à son sort un adoucissement digne de votre justice et de votre humanité. Vous y êtes d'autant plus autorisé que les lois accordent à leurs héritiers les propriétés dont ils jouissaient ou le prix de vente si elle était faite. D'ailleurs, il ne peut être prévenu d'émigration comme il a été statué et arrêté dans son jugement et le certificat qu'il vous présente de la municipalité ou il avait constamment résidé. Ce que considéré le dit Le Bouloign ose se flatter que vous voudrez bien statuer sur sa situation et ordonner, attendu l'urgence que : 1° le déclarant aura provisoirement main-levée et jouissance de ses propriétés ; 2° que les levées perçues lui soient remises, ainsi que celles à percevoir ; 3° que les effets subsistants en magasin et ailleurs lui soient remis en nature ; 4° que les objets mis en réquisition lui soient payés en valeur suivant estimation présente ; 5° que les effets soustraits à la vente et inventaire lui soient rendus en nature, par les auteurs prouvés des soustractions et enlèvement. »

Signé : C.-J.-S. Le Bouloign.

L'Administration des C.-du-N. accorda à l'abbé Le Bouloign mainlevée et restitution des levées à percevoir, livraison des effets existants en nature et le prix après estimation des objets mis en réquisition, sauf à l'intéressé à se pourvoir devant les tribunaux à raison des effets qu'il prétend lui avoir été enlevés et soustraits.

285ᴬ. — LES EFFORTS DES PRÊTRES SORTIS DE PRISON POUR SE FAIRE RAYER DE LA LISTE DES ÉMIGRÉS.

(Arch. C.-du-N., série Lᵐ, liasse non cotée.)

Jean Le Sénéchal écrit de Dinan, où il avait été vicaire à l'église Saint-Malo, au citoyen préfet des Côtes-du-Nord, le 15 prairial an VIII (4 juin 1800) :

« Je suis né dans la commune de Plertuit (*sic*), département d'Ille-et-Vilaine. Quelque temps avant la Révolution, je fus envoyé à Dinan en qualité de curé ou vicaire. J'y ai résidé jusqu'à vers la fin du mois de juin 1791, époque où un arrêté du département des C.-du-N. exila à 6 lieues des paroisses où ils avaient exercé leurs fonctions, les curés et vicaires qui avaient refusé le serment. La commune où j'ai pris naissance n'étant qu'à 2 lieues de Dinan, je craignis d'être inquiété si je m'y retirais et je pris le parti de me rendre dans celle de Vallet, département de la Loire-Inférieure. J'y ai fait une résidence habituelle et continue jusqu'au 22 frimaire an VI (12 décembre 1796), ainsi que le constate le certificat ci-joint à l'administration municipale de Vallet, visé et approuvé par l'administration centrale de la Loire-Inférieure.

» Sur quel fondement ai-je donc été porté sur la liste des émigrés du département des C.-du-N., d'où j'avais été en quelque sorte banni par l'arrêté du 18 juin 1791 ? — Né dans le département d'I.-et-V. et n'ayant tenu à celui des C.-du-N. que par les fonctions que j'avais exercées dans une commune de son arrondissement ; comment a-t-on pu supposer que j'eusse du y avoir rentré malgré l'arrêté qui m'en bannissait ? — Comment d'ailleurs a-t-on pu supposer que je n'habitais pas une autre partie du territoire français ?

» Quoiqu'il en soit, le 7 vendémiaire de l'an II (28 septembre 1793), je fus inscris sur la liste fatale. J'en fus instruit vers la fin de l'an IV. Dès lors, je pris pour me faire rayer tous les moyens qui étaient en mon pouvoir. Les municipalités n'étant point encore organisées dans la partie de la Loire-Inférieure que j'habitais, les commandants militaires de l'arrondissement me donnèrent des certificats de résidence. L'administration centrale les rejetta comme n'étant pas conforme aux lois. Enfin une municipalité fut formée à Vallet et j'en obtins un certificat revêtu de toutes les formes légales. Mais, ni la justice de ma cause, ni les précautions que j'avais prises pour l'étayer, ne purent me garantir des effets de la malveillance. Le 16 thermidor an V (3 août 1796), je fus arrêté comme émigré rentré et traduit le même jour devant le tribunal criminel de Nantes, qui, après m'avoir interrogé, ordonna que je fusse conduit dans la maison de justice du département des C.-du-N., pour être jugé par le tribunal criminel du département.

» En arrivant à Saint-Brieuc, je réclamai, ainsi que je l'avais fait à Nantes, contre la qualité d'émigré qu'on me donnait et pour prouver ma résidence non interrompue sur le territoire français, je fis venir de Nantes mon certificat (de résidence), que l'administration de la L.-I. avait retenu. Le citoyen (Huet) Bringolo, mon défenseur officieux, le déposa lui-même au secrétariat du département des C.-du-N. L'administration, sur le vu de cette pièce, allait prononcer en ma faveur et j'étais à la veille d'obtenir ma liberté, lorsque le 18 fructidor vint river mes fers. Cependant les nouveaux administrateurs après avoir pris connaissance de mon affaire, me considérèrent, non comme émigré rentré, mais comme prêtre qui n'avait pas obéi à la loi de déportation. En conséquence, après avoir passé *huit mois et demi* dans la maison d'arrêt de Saint-Brieuc, je fus transféré dans celle de Guingamp, où je fus laissé pendant quinze autres mois. De là, je fus conduit à l'île de Ré, d'où je suis sorti, quand on a rendu la liberté à la plupart des prêtres qui y étaient détenus.

» Depuis ce temps, j'ai habité la commune de Plertuit (*sic*), qui m'a délivré un passeport, ou celle de Dinan. Je suis muni d'une carte de sûreté du général Tilly, chef de l'Etat-Major de l'armée de l'Ouest, faisant pour le général en chef en son absence.

» Je ne puis, dans ce moment, joindre à ma pétition le certificat de résidence en règle qui m'a été délivré par la commune de Vallet : plusieurs témoins peuvent attester qu'il a été déposé au secrétariat du département des C.-du-N. où on devrait le retrouver ; mais le certificat ci-joint des officiers municipaux de cette commune réfugiés à Nantes et le vu approbatif des membres de l'administration centrale de la Loire-Inférieure, en date du 16 pluviôse an VIII (6 février 1800), prouvent que j'ai des certificats en règle et peuvent en tenir lieu. D'ailleurs, la copie certifiée de l'interrogatoire que j'ai subi le 15 thermidor an V devant le tribunal criminel de Nantes et du jugement rendu le même jour et que je joins ici, est une preuve légale que j'ai réclamé en temps utile contre mon inscription sur la liste des émigrés.

» J'ose donc espérer, que vous voudrez bien appuyer de votre suffrage ma radiation définitive et me procurer les moyens d'arrêter les poursuites, dont le fermier de mon mince héritage est menacé de la part du receveur des domaines nationaux à Dinan. »

Signé : JEAN LE SÉNÉCHAL, prêtre.

285^B. — LES EFFORTS DES PARENTS DES PRÊTRES EXILÉS POUR LES FAIRE RAYER DE LA LISTE DES ÉMIGRÉS. *Pétition à cette fin de la mère de l'abbé Olivier Fleury.*

(Arch. Nat., F⁷ 7764, n° 7795.)

Le préfet des C.-du-N., le 8 août 1800, adresse au ministre de la Police générale, expédition de l'arrêté de la préfecture du 5 de ce mois, portant qu'il n'y a pas lieu de considérer *Olivier Fleury, prêtre de Dinan,* comme émigré, mais bien comme déporté. Il joint à cet arrêté deux pièces qui y sont référées, avec la pétition sur laquelle il a été rendu, et dont voici le texte :

« Aux citoyens administrateurs du département des Côtes-du-Nord, expose la citoyenne Perrine Gallée, femme d'Olivier Fleury, de la commune de Dinan, qu'*Ollivier Fleury*, son fils, pour se conformer aux lois rendues contre les ecclésiastiques qui ne voulurent pas prêter serment, et pour obéir à celle du 26 août 1792, prit dès le 11 septembre de la même année, un passeport à la municipalité de Lehon et se déporta. Cet acte de soumission aux lois de son pays ne l'a pas empêché d'être considéré comme *émigré*, puisqu'il se trouve porté sur une liste arrêtée par l'administration des Côtes-du-Nord en date du 14 juin an II.

» Le Département a bien reconnu depuis que sa religion avait été trompée, puisque par arrêté du 5 juillet an II, il a déchargé l'exposante du payement de la solde, etc., auxquels la loi du 2 septembre 1792 assujettis les pères et mères d'émigrés ; le motif de cette décision est que Fleury avait pris un passeport à Lehon et s'était déporté. Néanmoins, il se trouve toujours inscrit sur cette liste ; ce qui porte le plus grand préjudice aux intérêts de l'exposante et de sa famille et [l'oblige] à recours à votre justice, Citoyens administrateurs et attend avec confiance que, vu ce qui résulte de l'arrêté cy-devant daté, et de celui du 7 pluviôse an III, joint à la présente, vous voudrez bien rendre un nouvel arrêté justifiant que le fils de l'exposante s'est effectivement déporté, et en conséquence, mal à propos employé sur la liste des émigrés. »

Dinan, 18 ventôse an IX.

Signé : Perrinne Gallée.

286. — Quelques-unes des formalités exigées par le ministre de la Police *pour rétablir, dans les C.-du-N., les prêtres catholiques dans leurs droits de citoyens français :*

(Arch. Nat., F7 7769, n° 8319.)

I. — Le préfet des C.-du-N. adresse le 30 août au ministre de la Police, les noms des prêtres catholiques prévenus d'émigration, auxquels il a accordé LA SURVEILLANCE, savoir :

Le 28 prairial an VIII (17 juin 1800), *François-Joseph Beaudouard ;* son dossier est expédié à la police générale.

Le 28 juin 1800, *François Julien*, né à Guingamp ; desservant de Plesidy l'an IX. Rayé provisoirement par arrêté du département le 19 fructidor an V (5 septembre 1797). Cf. n° 236.

Le 5 mai 1800, *Joseph-Garat de Saint-Priest*, ancien chanoine de Tréguier. Ses pièces ont été adressées au ministre le 19 juillet 1796. — *Pierre Le Luyer*, natif de Plouaret. Ses pièces ont été expédiées au ministre le 7 prairial an VIII (27 mai 1800).

II. — Le préfet des C.-du-N., à la même date que plus haut, expédia au ministre de la Police, l'état des prêtres amnistiés, qui ont obtenu des SAUVEGARDES DES GÉNÉRAUX, leur permettant de circuler librement :

Jean Le Sénéchal, vicaire à Saint-Malo de Dinan, sur lequel on attend des renseignements demandés au préfet de la Loire-Inférieure. L'ancienne administration du département considérait ce prêtre non comme émigré, mais comme déporté.

Julien Guérin, recteur de Plouër, dont les pièces ont été envoyées au ministre le 21 juin 1800.

III. — Prêtres non inscrits sur les listes des émigrés et auxquels on a accordé des CARTES DE SÛRETÉ :

Le 5 mai 1800, *Jean Laurent*, de Perros-Guirec ; *Mathieu Jean*, de Guingamp ; *Marc Duval*, de Tréveneuc ; *François Berthou*, de Tréguier ; *René Lescalot*, de Dinan ; *Joseph Le Guyader ; François Stéphany ; Jacques Beuscher* et *Pierre Person*, de Moncontour. — *Jean Laurent*, d'Hillion.

Le 7 mai 1800, *Jean Garnier*, d'Allineuc ; *Jean Lannier*, de Plouguiel.

Le 8 mai 1800, *Jean Le Quilleuc ; Claude Jégou*, de Saint-Mayeux ; *Pierre Boisnet ; Jean Le Vannais* et *Pierre Le Faucheux*, de Hénon ; *Marc Le Rouillé*, de Landehen.

Le 21 mai 1800, *Jacques Le Mée-Beauliard*, de Jugon ; *Toussaint Le Gallais*, de Plélan-le-Petit ; *Jacques Ferté*, de Jugon.

Le 17 mai, *Pierre Le Moulnier*, de Tréguier ; *Jean-François Philippe*, de Ploufragan ; *François Mauffray*, d'Erquy.

Le 23 mai, *Louis-Guillaume du Foü*, ex-chanoine, de Saint-Brieuc.

Le 25 mai, *Jacques Gaudin*, de Moncontour.

Le 27 mai, *Jean Pencolé*, de Plumieux ; *Guillaume Doholou*, ex-recteur de Ploulec'h.

Le 3 juin, *Jean Briand*, natif de Bobital.

Le 6 juin, *Jean Nogues*, de Guitté, vicaire à Yvignac.

Le 8 juin, *J.-B. Hello*, de Plœuc et *Toussaint de la Motte-Rouge*, ex-chanoine de Tréguier ; *Jean-Marie Glen*, d'Uzel.

Le 28 juillet, *Jean Posnic*, de Gomrené, recteur de Lancieux.

Le 9 août, *Antoine Auffray*, de Plouha.

Le 27 août, *Jean-Pierre Charmois* et *Laurent Tréguy*, d'Etables.

Signé : BOULLÉ, préfet des C.-du-N.

Modèle d'une carte de Sûreté.

Brune, conseiller d'Etat, général en chef, à toutes les autorités et administrations civiles ou militaires :

« Le citoyen *Jean Le Sénéchal*, prêtre de la commune de Pleurtuit, peut librement exercer dans les villes et les campagnes le culte de la religion catholique. Je l'exhorte à concourir par les voies de son ministère au maintien de la paix, de l'ordre et de la soumission aux lois.

» Fait au quartier général, à Rennes, le 17 floréal an VIII (7 mai 1800). »

Pour le général en chef, le général, chef de l'Etat-Major général,

Signé : TILLY.

Le retour des prêtres exilés, les difficultés qui s'y opposent. Les formalités à remplir.

287. — Quelques-unes des nombreuses démarches faites pour obtenir le retour des prêtres exilés (1).

(Arch. Nat., F⁷ 7733.)

A. — *François-Louis Hamon*, prêtre de Saint-Brieuc, fut déporté le 5 janvier 1793, en vertu de la loi du 26 août 1792. Ses parents : Françoise Prud'homme, veuve Hamon, sa mère ; Mathieu-Jean-Louis Hamon, son frère ; Marie Hamon, tous natifs de Saint-Brieuc, réclament son retour le 13 avril 1800. Il se trouvait dans le Northumberland. (Cf. *Manuel*, I, p. 165.)

Jacques Hamonno, religieux prémontré ; prêtre, âgé de 56 ans, fut déporté le 6 février 1793 ; ses parents réclament son retour le 6 mai 1800. (Cf. *Manuel*, I, p. 165.)

Jacques Vittel, recteur de Plérin, âgé de 60 ans, fut déporté à Jersey en septembre 1792. Ses parents : Renée et Radegonde Vittel, Pierre Le Rouillé, Françoise Cosson réclament son retour. (Cf. *Manuel*, I, p. 175.)

Mathurin Burel, prêtre de Plérin, déporté en Angleterre en décembre 1792, résidant dans le Northumberland, est réclamé par les siens le 1ᵉʳ mai 1800. (Cf. *Manuel*, I, p. 159.)

Jacques Courcoux, prêtre de Saint-Brieuc, déporté le 13 septembre 1792, résidant à Ashford, est réclamé le 1ᵉʳ mai 1800. (Cf. *Manuel*, I, p. 161.)

François-Marie Fourchon, 34 ans, de Saint-Brieuc, déporté le 13 septembre 1792, est réclamé le 8 mai 1800. (Cf. *Manuel*, I, p. 162.)

Mathurin Urvoy, de Plérin, 39 ans, actuellement à Londres, réclamé le 30 avril 1800. (Cf. *Manuel*, I, p. 175.)

Toussaint Jouan, capucin de Pordic, actuellement à Londres, réclamé le 2 mai 1800. (Cf. *Manuel*, I, p. 166.)

Louis Hourdel et *Antoine-Claude Mottais*, prêtres, natifs de Pordic, réclamés même date. Résidaient alors à Hull. (Cf. *Manuel*, I, p. 166 et 169.)

Pierre Queray, prêtre d'Yvias, déporté en Angleterre ; réclamé le 2 mai 1800. (Cf. *Manuel*, I, p. 140.)

Julien-François Calvez (ou Le), vicaire d'Yvias, 40 ans, déporté en Angleterre ; réclamé le 29 mai 1800. (Cf. *Manuel*, I, p. 167.)

Nicolas-François Ruffelet, recteur de Cesson, déporté en Angleterre, réclamé le 28 avril 1800.

Julien-René Poret, recteur d'Hillion, déporté en Angleterre, réclamé le 1ᵉʳ juin 1800. (Cf. *Manuel*, I, p. 172.)

------

(1) Communication de D. Anger O. S. B.

B. — *Louis-François André*, vicaire de Saint-Michel de Saint-Brieuc, adresse le 12 juillet 1802 une demande en autorisation de rentrer au préfet Boullé. Sa vieille mère le réclame et plusieurs personnes attestent « qu'il est d'un caractère très doux ». Il réside à Munster en Westphalie, depuis 1792. Le préfet des C.-du-N. pose comme condition qu'il fasse la promesse de fidélité à la Constitution. (*Arch. Nat.* F7, 7777, n° 9163.)

C. — Indication sommaire d'autres documents concernant le retour du clergé des C.-du-N., conservés aux *Archives Nationales.* (Communication du R. P. Armel d'Etel. O. M. C.).

Forsang, rentré d'Angleterre	F7 7968	(4562)
Roscoët, rentré d'Angleterre	F7 7969	(4110)
Hamonno, Ferchal, Burel, rentrés d'Angleterre	F7 7969	(4841)
Drillet, Pedron, Langlais, rentrés d'Angleterre	F7 7747	(5891)
Pétition pour Meheust, Gautier, Beaudouard	F7 7748	(5967)
Pétition pour Foëson, Caro, Beaudouard	F7 7749	(6048)
Pétition pour Degereault	F7 7749	(6068)
Pétition pour Le Jolly, Rigault, etc.	F7 7730	(6163)
Pétition pour Saillet et Méléard, de Trédaniel	F7 7754^A	(6615)
Pétition pour Vinc. Le Coqu, de Plélo	F7 7772	(8564)
Pétition pour les deux Le Pennec, qui sont en Espagne	F7 7777	(9173)
Mathurin Joubart, eudiste, dans le Palatinat	F7 7794	(1361)
J.-Fr. Jégou, arrêté	F7 7796	(1539)
Lettre de Le Luyer, insermenté, à Pleubihan	F7 7797	(1697)
Le chanoine Le Sage, à Appely	F7 7801	(2152)
Yves Mallédan refuse la promesse	F7 7804	(2570)
Samson, recteur de Treogan, en Espagne	F7 7832	(5794)
Lettre du clergé de Saint-Michel de Saint-Brieuc	F7 7841	(6774)
J. Duros, rentré	F7 7846^A	(7302)
Guermeur, Leauté, rentrés d'Angleterre	F7 7972	(5842)
Le Gall, rentré d'Angleterre	F7 7972	(5865)
Guillaume Jouannet, rentré d'Angleterre	F7 7984	(8700)
Etat des prévenus d'émigration éliminés	F7 7988	(9822)
Fr. Revel, en Angleterre	F7 7998	(3928)
Pétition pour Boulard, ex-chanoine, en Angleterre	F7 7720	(3481)

D. — Cf. aussi sur les demandes de retour : *Arch. Nat.*, F19, carton 418.

288. — LES DIFFICULTÉS QU'ÉPROUVÈRENT LES DEUX CURÉS DE DINAN ET QUELQUES PRÊTRES QUI LES AVAIENT ACCOMPAGNÉS DANS LEUR RETOUR, *pour avoir refusé la promesse de soumission à la Constitution de l'an VIII et du rétablissement du culte public en la ville de Dinan, malgré les efforts du franc-maçon Leroux.*

(Arch. C.-du-N., série V, non cotée.)

I. — Le 2 pluviôse an IX (22 janvier 1801), le sous-préfet de Dinan, Gagon, informe Boullé de la rentrée de *Michel Le Tulle*, pourvu d'une carte de sûreté du 5 prairial an VIII (25 mai 1800) et d'un permis d'exercice du culte, de *Carron*, *Le Branchu*, *Le Breton*, *Eballard* et *Puel de Saint-Simon* (ce dernier presque en enfance). « Ils viennent, ajoute-t-il, de débarquer, revenant d'Angleterre, avec leurs passeports de déportation pour seuls papiers ». (Cf. sur tous ces prêtres les 2 vol. de notre *Hist. du Pays de Dinan.*)

Gagon continue : « Comme je ne connais point ce qui a pu les autoriser à revenir dans leur pays, à moins que ce ne soit une interprétation extorquée (*sic*) de l'arrêté des Consuls du *28 vendémiaire dernier*. Je ne leur ai donné aucune assurance de leur sort et leur ai dit qu'ils pouvaient se retirer chez leurs parents jusqu'à décision à intervenir des autorités supérieures ».

II. — Le 18 pluviôse an IX (7 février 1801), le même écrit au préfet : « Que l'arrêté du 28 vendémiaire an IX (cf. n° 280), portait art. 1ᵉʳ, n° 10 « que les ecclésiastiques assujettis à la déportation et sortis du territoire français pour obéir à la loi, étaient dans le cas d'être éliminés de la liste des émigrés », mais qu'il ne leur était point permis de rentrer et que pour en obtenir la permission, ils auraient dû s'adresser gouvernement et c'est ce qui les a portés à suivre cette mesure qui n'a autres, sachant que leurs collègues avaient obtenu des permis de l'exercice du culte et de résidence dans la République d'avec les généraux d'armées, aient cru qu'obtenir d'eux des permissions pareilles, c'était les obtenir du gouvernement et c'est ce qui les a portés à suivre cette mesure qui n'a pas réussi au prêtre Branchu, quoiqu'à la même époque, le général Tilly en a accordé une au citoyen *Eballard*, de Quévert, qu'il m'a représenté ce matin.

» Je me suis informé de la moralité du prêtre *Branchu*. Il est d'une famille honnête et jouissant d'une fortune modique et d'une bonne réputation. On le dit doux et pacifique. Sa figure ainsi que ses discours indiquent l'honnêteté et je pense qu'on peut, avec beaucoup moins de risque, lui permettre l'exercice du culte qu'à beaucoup d'autres ».

III. — Le 20 pluviôse an IX (9 février 1801), le sous-préfet Gagon ayant informé les prêtres dénommés plus haut « que par décision du ministre de la Police, ils ne pouvaient rester en France, qu'au préalable *ils n'aient fait par écrit la promesse de fidélité à la Constitution*, et, qu'en cas de refus, ils doivent être suivant leur âge être mis en reclusion ou reconduits à la frontière. ces prêtres lui ont répondu qu'ils demandaient un délai de 15 jours pour consulter le citoyen Cortois-Pressigny, ci-devant évêque de Saint-Malo ». — A quoi Gagon leur répliqua « que le délai qu'ils réclament ne dépendait pas de lui ».

IV. — Le 22 ventôse an IX (3 mars 1801), les prêtres Eballard et Branchu font la même déclaration que Le Tulle et consorts.

V. — Le 28 et 29 ventôse an IX (19 et 20 mars 1801), MM. Le Tulle, Carron, Le Breton, Eballard et Branchu, bien que mandés à la sous-préfecture pour recevoir les décisions préfectorales les concernant, ne se présentèrent pas parce qu'ayant quitté Dinan. Seul Puel de Saint-Simon continuait de résider en cette ville, mais, c'était un « vieillard infirme et tombé en enfance », Charles Beslay, membre du Conseil d'arrondissement, se présenta pour son caution ». Gagon défendit d'accorder à ces prêtres aucun passeport et donna l'ordre à la gendarmerie de « les arrêter partout où l'on pourra les trouver », à la date du 2 germinal an XI (23 mars 1801).

VI. — Le 3 germinal an IX (24 mars 1801), Gagon adresse au préfet copie de son ordre d'arrestation. « Vu, porte-t-il en substance, la lettre du Préfet des C.-du-N. du 24 ventôse, par laquelle il enjoint de constituer, sous la surveillance spéciale et la plus rigoureuse, les nommés Le Tulle, Carron, Le Breton, Eballard et Le Branchu, prêtres insoumis et nouvellement rentrés sur le territoire français ; de les faire même renfermer dans la maison d'arrêt s'il le trouve convenable jusqu'à ce que le ministre de la Police générale ait décidé sur leur sort, etc. ».

VII. — Le 8 germinal an IX (29 mars 1801), Gagon fait savoir au préfet que les prêtres ci-dessus énoncés demeurent introuvables. Ils ont disparu le 24 ventôse précédent.

VIII. — Le 10 germinal an IX (31 mars 1801), Carron écrit à Néel, maire de Dinan, « qu'il ne croit pas avoir mérité d'être arrêté. Il est et il a toujours été dans son cœur de faire tourner mon ministère au maintien de la paix, de la concorde entre tous ses concitoyens. et à leur inspirer la plus grande confiance dans le gouvernement ». « Je me flatte, ajoute-t-il, que vous n'ignorez pas quel fut le but de mon premier discours, *que 4.000 personnes entendirent.* D'après ces dispositions, je vous prie, citoyen maire, de me dire quel est le but de ces démarches inquiétantes et si je puis retourner à mes fonctions.

» Permettez qu'en terminant cette lettre, je vous manifeste le désir ardent que j'aurais d'unir ma voix à celles de mes concitoyens et de témoigner mon allégresse en faisant chanter le cantique d'actions de grâce de l'heureuse conclusion de la paix. Vous sentez combien je serais flatté d'y être présent ».
Signé : CARRON.

P. S. — « Vous voudrez bien faire tenir votre réponse chez *Lamendé*, mon neveu. »

IX. — Le 12 germinal an IX (2 avril 1801), Néel, maire de Dinan, adresse au préfet des C.-du-N. la lettre du curé Carron, et ajoute : « Depuis l'arrivée de ce citoyen en cette ville, il y a toujours tenu une excellente conduite et il a, en toute circonstance, manifesté un attachement au gouvernement et dans son premier discours prononcé à l'église, il s'est exprimé sans équivoque à cet égard ; ce qui même a rappellé à quelques personnes, qui le lui pardonneront difficilement, que dès l'aurore de la Révolution, il se montra un des plus zélés partisans.

» J'ose vous assurer que son opinion politique actuelle est à l'unisson de celle des meilleurs citoyens ; c'est ce que m'ont appris des patriotes probes et honnêtes qui ont eu occasion d'avoir avec lui de fréquents rapports depuis son retour. Il n'a pas fait, il est vrai, la promesse de fidélité à la Constitution. Ce n'est pas qu'elle lui répugne, il s'en est expliqué franchement, mais désirerait que cet acte fut simultané de la part de ses collègues qui attendent, assure-t-on, une décision prochaine sur cet objet.

» Je crois donc que vous pouvez avec confiance accorder au citoyen Carron la permission qu'il sollicite de reprendre ses fonctions. C'est le vœu presque unanime des habitants de cette commune. Je suis d'avance bien persuadé qu'il n'emploiera l'influence de son ministère que dans un sens analogue aux lois qui nous régissent, qu'il continue de prêcher la paix, la concorde et l'union entre tous les citoyens ; si la passion ou des motifs que je ne veux pas approfondir, vous l'ont fait peindre sous d'autres couleurs, on n'a pas eu la force de rendre témoignage à la vérité. Mes principes me permettent de vous l'exprimer d'une manière désintéressée et impartiale ».

Signé : CH. NEËL.

(Arch. Nat., F7 7835, n° 6092.)

X. — Le préfet des C.-du-N. au ministre de la Police générale :

Le préfet expose au ministre le 4 avril 1801 qu'il « lui a mandé par sa lettre du 26 ventôse qu'il avait chargé le sous-préfet de Dinan, des ordres du ministre du 7 pluviôse, relatifs aux nommés *Letulle; Caron-d'Amery; Puel-Saint-Simon; Le Breton; Eballard* et *Le Branchu*, prêtres insoumis nouvellement revenus d'Angleterre, et qu'il lui a adressé en même temps les copies des lettres du sous-préfet des 20 et 22 ventôse, d'où il résulte que ces ecclésiastiques ont refusé de se conformer au serment prescrit. N'ayant les moyens de les faire rembarquer, celui-ci les avait mis en surveillance à Dinan.

» Mais aussitôt instruits de l'ordre de leur faire faire la promesse de fidélité, ces prêtres se sont enfuis et on n'a pu les découvrir, cependant la gendarmerie est chargée de les arrêter. »

XI. — Le ministre de la Police écrit au préfet des C.-du-N. en germinal an IX (avril 1801), pour « l'inviter à donner des ordres afin que les nommés Le Tulle ; Carron-d'Amery ; Puel-Saint-Simon ; Le Breton ; Eballard et Le Branchu soient conduits sans délai de brigade en brigade jusqu'à la frontière la plus voisine, ou mis en réclusion, selon leur âge ou infirmités, s'ils refusent la promesse de fidélité ».

XII. — Le 22 prairial an IX (11 juin 1801), Gagon annonce au préfet Boullé que le 20 de ce mois, Ange Carron-d'Amery est venu se mettre sous sa surveillance, comme le préfet recommandait de l'y mettre par sa lettre du 26 ventôse. Il l'a admis, aux conditions de rester dans la commune de Dinan jusqu'à ce que le ministre de la Police n'ait statué sur son sort, de n'exercer aucune fonction de son ministère de prêtre catholique, de se présenter à la sous-préfecture toutes les fois qu'il en sera requis et de fournir une somme de 3.000 francs pour caution.

« J'ai cru cette précaution nécessaire, ajoute Gagon, non que je le crois dangereux, mais pour que son exemple soit suivi par ceux des autres qui se sont absentés pour éviter de se mettre sous ma surveillance.

» Vous voudrez bien me marquer si vous approuvez ma conduite à cet égard. »

Signé : GAGON.

XIII. — Dinan, le 14 vendémiaire an IX (6 octobre 1801) (le Concordat étant signé mais non proclamé loi française) :

Le sous-préfet de Dinan avise le préfet des C.-du-N. que l'église de Saint-Sauveur de cette ville, remise par arrêté préfectoral du 5 de ce mois à ses habitants pour y exercer leur culte, a été ouverte et l'on commença à y faire hier (13 vendémiaire), les premières cérémonies.

« Ce matin, entre une et six heures, le tonnerre a tombé sur le clocher de cet édifice et y a mis le feu. Les dégâts ont été grands, mais ils eussent été bien plus considérables si quelques couvreurs de cette ville, les citoyens Flaud et Macé, n'avaient pas bravé les flammes avec un courage et un sang-froid vraiment dignes d'éloges pour empêcher l'incendie de faire des progrès.

» Ils sont parvenus à l'éteindre après quelques heures de travail et ont sauvés ainsi le clocher et le reste de cette église de plus grands malheurs. La foudre a pénétré aussi dans l'intérieur du temple et a occasionné quelques dégradations ».

Signé : GAGON.

XIV. — Pierre Leroux aîné, maire franc-maçon de Lanvallay, dénonce le 26 vendémiaire an IX (18 octobre 1801), au préfet des C.-du-N. « qu'au mépris de la loi du 7 vendémiaire an IV (cf. texte n° 205), le curé de Saint-Sauveur de Dinan est sorti le 14 courant de l'église donnant sur la place de la Concorde, revêtu de la chappe, accompagné d'autres prêtres et d'un bedeau portant un bénitier ; qu'il a fait le tour de la dite église, est entré dans les jardins qui l'environnent pour la bénir extérieurement. Ceci se passe entre huit et neuf heures du matin, suivi d'une foule nombreuse de femmes. Au mépris de la même loi, toutes les cloches sonnent dans les communes dirigées par les prêtres non sermentés pour annoncer l'heure de leurs offices. C'est eux actuellement qui, presque partout, lisent et publient les lois aux prônes de leur grand'messe et, où les maires les publieraient-ils, depuis que les prêtres les ont chassés des temples ! Ceux-ci se resaississent à grands pas de leur ancienne autorité. Les autres sont honnis et villipendés de toutes parts dès qu'ils contrarient un instant leurs démarches toujours contraires aux lois. »

XV. — Dinan, le 2 brumaire an IX (24 octobre 1801) :

Le sous-préfet de Dinan écrit au préfet des C.-du-N. : « Si les personnes qui vous ont instruit que les ministres du culte catholique exerçant dans la ci-devant église de Saint-Sauveur de cette ville, se sont permis
dernièrement d'exécuter une de leurs cérémonies religieuses en dehors
l'enceinte de l'édifice consacré à cet objet, m'en eussent instruit à temps,
j'aurais pris de suite les mesures convenables pour m'opposer à cette contravention à la loi du 7 vendémiaire an IV ; mais je n'en eu connaissance
que quelques jours après, ainsi que des *quêtes publiques* qui ont eu lieu
en vertu d'une détermination de quelques notables habitants de Dinan et
dont je n'ai rien su que quand leur dessein a été exécuté. Je leur ai déjà
rappelé, aux uns et aux autres, les dispositions des lois qui interdisent
hors de l'enceinte des temples à ce destinés, tout ce qui a rapport à
l'exercice ou à l'entretien des cultes.

» Je vais encore leur faire part de ce que vous me marquez sur cet
objet, en les prévenant que s'ils y contreviennent une seconde fois, je
ferais fermer l'église et je traduirai les ministres devant le tribunal de
police correctionnelle pour y être poursuivis conformément à la loi.

» Soyez persuadé, citoyen préfet, que personne plus que moi n'est disposé à faire exécuter les lois et les ordres qui me seront transmis par vous
pour leur exécution. »

Signé : GAGON.

289. — SUITE DES INCIDENTS QUI MARQUÈRENT LE RETOUR EN BRE-
TAGNE DES PRÊTRES EXILÉS, *alors qu'ils ne s'étaient pas munis d'une
autorisation préalable et qu'ils hésitaient à prêter à leur arrivée la
promesse de fidélité à la Constitution.*

I. — *Pour l'armée et les fonctionnaires, les prêtres réfractaires étaient
toujours l'ennemi. Réception faite en mars 1801 à des ecclésiastiques
français débarqués à Saint-Cast, retour d'Angleterre.*

(Arch. C.-du-N., série M.)

Le sous-préfet de Dinan écrit le 29 ventôse an IX (20 mars 1801), au
préfet des Côtes-du-Nord :

« J'ai l'honneur de vous informer que j'ai été instruit que les émigrés
et les prêtres qui ont été arrêtés à Saint-Cast, en revenant d'Angleterre le
19 de ce mois, ont été pillés par les canonniers cantonnés sur cette côte,
qui leur ont pris leur argent, leurs montres et quelques effets. Le juge
de paix a informé sur cette affaire et je ne sais ce qu'il en est résulté.

» Tout ce que j'ai appris, c'est que les *canonniers sont très fâchés
de n'avoir pas fusillé ces individus lorsqu'ils les ont pris* et se vantent
que désormais, c'en est fait de ceux qui tomberont entre leurs mains.

» Je viens d'écrire au commandant de l'arrondissement du fort *La
Latte*, pour lui recommander de faire non seulement restituer les effets
pris par les canonniers, mais encore de les faire punir pour avoir manqué
si grossièrement aux lois de l'honneur militaire. J'invite de plus ce com-

. mandant à rappeler à la troupe sous ses ordres qu'il lui est expressément défendu de commettre aucun excès ni aucune violence, dans quelques cas que ce soit, contre les personnes qu'elle arrêterait, mais qu'elle doit seulement les amener devant l'autorité compétente pour en être fait ce qu'elle croira convenable. »

II. — Débarquement de prêtres à Saint-Briac en 1801.
(Arch. Nat., F⁷ 7872, dossier 739.)

A. — Le sous-préfet de Saint-Malo avise le 20 mai 1801, le citoyen Bellet, commandant d'armes de cette ville, que onze ministres du culte catholique arrivant d'Angleterre, arrêtés à Saint-Briac la nuit dernière par les employés aux Douanes, après avoir été débarqués par la chaloupe d'une corvette anglaise, viennent d'être conduits à la sous-préfecture.

La ville étant en état de siège, je ne puis que vous les renvoyer pour l'application des mesures de police, et je suis convaincu que vous concilierez tout ce que l'humanité exige avec les dispositions que vous croirez utiles d'employer à leur égard.

B. — Rapport des préposés des douanes de Saint-Briac :

L'an IX de la R. F., le trentiesme jour du mois de floréal, avant midy, Nous, Jacques Perrin, Jacques Margnerie et Jean Macquant, lieutenant, sous-lieutenant et préposé des douanes à la résidence de Saint-Briac..., certifions qu'étant dans l'exercice de nos fonctions et parvenus vers les 3 heures du matin de ce jour, au lieu appelé Port-Jouanne, nous nous sommes apperçus qu'il s'y était effectué un débarquement, et en ayant suivi la trace qui nous a conduit au village de Macheret, commune de Saint-Briac, dans la maison de la nommée Marie Noël (1), à laquelle parlant, et nos qualités préalablement déclarées, nous l'avons sommée de nous dire si elle n'avoit pas chez elle des étrangers. A quoy elle nous a répondu avoir effectivement plusieurs Messieurs prêtres venant de débarquer et qui arrivant, luy avaient demandé l'hospitalité et qu'ils étaient à se reposer dans son grenier et pour nous mettre à même de remplir les obligations de notre état, en faisant une visite exacte des pacquets et ballots dont ils pouvaient être porteurs, moi Perrin, lieutenant, vu l'absence du maire et de l'adjoint de la commune, ai requis le citoyen Pierre Joulin, assesseur du tribunal de paix, de nous assister dans nos recherches et perquisitions que nous voulions faire sur les Messieurs prêtres logés chez ladite Marie Noël ; à quoy il a adhéré et nous y étant rendus, nous avons jointement avec lesdits Margnerie et Macquart, deux de nous, en présence dudit Pierre Joulin, sommé de nous déclarer qui ils étaient, d'où ils venoient, où ils vouloient aller et ce dont ils étaient

----

(1) Voir à propos de Marie Noël, une des plus dévouées intermédiaires des « maisons de correspondance », notre opuscule : Scènes de la Chouannerie à Saint-Brieuc.

porteurs, le lieu de leur débarquement, quel était le bateau qui les a mis à terre. Ils nous ont tous unanimement déclarés être français d'origine, *venir d'Angleterre où ils étaient déportés par la loi comme prêtres* et que désirant rentrer dans leur patrie, qu'ils s'étaient embarqués à Jersey sur un bricg qui les a mis à terre avec son canot audit Port-Jouanne, et que ne sachant où aller, ils s'étaient par hazard retirés chès ladite Noël. Sommés de nous dire leurs noms origines, l'un d'eux nous a répondu se nommer *Yves Trillard*, recteur d'Augan (Morbihan), où il demeuroit avant son départ de France pour l'Angleterre, où il a résidé neuf ans... (1).

Malo Landal, prêtre de Saint-Suliac... — *Louis Lesguer*, curé de Saint-Domineuc (I.-et-V.). — *Charles Regnaut*, prêtre chartreux, originaire de Combourg (I.-et-V.). — *Jacques Rault* (dit Maisonneuve), prêtre à Dinan (2). — *Chartier*, recteur de la commune de Trigavou (C.-du-N.), où il demeuroit avant son départ de France pour l'Angleterre. Sommés de nous représenter chacun séparément les paquets qui leur appartenaient, ce qu'ils ont fait, et la visite faite en leur présence ; ils ne se sont trouvés contenir autres choses que des hardes à leur usage.

Nous leur avons déclaré que nous allions, vu leur qualité de prêtres déportés et leur rentrée en France, les conduire à Saint-Malo devant le sous-préfet pour constater leur rentrée et prononcer sur leur sort ; ce que nous avons effectué de suite et fait le présent rapport double, sous nos seings, et ceux des ci-dénommés, à l'exception desdits Jacques Rault et Chartier, tous les deux demeurés par infirmités sous caution à Saint-Briac.

Signé : Perrin.

III. — *Débarquement de prêtres à Binic arrivant d'Angleterre.*

(Arch. Nat., F⁷ 7879, n° 1290.)

A. — Ce, 24 prairial an IX (13 juin 1801), ont été conduits devant nous, préfet des C.-du-N., par un détachement des brigades de douanes, quatre particuliers, qui, interrogés de leurs noms, qualités, âge, profession, ont déclarés se nommer *Jean Le Glouannec*, 62 ans, ci-devant recteur de Plourac'h, département des C.-du-N. ; *Joseph-Marie Hervé*, curé de l'Hermitage, même département, 47 ans ; *François Huchet*, 44 ans, ci-devant curé de Saint-Trimoël, même département ; *Julien-François Trottel*, 46 ans (3), ci-devant prêtre de Plancoët, même département. Interrogés à quelle époque ils ont quitté la France, quand et comment ils y sont rentrés ? — Ont déclaré être sortis de France en vertu de la loi sur la déportation, qu'ils ont depuis résidés soit à Jersey, soit à Londres et en diverses parties de l'Angleterre jusqu'au 22 de ce mois, qu'ils se sont embarqués sur un bâtiment armé, qui les a conduit sur les côtes de ce département où ils ont été arrêtés en tentant de débarquer. Ils ont au

---

(1) Nous supprimons les noms des prêtres étrangers à la Bretagne.
(2) Sur ce prêtre et le suivant, cf. le t. Iᵉʳ de notre *Hist. du Pays de Dinan*.
(3) Cf. sur ce prêtre notre *Hist. du Pays de Dinan*, t. II, p. 116.

13

surplus fait sur les circonstances de leur passage les mêmes déclarations que celles référées ou l'acte souscrit ce jour par *François Fourré* [recteur d'Henanbihen], autre prêtre débarqué avec eux et ont déclaré être rentrés sans aucune autorisation. Sur l'interpellation leur faite de déclarer quelles sont leurs intentions en rentrant en France et s'ils sont disposés à faire la promesse de fidélité à la Constitution ? — Ils ont déclaré qu'ils sont dans l'intention de vivre paisibles, chacun dans leur paroisse, et qu'au surplus, ils étaient décidés à ne point souscrire la promesse jusqu'à ce que le Chef de l'Eglise ait prononcé sur la question et qu'ils prétendaient lui être soumis à cet égard. Telles sont leurs déclarations qu'ils ont signé lesdits jour et an que dessus.

B. — Le préfet des Côtes-du-Nord avise le ministre de la Police le 19 messidor an IX, que par sa lettre du 22 du mois dernier, il l'a instruit de *l'arrestation* de divers ecclésiastiques venant d'Angleterre et de leur emprisonnemment, faute de souscrire la promesse de fidélité à la Constitution. Depuis, deux d'entre eux, *Joseph-Marie Hervé* et *François Trottel*, s'étant décidés à donner au gouvernement la garantie exigée, il les a fait mettre en liberté et les autorise à rentrer dans leurs communes avec faculté d'exercer leurs fonctions par son arrêté du 17 messidor an IX (6 juillet 1801).

C. — Autre lettre du préfet au ministre en date du 29 prairial an IX par laquelle il lui envoie la promesse de fidélité à la Constitution que vient de souscrire *François Huchet*, curé de Saint-Trimoël, prêtre déporté. Il l'avise en même temps qu'il l'a autorisé à se rendre à Saint-Trimoël où il a déclaré vouloir établir sa résidence et exercer ses fonctions sous la surveillance du maire.

IV. — *Débarquement de prêtres de Saint-Brieuc, à Cancale.*

(Arch. Nat., F⁷ 7872, dossier 439.)

Le préfet d'Ille-et-Vilaine écrit au ministre de la police le 15 messidor an IX (4 juillet 1800) :

« Par ma lettre du 11 de ce mois, je vous annonçais que la mesure prescrite par votre lettre du 1ᵉʳ pour faire rétrograder les prêtres débarqués, s'appliquerait aux trois prêtres de Lannion, débarqués à Cancale dans la nuit du 11 ou 12 floréal (1ᵉʳ mai), dont je vous avais rendu compte les 15, 17, 23 et 25 floréal et qui venaient de vous adresser une pétition le 30 prairial.

» Ces trois prêtres nommés : *Jean-Marie Lelay*, recteur de Perros-Guirec (C.-du-N.) ; *Gabriel L'Hunégan*, curé de Lannion ; *Toussaint Le Bail*, curé de Perros-Guirec et un quatrième nommé *Julien Lemenant*, dernièrement rentré dans la commune de Bonnemain, arrondissement de Saint-Malo, ont fait la promesse de fidélité à la Constitution.

» J'ai en conséquence autorisé le sous-préfet de Saint-Malo à leur faire

donner des passeports pour retourner dans leurs communes et j'en ai
prévenu le préfet des Côtes-du-Nord. »

Signé : Pour le préfet,

Le secrétaire général : EVEN.

V. — *La proclamation officielle du Concordat n'abolit point les formalités tracassières inventées par Fouché, pour brimer dès leurs premiers pas
sur la terre de France, les prêtres à leur retour d'exil, témoin la promesse
que dut prêter à Strasbourg le 3 mai 1802, l'abbé Quéro, futur curé de
Plancoët.* (Arch. Nat., F⁷ 7791, n° 5358.)

Le préfet du département du Bas-Rhin écrit au ministre de la Police
générale le 22 floréal an X (12 mai 1802) :

« J'ai l'honneur de vous informer que le 17 de ce mois, j'ai renvoyé,
sous la surveillance des préfets des départements respectifs de leur ancien
domicile, les prêtres rentrant, ci-après dénommés, au nombre de 13 [parmi
lesquels] *Augustin-François Quéro.*

» Ils ont souscrit devant…, l'engagement dont voici le texte :

» Le 3 mai 1802, moi Augustin-François Quéro, natif d'Uzel (C.-du-
N.), ci-devant curé de Moncontour, désirant retourner dans mon département respectif, d'après la Convention passée entre le Gouvernement et le
Saint-Siège et comme garantie à ma soumission, je m'engage à prêter
le serment prescrit par la loi aussitôt que j'en serais requis par les autorités de mon ancien domicile, sous la surveillance desquelles je me rends,
en vertu de la circulaire du ministre de la Police du 29 nivôse dernier. »

Fait à Strasbourg, le 3 mai 1802.

Signé : QUÉRO.

290. — LISTE DES ECCLÉSIASTIQUES QUI PRÊTÈRENT, DEVANT LE
PRÉFET BOULLÉ, LES DIVERSES FORMULES DE PROMESSES IMPOSÉES
PAR BONAPARTE EN 1801 ET 1802 (1).

(Arch. C.-du-N., série L et série V, 2 registres non cotés.)

Le 18 floréal an IX (8 mai 1801), se présente devant le préfet des
Côtes-du-Nord, *Guillaume-Marie de Montfort,* ci-devant recteur de Guingamp, revenant d'Angleterre, qui prête la promesse de fidélité à la
Constitution en les termes prescrits par la loi (Cf. n° 265²). — Le 27 prairial an IX (17 mai 1801) : *Jean-François Fourré,* recteur d'Henanbihen,
revenant d'Angleterre, même cérémonie. — Le surlendemain : *François Huchet,* curé de Saint-Trimoël, idem.

Le 17 messidor an IX (6 juillet 1801) : *Julien-François Trottel,* prêtre
de Plancoët ; *Joseph-Marie Hervé,* curé de l'Hermitage et *François Richard,* prêtre de Ploubazlanec, déclarent « qu'éclairés sur le sens de la
promesse de fidélité par le *Journal Officiel* du 10 nivôse an VIII (31 dé-

---

(1) Nous avons reproduit l'orthographe des signatures.

cembre 1799) », ils prêtent celle-ci entre les mains du préfet et signent (Cf. *Manuel*, II, n° 279, III).

Le lendemain, 7 juillet 1801 : *Guillaume-René-Armand Floyd*, recteur de Plusquellec ; *Jean Brexel*, recteur de Tregomar et *Mathurin Olitraut*, prêtre de Saint-Caradec, utilisent les mêmes formules.

Le 26 messidor an IX (date de la signature du Concordat) : *Jean Le Gloannec*, recteur de Plourac'h, pratique la même cérémonie. — Le 2 thermidor (21 juillet 1801) : *Jacques Gautier*, de Moncontour. — Le 11 thermidor : *François Le Calvez*, prêtre d'Yvias. — Le 12 thermidor : *Yves Queré*, prêtre d'Yvias, mêmes formules. — Le 24 thermidor an IX (12 août 1801) : *François-Marie Le Pouliquen*, prêtre de Pordic ; *Joseph-Guillaume Mesléart*, prêtre de Trédaniel, mêmes formules.

Le 1er fructidor (19 août) : *Pierre Rouxel*, prêtre de Pleboulle, « arrivé depuis 9 mois d'Angleterre ». — Le 19 fructidor : *Claude-François Mottais*, prêtre de Pordic, « revenu depuis peu d'Angleterre ». — Le 22 septembre 1801 : *Jean Le Corre*, prêtre du Faouet, idem.

Le 5 frimaire an X (26 novembre 1801) : *Jean-Pierre Robin* et *Toussaint-Jean Perrot*, tous deux prêtres de Quintin, arrivant d'Angleterre, mêmes formules. — Le lendemain : *Pierre-Joseph Le Houérou* et *Jean-Marie Person*, tous deux ex-capucins de Roscoff, arrivant d'Angleterre, idem.

Le 1er nivôse an X (22 décembre 1801) : *Guillaume Macé*, recteur de Lanvollon. — Le 9 nivôse (20 décembre) : *Guillaume-Joseph Guillard*, vicaire à Saint-Mathurin de Moncontour, idem. — Le 19 nivôse an X (9 janvier 1802) : *François Sylvestre*, prêtre de Plérin, idem. — Le 19 janvier : *Jean Laloyer*, aussi prêtre de Plérin, idem.

Le 14 ventôse an X (5 mars 1802) : *Gilles-Rolland Le Lay ; François Foëzon* (ou Foüeson) ; *Claude Granvarlet*, prêtres de Lanvignec, idem.

Le 7 germinal an X (28 mars 1802) : *Denis Cadiou de Kermellec*, prêtre de ......, près Lannion. — Le 22 germinal : *Jacques Courcoux*, ex-principal du collège de Saint-Brieuc. — Le lendemain : *Pierre Le Bréauzic*, prêtre de Plougrescant. — Le 17 floréal an X (7 mai 1802) : *J.-M. Jouanny*, ex-gardien des récollets de Châtelaudren.

Le 22 floréal an X (12 mai 1802) (le Concordat venait d'être proclamé loi de la République) : *Jacques Hamono*, ex-chanoine de Beauport, atteint de cécité, et *Romain Ferchal*, ex-chanoine de Saint-Guillaume, emploient une nouvelle formule que voici : « Je promets d'être fidèle au Gouver-
» nement établi par la Constitution, et de n'entretenir, ni directement,
» ni indirectement aucune liaison ni correspondance avec les ennemis de
» l'Etat (1) ». — Le lendemain : *J.-M. Le Coz*, prêtre de Pontrieux ; *Jean-Michel Buret*, curé de Meslin ; *Jean-François Drillet*, prêtre de Trégomeur, font la même promesse.

Le 25 floréal, c'est *François Roscoet*, prêtre de Corlay ; le 27 : *René-Gabriel de Kerusec de Goastine*, ex-vicaire à Châtelaudren ; le 29 : *Jean Rigourdel*, prêtre de Saint-Brieuc.

Le 1er prairial an X (21 mai 1802) : *François-Marie Blivet*, ex-chanoine de Saint-Brieuc, *avec les ∴*. — Le lendemain : *J.-B. Leauté*, curé de Haut-Corlay ; le 6 prairial : *J.-M. Loncle*, prêtre d'Hillion, signent la formule précédente.

---

(1) C'est la promesse prescrite par l'art. VI du Concordat.

Le 9 prairial an X (28 mai 1802) : *Augustin Quéro*, ancien recteur de Moncontour et *Pierre-Olivier Blivet* utilisent une nouvelle formule dont voici les termes : « Je déclare que je suis de la communion des évêques de France, nommés par suite de la Convention passée entre le Gouvernement français et Sa Sainteté Pie VII », le reste comme plus haut.

Le 13 prairial an X : *Jean-Louis Hervé*, prêtre de Quessoy ; le 15 *Julien Denis*, prêtre déporté en résidence à Saint-Brieuc ; le 16 : *Jean Le Tallec ; Charles Boga*, prêtres de Quemperven ; le 18 : *Guillaume Lossois*, prêtre de Plévenon. — Le 19 prairial : *Marc Jean*, prêtre déporté de Plélo ; *François Mauffray*, recteur d'Erquy ; *Claude-Yves Loncle*, prêtre d'Hillion.

Le 20 prairial an X (le 9 juin 1802) : *Joseph Hemeury*, prêtre de Servel ; *Henri Peron*, prêtre de Lanrodec ; *Vincent-Toussaint Le Coqu*, prêtre de Plélo. — Le lendemain : *Pierre-Joseph Hallenault de la Villecoven*, prêtre d'Etables. — Le 22 prairial : *Jean Ruello*, prêtre déporté, vicaire de Plouguenast ; *J.-B. Amette*, recteur de Saint-Donan ; *Jacques-Joseph-Marie Souvestre*, recteur de Quintin ; *Pierre-Bertrand Keroignant*, prêtre, natif de Bringolo.

Le 25 prairial an X (13 juin 1802) : *Antoine Auffret*, prêtre de Plouha, prononce en les termes prescrits son adhésion au Concordat : « Je » déclare que je suis de la communion des évêques de France nommés » par suite de la Convention passée entre le Gouvernement français et » Sa Sainteté Pie VII, que je serai fidèle au gouvernement établi par la » Constitution et que je n'entretiendrai, ni directement ni indirectement » aucune liaison ni correspondance avec les ennemis de l'Etat (1) ».

Le même jour se présentent J.-B. Haméon, prêtre de Trégomeur ; Pierre Courson, prêtre de Plouha ; Jacques André, prêtre de Morieux ; Jacques-Olivier Duval, prêtre de Lanfains ; Michel-Charles Gouédart, prêtre de Saint-Julien ; Guillaume Basset, prêtre de Plaintel ; Antoine-Mathurin Alleno, prêtre de Trégueux ; Jean-François Philippe, prêtre de Ploufragan. Tous ces Messieurs font la même déclaration que ci-dessus.

Le 26 prairial an X : Louis-Marie Geffredo et Louis Guillemot, prêtres de Quintin ; François Langlais, recteur de Lantic ; Louis-Julien Pincemin, prêtre de Meslin ; Charles Chapelain, prêtre de Pommeret ; Jean Simon Amice, prêtre de Plémy ; Jacques Hingant, d'Andel ; François-Jérôme de la Noüe, de Quessoy ; François Durand, de Plédran ; François-Marie Thomas, de Plénée ; Jean-Gabriel Lescan, de Tréméloir ; Pierre-Jacques Toquet, de Trégomeur ; Colomban-François Philippe, de Ploufragan.

Le 27 prairial an X : Pierre-François Millet, prêtre déporté rentré dans le courant « de brumaire an VIII », résidant à Lamballe ; Maurice Saillet, résidant à Trédaniel ; Louis-François Doré, de Brehand, rentré en France « en prairial an IX » ; Pelage Caro, de Pommeret, « rentré depuis huit jours » ; François Degerault, d'Yffiniac, « rentré en nivôse » ; François-Marie Alleno, prêtre de Trégueux, « rentré en germinal an IX ».

Le 29 prairial an X (15 juin 1802) : Olivier Paris, prêtre de Langast. « rentré en France dans le courant de l'an IV » ; Jean Andrieux, prêtre de Pommeret, rentré en France « en fructidor an VIII » ; Julien-Ange Col-

---

(1) C'est la promesse exigée des évêques et curés constitutionnels, par Portalis.

lier, prêtre de Saint-Bihy, « rentré en germinal an X » ; Elouan Galern,
prêtre de la Harmois, rentré « en germinal an IX » ; Maurice-Jean Torchard, prêtre de Saint-Donan, « rentré dans le courant de l'an V » ; Laurent Morin, prêtre de Plouvara, « rentré le 18 brumaire an VIII » ;
Julien Pansard, prêtre de Hillion, « rentré le 7 prairial an X » ; Marc
Duval, de Tréveneuc, « rentré en thermidor an VIII » ; Gilles Corvaisier,
de Plélo, « rentré en germinal an VIII » ; Julien Le Mée, de la Malhoure,
« rentré le 7 prairial an IX » ; René Jouyaux, de Saint-Julien, « rentré
le 9 germinal an IX » ; Guillaume Meheust, de La Méaugon, « rentré le
même jour » ; J.-M. Duval de la Méaugon, « rentré dans le courant de
floréal an VIII » ; Olivier-Pierre Duval, même date, résidant au Fœil ;
Guillaume Macé, Julien Collet, « rentrés en prairial an X », résidant
à Lanvollon ; François-Jean Jamet, « rentré en germinal an VIII », résidant à Plédran ; Louis Roussel, « rentré en germinal an IX », résidant
à Quessoy ; Jacques Boscher et Jean Sort, « rentrés en thermidor
an VIII », résidant à Quessoy ; Yves Gouédart, « rentré en brumaire
an VIII », résidant à Plaintel ; Jean Gautho et Jean Blait, « rentrés à
la même époque », résidant à Plaintel ; Jean Girard, de Brehand-
Moncontour, « rentré en prairial an X ».

François Ferchal ; Amateur Dayot (A.) (1) ; Mathurin Olitraut ; Joseph-
Marie-Henry Le Maux ; Marie-Baschamps Odio (A.) ; René Sica ; Jean Le
Nouvel (A.) ; Etienne Coudray ; Jacques Philippe ; Alexis Boyer (A.) ;
Pierre Conen ; Olivier Chancerel ; Jean-Louis Le Pesant ; Michel Le Mée,
tous de Saint-Brieuc ; Michel Ruffelet, de Saint-Brieuc ; Jean-Fran-
çois Bourel, de Saint-Brieuc ; Pierre-Laurent Duros, de Saint-Brieuc ;
Jean-Maurice Querangal, ex-chanoine, de Saint-Brieuc ; Jacques Gar-
nesson, de Saint-Brieuc ; Michel-Louis Manoir ; Jacques Courcoux ;
Antoine Besson ; Hyacinthe Bourgault, tous de Saint-Brieuc ; Jean Duros,
de Guingamp ; François Le Maréchal, de Saint-Brieuc (A.) ; Louis-
Etienne-Charles Raimond (A.), de Saint-Brieuc ; François-Olivier Berthelot, de Saint-Brieuc ; Jean-Michel Corlay, de Saint-Brieuc ; Jacques
Paturel, de Saint-Brieuc (A.) ; François Foëson, de Lanvignec.

Le 29 prairial an X (18 juin 1802) : Pierre-Joseph Garat, de Saint-
Priest ; Claude-Marie-Rolland de Cheffontaine ; Louis-Claude de la Court,
tous prêtres de Tréguier ; Louis Omnès, prêtre déporté rentré depuis
deux mois.

Le 30 prairial an X : Pierre Le Monmier, prêtre de Saint-Carreuc ;
Jean Le Corguillé, prêtre de Hillion ; René Queré, prêtre d'Yvias ; Jean-
Pierre Charmoy, d'Étables ; Hubert Colin, prêtre du Haut-Corlay ; François Richard, prêtre de Saint-Brieuc ; Jean Olivier, prêtre de Quintin
(ex-bénédictin) ; Jean-Mathurin Laurent, prêtre de Coëtmieux ; Nicolas-
François Ruffelet, prêtre de Saint-Brieuc-Cesson ; Jacques-Louis Depagne (A.), de Coëtmieux ; Jean Lozahic ; François Le Gal ; Bertrand Saillet ; Pierre-Jacques Hillion, d'Etables ; Jean-François Jan, d'Etables ;
Claude Cotard, Jean Hervé, de Lamballe ; Jean-Joseph Saintillan, de
Lantic ; Etienne Guérin, de Lamballe ; François-Alexis Brault, de Lamballe ; Toussaint Oizel, de Lamballe ; François-Marie Boulard, résidant
au Roscouet en Pléhédel ; Noël Leclerc, de Hénon ; Jean Rigourdel, de

---

(1) (A) égale Assermenté.

Saint-Brieuc; Pierre-Rolland Guyomard, de Plaine-Haute; Jean Hellouvry, de la Malhoure; Gilles-Rolland Le Lay, de Lanvignec; Pierre-Louis Courson, du Fœil; Vincent Le Coqû, prêtre de Plélo; Yves Pedron, de Pléneuf; Laurent Treguy, d'Etables; François Le Calvez, résidant à Yvias; Joseph Marc, résidant à Plénée; Julien Corlay, de Plédran; Honoré Lallier, résidant à Lannion; Jean-Louis Toublanc, de Planguenoual; Joseph-Marie Hervé, de l'Hermitage; François-Marie Vitel, de Saint-Quay; Joseph-Guillaume-Jacques Le Texier et Mathurin-Jean Gallais, de Quintin; Pierre-Marie Duval, de Quintin; Jean-Pierre-Julien Robin, de Boqueho; Julien Le Guilcher, du Boqueho; Jean Le Guilcher et Joseph Henry, de Boqueho; François-Marie Le Pouliquen, de Pordic; Jacques Conan, de Plourhan: Mathurin Burel, de Plérin; Joseph-Anne Le Garrec, résidant à Bothoa; René Le Jacq, ex-recteur de Corlay et y résidant.

Le 4 messidor an X (23 juin 1802) : Jacques Vitel, de Plérin; Olivier Vinçot, de Plessala; Charles Carro, de Saint-Brandan, Jean Brieuc-Jamet, de Plœuc; Antoine-Claude-François Le Mottais, de Pordic; Yves Le Mignot, de Squiffiec; Yves Le Mat, de Saint-Laurent; François Roger, de Trégrom; Joseph Le Guyader, de Guingamp; Julien Pierre, de Pommerit-les-Bois; Vincent Guezou, de Quemper-Guezennec; Jean Le Corre, du Faouet; Jean Brexel, de Trégomar; Jean Le Bigot, de Noyal; François Blanchet, de Maroué; Louis Brexel, recteur de Trébry; François Huchet, de Saint-Trimoël; Guillaume-Joseph Guillard, de Moncontour; Pierre Guesnier, de Trémuzon; Toussaint-Jean Perrot, de Cohiniac; François Nayrod, de Prat.

Le 7 messidor an X (26 juin 1802) : Jean Presse, de Saint-Gouëno; Joseph Juglet, de Laurenan; Georges-Pierre Le Goas, de Pontrieux; François Teffany, de Pontrieux; Joseph Lévêque, de Pléneuf; Jean-Baptiste Lequilleuc, de Plœuc; Jean-Hyacinthe Kervaudry-Blanvillain, de Guingamp; Ollivier et François-Charles Le Bail, de Guingamp; René-Alexandre Le Garerès, de Guingamp; François Le Moine, de Lamballe; Jean-Paul-François Collet, de Rostrenen; Jean Vincent, de Goudelin.

Le 9 messidor an X (28 juin 1802) : Claude-Grégoire Grandvarlet, de Lanvignec; Jacques Liziard, de Tréguier.

Le 11 messidor an X : Yves Robin, de Gurunhuel; Jean Laudren, de Guingamp; François-Julien, de Plésidy; Yves Loas, de Bourbriac; Yves Le Diouron, de Plougonver; François Rouxel, de Tréguier; Gervais-Joseph Georgelin, de Saint-Mayeux; Charles Riou, de Tréguier; Pierre Larc'hantec, de Hengoat; Guillaume Veron, de Trégenestre; Jean-Pierre Touroux, d'Etables; Jean-Mathurin Person, de Plérin; Toussaint Rhedon, de Plédeliac; François Berthou, de Pleubian; Yves-François Tual, de Dolo.

Le 12 messidor an X : Thérézien Le Diuzet, de Tréguier; J.-B.-Julien Lefèvre, de la Bouillie; François Lehoux, de Cavan; Claude-Marie Le Tinevez, de Berhet; René-Joachim Ropert, de Mur; François Hourdin, de Pléneuf; Jean-Louis Nivet, de Saint-Aaron; René-Gabriel Kerusec de Goastine, de Châtelaudren; Pierre-Noël Le Faucheur, de Hénon; Joseph-François Briend, de Plœuc; Pierre Boinet, de Hénon; Jacques Gaudin, de Moncontour; André Rouxel, de Saint-Cast; Joseph-Guillaume Mesléart, de Trédaniel; Jean-François Liziart, de Lanloup, Etienne Mettrie de la Salette, de Lamballe; Jean-François-Joseph Patard, de Saint-Alban; Jean-Baptiste Brionne et Louis-Jean Rébillard, de Saint-Alban; Yves Beubry, de Bothoa; Jean Le Pennec, de Bothoa; J.-B. Sorgniard, de Lamballe.

Du 13 messidor : François Lozach, de Lannion; Pierre-Paul Labbé, de Saint-Pôtan; Jean Perennès, de Tréverec; Yves-Marie Richard, de Plélo; François Orhan, de Matignon; François-Marie Fourchon, de Maroué; Jean Bourgault, de Meslin; Hyacinthe-Jean Le Bris, de Brélévenez.

Le 14 messidor : François Sylvestre, de Plérin; Louis-Marie Le Bonhomme, de Callac.

Le 16 messidor (5 juillet 1802) : François-Marie Guillaume, de Lannion; Mathurin Allano, de Bothoa; Jean Le Quellec, de Loguivy-Lannion; François Toupin, de Troguery; Yves-Marie Olivier, de Tréguier; René Escalot, de Lanvalay; Pierre-Jacques Loyer, de la Roche-Derrien.

Le 17 messidor : Pierre-Louis Briand, de Tonquédec; Mathurin Joyeux, de Saint-Barnabé; Etienne-Yves Briand, de Tréguier; Yves-Marie Rolland, de Quintin; Jacques-François Laignel, de Collinée; Pierre Mathurin Trobert, de Gausson; Louis-Marie Guenveur, de Lanvellec; Claude-François Rouxel, de Saint-Denoual; Guy et Hervé Limon, de Quintin; Mathurin Doré, de Plémy; J.-F. Fouré, d'Henanbihen; Jean-Michel Burel, de Meslin; Julien-Éloy Margelly, de Bourseul; Jean Le Calvez, de Plouisy; Jean-Marie Menou, de Plestin; Jean Derrien, d'Yvias; Julien-Jacques Bertier, de Dinan; Julien-René Le Marchand, de Mégrit; Pierre Rouxel, de Pléboulle.

Le 18 messidor an X : René Rannou, de Runan; Jean-Pierre Gallais, de Plessala; Sébastien-Corentin Le Dal de Tromelin, de Tréguier; Jean-Charles-Armand Coustin du Masnadau, de Tréguier; Bertrand-Jacques Le Lepvrier, de Servel; Guillaume Le Goff, de Paule; Paul Bercot, de Duault; Charles Poher, de Trébrivan; Yves Le Coz, de Maël-Carhaix; François Raoult, de Saint-Jean-Kerdaniel; Jacques Toullic, de Plouberze; Pierre-François Querou, de Plésidy; Charles-Julien-Sixte Le Bouloign, de Plouaret; André Lorre, de Plorec; Charles-Anne Perret, de Plestin.

Le 19 messidor (8 juillet 1802) : Jacques Le Floch-Moign, de Plélo; François Rourzault, de Saint-Adrien; Bertrand-Jacques Cadoudal, de Saint-Adrien; Joseph-François Beaubras, d'Erquy; Pierre-Antoine Colin, de Quintin; Jean-Marie Le Coz, du Faouet; Julien Méheust, de Landéhen; François Hamon, de Plérin; Joseph de la Noüe, de Hillion; Toussaint Le Bail, de Perros-Guirec; Jean-Marie Le Lay, de Perros-Guirec; Joseph Le Quellec, de Pleubian; Rolland Homo, de Pommerit-Jaudy; Jean-Marie-Joseph Lannier, de Plouguiel; Toussaint-Marie Biez, de Penvénan; François Mordelet, de Trédarzec.

Le 20 messidor an X : Pierre Botrel, de Plerneuf; Hervé-Julien Le Sage, de Boqueho; Julien Josse, de Merdrignac; Gilles Botrel, de Saint-Brandan; J.-M. Le Quilleuc, de Lanfains; Julien-Jacques Le Heran, de Cadelac; J.-B. Garnier, d'Allineuc; Mathurin Monier, d'Allineuc; Joseph-Marie Le Dourneuf, d'Allineuc; René-Jean Dannic, de Quemper-Guézennec; Joseph Georgelin, de Plœuc.

Le 21 messidor an X : Mathurin-Pierre Fraboulet, de Mur; François-Marie Rocquancourt, ex-chanoine de Quimper, à Guingamp; Jean-

Baptiste Rouxel-Desnoes, de Guingamp ; Louis Pommeret, ex-capucin, de Quintin.

Le 23 messidor an X : Guillaume Dohollou, de Ploulec'h ; Toussaint Adam, de Plestin ; J.-B. Le Jan ; René-Yves Fercoq ; Guillaume Le Quellec, de Lannion ; Cosme-Marie Jourand, de Plestin ; Guillaume Magoroux, de Plounévez-Quintin ; François Le Garec, de Kergrist-Moëllou ; Yves Tanguy, de Bothoa ; Yves Guyomard, du Quillio ; Joseph Le Goff, du Quillio ; Antoine-Guy Trumel, de Trémeur ; Pierre Le Forestier, de Sévignac ; Yves Le Bigot, de Saint-Hervé ; Mathurin Lestimé, de la Chèze ; Julien-François Trotel, de Saint-Lormel ; François-Mathurin Depagne, de Plancoët ; J.-B. Perrichon, d'Uzel ; Philippe-Ange Ellès, de Loguivy-Plougras *avec les ⸪ à sa signature;* Guillaume Le Bescont, de Plougras ; Yves Malledant, de Plounérin.

Le 24 messidor an X : Jean-Marie Le Clerc, de Moncontour ; Jean-François Le Couëdic, du Quillio ; Pierre-René Picquet, de Dinan ; Julien Verger, de Dinan ; Pierre-Louis Lesage, de Corseul ; Pierre Huet, de Bourseul ; Julien Onen (A.), de Bourseul ; Guillaume Le Covec, de Saint-Thélo ; Antoine-Pierre Pihan, de Saint-Solen ; Hyacinthe Barbier, de Plumaudan ; Guillaume-Mathurin Nais, de Ruca ; Yves Demoy, de Saint-Pôtan ; Jean Lefort, de Pluduno ; Noël Kanterff, de Plestin ; Antoine-Jacques Mottais, de Pordic ; Toussaint Morin, de Quessoy ; Jérôme Gleyo, d'Etables ; J.-B. David, du Vieux-Bourg ; François-Jean Bidan, de Plédran ; François Morin, de Plaintel ; Joseph-Marie Rabeil, d'Allineuc ; Guillaume-Alexandre Verrier, de Saint-Brieuc ; Louis Viet, de la Motte.

Le 25 messidor : Jacques-Marie-François Eballard et Toussaint Le Hardy, prêtres du Loscouet-sur-Meu ; Michel-Claude Dreux, de Trémorel ; Laurent-Luc-Jean Regnault et Charles-Auguste Chauchart du Mottais, prêtres d'Evran ; Mathurin-Pierre Aubert, de Merdrignac ; Mathurin Manceau, de Lanrelas ; Joseph-Julien Le Maitre, d'Illifaut ; Yves Le Guen, prêtre de Plouberze ; Yves-Félix Couppé, diacre, résidant à Lannion.

Le 26 messidor : François Renault, de la Ferrière ; Mathurin Poisson, de Plémet ; François-Henry et Jean Le Bris, de Saint-Gilles-Pligeaux ; Pierre Le Gal, de Coatreven ; Marc-Antoine Boschat, de Quintin ; Jacques Le Veyer, de Lanmérin ; François Potier ; P. Le Gall, prêtre de Saint-Launeuc ; François Garnier ; Mathurin et Nicolas Le Marchand, de Dinan ; François Blevin, de Bégard ; Jacques-Philippe Huet, de Saint-Jouan ; J.-B. Le Maux, du Quillio ; François Le Maigre, de Saint-Igneuc ; Jean Wrot, de Gommené ; Guy Morice, de Ploumiliau ; Philippe Morvan, de Ploumiliau.

Le 28 messidor : Jean-Mathurin Fraboulet et René, du Quillio ; François Le Couëdic, du Quillio ; Yves-Efflam Lhostis, de Plestin.

Le 30 messidor : Julien-François Phenice, de Plouasne ; Pierre-Marie Durand, de Tréguier ; Mathurin Hamon, de Merléac ; Olivier-Pierre Du Couëdic, de Ruca ; Alexis-Pierre Richard, d'Henanbihen ; Jean Laloyer, de Plérin.

Le 1er thermidor an X (20 juillet 1802) : Nicolas-Maurice Le Pennec, de Pleumeur-Bodou ; Jean Vitte, de Rouillac ; Yves Le Coq, d'Eréac ; Yves Budes, du Vieux-Bourg ; Jean Le Sénéchal, de Dinan ; Louis Megret, de Caulnes ; Pierre Fleury, du Vieux-Bourg ; Jacques Mahé, du Vieux-Bourg ; Jean-Nicolas Marie, de Pleudihen ; Michel-Jacques Briand, de Pleudihen, et Jean-Joseph Le Gaignoux ; Jacques Olivier, de Pleudihen ; Denis-François Roscoët, de Corlay ; Jean Henry, de Corseul ; Jacques Raffray, de Languédias ; Pierre Le Neuder, de Ploumiliau ; François Mauffray, d'Erquy ; Jean Mainguy, de Ploumiliau ; François Mauffray, d'Erquy ; Jean Mainguy, de Saint-Mayeux ; Jacques Gautier, de Hénansal ; Pierre Le Gal, de Saint-Mayeux ; Claude Jégou, de Saint-Mayeux ; Yves Riou, de Plussulien ; Yves-Guillaume Hidrio, ex-frère capucin de Saint-Brieuc ; Jean-Sébastien Thomas, de Trévé ; Jean Le Guen, de Tréguier ; Yves Callec, de Trédarzec ; Etienne-Gabriel-Marie-Artur de Keralio, de Tréguier ; Pierre Le Breauzic, de Tréguier ; François Le Quellec, de Plouguiel.

Le 2 thermidor : Joseph Eballard, de Quévert ; Pierre Hannier, de Trélivan ; Jean Bodin, de Trévron ; Joseph Miriel, du Quiou ; Jean Lecuver, de Trélivan ; François-Joseph Collas, de Calorguen ; Joseph Le Baron, du Haut-Corlay ; Jean-Marie Briend, de Canihuel ; Jean André, d'Evran ; Pierre Garnier, d'Evran ; Olivier Lhermite, de Tréguier ; G. Jouannet, de Quemperven ; Philippe Goermans, prêtre résidant à Saint-Aubin, en Plédéliac.

Le 3 thermidor : Jean Mathurin, de La Landec ; René-Pierre Fleury, de Plumaugat ; Jean de la Villegirouard, de Ploubalay ; Jean-Baptiste Morvan, de Créhen ; Pierre Olivier, de Trégon ; Pierre-Jean Nicolas, du Plessis-Balisson ; Guillaume-Isidore Le Bret, de Saint-Connec ; Mathurin Jouannic, de Saint-Connec ; Jacques Le Gall, carme de Pléneuf ; Louis-Amateur Plesse de Saint-Mirel, de Plumaudan ; Jean-Laurent Goupil, de Corseul.

Le 4 thermidor : Guillaume Sallou, de Lanvollon, ex-curé de Lanloup-Lanleff ; Jean Le Penneuc, de Plouvara.

Le 7 thermidor : Toussaint-François de la Motte-Rouge, de Lamballe ; Olivier Le Bigaignon, de Saint-Mayeux ; René-Vincent Le Floch, de Hémonstoir ; Jean-Joachim Guillo, de Loudéac ; Mathurin Le Demnat, de Saint-Caradec ; Jean Le Clezio, de la Harmois.

Le 8 thermidor : François Le Moine, de Pleslin ; Joseph Percevaux, de Langrolay ; Jean-Joseph Le Vexier, Jean Angoujard, Jean-Joseph Angoujard, Pierre Sablé, tous les quatre de Plumieux ; Julien Le Gros (A.), de Saint-Michel-de-Plélan ; Pierre Guillaume, de Maël-Pestivien ; Pierre Le Duff, de Minihy-Tréguier ; Jean Le Gloannec, de Plourac'h ; François Derrien, de Carnoët ; Jean Chauvin ; Louis-François-André Bourgneuf, de Saint-Brieuc.

Le 9 thermidor : Charles Bêtaux, de Saint-Jacut ; Jean-Joachim Gautier, de Créhen ; Pierre Barbier, de Lanrelas ; Joachim Fleury, de Plumaugat ; Pierre Chevalier, de Plumaugat ; Toussaint Saudrais, de Broons ; Jean Posnic, de Lancieux ; Joachim-Jacques Chartier, de Trigavou ; Joseph-Louis Fouace, de Tréméreuc ; Germain-Marie-Joseph Fouace, de Plouasne (*sic*) (serait-ce une faute pour Plouer?) ; Gilles Heurtaut, de Lamballe ; Vincent Guillotin, de Saint-Maden ; Jean Janvier, de Guenroc ; Louis Le Vallois, de Corseul ; Laurent Ménard, de Corseul ; Pierre Briand, de Plouasne ; Jean-Etienne Saillet, de Quintenic ; Pierre-François Buret, de Dinan ; Charles Goasdoué, de Servel.

Le 10 thermidor (29 juillet 1802) : Jean-Baptiste Leauté, de Mur ; Jean Odic, de Saint-Glen ; Laurent Le Mée, de Jugon ; Mathurin Le

Maux, de Laniscat ; Jean Guillou, de Laniscat ; François Le Coëdic (*sic*), de Laniscat ; Jacques-Joseph Gicquel, de Plusquellec ; Jean-Pierre Roquet, de Plouasne ; René Cathenos, de Taden ; Georges-Julien-Placide Tézé, de Languenan ; Julien-Jean-François-Marie Egault, de Saint-André-des-Eaux ; Claude-Marie Lalouelle, de Dinan.

Le 14 thermidor : Julien Briand, de Languenan ; Denis-Yves Keraufray, de Tréfumel.

Le 15 thermidor : Laurent Auffray, de Saint-Quay ; Guillaume-François Le Breton, de Corseul ; Pierre Josse, de Saint-Aaron ; Jean Nogues, d'Yvignac.

Le 17 thermidor (5 août 1802) : François Avril, de Pluduno ; François Huart, du Lercouët ; Pierre Marion, de Plélauf ; Yves Guillouzo, de Mellionnec ; Ambroise Nais, de Gausson ; Thomas-François Le Savouroux, de Saint-Brieuc.

Le 21 thermidor : François Houart, ex-recteur de Saint-Martin (*sic*) (I.-et-V.), natif et domicilié de Saint-Quay ; Isaac Le Roux, de Prat ; Toussaint Gouédard, de Plaintel ; Marc Jouan, de Tréguier ; Guillaume Gouédard, de Plaintel ; Vincent Poupon (*sic*), de Locarn ; J.-B. Gendrot, de la Chapelle-Blanche ; J.-B. Olivier Haméon, de Gausson, *avec* ∴ ; Augustin-Etienne-Laurent Haslé (*sic*), de Dinan.

Le 22 thermidor : Yves Le Moign, de Peumerit-Quintin ; Guillaume Tanguy, de Saint-Caradec ; J.-B. Rolland, d'Allineuc ; Alexandre-Adrien Mirat, de Rostrenen.

Le 24 thermidor an X (12 août 1802) : Jean Joly, de Plémet ; Jean Le Rigoleur, de Plouguernevel ; François Millin, de Plouguernevel ; Jean Prigent, de Plouguernevel ; Alain-Joseph Olivier, de Laniscat ; Joseph Henrion, de Sainte-Tréphine.

Le 26 thermidor : Henry Le Coguill, de Callac.

Le 29 thermidor : Etienne Le Garrec, de Rostrenen ; Claude Tulubin, de Glomel ; Jean-Vincent Guéguen, de Glomel ; Joseph-Xavier Fougeray, de Saint-Juvat ; Julien Clolus, de Landébia ; J.-B. François Elie, de Gom-mené ; Jacques Riou, de Duault ; François Gicquel, de Plouguenast ; Pierre Carro, de Pludual ; Jean Launay, de Saint-Martin-des-Prés ; Guillaume-René-Armand Floyd, de Callac ; Claude Le Roux, de Saint-Fiacre ; Jean-Marie Pendezec, de Plérin ; Jean-Marie Aubry, de Ploëzal.

Le 3 fructidor an X (21 août 1802) : Marie Loncle, de Quessoy ; Louis-Pierre Morin, de Quessoy ; François Gauttier, prêtre de la Méaugon ; Charles Le Rigoleur, de Saint-Gildas ; François-Denis Huet, de Saint-Postan (A.).

Du 9 fructidor : Guillaume Penault, prêtre de Laniscat ; Marc Le Branchu, prêtre de Saint-Maudé.

Le 16 fructidor : Constant de la Motte-Fouquet, de Matignon ; Jean-Baptiste David et J.-B. Hello, de Plœuc ; Yves-François Le Millin, de Plouguenast ; Bertrand Sanson, de Maël-Carhaix ; Joachim-Marie Potier, du Quillio.

Le 26 fructidor (13 septembre 1802) : Jean-Mathurin Le Bourhis, de Quintin ; Gilles-François-René Quetissant, de Pléboulle ; Guillaume-Marie Thomas, de Brehand-Moncontour ; Jean Belleville, de Plumaudan ; Pierre Menard, de Plélan-le-Petit.

Le 1er complémentaire an X (18 septembre 1802) : Vincent Gannivet, ex-capucin (*sic*), de Caurel ; Jean-François Dalis, de Saint-Brieuc ;

Mathurin-Alain Le Monnier, de Moncontour ; Isidore-Mathurin Cosson. de Moncontour ; René-Jérôme Mesleart, de Saint-Brieuc.

Le 3 complémentaire an X (20 septembre 1802) ; : Louis Dubouais de la Bégassière, de Dinan ; René-Guillaume, de Saint-Mayeux ; René-Julien Gibet, de Quessoy.

Le 23 vendémiaire an XI (15 octobre 1802) : François-Michel Picouays, de Saint-Juvat. — Le 3 brumaire an XI : Valentin-Toussaint Gautier, de Gausson. — Le 22 brumaire an XI : Henry-Joseph Ameline, de Pleudihen. — Le 7 ventôse an XI : Louis-Luc Chantrel, de Saint-Brieuc. — Le 11 ventôse an XI (2 mars 1803) : François Revel, de Lamballe. — Le 12 germinal an XI : Yves Querou, de Plounévez-Moëdec. — Le 17 germinal an XI : Yves-François Mahé, de Plouguernevel. — Le 9 floréal an XI : Joseph-François Poulmic. — Le 12 prairial an XI : Jean-Baptiste Le Dantec. — Le 22 prairial an XI : Henry Le Coguiec. — Le 3 vendémiaire an XI : Jean Le Mignon, de Glomel.

Le 24 brumaire an XII (16 novembre 1803) : Sylvestre Goüello, de Plouvara. — Le 29 brumaire an XII : Jean Le Moel, de Mur. — Le 30 brumaire an XII : Guillaume-François Haméon, de Gausson, revenant d'Espagne. — Le 7 germinal an XII (28 mai 1804) : Jean-Chrysostome-Yves Guyomart, revenant du Portugal. — Le 29 thermidor an XIII (17 août 1804) : François Pilorget, de Plémy, revenant de Rotterdam.

Les entraves mises avant l'application du Concordat à l'exercice du culte catholique, sous le régime de la loi du 7 vendémiaire an IV. (Cf. texte, *Manuel*, I, n° 205.)

291. — Circulaire du sous-préfet Gagon, soi-disant révolutionnaire modéré, *prohibant les sonneries de cloches et définissant ce qu'il faut entendre par tolérance des cultes.*

(Archives Personnelles.)

Le sous-préfet de Dinan écrivait aux maires de son arrondissement le 8 ventôse an IX (27 février 1801) :

« J'apprends, Citoyens, que, malgré les lois et les différens avis que j'ai pu donner précédemment, plusieurs d'entre vous souffrent qu'on *sonne les cloches* qui existent encore dans les églises, pour annoncer l'heure des diverses cérémonies du culte et le commencement et la fin du jour. C'est un abus et une contravention que je ne puis tolérer, et qui vous attireroient des désagréments dont vous ne prévoyez pas les suites. Pour vous faire connaître ce à quoi vous vous exposez, ainsi que les prêtres qui provoquent ou souffrent cette désobéissance à la loi ; avant de sévir contre personne, je prends le parti de vous mettre sous les yeux le texte même de la législation existante relativement à l'usage du son des cloches.

» Le *système de la liberté des cultes qu'a établi la Révolution, à la place de l'intolérance*, exigeoit que le législateur eut pris les moyens d'empêcher qu'on y portât atteinte. La Convention nationale et le Corps législatif rendirent, en conséquence, successivement, les lois des 3 ventôse an III, 7 vendémiaire et 22 germinal an IV. Les deux premières, après avoir fixé les règles de la police des cultes, disposent qu'aucun d'eux ne pourra avoir *rien d'extérieur* et que toutes les cérémonies se feront dans l'enceinte du Temple qui lui est destinée ; la troisième est particulièrement relative au *son des cloches,* et porte ce qui suit :

» Art. 1er. — Tout individu, qui, au mépris de l'art. 7 de la loi du
» 3 ventôse an III, feroit une proclamation ou convocation publique,
» soit au son des cloches, soit de toute autre manière, pour inviter les
» citoyens à l'exercice d'un culte quelconque sera puni, par voie de police
» correctionnelle, d'un emprisonnement qui ne pourra être moins de trois
» décades, ni excéder six mois pour la première fois, et d'une année en
» cas de récidive.

» Art. 2. — Les ministres d'un culte qui feroient ou provoqueroient de
» pareilles convocations, ou qui, instruits de la publicité de la convo-
» cation d'une assemblée, y exerceroient quelque acte relatif à leur culte,
» seront punis pour la première fois *d'une année de prison ;* en cas de
» récidive, ils seront condamnés *à la déportation.* »

» Le ministre de la Police générale, Sotin, adressa, le 29 frimaire an VI, aux administrations centrales et municipales, une circulaire pour leur rappeler leurs obligations respectives à cet égard ; il y détruisoit tous les prétextes dont quelques-unes d'elles voulaient s'autoriser pour per- mettre le son des cloches dans leur arrondissement, et il terminoit par ordonner que ce son fut réservé pour les seuls cas des dangers publics, tels que l'incendie, l'approche de l'ennemi, le rassemblement d'individus qui menaceroient soit la tranquillité, soit la sûreté et la propriété des citoyens.

» D'après cette circulaire, l'ex-administration centrale de ce dépar- tement prit un *arrêté prohibitif du son des cloches,* hors les cas spécifiés. et il fut publié et affiché dans chaque commune. Aucun de vous ne peut donc ignorer qu'il contrevient aux lois, lorsqu'il tolère l'usage des cloches pour celui des cultes dans sa commune......

» Je dois aussi vous rappeller que, quoique l'arrêté des Consuls du 7 nivôse an VIII (cf. n° 275[1]), permette aux citoyens des communes de se servir pour l'exercice de leur culte, des édifices non aliénés, et qui y étaient originairement destinés. un arrêté du gouvernement, en date du 2 pluviôse même année (cf. n° 269), veut *que les mêmes édifices servent aussi à la célébration des cérémonies décadaires,* dont les heures doivent être réglées par les autorités administratives, de manière à prévenir la concurrence des cérémonies civiles avec celles de l'exercice du culte. Quoique les jours de décadi ne soient d'obligation que pour les autorités civiles constituées, *ils sont les seuls jours fériés reconnus par l'autorité nationale,* et, d'après les arrêtés des Consuls du 7 thermidor an VIII, c'est aux jours de décadi que doivent se faire les publications de mariage ainsi que celles des lois et de tous les actes de l'autorité publique.

» *Vous devez regarder comme des imposteurs, tous ceux qui cherchent*

à vous faire croire que les anciennes institutions vont être rétablies; je
vous donne l'assurance que le gouvernement est plus que jamais décidé
à maintenir l'abolition de toutes celles qui sont vraiment contraires aux
principes de la liberté et de la Révolution qui vient de s'opérer pour le
bonheur de la France. Liberté des consciences, liberté des cultes (?) et
des opinions religieuses, liberté des opinions même politiques, sont accordés à tous les Français indisctinctement, ainsi que la sûreté de leurs personnes et de leurs propriétés, dès lors qu'ils vivent soumis aux lois, à la
Constitution, au gouvernement actuel de la Mère-patrie.

» Mon devoir m'oblige, Citoyens Maires, à vous retracer les vôtres,
lorsque vous vous en écartez. Si quelques-uns de vous semblent les oublier
parfois, j'ai la satisfaction de voir que ce n'est que le très petit nombre.
J'espère que, désormais, vous rivaliserez tous de zèle pour l'exécution des
lois et le maintien de l'obéissance qui leur est due. C'est le moyen d'obtenir
cette tranquillité intérieure dont nous avons été privés si longtemps, et
qui auroit du précéder la paix glorieuse que la République vient de dicter
à ses ennemis.

» Vous voudrez bien donner une lecture publique de la présente et
la communiquer aux ministres du culte qui exercent dans votre commune ;
vous direz de ma part que j'espère que la conduite qu'on tiendra à l'avenir,
loin de m'exposer à user de mesures coercitives, méritera de nouveaux
droits *à la tolérance* dont on jouit et à la protection du gouvernement ;
mais que, dans le cas contraire, l'insoumission aux lois ne resterait pas
longtemps impunie et que je sévirois avec toute la rigueur des lois,
contre les infracteurs, quels qu'ils fussent ; mon devoir étant de veiller à
leur exécution, je ne souffrirois point qu'on y porte atteinte. »

....

Signé : GAGON (ex-constitutuant).

292. — COMMENT UN FRANC-MAÇON MILITANT POUVAIT DÈS CETTE
ÉPOQUE, *empoisonner l'existence d'un curé et brimer ses administrés.*

I. — *Le franc-maçon Leroux dénonce au ministre de la Police,
le 23 juin 1800, M. Chauvin, curé d'office de Lanvallay.*

(Arch. Nat., F⁷ 7750, nᵒ 6191.)

Citoyen ministre : « Le maire provisoire de Lanvallay, homme probe,
mais faible, vient de permettre à un appelé *Chauvin,* prêtre, d'exercer
publiquement, sur la présentation qu'il lui a faite d'une commission
signée du grand vicaire de l'ancien évêché de Dol, et après lui avoir dit
qu'il ne feroit pas la promesse de fidélité à la Constituution.

» Hier, il a dit sa première grand-messe, a prêché deux fois le jour,
annoncé au public qu'il tenait sa commission du grand vicaire de l'évêque
de Dol ; qu'il n'avait jamais prêté serment et qu'il n'en ferait jamais (ce
sont ses propres paroles). Il s'est contenté de se présenter chez le sous-

préfet à Dinan pour déclarer son domicile et le lieu où il comptait exercer, refusant de faire la promesse exigée par la loi.

» Ce prêtre, en avançant qu'il n'a jamais prêté serment, en a imposé au public, car on assure qu'il a été curé constitutionnel près Nantes, jusqu'à ce qu'il se réunisse aux Vendéens, où il a été chef d'escadron et rendit les armes avec Charette. Depuis, il a vécu dans nos environs, ses mœurs sont tellement connues que les onze-douzièmes de la commune demandent un autre prêtre, mais un qui se soumette.

» Il a fait sonner les cloches deux fois la semaine dernière. »

Signé : Le Roux ∴

II. — *Déclaration adressée le 1ᵉʳ août 1800 par le maire Le Turquis au sous-préfet de Dinan, concernant l'abbé Chauvin.*

« Le citoyen Jean Chauvin exerçant actuellement le culte à Lanvallay. d'après information faite, a demeuré 6 ans à Dinan caché et il n'a pu avoir aucune assertion sur le fait qu'on lui reproche d'avoir suivi les chouans ; ce qu'il y a de certain c'est que les habitants l'ont engagé à exercer les fonctions de son ministère dans l'Eglise. Il est vrai qu'il a dit qu'on lui avait mal à propos attribué d'avoir fait le serment ci-devant exigé, mais il ne parla pas de la promesse actuellement exigée ; c'est ainsi qu'on lui attribue aussi mal à propos d'avoir fait sonner les cloches : elles n'ont point sonné depuis qu'il exerce, ni avant ; le soussigné ayant fait monter les cordes dans le clocher il y a longtemps. »

Signé : Le Turquis, maire.

P. S. — Ce prêtre n'a prêché à Lanvallay que l'union et la concorde entre les citoyens et la soumission aux lois, ce que le soussigné peut attester comme ayant assisté aux exercices du citoyen Chauvin.

III. — *Pétition des catholiques de Lanvallay adressée au préfet des Côtes-du-Nord, contre les brimades que leur inflige leur maire franc-maçon, le 1ᵉʳ septembre 1800.*

« Exposent les habitants soussignés de la commune de Lanvallay que la paix, l'union et la concorde régnaient entre eux avant que le citoyen maire *Pierre Le Roux* (1). eût été nommé contre leurs vœux maire de la dite commune. Que depuis cette fâcheuse époque, il n'est pas de moyen qu'il n'emploie pour fronder la volonté constante de ses administrés.

» En effet le désir unanime des habitants a toujours été d'exercer le culte dans lequel ils ont été élevés. Ils avaient en conséquence appelé un prestre nommé *Chauvin,* qui depuis plusieurs mois exerçait ses fonctions dans l'église avec l'agréement et à la satisfaction de tous les fidèles.

---

(1) Sa signature est toujours ornée du signe ∴

» De tous les temps, les jours décadaires et les fêtes nationales se célébraient dans le presbytère servant de maison commune, mais par un esprit
de contradiction qui est si mal dans un fonctionnaire public, il prétend
aujourd'hui de son autorité privée s'emparer de cette église pour la tenue
des décades.

» Si la seule volonté pouvait prévaloir sur celle des habitants, alors
ceux-ci se trouveraient privés de l'exercice commode de leurs rits religieux,
car n'existant qu'une seule église à Lanvallay, lorsque le dimanche coïn-
ciderait avec le jour décadaire, le service divin ne pourrait avoir lieu.

» Les exposants se flattent que sous le règne des lois qui autorisent le
libre exercice du culte, on ne leur enlève pas le seul moyen qui leur
reste de le pratiquer. Ils espèrent donc qu'il vous plaira enjoindre au
maire de faire célébrer la décade dans la maison commune, locale qui a
toujours été à ce destinée et que vous leur laisserez la libre disposition
de leur église. »

> Signé : *Salmon, Michel Marre, Pierre Follen* fils ; *Pierre Follen*
> père, avec ∴ ; *Le Turquis, Michel Hervé, Mahault,*
> minor (*sic*) ; *Joseph Beaudouard, Jean Beaudouin,*
> *Jacques Noury, Julien Barré, Pierre Le Forestier,*
> *Jean Picault, Jacques Barbreau, Julien Nourry,*
> *Joseph Le Forestier, Jean Prioul, Barbreau, Gallet,*
> *François Lemaître, Augustin Gilbert, Guillaume Gil-*
> *bert, Rouxel, Mathurin Bouesnard, Pierre Bouchet,*
> *F. Lorre, M. Deschamps, Jean Ange, Giffard, Pierre*
> *Revers, François Rué, François Touin, Yves Toùzé,*
> *Julien Rué, Guillaume Bossard, Mahault* aîné, etc.

IV. — *Les catholiques de Lanvallay réclament à nouveau contre les
agissements de Le Roux, leur maire franc-maçon.*

Les habitants de la commune de Lanvallay, canton rural de Dinan,
au général Hédouville, le 22 février 1801 :

« Exposent que par la mauvaise volonté du maire de leur commune,
ils se voient privé de l'avantage dont jouissent presque tous les autres
citoyens de leur département, c'est-à-dire du libre exercice de leur culte.
Cependant la loi, de concert avec l'intention manifeste du Gouvernement
est que chacun puisse rendre à sa manière l'hommage qui est dû à la
Divinité.

» Pendant plusieurs mois de l'an VIII, un ecclésiastique (Chauvin),
qui méritait à tout égard l'estime publique, exerçait les fonctions de son
ministère dans l'église attachée à la commune, mais le maire parvint à
l'en expulser en y faisant célébrer la décade aux heures de l'office.

» Depuis cette époque les habitants ont été privés de tous secours spirituels. Cependant un autre digne prêtre se propose aujourd'huy d'exercer
dans leur église, mais le maire s'y oppose de nouveau jusqu'à ce qu'il n'ait
fait la soumission qu'il prétend que la loi exige, tandis qu'on ne la réclame

pas de ceux qui l'environnent, lorsque par leurs actions ils ne donnent aucune prise sur leur conduite.

» Les exposants se flattent donc que vous interposerez votre autorité pour que leur commune ne soit pas privée de l'exercice public de son culte.

» C'est dans cette confiance qu'ils ont recours à vous et qu'ils vous prient d'autoriser l'ecclésiastique qu'ils choisiront à exercer ses fonctions dans l'église communale sans être assujettis à la formalité préalable de la soumission requise par le maire. »

A Lanvallay, le 2 pluviôse an IX.

Signé : Pierre Bouchel, Le Turquis, ex-maire, qui a rédigé cette
supplique ; François Rue, Pierre Follen, Jean Nourry,
Julien Rue, Mevel, Angot, Baglin, Salmon, Joseph
Le Forestier, Pierre Le Forestier, Jh Mahault,
Gallet, Lemaître, Jean Rouillé, Julien Barré.

293. — La situation du clergé catholique avant le Concordat, vis-a-vis du clergé constitutionnel.

A. — Arrêté du maire de Pléneuf prescrivant le partage de l'Eglise,
le 5 février 1801.

(Arch. C.-du-N., série V.)

Nous, maire et adjoint municipal de la commune de Pléneuf ; vu la pétition à nous adressée le 13 courant contenant plus que l'unanimité des citoyens composant cette commune. Après avoir consulté et de l'avis du Conseil municipal de la dite commune qui ont tous déclaré vouloir de tout leur pouvoir et qu'il ne se trouvait aucun moyen plus légal pour maintenir la paix, l'union et la tranquillité, sans avoir égard aux opinions religieuses, ni inconvénients y relatifs, mais seulement pour la commodité des citoyens, leur rapprochement aux lois du gouvernement ; dont par icelui, ne déclarons nuire ni préjudicier au curé constitutionnel, au contraire le protéger par tous les moyens que la loi met en notre pouvoir, mais seulement entretenir jusqu'à nouvel ordre la paix, l'union si désirée entre citoyens d'une même commune.

En conséquence, vu..., etc., arrête :

Art. 1er. — La moitié du local du bâtiment de la commune de Pléneuf servant actuellement au culte, sera partagé par moitié avec des rideaux seulement et différents matériaux y adjacents.

Art. 2. — Que le curé constitutionnel de Pléneuf célébrera sa messe et autres offices au chœur oriental du dit bâtiment, c'est-à-dire à sa place ordinaire, à 10 heures et demie du matin, et les vêpres à 3 heures et demie, les jours destinés au culte.

Et le dit François Hourdin, prêtre soumis aux lois du gouvernement, célébrera, savoir les jours de culte, à 8 heures et demie du matin et l'après-

14

midi du dit jour, à une heure et demie, pour ses autres fonctions. au bout occidental du dit local.

Signé : Péron, maire ; Beaufils, adjoint.

B. — *Pétition des habitants de Pléneuf pour obtenir la disposition de leur église, le 2 février 1801.*

(Arch. C.-du-N., série V.)

Nous soussignés, membres de différentes sections de la commune de Pléneuf, aux maire et adjoint de la dite commune :

« Citoyens, nous vous adressons à vous, afin de rétablir la volonté du peuple, qui consiste à rétablir la paix et la concorde en faisant disparaître les divisions causes de nos malheurs. Vous savez qu'il existe deux ministres du culte catholique, tous deux enfants de la commune. dont l'un est constitutionnel et l'autre n'est point réfractaire, puisqu'il s'est soumis aux lois et que ces deux ministres sont subordonnés à des chefs dont ils s'en trouvent qui empêchent de communiquer spirituellement jusqu'à une discipline de l'Eglise (*sic*), mais ils ne sont pas prêtres pour nous, c'est pour le peuple.

» Vous n'ignorez pas aussi, puisque vous l'avez permis, de chercher un local pour satisfaire aux vœux du peuple et qu'on a pris la plus grande des chapelles de la commune, qui se trouve encore disproportionnée à une réunion de plus de 1.200 âmes, que plusieurs anciennes personnes ont manqué de périr dans la foule et les autres par la rigueur du temps. Il n'est donc pas possible, sans la plus coupable imprudence, de continuer l'exercice du culte dans un pareil local, tandis qu'il existe une église fruit de nos travaux, desquels nous avons contracté des obligations qui existent encore. Une église confiée à votre surveillance, d'une vaste grandeur plus que suffisante pour contenir tous les habitants de la commune, église qui est presque écroulée manque de couverture, etc., et cela occasionné par la malheureuse division qui nous ferme l'entrée de ce temple si cher à nos yeux.

» En conséquence, nous réclamons au nom du peuple qui nous en a chargé, l'usage de cette dite église en exécution de la loi du. 11 prairial an III. en nous fixant les heures les plus convenables ainsi que les limites de ce local, proportionnellement à la population, afin d'entretenir la paix et la concorde.

» Nous ne prétendons pas par cette démarche resteindre ni diminuer les privilèges du ministre constitutionnel. Au contraire nous faisons la promesse de le protéger en toute occasion, même de réparer le dit édifice à nos frais aussitôt que vous nous aurez accordé notre juste demande. Tel est le vœu de nos concitoyens de qui nous répondons de la sincérité en prenant l'engagement de vous le prouver par plus de 1.000 à 1.200 signatures ou adhésions si vous le désirez.

» Enfin dans un mot, il est de toutes nécessités que vous preniez en considération la demande d'un peuple qui n'aspire que la paix et le bonheur de la société. Jetez les yeux sur les misères des nombreux habitants du bourg, qui, depuis que le peuple ne se réunit plus dans le lieu le plus commerçant des environs, est aujourd'hui comme un désert et cela par le fléau de la désunion que nous vous proposons de détruire, aidés de la justice que nous attendons de vous. »

> Signé : *Gilles Bahier, F. Barbedienne, Jean Gauvin, Pichon, Joachim Rogé, Mathurin Hourdin, P. Guinard, J.-B. Bouguet, J.-B. Barbedienne, Pierre Levesque, Jean Levêque.*

Vu par nous, maire et adjoint et conseil municipal de Pléneuf, la pétition d'autre part, renvoyée à la Préfecture pour y être fait droit ainsi qu'il appartiendra. A Pléneuf ce 15 pluviôse an IX (4 février 1801).

> Signé : *Deron,* maire ; *Beaufils,* adjoint ; *Mathurin Rousmy, Florian Guinard, Mathurin Levesque, J.-B. Bertrand, P. Ruellan, Jh Le Provost ∴, Pierre Rouget.*

Voir pour la suite de cette affaire le présent volume, n° 264 *ter.*

La Cathédrale de Saint-Brieuc, état actuel, d'après un dessin
de M. de la Messelière.

CHAPITRE III

**Les enquêtes préfectorales de Boullé en 1801 et 1802
avant les nominations
aux cures et succursales dans les Côtes-du-Nord.**

AVANT-PROPOS

Une fois le Concordat promulgué et avant de procéder aux nominations
aux cures et succursales, le gouvernement éprouva le besoin de se faire
renseigner sur le compte du clergé auquel on allait incessamment confier
l'administration des paroisses. De là, la nécessité de procéder à des
enquêtes destinées à éclairer le pouvoir central. Le franc-maçon Boullé,
vieil anti-clérical impénitent, promu préfet des Côtes-du-Nord, et futur
baron de l'Empire, fit parvenir le 4 septembre 1801 au ministre de l'Intérieur, le résultat des renseignements qu'il avait recueillis sur le compte
des prêtres de son département.

Trente-huit seulement, appartenant tous à une exception près, à l'Eglise
constitutionnelle, lui parurent dignes de retenir son attention. L'abbé

Sevestre, dans une brochure intitulée *Le Clergé Breton en 1801*, qu'il fit paraître dans les *Annales de Bretagne*, puis en un tiré à part édité en 1912 chez Picard à Paris, a publié, non seulement les renseignements fournis au gouvernement par le Préfet des Côtes-du-Nord, mais encore la lettre dont il accompagna son envoi, où perce à chaque ligne l'esprit qui l'anime. Les originaux de ces pièces sont conservés aux *Archives Nationales* sous la côte F 19, 865. Nous les reproduisons ici.

Mais là ne se borna pas le zèle du citoyen Boullé. Il crut indispensable d'éclairer également l'évêque de Saint-Brieuc sur la valeur du Clergé que celui-ci allait utiliser. De là, une seconde enquête opérée en 1802-1803 et dont les résultats originaux, non plus que la copie, n'existent, sinon par parcelles infimes, aux Archives des Côtes-du-Nord. Cette deuxième enquête est cependant incomparablement plus intéressante que la première, car elle embrasse la quasi-totalité des prêtres de ce département. C'est ce document que nous avons eu la bonne fortune de retrouver. Nous le faisons suivre la première enquête dont Sevestre a eu la primeur de publication.

L'une et l'autre ont ceci de commun qu'elles ont été rédigées dans un esprit très tendancieux et que les renseignements sur la moralité des individus qu'elles apprécient, ne doivent être acceptés que sous bénéfice d'inventaire. Autant leurs rédacteurs, en général, s'y montrent sévères sur le compte des prêtres réfractaires, autant les assermentés semblent y jouir d'une prédilection marquée. Les Jacobins, qui remplissaient les administrations consulaires, ne pardonnaient pas à bon nombre des prêtres insermentés d'avoir échappé à leurs embûches au cours des mauvais jours.

Pour cette queue de Robespierre, les prêtres insermentés demeuraient toujours l'ennemi et l'on ne s'en aperçoit que trop bien à la lecture de certains rapports. Mais ceci laissé de côté, l'enquête que nous présentons au public est du plus haut intérêt et complète admirablement les renseignements que notre *Manuel* fournit sur le Clergé des Côtes-du-Nord au cours de la Révolution.

Grâce à ce document, nous connaissons en effet le nombre, les noms, le lieu de naissance, l'âge et la situation ancienne et présente du plus grand nombre des ecclésiastiques de ce département qui avaient survécu à la tourmente révolutionnaire (1). Nous savons s'ils ont ou non prêté le serment constitutionnel et s'ils ont subi la déportation : Toutes espèces d'informations qu'il est bien difficile de réunir et que nous trouvons groupées dans cette pièce unique.

Nous ne prétendons cependant pas qu'elle est exempte d'erreurs. S'il faut user avec prudence des appréciations du préfet Boullé sur le Clergé des Côtes-du-Nord, il est non moins certain que le *curriculum vitae* de certains ecclésiastiques qui figurent sur son enquête n'est pas toujours exact.

---

(1) Nous employons à dessein l'expression « plus grand nombre » : l'enquête de Boullé ne contient pas en effet tous les noms des prêtres existant alors dans les C.du-N. Il est vraisemblable aussi que tous n'étaient pas encore revenu d'exil à l'époque de sa rédaction. La liste cotée 279, est bien plus complète.

Nous avons corrigé de notre mieux les inexactitudes que nous y avons relevées, mais les moyens d'investigations nous font défaut pour pouvoir vérifier des notices se rapportant à tous les prêtres d'un grand département et nous prions nos lecteurs de bien vouloir s'en souvenir à l'occasion.

I. — LA PREMIÈRE ENQUÊTE PRÉFECTORALE DES CÔTES-DU-NORD, PORTE EXCLUSIVEMENT SUR LES PRÊTRES ASSERMENTÉS ET TÉMOIGNE DE L'ESPRIT JACOBIN DE SES RÉDACTEURS.

A. — *Le Préfet des Côtes-du-Nord, Jean-Pierre Boullé (1), avait joint à son enquête une longue lettre adressée au Ministre de l'Intérieur. Elle est datée du 17 fructidor an IX (4 septembre 1802) et témoigne que son auteur, en ce qui concerne le clergé, n'a rien oublié, ni rien appris.*

« Citoyen Ministre. Vous m'avez demandé des notes sur les prêtres de ce département les mieux formés dans l'opinion publique et les plus dignes de la confiance du gouvernement. Je vous les adresse, ci-joint. Elles contiennent l'indication de 37 sujets les plus connus par leurs talents, leur moralité, les dignités auxquelles ils ont été appelés dans l'église, et leur attachement au gouvernement républicain. Je les ai tous choisis dans le nombre des prêtres assermentés, et je les ai nuancés de manière à vous faire apercevoir ceux d'entr'eux qui jouissent de plus de réputation. S'il s'était agi de vous faire connaître tous les prêtres qui remplissent avec décence les fonctions du culte et qui ont été constamment soumis aux lois, j'aurais trouvé dans cette classe un bien plus grand nombre, mais je suis borné à nommer ceux qui m'ont paru réunir le plus d'assentiment.

» Je ne puis vous indiquer personne dans le nombre très considérable des prêtres qui s'étaient mis sous le coup de la déportation, et dont la plupart sont rentrés, parce qu'outre que leur conduite m'a semblé absolument contraire à celle que devait leur inspirer le titre de ministre de paix, c'est que je ne puis les considérer comme les amis du gouvernement. Quelques-uns d'entre eux ont à la vérité souscrit la *promesse de fidélité à la Constitution,* demandée par la loi du 10 nivôse an VIII, mais c'est avec de telles restrictions, qu'ils ne se font généralement aucun scrupule de continuer leur anathème contre les prêtres sermentaires qu'ils traitent de schismatiques, d'intrus, etc., et à condamner les acquisitions des domaines nationaux, ainsi que la plupart des institutions républicaines.

---

(1) Le préfet des Côtes-du-Nord était Jean-Pierre Boullé. Né à Auray le 30 juillet 1753, il était avocat à Pontivy avant la Révolution, fut député à l'Assemblée constituante, devint membre de l'Administration départementale, se compromit par le fédéralisme, fit partie du Conseil des Cinq Cents de l'an IV à l'an VII, occupa la charge de commissaire du pouvoir exécutif en l'an VII, fut préfet des Côtes-du-Nord de l'an VIII à 1814, de la Vendée de 1814 à 1815, mourut le 13 juin 1816. Il n'y a point aux Archives nationales de dossier personnel sur Jean-Pierre Boullé. On trouve des renseignements intéressants dans F1b11, Côtes-du-Nord 3. Le décret qui nomme Boullé préfet des Côtes-du-Nord porte la date du 23 ventôse an VIII. Il fut installé le 24 germinal an VIII. Les lettres de Mgr Caffarelli au ministre Portalis, que nous publions ici, se plaignent amérement des difficultés que ce fonctionnaire ne cesse de lui susciter.

Il m'est impossible de voir des amis de la patrie dans des gens, qui, constamment guidés par l'esprit de parti, ne veulent avouer d'autorité légitime que dans la royauté, d'instruction que dans le catéchisme, de justice que dans le rétablissement des dîmes et de leurs privilèges anciens. Un des plus grands embarras attachés à mon administration est de contenir ces gens et de réprimer leurs écarts. Les uns portant la mauvaise foi au point de nier qu'ils ont fait la soumission ; les autres en détruisant l'effet par de perfides commentaires : « La soumission, disent-ils, est un » acte purement passif, c'est-à-dire qui consiste à subir le joug, mais qui » n'oblige point à approuver, et qui, au contraire, conserve au prêtre » toute liberté de conscience de blâmer les loix qui lui paroissent porter » atteintes aux principes de la religion, et de refuser de coopérer à rien » de ce qui porterait l'empreinte de la moindre infraction à ces principes. »

» Ainsi donc, en ayant l'air de se soumettre à la Constitution pour acquérir le privilège d'endoctriner le peuple à leur guise, ces prêtres se réservent le droit de saper par leurs conseils et leur ascendant le fondement du nouvel état de choses. Ces dangereuses subtilités ne me permettent de voir dans ceux qui les professent, que des hommes dont on doit se défier et qu'on doit surveiller, loin de leur conférer un ministère de confiance.

» Je désire que vous trouviez dans ma franchise et ma véracité une nouvelle marque de mon attachement à mes devoirs et à la République. »

Signé : BOULLÉ.

P. S. — Je dois cependant vous dire que j'ai été informé que le prêtre *Ruello, ex-recteur de Loudéac,* ex-constituant, déporté rentré, se comporte paisiblement dans son ancienne cure où il est retourné, et se montre sous plusieurs rapports beaucoup plus raisonnable, plus tolérant que ses confrères. Celui-ci est le seul prêtre déporté dont les autorités éclairées et non suspectes, m'aient rendu un compte avantageux, et je me fais un devoir de vous l'indiquer sous les mêmes couleurs qu'il m'a été présenté (1).

B. — *Notes fournies par le Préfet des Côtes-du-Nord sur les prêtres de ce département.*

Nicolas Armez. Prêtre, propriétaire fortuné, a été vicaire épiscopal de l'évêque constitutionnel de Vannes et n'a point occupé d'autres dignités dans l'Eglise. [Jamais le dénommé Armez ne fut vicaire épiscopal de Vannes. Note de l'auteur.]

Dans l'ordre politique, il a rempli diverses fonctions importantes : il a été le procureur général-syndic du département des Côtes-du-Nord; a été ensuite commissaire du gouvernement près la même administration

---

(1) Né le 26 février 1734 à Collinée, il mourut à Loudéac le 2 juillet 1805. Il prêta tout d'abord un serment conditionnel, puis se rétracta et fit paraître sa rétractation dans le *Journal ecclésiastique.* Au moment de la déportation des prêtres, il s'exila en Angleterre. Voir sur l'abbé Ruello une bonne notice dans l'*Annuaire des Côtes-du-Nord pour 1848* et dans Kerviler : *Cent Ans de Représentation bretonne,* 1re série.

en vertu de la Constitution de l'an III ; nommé haut-juré en l'an VI ; membre du Conseil général du département en l'an VIII.

Le citoyen Armez est aussi avantageusement connu par ses talents et son patriotisme que par sa probité. Il est plus propre aux fonctions politiques qu'à celles d'Eglise, et il est probable qu'il n'en accepterait pas de ce genre.

Pierre-Marie Baschamps-Odio (1). Prémontré, ancien curé de la paroisse de Pordic, premier vicaire épiscopal de l'évêque constitutionnel des Côtes-du-Nord, bibliothécaire de l'Ecole Centrale ; homme sage, régulier, zélé dans son état, littérateur, d'un commerce doux, ami des institutions républicaines ; propre à remplir avec dignité des fonctions dans l'Eglise.

Jean-Baptiste Gautier. Curé assermenté, ayant été vicaire de l'évêque constitutionnel des Côtes-du-Nord ; docteur en théologie, savant comme ecclésiastique ; instruit par ailleurs, ayant des mœurs, de la régularité, du zèle, de la fermeté ; propre à remplir des dignités dans l'Eglise.

Jacques-Jean-Marc Pasturel. Ancien recteur, devenu vicaire épiscopal de l'évêque constitutionnel des Côtes-du-Nord ; théologien, homme de mœurs sévères, zélé exemplaire ; propre à remplir avec dignité des fonctions dans l'Eglise. [Il devint chanoine titulaire.]

Julien Bichemin. Vicaire épiscopal de l'évêque constitutionnel des Côtes-du-Nord, ayant des mœurs, théologien, ayant de l'instruction ; propre à remplir dignement des fonctions dans l'Eglise.

Alain Jacob. Curé constitutionnel, frère du dernier évêque constitutionnel des Côtes-du-Nord ; théologien instruit, zélé, régulier dans son état, de bonnes mœurs ; propre à remplir dignement des fonctions dans l'Eglise. [Il devint curé de la Roche-Derrien où il trépassa le 21 avril 1804.]

François Lailleton. Curé sermentaire, homme instruit, comme théologien et citoyen ; de bonnes mœurs, zélé dans son état, ami des institutions républicaines, ferme, courageux ; propre à gouverner et à remplir dignement des fonctions dans l'Eglise. — Ce prêtre fut assailli par les chouans dans sa maison. Il soutint pendant longtemps leur feu, il y répondit et en ayant blessé plusieurs, il les força à prendre la fuite. Ce trait de courage est pour lui un titre de plus à l'estime des bons citoyens.

Jean-Gabriel Huet. Ex-bénédictin, devenu curé constitutionnel de Merdrignac, obligé de fuir à raison des troubles, devenu commissaire du Directoire près le canton de Broons ; aujourd'hui maire du même lieu ; instruit comme théologien et comme citoyen ; homme de bonnes mœurs, ayant de la fermeté, du zèle, ami des institutions républicaines ; propre à remplir dignement des fonctions ecclésiastiques et même civiles dans l'ordre administratif.

François-Pierre Clech. Curé sermentaire, théologien, lettré zélé, régulier, d'une bonne conduite ; propre à l'instruction et à remplir dignement des fonctions dans l'Eglise. [Il devint curé de Plouha.]

Jean-Zacharie Bourgneuf. Ancien professeur de rhétorique au collège de Tréguier, nommé curé constitutionnel ; obligé de fuir sa paroisse,

---

(1) Il avait été prémontré de Beauport. A la mort de l'évêque constitutionnel, arrivée le 28 mars 1801, il prononça son oraison funèbre et le compara à saint Guillaume, fondateur de l'Eglise Saint-Brieuc. Il intrigua pour se faire nommer à son lieu et place et décéda chanoine titulaire, âgé de 55 ans, le 7 septembre 1805.

nommé commissaire du gouvernement près un canton rural; homme instruit, littérateur, ayant des mœurs, du caractère; propre à remplir dignement des fonctions ecclésiastiques et propre à l'instruction. [Il devint curé de Plouagat. Nous avons publié sa notice au tome II de l'*Hist. du Pays de Dinan.*]

Charles Le Guern. Curé constitutionnel, substitut de l'archiprêtre; théologien instruit, zélé, de bonnes mœurs; propre à remplir dignement des fonctions ecclésiastiques. [Il devint curé de Plestin en 1803.]

Jean Le Bras. Curé constitutionnel, substitut de l'archiprêtre; théologien, lettré, de bonnes mœurs, zélé; propre à remplir dignement des fonctions dans l'Eglise.

Louis-Jean Petitbon. Vicaire sermentaire, théologien, zélé, ayant des mœurs; propre à remplir dignement des fonctions ecclésiastiques.

Philippe Le Bescond. Ex-capucin, prêtre sermentaire; théologien, de bonnes mœurs, zélé, exemplaire, doux; propre à remplir dignement des fonctions ecclésiastiques.

Jean-François Le Baraner. Curé sermentaire, archiprêtre, théologien, de bonnes mœurs, zélé; propre à remplir dignement des fonctions ecclésiastiques.

Charles Le Vincent. Ancien vicaire, nommé curé constitutionnel, archiprêtre de l'évêque des Côtes-du-Nord; théologien ayant du zèle, des mœurs, de la conduite; très propre à remplir dignement des fonctions ecclésiastiques.

François-Marie Prigent. Ancien curé sermentaire, substitut de l'archiprêtre; théologien, instruit, de bonne mœurs, zélé pour son état; propre à remplir dignement des fonctions ecclésiastiques. [Il devint curé de Plouaret où il décéda en 1825.]

François Allanet. Curé constitutionnel, théologien instruit, de bonnes mœurs; propre à remplir dignement des fonctions dans l'Eglise.

Louis Le Mée. Curé sermentaire, archiprêtre; théologien instruit, de bonnes mœurs; propre à remplir dignement des fonctions dans l'Eglise. [Il devint curé de Jugon. Cf. *Hist. du Pays de Dinan,* II, p. 198.]

Guillaume Le Cornec. Ancien vicaire nommé curé constitutionnel d'une commune rurale, archiprêtre de l'évêque constitutionnel des Côtes-du-Nord; théologien, homme d'un commerce doux, bienfaisant par caractère, ayant de bonnes mœurs, zélé dans son état; très propre à remplir dignement des fonctions ecclésiastiques.

François-Rodolphe Bouëtard. Curé de paroisse, devenu membre du presbytère de l'évêché des Côtes-du-Nord; théologien instruit, homme zélé, de bonnes mœurs, exemplaire; propre à remplir dignement des fonctions dans l'Eglise.

Yves Galbon. Ancien curé sermentaire, archiprêtre; théologien, homme zélé, de bonnes mœurs, exemplaire, estimé dans son état; très propre à remplir dignement des fonctions d'Eglise. [Il devint curé de Lézardrieux avec résidence à Pleumeur-Gautier.]

Nicolas Jégou. Curé constitutionnel de Louanec, archiprêtre, théologien instruit, moral, d'un commerce doux, estimé; propre à remplir dignement des fonctions ecclésiastiques. [Il devint curé de Belle-Isle-en-Terre en 1803.]

François-Joseph Clérivet. Prêtre constitutionnel, instruit comme théologien et comme citoyen, ayant des mœurs, du caractère; propre à remplir dignement des fonctions dans l'Eglise. [Cf. *Hist. du Pays de Dinan*, II, p. 193.]

Henry Le Gall. Ancien curé sermentaire, ancien professeur de belles lettres, théologien instruit, homme zélé, de bonnes mœurs, ayant rempli les fonctions de commissaire du gouvernement près son canton; propre à remplir dignement des fonctions dans l'Eglise. [Devint curé de Pontrieux.]

Jean-Joseph-Ignace Corbel. Ancien vicaire, devenu vicaire du séminaire de l'évêque des Côtes-du-Nord; homme encore jeune, théologien instruit, zélé dans son état, ayant de bonnes mœurs; propre à remplir dignement des fonctions ecclésiastiques. Député au dernier concile à Paris. — Il a rempli des fonctions dans l'ordre politique, comme commissaire près un canton.

Jean-Antoine Le Nouvel. Ancien curé, devenu archiprêtre de l'évêque constitutionnel des Côtes du-Nord; théologien, homme de bonnes mœurs, propre à remplir dignement des fonctions ecclésiastiques.

Amateur Dayot. Devenu curé constitutionnel, obligé de fuir à raison des troubles; a rempli des fonctions de commissaire du Directoire près un canton, a obtenu au concours la place de professeur de belles lettres à l'Ecole centrale des Côtes-du-Nord où il est en activité; homme zélé pour l'instruction, de bonnes mœurs, propre à la place qu'il occupe, et capable de remplir dignement des fonctions dans l'Eglise, mais préférant de rester attaché à l'instruction. [Il devint curé de Guingamp en 1803. — Ce prêtre franc-maçon y décéda en 1806.]

Yves-Marie Chevalier. Curé sermentaire, substitut de l'archiprêtre; théologien instruit, de bonnes mœurs; propre à remplir dignement des fonctions dans l'Eglise.

Fidèle Paris. Ex-curé sermentaire de Pleudihen; instruit, savant même, de bonnes mœurs; propre à remplir dignement des fonctions dans l'Eglise. [Cf. *Hist. du Pays de Dinan*, t. I, p. 140 et sq. Cet individu s'était marié le 7 mai 1794.]

Laurent Gouriou. Curé constitutionnel, archiprêtre; théologien, de bonnes mœurs, zélé; propre à remplir dignement des fonctions ecclésiastiques. [Il devint curé de Bourbriac en 1803.]

François Maréchal. Curé constitutionnel réfugié; théologien, zélé, ayant de bonnes mœurs; propre à remplir dignement des fonctions dans l'Eglise.

Yves-Marie Le Bonniec. Curé constitutionnel de Lannion; théologien instruit, zélé, ayant des mœurs; propre à remplir dignement des fonctions ecclésiastiques. [Il devint curé de Bégard en 1803.]

Louis-Marc Dobet. Prêtre sermentaire, ex-vicaire-directeur du séminaire de l'évêque des Côtes-du-Nord; homme instruit, de bonne conduite, capable de remplir dignement des fonctions dans l'Eglise. — Ce prêtre était, par son âge, de la classe des réquisitionnaires; comme tel il a servi pendant cinq ans aux armées, il était sergent-major d'artillerie; il est maintenant chez lui. [Cf. *Hist. du Pays de Dinan*, I, p. 187.]

II. — La seconde enquête du préfet Boullé, beaucoup plus complète que la première, malgré sa partialité et ses inexactitudes, nous fournit une précieuse statistique du Clergé des Côtes-du-Nord en 1802-1803.

L'original est en la possession de M. le chanoine Gadiou, directeur de Notre-Dame d'Espérance, qui a bien voulu nous le communiquer. Nous avons pu ainsi revoir de près une copie qu'en avait rédigée le R. P. Perquys, (S.-M.) dont M. le chanoine René Pavy nous avait permis de prendre connaissance. Dans l'original, aux mains de M. Gadiou, les noms sont classés par arrondissements et par cantons. Il nous a semblé plus pratique de suivre l'ordre alphabétique qui était celui de la copie de M. le chanoine Pavy.

⁎

Abgral (René), 78 ans, né et domicilié à Lamballe. Autrefois directeur des Ursulines. *Insermenté*, non déporté.

Adam (Toussaint), 46 ans, né et domicilié à Plestin, n'y réside plus maintenant. Autrefois vicaire, sans emploi actuel. *Insermenté*, déporté. Rentré depuis peu, a refusé de se soumettre, s'est retiré de l'arrondissement.

Alix (Mathurin), 48 ans, né et domicilié à Tréfumel, y réside depuis 6 ou 7 ans. Ancien curé constitutionnel, sans aucun titre actuel. *Assermenté*, non déporté. Peu capable, bon à placer vicaire sous un curé exact.

Allanet (François), 60 ans, né et domicilié à Camlez, y réside depuis 7 ans. Autrefois vicaire, aujourd'hui curé constitutionnel de Camlez. *Assermenté*, non déporté. S'est bien montré durant la Révolution, bonnes dispositions actuelles.

Alleno (Mathurin-Antoine), 41 ans, né a Saint-Brieuc, domicilié à Trégueux depuis 15 mois. Autrefois vicaire de Trégueux, aujourd'hui simple prêtre. *Insermenté*, déporté.

Alleno (François-Marie), 49 ans, né à Saint-Brieuc, à Trégueux depuis 15 mois. Autrefois recteur, aujourd'hui desservant. *Insermenté*, déporté.

Ameline (Henry). (Aucun renseignement.) [Cf. *Hist. du Pays de Dinan*, I.]

Amette (Jean-Baptiste), 64 ans, né à Saint-Brieuc, domicilié depuis 15 mois, à Saint-Donan. Autrefois recteur, fait aujourd'hui fonctions de curé. *Insermenté*, déporté. Homme paisible, de bonnes mœurs, se conduisant bien.

Amice (Jean), 56 ans, né et domicilié à Plémy, y réside depuis 10 mois. Autrefois recteur de Jugon, aujourd'hui simple prêtre. *Insermenté*, déporté. On le dit homme de mérite.

André (Claude-René), 41 ans, né à Pontrieux, domicilié à Saint-Clet depuis 1788. Autrefois vicaire, aujourd'hui instituteur. *Assermenté*. Marié par suite des décrets terroristes et des menaces de Le Carpentier (1). N'exerce pas.

André (Jacques), 45 ans, né à Pordic, domicilié à Morieux depuis 5 ans. Autrefois recteur de Morieux, fait aujourd'hui fonctions de curé. *Insermenté*, déporté.

André (Jean-François), 41 ans, né à la Chapelle (*sic*), domicilié à Evran depuis messidor an V. Vicaire autrefois et maintenant. *Insermenté*, déporté. A renvoyer dans sa commune, Ille-et-Vilaine.

---

(1) André s'était marié et demandait au cardinal Caprara de valider son mariage, le 22 février 1806 (*Arch. Nat.*, F^{IV}, 1916).

Andrieux (Jean), 42 ans, né et domicilié à Pommeret, autrefois curé, en remplit encore les fonctions. *Insermenté*, non déporté. A trempé dans la chouannerie, très peu capable. [Cf. correction, p. 310.]

Angoujeard (Jean-Joseph) et *Angoujeard* (Jean). (Aucun renseignement.) [Ils étaient de Plumieux. Cf. *Manuel*, I, p. 157.]

Aubert (Mathurin-Pierre), 48 ans, né à la Beaussaine et domicilié à Merdrignac depuis germinal an V. Vicaire autrefois et maintenant. *Insermenté*. Valide.

Aubry (Jean-Marie). (Aucun renseignement.)

Auffray (Antoine), 53 ans, né à Plouha, y domicilié depuis 2 ans, simple prêtre autrefois et maintenant. *Insermenté*, déporté. Quelques reproches d'intolérance, mais bon au fond, peu instruit, à placer sous la surveillance d'un homme sage. A été procureur de la commune de Plouha en 1790.

Auffray (Laurent). (Aucun renseignement.) Voir sur ce prêtre : Souchet, *Essai sur la piété bretonne*, in-16, Saint-Brieuc, 1858, p. 147-158.

Avril (François), 37 ans, né à Pluduno, y domicilié depuis 2 ans. Autrefois simple prêtre, aujourd'hui desservant. *Insermenté*, non déporté. Homme honnête, paraît désiré et estimé des habitants. Propre à y demeurer curé.

Le Bahic (Gabriel-Ange), 57 ans, né à Lannion et domicilié à Saint-Michel-en-Grève depuis 6 ans. Autrefois chanoine de Tonquédeo, aujourd'hui curé constitutionnel. *Assermenté*, non déporté, s'est bien montré, assez bonne moralité.

Le Bail (François-Charles), 73 ans, a toujours vécu à Guingamp comme simple prêtre. Sans moyens. Ayant de fréquentes absences d'esprit.

Barbier (Hyacinthe-André), 42 ans, né à Montfort, domicilié à Plumaudan depuis frimaire an VIII. Autrefois vicaire, aujourd'hui desservant. *Insermenté*, déporté. A renvoyer, à moins qu'on ne le place simplement vicaire. Taxé d'avoir pris une part active à la chouannerie.

Barbier (Pierre), 52 ans, né à Plumaugat, domicilié à Lanrelas depuis un an. Autrefois et aujourd'hui simple prêtre. *Insermenté*, non déporté. Bon à être simple prêtre, tout au plus vicaire.

Baron (Joseph), 69 ans, né à Laniscat, toujours simple prêtre au Haut-Corlay. *Insermenté*, non déporté. Bonne conduite, est toujours resté dans le pays.

Baschamps-Odio (Pierre-Marie), 52 ans, né à Saint-Brieuc, y domicilié depuis le 29 juin 1791. Ancien moine de Beauport; ancien recteur de Pordic, aujourd'hui premier vicaire épiscopal. *Assermenté*, non déporté.

Basset (Mathurin), 57 ans, né et domicilié à Langast. Autrefois vicaire à Quintin, aujourd'hui recteur. *Insermenté*, déporté. Rentré en prairial an IX, dispositions pacifiques.

Basset (Guillaume), né à Quessoy; à Plaintel depuis 3 ans. Autrefois curé, en remplit encore les fonctions. *Insermenté*, déporté. Jouit d'une bonne réputation. [Cf. Carron : *Les Confesseurs de la Foi*, etc., IV, p. 395.]

Bastard (Jacques), 38 ans, né à Pleubian, y réside depuis 10 ans. Vicaire autrefois, maintenant *assermenté*, non déporté. S'est bien comporté pendant la Révolution.

Le Béan (Jean), né à Ploulec'h; à Pleubian depuis 11 ans. Autrefois vicaire de Saint-Michel, aujourd'hui curé constitutionnel (de Pleubian).

Assermenté, non déporté. S'est bien comporté durant la Révolution. On dit qu'il boit.

Beaubras (Joseph). (Aucun renseignement.) (Prêtre d'Erquy.)

Bastiou (Yves-Marie), 63 ans, né à Pontrieux ; depuis 6 ans à Yvias. Autrefois vicaire à Pontrieux, aujourd'hui simple prêtre. *Assermenté*, non déporté. S'est marié, lors de l'arrêté de Le Carpentier, mariage dissous ; maire d'Yvias.

Beaudouart (Etienne), 64 ans, né à Pommeret ; à Henansal depuis le 30 floréal an IX. Autrefois recteur, aujourd'hui desservant. *Insermenté*, déporté. Estimé des habitants de la commune. Infirme.

Beaudouart (François-Joseph), 51 ans, né et domicilié à Plöuer. Ancien directeur des Ursulines, aujourd'hui simple prêtre. *Insermenté*, non déporté. Instruit, spirituel, de bonnes mœurs, propre à être curé.

Beaugé (Jean), 34 ans, né à Iffendic, habite Dinan depuis un mois. Diacre avant la Révolution, aujourd'hui simple prêtre. *Insermenté*, déporté. A renvoyer dans le diocèse de Rennes.

Beaulard (Jean-Baptiste), 56 ans, né à Guingamp, y a toujours résidé. Autrefois et aujourd'hui simple prêtre. *Assermenté*, non déporté. Bon ecclésiastique, sage et zélé. Valide.

Belleville (Jean) ; *Le Beo* (Jean) ; *Berges* (Guillaume-Anne). (Aucun renseignement.) [Sur Belleville et Berges : cf. t. II, *Hist. du Pays de Dinan.*]

Bellœil (Louis), 39 ans, né à Lanfains ; à Lanmodez depuis 4 ans. Ancien religieux, curé constitutionnel (du Bodeo). *Assermenté*, non déporté. Bonnes dispositions.

Bénard (Jean-François), 33 ans, né à Corseul ; à Plévenon depuis 10 ans. Vicaire autrefois et maintenant. *Assermenté*, non déporté. Honnête homme, mais ne peut faire qu'un vicaire ou un prêtre habitué.

Bercot (Laurent), 43 ans, né à Duault, y réside depuis l'an VII. Vicaire autrefois et maintenant. *Insermenté*, non déporté. Eclairé, mais exalté jusqu'au fanatisme.

Bernard (Mathurin), 66 ans, né à Guitté ; y réside depuis 9 mois. Autrefois curé, aujourd'hui desservant. *Insermenté*, déporté. Bon prêtre. Peut rester curé du Quiou.

Berthelot (François-Olivier), 41 ans, né à Langueux ; réside à Saint-Brieuc depuis l'an III. Simple prêtre autrefois, puis curé de Trégueux et ensuite de Hénon. *Assermenté*, non déporté. Réfugié à Saint-Brieuc, à cause des troubles de sa paroisse.

Berven (Jean), 48 ans, né à Ploubezre ; domicilié à Lannion depuis 14 ans. Autrefois directeur de religieuses. *Insermenté*, s'est caché. Bonnes dispositions. D'une constitution robuste. [Lire *Derrien* et non Berven.]

Bertier (Julien-Jacques), 46 ans, né à Saint-Seglin ; réside à Dinan depuis 21 ans. Autrefois professeur de rhétorique, aujourd'hui simple prêtre. *Insermenté*, déporté. Instruit, mais plus attaché à l'Eglise qu'à sa patrie, intolérant.

Berthou (François), 35 ans, né à Pleubian ; y réside depuis 2 ans. Autrefois vicaire, maintenant simple prêtre. *Assermenté rétracté*, non déporté. Intolérant, s'est mal comporté. A éloigner pour le rétablissement de la tranquillité publique.

Bertho (Guillaume), 52 ans, né à Plaine-Haute, y réside depuis 10 ans.

Ancien capucin, aujourd'hui simple prêtre. *Insermenté*, non déporté.
Jouit d'une bonne réputation. [Cf. *Hist. du Pays de Dinan*, I, p. 178.]

Bescond (Guillaume), 48 ans, né à Plougras; y réside depuis 21 mois.
Autrefois vicaire, aujourd'hui desservant. *Insermenté*, déporté. Est peu
connu.

Le Bescond (Philippe), 50 ans, né à Saint-Agathon; à Pontrieux depuis
l'an X. Ancien capucin, curé. *Assermenté*, homme de bonnes mœurs,
capable et zélé, aimé et estimé de sa commune.

Besrest (André-Gilles), 34 ans, né à Plurien et y résidant depuis 6 ans.
Ancien curé de la Bouillie, aujourd'hui vicaire à Plurien. *Assermenté*,
non déporté. De bonnes mœurs, passablement instruit, régulier dans son
état.

Besson (Antoine), 34 ans, né à Saint-Brieuc et y résidant depuis 7 ans.
Diacre lors de la Révolution, aujourd'hui simple prêtre à Saint-Michel.
Insermenté, déporté à Rochefort. [Chanoine titulaire en 1811, décédé en
1813.]

Bêtaux (Charles), 50 ans, né à Ploubalay, domicilié à Saint-Jacut depuis
germinal an VIII. Ancien curé de Saint-Jacut, aujourd'hui desservant.
Assermenté rétracté, déporté. On pourrait peut-être le laisser dans sa
commune, où il ferait moins de mal qu'ailleurs, fanatique, intolérant,
commissaire des princes pour les Anglais l'an II, III et IV.

Beubry (Yves); *Bidan* (Jean-François). (Aucun renseignement.)

Bichemin (Julien), 46 ans, né et domicilié à Lamballe. Autrefois vicaire
épiscopal de Jacob, aujourd'hui simple prêtre. *Assermenté*, non déporté.
Bonnes mœurs, instruit, zélé, estimé. [Devint recteur de Pléhérel.]

Biez (Toussaint-Marie), 37 ans, né à Plestin; depuis 2 ans à Penvenan.
Autrefois vicaire, maintenant simple prêtre. *Insermenté*, non déporté.

Biffart (Guillaume-Martin), 58 ans, né à Saint-Juvat, y a toujours résidé
en qualité de simple prêtre. *Insermenté*, non déporté. Peu de capacité,
à laisser dans sa famille.

Le Bigot (Yves), 52 ans, né à Loudéac, à Saint-Hervé depuis le 29 ventôse an IX. Autrefois curé, maintenant simple prêtre. *Insermenté*, déporté.
Doux et conciliant, bonnes mœurs, attaché à son état, capable d'administrer une succursale.

Le Bigot (Jean), 68 ans, né à Saint-Brieuc, à Noyal depuis 38 ans.
Autrefois simple prêtre, fait aujourd'hui fonctions de curé. *Insermenté*,
non déporté. Infirme d'une main.

Le Bihan (Guillaume-François); *Bichemin* (Louis); *Bigaignon* (Olivier); *Blanchart* (Hyacinthe). (Aucun renseignement.)

Blait (Jean), 34 ans, né et domicilié à Plaintel. Autrefois capucin,
aujourd'hui simple prêtre. *Insermenté*, non déporté. Jouit d'une bonne
réputation.

Blanchet (François-Marie), 54 ans, né à Lamballe; à Maroué depuis
14 mois. Autrefois curé de Maroué, y fait encore fonctions de curé. *Insermenté*, déporté.

Blevin (François), 56 ans, né à Saint-Brieuc; à Bégard depuis 1790.
Autrefois prieur de Bégard, aujourd'hui desservant. *Assermenté*, non
déporté. Honnête ecclésiastique, peu instruit, bon à être laissé desservant;
boit parfois.

Blivet (François), 60 ans, né à Allineuc; à Uzel depuis floréal an X
Autrefois chanoine, aujourd'hui simple prêtre. *Insermenté*, déporté.

Blivet (Pierre-Olivier), 57 ans ; même fiche que *Blivet* (François).

Bodin (Jean), 57 ans, né à Evran, à Trévron depuis 6 ans. Autrefois curé, maintenant desservant. *Insermenté*, déporté. A laisser à sa place, bonnes mœurs.

Boinet (Pierre), 51 ans, né à Hénon ; y réside depuis 6 ans. Autrefois curé de Plémy, aujourd'hui simple prêtre. *Insermenté*, non déporté. Ivrogne, n'a pas été étranger à la chouannerie.

Bonenfant (Jean), 47 ans, né à Saint-Pôtan, réside depuis 2 ans à Matignon. Ancien capucin, aujourd'hui simple prêtre. *Insermenté*, non déporté. Estimé dans la commune, mais infirme. Ne pouvant vivre longtemps.

Le Bonhomme (Louis-Marie). (Aucun renseignement.)

Le Bonniec (Yves-Marie), 39 ans, né à Pedernec ; domicilié à Lannion depuis fructidor an IX. Autrefois simple prêtre, aujourd'hui curé constitutionnel de Trégastel. *Assermenté*, non déporté. Capable et instruit, de bonnes mœurs, bien disposé envers le gouvernement.

Le Borgne (Charles), 35 ans, né à Maël-Carhaix ; à Plouisy depuis l'an VII. Simple prêtre autrefois et maintenant. *Assermenté*. Bonne conduite, aimé des habitants.

Boschat (Marc), né à Quintin ; y réside depuis 2 mois. Sous-diacre lors de la Révolution, est demeuré dans la même situation. *Insermenté*, déporté. Paisible.

Boscher (Etienne-Mathurin), 43 ans, né à Moncontour ; y domicilié depuis 6 ans. Autrefois simple prêtre, aujourd'hui curé. *Assermenté*, non déporté. Instruit, de bonnes mœurs, zélé.

Boscher (Jacques), 37 ans, né à Moncontour ; à Quessoy depuis 9 ans. Autrefois simple prêtre, aujourd'hui curé. *Insermenté*, non déporté. Très exalté, ennemi du gouvernement, à surveiller et à refréner.

Botrel (Pierre-Julien), 58 ans, né à Pommeret ; à Plerneuf depuis 22 ans. Autrefois et aujourd'hui curé de cette commune. *Insermenté*, non déporté. Il a été très exalté, maintenant il se comporte paisiblement.

Bouëtard (François), 54 ans, né à Hénon. (Etait recteur de Pléhérel en 1789, fut élu curé de Moncontour.) Réside depuis 26 mois à Pordic, comme curé constitutionnel de Pordic, après le départ de M. Clec'h. *Assermenté*, non déporté. Passe pour être très instruit dans son état ; ayant des mœurs et du zèle, estimé.

Bouëtard (Jean), 52 ans, frère du précédent, né à Hénon ; à Pléhérel depuis 1787 comme vicaire, aujourd'hui curé assermenté. Parait aimé et considéré des habitants. Peut rester comme curé.

Bouguet (Jean-Jacques), 58 ans, né à Pléneuf, y réside depuis 8 ans. Ancien missionnaire aux îles françaises de Saint-Pierre et Miquelon, aujourd'hui curé. *Assermenté*, non déporté. Instruit et de très bonnes mœurs, zélé pour l'exercice de son état. A conserver dans la commune dont il est originaire et où il possède une petite propriété (1).

Boulard (François-Marie), 52 ans, né à Paris ; à Pléhédel depuis 7 mois, Ancien chanoine de la cathédrale de Saint-Brieuc. *Insermenté*, déporté. Paisible.

____

(1) A côté de ces renseignements favorables, Mgr Caffarelli écrit : « L'esprit de la paroisse et le vœu qu'elle a manifesté à M. l'évêque repoussent M. Bouguet, qui d'ailleurs du fait de ses infirmités ne peut remplir aucune place. Il n'est occupé que de médecine ». [Cf. n°s 264 *a, bis* et *ter*.]

Bouloign (Charles-Julien-Sixte), 50 ans, né et domicilié depuis 20 mois à Plouaret. Naguère recteur, aujourd'hui simple prêtre. *Insermenté*, déporté. Prêtre caché, esprit tracassier, n'est pas estimé. [Cf. n° 284.]

Bourel (Jean-François), 68 ans, né à Saint-Brieuc et y domicilié. Ex-chanoine de Saint-Guillaume. *Insermenté*, emprisonné. Infirme.

Bourgault (Hyacinthe-François), 35 ans, né et domicilié à Saint-Brieuc où il réside depuis 7 ans. Prêtre de l'église Saint-Michel. *Insermenté*, déporté. [A Rochefort. Décédé à Saint-Brieuc, le 2 juillet 1803.]

Bourgault (Jean-Augustin), 38 ans, né à Saint-Alban, à Meslin depuis 18 mois. Autrefois vicaire, aujourd'hui simple prêtre. *Insermenté*, déporté. Tête exaltée à refréner et à placer ailleurs.

Bourgeois (Le) (Henry), 39 ans, né à Cherrueix, à Saint-Hélen depuis 2 ans. Autrefois vicaire, aujourd'hui desservant. *Insermenté*, non déporté. A prêché contre les constitutionnels le 24 prairial. A renvoyer dans son diocèse.

Bourgneuf (Jean-Zacharie), 42 ans, né à Jugon, à Plouagat depuis l'an III. Ancien professeur de rhétorique à Saint-Brieuc, curé assermenté. Désiré dans sa commune et méritant sous tous rapports. Ancien curé constitutionnel de Chatelaudren en 1791 et 1792. (Cf. sa notice et son épitaphe composée par lui-même au t. II de notre *Hist. du Pays de Dinan.*)

Bourgneuf (André-Louis) († vicaire à la Cathédrale, le 29 mai 1838) (1); *Le Bourhis* (Jean-Mathurin); *Le Boursec* (Louis). (Aucun renseignement.)

Le Bourhis (Hervé), 72 ans, né et prêtre à Gouarec. *Insermenté*, non déporté. Réside à Gouarec depuis 2 ans. Infirme.

Le Bourhis (Christophe-Anne), 43 ans, né à Taulé (Finistère), 43 ans, ex-récollet. Vicaire *assermenté* à Grâces-Guingamp où il réside depuis 1790. Bon ecclésiastique, estimé. Boit parfois avec excès.

Boyer (Alexis), 60 ans, né à Saint-Brieuc. Autrefois aumônier à l'hôpital, aujourd'hui curé constitutionnel de Plédran. Réfugié à Saint-Brieuc depuis l'an III (1795), à cause de la chouannerie.

Brehinier (Jean), 53 ans, né à Tramain. Autrefois vicaire constitutionnel à Lannion, aujourd'hui instituteur particulier *assermenté*. A Plénée-Jugon depuis 22 mois. Peut faire un vicaire.

Brexel (Jean), 60 ans, né à Tramain. Autrefois recteur de Trégomar, faisant aujourd'hui fonctions de curé à la Poterie où il réside depuis 14 mois. *Insermenté*, déporté. Tête exaltée. A refusé les sacrements et la sépulture à une femme qui avait acquis des biens nationaux. Taxé d'avoir eu des intelligences avec les chouans.

Briand (Nicolas-François), 38 ans, né à Dinan, y domicilié depuis 18 mois, simple prêtre autrefois comme aujourd'hui. *Insermenté*, non déporté. Pourrait être chapelain ou vicaire.

Briand (Julien), 62 ans, né à Languenan, y réside depuis 8 ans. Ancien capucin, aujourd'hui maître d'école. *Assermenté*, non déporté, peu valide. A beaucoup souffert durant la Révolution, a toujours résidé chez ses parents sans s'occuper de politique. Bon prédicateur, instruit, pourrait tenir une école.

Briand (Michel-Jacques), 43 ans, né à Pleudihen et domicilié depuis

---

(1) Sur ce prêtre, cf. Souchet : *Essai sur la piété bretonne*, op. cit., p. 145-147.

6 ans à Saint-Solen (?). Vicaire autrefois et maintenant. *Insermenté,* déporté. Peut occuper une place de vicaire.

Briand (Jean-Marie), 48 ans, né au Vieux-Marché et domicilié à Canihuel depuis l'an X. Autrefois vicaire, aujourd'hui simple prêtre. *Insermenté,* non déporté.

Briand (Louis), 40 ans, né à Guénezan; à Guingamp depuis 1789. Vicaire autrefois et maintenant. *Assermenté,* non déporté. Bon ecclésiastique, zélé, régulier, estimé des habitants de Guingamp et désiré dans sa commune.

Bridel (Joseph), né à Trévé, y réside depuis un an; simple prêtre autrefois et maintenant. *Insermenté,* déporté. Infirme, hors d'état d'occuper une place.

Briend (Joseph-François), 41 ans, né à Hénon; à Plœuc depuis 14 mois. Autrefois vicaire, aujourd'hui simple prêtre. *Insermenté,* déporté. Tête exaltée, a pris part à la chouannerie.

Brignonen (Marc), 47 ans, né à Louargat, y réside depuis 1791 comme vicaire constitutionnel. *Assermenté,* non déporté. Bon prêtre, ami de l'ordre.

Brindejonc (Eustache), 60 ans, né à Plouasne, réside à Guenroc depuis 30 ans. Simple prêtre autrefois et maintenant. *Insermenté,* non déporté. Taxé d'avoir favorisé la chouannerie et d'y avoir pris une part active. A laisser simple prêtre.

Brionne (Jean-Baptiste), 45 ans, né à Lamballe; réside à Saint-Alban depuis 17 mois. A toujours été simple prêtre. *Insermenté,* déporté. A trempé dans la chouannerie; à laisser simple prêtre.

Le Bris (Jean), 40 ans, né à Landerneau; à Saint-Gilles-Pligeaux depuis l'an X. Autrefois vicaire, aujourd'hui simple prêtre. *Insermenté,* déporté.

Le Bris (Hyacinthe), 64 ans, né à Lannion; réside à Brélévenez depuis 5 mois. Autrefois recteur, aujourd'hui desservant. *Insermenté,* déporté. Disposé à servir les vues du gouvernement.

Brochen (Hervé), 72 ans, né à Quemper-Guézennec; y réside depuis 20 ans en qualité de prêtre habitué ou de chapelain; y a rempli les fonctions de vicaire. *Assermenté,* non déporté. Instruit, de bonnes mœurs, estimé et aimé, mais caduc.

Le Bronnec (Vincent), 72 ans, né à Laniscat, y a toujours résidé en qualité de vicaire. *Insermenté,* non déporté. Infirme.

Broutté (Jean), 57 ans, à Ploufragan, réside depuis 14 mois à Pléven. Autrefois curé, aujourd'hui desservant. *Insermenté,* non déporté. Peut être laissé dans sa commune en qualité de curé.

Burel (Jean-Michel), 61 ans, autrefois recteur de Meslin, y fait depuis un mois fonctions de curé. *Insermenté,* déporté. Valide.

Burel (René), 43 ans, né à Plouasne, à Dinan depuis 18 mois. Ancien directeur d'Ursulines, aujourd'hui simple prêtre. *Insermenté,* non déporté. Son caractère est celui d'un moine et non d'un prêtre. A laisser comme prêtre habitué, puisqu'il n'y a plus de communauté.

Burel (Mathurin), 40 ans, né à Plérin; y réside depuis un an, a toujours été simple prêtre. *Insermenté,* déporté. Valide.

Buret (Pierre-François), 40 ans, né à Saint-Servan. Vicaire à Dinan avant la Révolution, aujourd'hui simple prêtre à Dinan. *Insermenté,* déporté. Bon à être vicaire dans une ville, mais n'est pas de l'évêché de Saint-Brieuc.

Burlot (Louis-Jacques), 48 ans, né à la Harmoye; à Guingamp depuis 1790. Ancien bernardin, aujourd'hui simple prêtre. *Assermenté*, non déporté. Bonne conduite, peu de capacités. Rebouteur.

Busnel (Joseph-Malo); *Cadoudal* (Bertrand); *Callec* (Yves). (Aucun renseignement.) [Sur Busnel, cf. *Hist. du Pays de Dinan*, I, p. 328.]

Cadiou-Kermellec (Denis), 42 ans, né à Trélévern; à Rospez depuis deux mois. Autrefois vicaire, aujourd'hui desservant. *Insermenté*, déporté.

Callegan (Yves), 54 ans, né à Tredrez, y réside depuis 7 ans. Autrefois vicaire, aujourd'hui curé assermenté, non déporté. Bonne conduite, bien vu.

Le Calvez (François), 45 ans, né à Yvias; y réside depuis 14 mois. Vicaire autrefois et maintenant. *Insermenté*, déporté. A des mœurs et de l'instruction. *En note :* Mort.

Calvez (Le) (Jean), 65 ans, domicilié à Louargat depuis l'an V; autrefois vicaire, aujourd'hui simple prêtre. *Insermenté*, déporté. Fanatique, conduite irrégulière.

Cam (Le) (Guillaume), 64 ans, né à Lannion; à Saint-Quay depuis 9 ans. Ancien capucin. Vicaire *assermenté*, déporté. S'est bien comporté durant la Révolution, mais caduc.

Cancref (Thomas-Mathurin), 43 ans, né à Grâce-Uzel; à Allineuc depuis 4 ans et demi. Autrefois curé, remplit encore les mêmes fonctions. *Insermenté*, déporté. Bonne conduite, manifeste à présent bonnes dispositions.

Carro (Charles), 56 ans, né à Saint-Brandan; y domicilié depuis 6 ans. Curé avant et après la Révolution. *Insermenté*, déporté. Jouit d'une bonne réputation. [Cf. sur ce prêtre, I, n° 107.]

Carron (Ange-Bonaventure-Jean-Baptiste), 58 ans, né à Rennes; domicilié à Dinan. Curé de la paroisse Saint-Sauveur autrefois et aujourd'hui. *Insermenté*, déporté. Homme d'une bonne tenue et de bonnes mœurs. Très longtemps insoumis, a promis de publier le Concordat, a manifesté depuis lors des principes d'une intolérance répréhensible.

Cattenos (René), 52 ans, né à Saint-Pern : domicilié à Taden depuis 5 ans. Recteur avant et depuis la Révolution. *Insermenté*, déporté à l'île d'Aix. Intolérant, remuant, à surveiller, ou mieux à renvoyer dans son diocèse.

Carro (Pélage); *Carro* (Pierre); *Caullet* (Pierre). (Aucun renseignement.)

Chantrel (Olivier-Charles), 45 ans, né à Saint-Brieuc, y réside depuis 5 ans. Simple prêtre de Saint-Michel autrefois et maintenant. *Insermenté*, déporté. Valide.

Chantrel (Pierre); *Chantrel* (Pierre-Luc); *Chapelain* (Charles). (Aucun renseignement.) (1).

Charmoy (Jean-Pierre), 62 ans, né à Etables : y réside depuis 5 ans. Autrefois vicaire d'Etables, aujourd'hui simple prêtre. *Insermenté*, déporté. Valide.

Chartier (Joachim-Jacques), 69 ans, né à Trigavou, où il était avant la Révolution, y réside depuis un an en qualité de desservant. *Insermenté*, déporté. Bonne conduite, mais infirme; à laisser dans la place de curé.

---

(1) Sur Chantrel (Pierre-Luc ou Louis-Luc), cf. une bonne notice aux p. 117-121 et 129-132 de l'*Essai sur la piété bretonne* de M. Souchet, in-16, Saint-Brieuc, 1858. Sur l'abbé Courcoux, cf. même volume, p. 140-145.

Charnal (Jean), 44 ans, né à Miniac et domicilié à Caulnes. Autrefois vicaire, aujourd'hui curé d'office. *Insermenté*, non déporté. A pris parti parmi les insurgés ; très entier dans ses sentiments qui sont encore les mêmes ; ne peut occuper cette place qu'en sous-ordre.

Chauvin (Jean), 61 ans, né à Longaulnay, domicilié à Calorguen depuis 18 mois. Autrefois missionnaire et ancien vicaire, aujourd'hui curé desservant. *Insermenté,* déporté. Brouillon, peu instruit, a pris parti dans les insurgés ; à renvoyer dans son pays.

Chauchart du Mottats (Charles-Auguste) ; *Cheffontaine* (Claude-Marie Rolland). (Aucun renseignement.) [Sur Chauchart. cf. *Hist. du Pays de Dinan*, I, p. 347.]

Cherdel (Louis), 68 ans, né à Moncontour, réside depuis un an à Trêvé dont il était recteur avant et depuis la Révolution. *Assermenté*, rétracté, déporté. Bonnes dispositions, instruit, mais caractère très altier.

Chevalier (Pierre), 45 ans, né à Plumaugat, où il était autrefois chapelain et aujourd'hui simple prêtre. *Insermenté,* non déporté. Bon pour être simple prêtre.

Chevalier (Yves-Marie), 54 ans, né à Saint-Brieuc, à Tramain depuis 12 ans. Y a toujours été curé. *Assermenté,* non déporté. Bon à laisser comme sub-curé dans sa paroisse, estimé et désiré.

Chevé (Louis-François), 66 ans, né à Uzel, y réside depuis 9 ans. Autrefois curé, aujourd'hui curé d'office. *Assermenté*, non déporté. Attaché au gouvernement ; peu de capacités.

Le Clec'h (Pierre), 49 ans, né à Ploumagoar ; à Saint-Agathon depuis 1791. Ancien récollet, vicaire *assermenté*. La commune s'en accommode, c'est un bon sujet.

Le Clec'h (Pierre-François), 37 ans, né à Plouezec ; à Plouec depuis l'an VIII. Ancien chanoine de Beauport, depuis curé *assermenté* de Pordic dont les chouans l'ont chassé. Bonne conduite, de la capacité, aimé, estimé, très suivi. [Cf. Habasque : *Notions Historiques*, I, p. 257.]

Le Clerc (Noël), 61 ans, né à Hénon, y domicilié. Autrefois vicaire de Saint-Carreuc. Y fait aujourd'hui fonctions de curé. *Insermenté,* non déporté. Boit avec excès, sans talent, n'ayant pas été étranger à la chouannerie.

Le Clerc (Jean), 53 ans, né à Loudéac, y a toujours résidé en qualité de simple prêtre. *Insermenté*, non déporté. Esprit très faible, presque en demence. Soumissionnaire.

Le Clerc (Jean-Marie), 45 ans, né à Moncontour ; depuis un an à Saint-Caradec. A toujours été simple prêtre. *Insermenté,* déporté. Esprit faible. Soumissionnaire.

Clerivet (François-Joseph), 51 ans, né à Erquy ; domicilié depuis un an à Plurien. Naguère curé de Cohiniac, puis de Lamballe, aujourd'hui curé de Plurien. *Assermenté,* déporté. Instruit, de bonnes mœurs, zélé, estimé, capable de gouverner.

Le Clozio (Jean), 66 ans, né à Saint-Caradec, à la Harmoye depuis 6 semaines. Ancien curé du Bodéo, aujourd'hui simple prêtre. *Insermenté,* déporté. Ne jouit pas d'une bonne réputation. N'est pas aimé.

Clolus (Julien-Gilles), desservant de Landébia ; on assure que c'est un homme de mérite ; *Coguice* ou *Coguill* (Henry). (Aucun renseignement.)

Cochet (Michel), 31 ans, né et domicilié à Quévert, où il remplit les fonctions de vicaire. *Insermenté*, non déporté. Jeune homme de bonnes mœurs, peu instruit.

Coëdic (René), 65 ans, né à Saint-Guen, depuis 4 mois à Lannebert. *Assermenté*, non déporté. Bon ecclésiastique, zélé à remplir ses devoirs.

Coënt (Le) (Vincent-Nicolas), 50 ans, né à Kergrist. Autrefois simple prêtre, aujourd'hui vicaire. *Insermenté*, déporté. Revenu depuis l'an X.

Colas (François-Joseph), 52 ans, né à Evran, depuis peu à Calorguen où il était autrefois vicaire. *Insermenté*, déporté. Instruit, doux, peut être curé. Désiré dans sa commune.

Colin (François-Marie), 50 ans, né à Merléac, y réside depuis 8 ans. Ancien curé, aujourd'hui simple prêtre. *Assermenté*, non déporté. N'exerce pas. Instruit, bonne conduite. Attaché au gouvernement.

Colin (Guillaume), 66 ans, né à Loudéac; depuis 16 mois au Gouray dont il était recteur avant la Révolution et où il continua d'exercer les fonctions curiales. *Insermenté*, déporté, très instruit, bonne conduite, manifestant des dispositions favorables.

Colin (Pierre-Antoine); *Le Collin* (François-Claude); *Collier* (Julien-Ange.) (Aucun renseignement.)

Le Collen (François), 40 ans, né à Pleubian; depuis 7 ans à Lézardrieux. Vicaire autrefois et maintenant. *Assermenté*, non déporté.

Le Collin (Maurice), 77 ans, né à Pleubian; y réside depuis 8 ans. Autrefois vicaire, aujourd'hui ancien recteur assermenté de Tréglamus dont il a été chassé par les chouans. Non déporté.

Collet (Jean-Paul-François), 48 ans, né à Rennes; à Rostrenen depuis l'an IX. Ancien doyen de la collégiale, aujourd'hui délégué des Vicaires généraux de Quimper. *Insermenté*. S'est soustrait à la déportation. Fanatique outré, incapable de faire le bien dans un pays qui a besoin d'être dirigé par un homme sage et modéré. A refusé les obsèques religieuses au chef de bataillon Glezen.

Colombel (René), 55 ans, né à Saint-Urielle; depuis 12 ans à Trédias. Autrefois simple prêtre, aujourd'hui desservant. *Insermenté*, non déporté. A laisser simple prêtre.

Connan (Jean-Baptiste), 77 ans, né à Pludual; réside depuis 2 ans à Pléhédel, dont il était recteur avant la Révolution. Aujourd'hui simple prêtre. *Insermenté*, déporté. Grabataire.

Connan (Jacques), 36 ans, né à Pludual; à Plourhan depuis 7 ans, fait fonctions de curé. *Insermenté*. Ordonné prêtre en Angleterre, paisible, peu instruit.

Connan (Jean), 60 ans, né à Plourac'h; à Coadout depuis l'an IX. Autrefois vicaire, aujourd'hui desservant. *Assermenté*. A des mœurs, aimé dans la commune, mais à le défaut de boire.

Connan (ou *Connen*) (Pierre-Jean), 44 ans, né à Saint-Brieuc. Ancien vicaire à Saint-Michel et aumônier de la prison, aujourd'hui simple prêtre. *Insermenté*, non déporté. Valide.

Le Coq (Louis), 55 ans, né à Saint-Juvat, réside à Saint-Maden. Ex-vicaire à Plouasne, Saint-Juvat et Combourg. Aujourd'hui simple prêtre. *Insermenté*, déporté à l'île de Ré. Infirme. Un peu brouillon, peu de capacités pour son état de prêtre.

Le Coq (Louis-Jean), 56 ans, né à Saint-Maden; à Guenroc depuis 18 mois. A toujours été simple prêtre. *Insermenté*, non déporté. Peu de connaissances, infirme; à laisser simple prêtre.

Le Coq (Yves), 53 ans, né à Saint-Maden, à Eréac depuis un an. Curé avant et après la Révolution. *Insermenté*, déporté. Valide.

Le Coqu (Vincent-Toussaint), 50 ans, né à Plélo, y réside depuis un an. Autrefois vicaire de Plélo, y fait fonctions de curé. *Insermenté*, déporté. Non soumis.

Le Coqu (Vincent), 44 ans, né à Plélo, y a toujours résidé. Autrefois vicaire, aujourd'hui simple prêtre. *Insermenté*, non déporté. [Avait fait le serment de Liberté-Egalité, communiqué *in divinis* avec Jacob et exercé les fonctions de vicaire constitutionnel d'office à Plélo.]

Corbel (Jean-Joseph-Ignace), 39 ans, né à Saint-Rieul, ex-professeur au collège de Saint-Brieuc, vicaire épiscopal et directeur au Séminaire. Depuis 5 ans à Langueux comme curé *assermenté*. Homme instruit, zélé, estimé.

Corguillet (Jean-Pierre), 37 ans, né à Hillion, y réside depuis un an. Vicaire autrefois et maintenant. *Insermenté*, déporté. De bonnes mœurs. Se comporterait bien, s'il était plus tolérant.

Corlay (Michel-Callixte-Julien-Joseph), 61 ans, né à Saint-Brieuc, y domicilié depuis l'an III. Ancien carme, curé *assermenté* de Saint-Martin des-Prés. Non déporté.

Corlay (Julien), 54 ans, né à Plédran, y a toujours vécu simple prêtre. *Insermenté*, déporté. Homme dangereux, ayant marché avec les chouans. Détenu un an à Saint-Brieuc, 5 mois à Guingamp et 13 mois à Rochefort.

Le Cornec (Guillaume), 58 ans, né à Plouha. Vicaire de Plouha en 1790, y réside depuis 2 ans. A été curé constitutionnel de Pommerit-les-Bois et de Ploubazlanec. *Assermenté*, non déporté. Homme instruit, zélé. ayant des mœurs, estimé, capable de gouverner comme curé, désiré en plusieurs lieux.

Coroller (François-Guillaume), 67 ans, né à Quimper ; à Saint-Guen depuis 8 mois. Docteur en Sorbonne, vice-official de Quimper, fait fonctions de curé. *Insermenté*, non déporté. Assez faible santé.

Le Corre (Jean), 37 ans, né à Quemper-Guézennec, depuis un an au Faouet. Autrefois vicaire, fait maintenant fonctions de curé ; s'est comporté paisiblement depuis son retour d'Angleterre. *Insermenté*, déporté.

Le Corre (Toussaint), 44 ans, né à Saint-Brieuc. Curé *assermenté* de Plestan depuis le commencement de la Révolution. Non déporté. Paraît bien désiré à Plestan. Sa conduite a toujours été régulière et sans reproche. [Ex-cistercien de Coëtmalouen en Saint-Gilles-Pligeaux.]

Le Corre (Yves), 74 ans, né à Goudelin, y habite comme vicaire depuis 1757. *Assermenté*.

Le Corre (François), 38 ans, né à Plougonver ; à Trégonneau depuis l'an IV. Ancien vicaire, depuis curé *assermenté*. Homme instruit, de très bonnes mœurs, estimé.

Le Corvaisier (Gilles), 66 ans, né à Plélo ; réside depuis deux ans à Châteleaudren dont il a été recteur. *Insermenté*, déporté. A été intolérant. On le dit plus modéré à présent.

Corvez (François), 37 ans, né à Plougonver, à Tréguier depuis 18 mois ; simple prêtre. *Insermenté*, non déporté. Rentré comme prêtre après la Révolution. On ignore ses dispositions.

Cotrel (Gilles), 55 ans, né à Saint-Brandan, y réside depuis 9 mois faisant fonctions de curé, autrefois simple prêtre. *Insermenté*, déporté. Jouit d'une bonne réputation.

Cosson (Mathurin) ; *Couppé* (Yves-Félix). (Aucun renseignement.)

Cottard (Claude), 54 ans, né à Etables, y réside depuis 10 mois comme simple prêtre. Autrefois vicaire. *Insermenté*, déporté. Valide.

Coudray (Etienne-Louis), 59 ans, né à Saint-Brieuc, y réside depuis 5 ans ; ancien chanoine de Saint-Guillaume, aujourd'hui simple prêtre. *Insermenté*, déporté. [Emprisonné le 2 décembre 1792 à Saint-Brieuc.]

Le Coëdic (François), 49 ans, né à Laniscat, vicaire dans cette paroisse avant et depuis la Révolution. *Insermenté*, non déporté. S'est tenu caché durant les troubles. [Déporté à l'île de Ré.]

Le Coüedic (Jean-François), 50 ans, né au Quillio, y réside depuis un an comme simple prêtre. Autrefois vicaire. *Insermenté*, déporté. Bonne conduite, annonçant de bonnes dispositions. [Déporté à l'île de Ré.]

Du Coüedic (Olivier), 37 ans, né à Quintin ; à Ruca depuis 5 mois. Ancien chanoine, aujourd'hui vicaire *insermenté*, déporté. Bon à placer. [Chanoine titulaire en 1831, décédé en mars 1836.]

Courcoux (Jacques), 45 ans, né à Saint-Brieuc, y réside depuis 3 mois. Ancien chanoine de Saint-Guillaume et ancien principal et professeur de théologie au collège, aujourd'hui simple prêtre. *Insermenté*, déporté. [Décédé curé à la cathédrale de Saint-Brieuc, le 25 novembre 1812.]

Courson (Pierre-Louis), 42 ans, né à Plœuc ; chanoine de Quintin. Au Fœil depuis 5 ans comme simple prêtre. *Insermenté*, déporté.

De Courson (René), 37 ans, né à Plouha, y réside depuis 10 mois. A toujours été simple prêtre. *Insermenté*, déporté. Toujours peu estimé sous tous les régimes.

Le Covec (Amaury-Jean), 74 ans, né au Bodéo, y a toujours été simple prêtre. *Insermenté*, non déporté.

Le Covec (Guillaume), 46 ans, né à Saint-Thélo, y domicilié depuis deux ans. Curé autrefois et maintenant. *Insermenté*, déporté. Instruit, bonne conduite et considéré dans la commune.

Le Coz (Jean-Marie), 36 ans, né à Pontrieux, au Faouet depuis 15 jours en qualité de simple prêtre. *Insermenté*, déporté. Ordonné prêtre en Angleterre. A éprouver.

Le Cren (Julien), 66 ans, né à Goudelin, y domicilié depuis l'an III. Ancien curé. N'exerce plus. S'est *marié* par suite des arrêtés terroristes et des menaces de Le Carpentier.

Le Coz; Dalys (Jean) ; *Danic* (René-Jean). (Aucun renseignement.)

Le Dantec (Jean-Baptiste), 39 ans, né à Saint-Mayeux ; à Merléac depuis 7 ans ; a toujours été simple prêtre. *Insermenté*, non déporté. Bonne conduite et montrant de bonnes dispositions.

Damar (Charles), 58 ans, né à Saint-Malo ; à Plédéliac depuis 20 ans *en qualité de prieur de Saint-Aubin;* prêtre régulier. *Insermenté*, non déporté. Infirme, ne peut rien faire. [Ce cistercien n'avait prêté que le serment de Liberté-Egalité.]

Davoine (Pierre), né à Mauron ; à Guitté depuis 12 ans en qualité de vicaire ; aujourd'hui desservant. *Insermenté*, non déporté. Infirme, mauvaise santé. A renvoyer dans le Morbihan, a pris part à la chouannerie.

Dayot (Amateur-Olivier), ∴, 37 ans, né à Morieux ; à Saint-Brieuc depuis l'an VII. Ancien professeur chez les Eudistes, curé *assermenté* de Saint-Germain de la Mer, non déporté. [Cf. p. 204.]

David (Jean-Baptiste), 53 ans, au Vieux-Bourg, réside à Saint-Gildas. Autrefois vicaire, aujourd'hui simple prêtre. *Insermenté*, déporté.

Déchamps (Antoine) ; *Dégerault* (François-Antoine) ; *Denys* (Julien) ; *Derrien* (Jean). (Aucun renseignement.)

De Miniac (Gilles-René), 55 ans, né à Baguer-Morvan, docteur en théologie. Recteur de Saint-Carné dès 1777, aujourd'hui desservant. *Insermenté*, déporté. Instruit, un peu litigieux, peut être sub-curé ou même curé.

Demoy (Yves), 58 ans, né à Saint-Julien, ancien recteur de Saint-Pôtan, y réside depuis un an comme simple prêtre. *Insermenté*, non déporté (?). Bon pour la place de curé de Saint-Pôtan.

Delacourt (Louis-Claude), 58 ans, né à Bocaire (*sic*), à Tréguier depuis 9 ans. Ancien prieur de Beauport, aujourd'hui desservant. *Insermenté*, non déporté. Resté neutre, pacifique, ami de l'ordre, moral et instruit.

Deniel (Philibert-Julien), 50 ans, né à Landerneau, chanoine de Beauport. Ancien prieur-recteur de Bréhat avant la Révolution, y est demeuré en *prêtant serment*, non déporté. Instruit, de bonnes mœurs, aimé, estimé et désiré de la commune où il fait le bien. [Cf. *Manuel*, I, p. 310.]

Denis (Mathurin), 40 ans, né à Saint-Mayeux. Depuis 14 ans à Graces-Uzel. dont il était autrefois curé ; en remplit encore les fonctions. *Insermenté*, non déporté. Instruit, mauvaise tête, protestant de ses bonnes intentions.

Denmat (ou *Le*) (Augustin), 47 ans, né à Saint-Guen, y réside depuis 1790. Ancien capucin, aujourd'hui simple prêtre. *Insermenté*. Est toujours demeuré dans le pays. Bonnes mœurs et instruit.

Denmat (ou *Le*) (Mathurin), né à Saint-Caradec, y réside depuis 5 ans. Autrefois curé, aujourd'hui simple prêtre. *Insermenté, déporté.* Bonne conduite, instruit. Soumissionnaire.

Denmat (ou *Le*) (Jean-Yves, 30 ans, né à Saint-Guen ; à Pommerit-les-Bois depuis 3 ans. Autrefois simple prêtre, fait maintenant fonctions de vicaire. *Assermenté*, non déporté. Mœurs régulières, exact à ses obligations, estimé.

Depagne (Jacques-Louis), 67 ans, né à Lamballe et y résidant. Ancien curé de Coëtmieux. Prêtre *assermenté*. Non déporté. Homme de bonnes mœurs, capable, considéré. [Cf. p. 280.]

Depagne (François-Mathurin), 35 ans, né à Pluduno ; depuis 5 ans passés à Plancoët. Autrefois simple prêtre, aujourd'hui curé. *Insermenté*, non déporté. Bon et tranquille, peut être vicaire.

Derouillac (René), 47 ans, né à Mégrit, depuis peu à Dinan. Ex-professeur de théologie. *Insermenté*, déporté. Instruit et de bonnes mœurs. Capable, en promettant de bonne foi de renoncer aux principes ultramontains pour adopter ceux de l'Assemblée de 1682.

Derrien (François), 50 ans, né à Saint-Thurien (Finistère). Autrefois vicaire à Carnoët. Y est revenu depuis l'an IX. *Insermenté*, déporté. Affectionné de la commune, de bonnes mœurs, pacifique. [Déporté à l'île de Ré.]

Derrien (François-Marie), 50 ans, né à Guingamp, y a toujours résidé. Autrefois vicaire, ex-curé, aujourd'hui desservant. *Assermenté*, non déporté. N'exerce pas depuis plusieurs années, a des moyens, mais d'un caractère exalté. Valide. [Pour *Derrien* (Jean), cf. p. 207, Berven, faute de lecture.]

Desnoës (Jean-Baptiste), 80 ans, né et domicilié à Guingamp, où il réside depuis le 27 prairial an IX. Grand vicaire de Quimper. *Insermenté*. déporté. Conduite régulière, vieillard caduc.

Diouron (Le) (Yves), 55 ans, né à Saint-Adrien, domicilié à Plougonver depuis l'an V. Vicaire autrefois et maintenant. *Insermenté*, déporté. Bonnes mœurs, mais fanatique et à contenir.

Le Diuzet (Thérèzien), 43 ans, né à Langoat, à Tréguier depuis 6 mois ; a toujours été simple prêtre. *Insermenté*, déporté. S'est mal comporté. En surveillance pour avoir refusé la soumission. Intolérant, minutieux, à placer en sous-ordre.

Dobet (Louis-Marie), 33 ans, né à Plurien. *Assermenté*, mais déporté. Très instruit, ancien vicaire directeur au Séminaire. Etant de l'âge de la réquisition, a été *obligé de partir pour l'armée où il a servi*. A été prisonnier en Angleterre, d'où il n'est de retour que depuis quelques mois. N'exerce pas. [Cf. *Manuel*, I, p. 310.]

Dohollou (Guillaume). Prêtre très dangereux et à surveiller de près.

Doré (Mathurin), 56 ans, né à Plémy, y a toujours habité comme simple prêtre. *Insermenté*, non déporté. On assure qu'il est aliéné d'esprit.

Doré (Louis-François), 36 ans, né à Plémy, à Bréhant depuis 13 mois. Autrefois recteur, fait aujourd'hui fonctions de curé. *Insermenté*, déporté. Instruit, bonne conduite et paisible.

Dourneuf (Le) (Joseph), 42 ans, né au Bodéo, à Allineuc depuis 2 ans. Ancien curé, aujourd'hui simple prêtre. *Insermenté*, non déporté. Toujours resté dans le pays, peu sûr.

Le Douarin (Jacques-Louis-Joseph), 50 ans, né à Quimper, chanoine de Beauport. Curé *assermenté* de Kerity, non déporté.

Dreux (Michel-Charles), 38 ans, né à Saint-Méen, habite depuis 15 ans Trémorel. Autrefois simple prêtre, aujourd'hui curé d'office. Est toujours resté dans le pays. *Insermenté*, non déporté.

Le Dû du Mezhuel (Charles), 80 ans, né à Kerbors, recteur de Plouha depuis 1780, puis curé *assermenté* dans la même commune. Non déporté. Vieillard très respectable, ayant des mœurs et de l'instruction, mais usé.

Drillet (Jean-François), 48 ans, né à Trégomeur, où il est simple prêtre. *Insermenté*, déporté. Taxé d'avoir pris part à la chouannerie. Intolérant et vindicatif.

Dubos (Jean-François), 52 ans, né à Gausson, à Langourla depuis 5 ans. Recteur autrefois et aujourd'hui. *Insermenté*, déporté. Instruit, annonçant des dispositions pacifiques.

Du Foü (Louis-Guillaume), 76 ans, né à Cléguerec ; à Plélo depuis 11 ans. Ancien chanoine de Dol, prêtre *insermenté*, non déporté. Non soumis. [Cf. II, p. 2.]

Dumay (Louis-Antoine), 65 ans, né à Quimper, à Bégard depuis l'an IX. Ancien prémontré, curé de Goudelin, ancien curé constitutionnel de Saint-Pol-de-Léon, aujourd'hui desservant. *Assermenté*, non déporté. Bon ecclésiastique, instruit, mais rendu caduc.

Durand (François), 43 ans, né à Ploufragan, depuis 5 ans à Pledran. Autrefois curé, aujourd'hui simple prêtre. *Insermenté*, déporté. Conduite paisible.

Durand (Pierre-Marie) : *Le Duff* (Pierre). (Aucun renseignement.)

Duros (Jean), 58 ans, né à Guingamp, y réside depuis l'an X. A toujours été simple prêtre. *Insermenté*, déporté. A des mœurs, mais peu capable.

Duros (Pierre-Laurent), 68 ans, né à Saint-Brieuc, y réside depuis 18 mois. Ancien chanoine de la Cathédrale. *Insermenté*, déporté.

Duval (Pierre-Olivier), 42 ans, né au Fœil, y réside depuis 5 ans.

Autrefois recteur, en fait encore les fonctions. *Insermenté*, déporté, jouit d'une bonne réputation.

Duval (Jacques-Olivier), 48 ans, né à Lamballe. Ancien vicaire de Lanfains, y fait fonctions de curé. *Insermenté*, déporté.

Duval (Jean-Marie), 45 ans, né à Saint-Brieuc, à la Méaugeon depuis 18 mois. Ancien curé de Lanfains, aujourd'hui simple prêtre. *Insermenté*, non déporté. Ce prêtre a déclaré qu'il n'administrerait les sacrements qu'aux seuls gens de son parti; il a fait des refus outrageants à des personnes qui avaient suivi les constitutionnels.

Duval (Marc), 51 ans, né à Saint-Brieuc; depuis 21 mois à Treveneuc dont il était recteur et où il fait maintenant fonctions de curé. *Insermenté*, déporté. Paisible.

Duval (Pierre-Marie), 45 ans, né à Quintin où il réside depuis 6 ans. *Insermenté*, non déporté. Ancien carme, paisible.

Eballard (Jacques), 41 ans, né à Saint-Jouan-de-l'Isle; à Loscoüet-sur-Meu depuis 16 ans, comme simple prêtre, puis vicaire en 1790. Aujourd'hui fait les fonctions de curé. *Insermenté*, est toujours demeuré dans le pays.

Eballard (Joseph-Charles). 48 ans, né à Saint-Jouan-de-l'Isle. Ancien recteur de Quévert, y réside comme desservant depuis 18 mois. *Insermenté*, déporté. De bonnes mœurs, pacifique, bon pour une cure ou une succursale.

Egault (Julien-Jean-François-Marie), 50 ans, né à Saint-André-des-Eaux, y réside depuis 17 ans. Autrefois professeur de rhétorique et de philosophie, aujourd'hui desservant de Saint-André. *Insermenté*, non déporté. Homme de bonnes mœurs et de bon exemple, propre à faire un bon curé de campagne.

Egault (Charles), 62 ans, né à Saint-Carné; à Dinan depuis 6 ans. Ancien vicaire de Sains (Ille-et-Vilaine). *Assermenté*, non déporté. A laisser au repos que son âge exige.

Elie (Jean-Baptiste-François), 38 ans, né à Ménéac; à Saint-Vran depuis 18 mois comme curé d'office. *Insermenté*, non déporté. A de la capacité et des mœurs.

Ellès (Philippe-Augustin), 47 ans, né à Morlaix; à Loguivy-Plougras depuis 22 mois. Autrefois recteur, aujourd'hui desservant. *Insermenté*. Caché durant la Révolution. A été principal du collège de Tréguier.

Esprit (Thomas), 44 ans, né à Paimpont, est toujours demeuré à Merdrignac comme vicaire. *Insermenté*, non déporté. [Peut-être faudrait-il lire Thomas Esprit.]

Escallot (René-Servan), 64 ans, né à Dinan. Ancien dominicain, depuis 16 mois curé de Lanvallay. *Insermenté*, non déporté. De bonnes mœurs, instruit, mais intolérant. Ayant par sa conduite suscité une affaire désagréable à Lanvallay.

Even (François-Jacques), 56 ans, né à Saint-Gouëno, a toujours demeuré comme vicaire à Saint-Vran. *Insermenté*. Valide (1).

Le Faucheur (Pierre), 52 ans, né à Hénon, y réside depuis 10 à 12 ans.

---

(1) M. Even fut condamné à 10 ans de détention comme déporté rentré, le 13 août 1793. Cf. *Manuel*, I, n° 107.

Ancien chapelain de Saint-Julien. *Insermenté*, non déporté. Homme paisible, bonne conduite. [Cf. *Manuel*, I, p. 215.]

Le Febvre (Jean-Baptiste-Julien), 50 ans, né à La Bouillie ; y domicilié depuis 15 mois. Autrefois recteur, aujourd'hui curé. *Insermenté*, déporté. Paraît désiré par les habitants de La Bouillie. [Cf. I, p. 144.]

Ferchal (François), 54 ans, né à Saint-Brieuc ; à Quintin depuis 15 jours. Autrefois chanoine de Quintin, aujourd'hui simple prêtre. *Insermenté*, déporté. Paisible et estimé.

Ferchal (Romain) ; († vicaire à la Cathédrale, le 26 avril 1806) ; *Février* (Allain) ; *Le Floch* (René-Vincent). (Aucun renseignement.)

Fercoq (René-Yves), né à Plougonver ; à Plouaret depuis 10 mois. Ancien recteur, aujourd'hui simple prêtre. *Insermenté*, non déporté. N'exerce pas, ne s'est pas montré pendant la Révolution. Intempérant, à placer dans une petite commune. Invalide. [Cf. *Manuel*, I, p. 190.]

Ferrard (Jacques-Rose), 50 ans, né et domicilié à Dinan ; y réside depuis un an. Autrefois sacriste, aujourd'hui simple prêtre. *Insermenté*, déporté. Conduite peu régulière. A placer vicaire. A besoin d'être surveillé.

Ferté (Jacques), 37 ans, né et domicilié à Jugon ; y réside depuis 7 ans. Autrefois curé, aujourd'hui desservant. *Assermenté*, rétracté. De mauvaise conduite, à laisser simple prêtre.

Le Feuvre (René), 47 ans, né et domicilié à Plénée-Jugon ; y réside depuis messidor an VIII. Autrefois chapelain, aujourd'hui vicaire. *Insermenté*, déporté. Bon à être vicaire dans une succursale.

Le Fevre (Claude), 41 ans, né et domicilié à Pleguien ; y réside depuis 6 ans. Ancien curé de Tressigneaux, fait encore fonctions de curé. *Assermenté*, non déporté. Bon sujet, instruit, zélé, de bonnes mœurs.

Le Feyer (Pierre-Louis), 42 ans, né à Plouaret ; à Pleumeur-Bodou depuis 4 ans. Autrefois vicaire, aujourd'hui curé constitutionnel. *Assermenté*, non déporté.

Fleury (Joachim), 40 ans, né et domicilié à Plumaugat ; y réside depuis 1800. Autrefois vicaire, aujourd'hui desservant. *Insermenté*, déporté. Bon pour être vicaire ou sub-curé. Taxé d'avoir favorisé la chouannerie.

Fleury (Olivier-Jean), 32 ans. Né et domicilié à Dinan ; y réside depuis 6 mois. Sous-diacre lors de la Révolution, aujourd'hui simple prêtre. Beaucoup de dispositions, à placer comme vicaire. [Cf. p. 168.]

Fleury (Pierre), 36 ans, né à Canihuel, réside depuis 9 ans au Vieux-Bourg-Quintin où il fait fonctions de curé. *Assermenté*, non déporté. Jouit d'une bonne réputation, estimé.

Fleury (René-Pierre), 57 ans, né et domicilié à Plumaugat ; y réside comme chapelain depuis 1787. *Insermenté*, non déporté. Bon pour être vicaire ou sub-curé. Taxé d'avoir favorisé la chouannerie.

Le Floch-Moing (Jacques), 54 ans, né et domicilié à Plelo ; y réside depuis 12 ans comme simple prêtre. *Insermenté*, non déporté (emprisonné), non soumis.

Floyd (Guillaume-René-Armand), 70 ans, né à Pestivien ; y réside depuis l'an IX. Autrefois curé, aujourd'hui vicaire. *Insermenté*, émigré. Eclairé, mais exalté, meneur. Il est bon pour le retour de la tranquillité de le placer dans un autre pays. [Décéda doyen du chapitre de Saint-Brieuc en 1821.] Cf. *Manuel*, I, p. 181.

Foëson (François), 43 ans, né à Plounez ; à Lanvignec depuis 13 mois.

Autrefois vicaire à Lanvignec, aujourd'hui simple prêtre. *Assermenté*, rétracté, déporté. Régulier ; tête exaltée, à ramener à la tolérance.

Le Forestier (Pierre), 62 ans, né à Saint-Pern ; domicilié à Sévignac depuis 14 ans. Autrefois curé, aujourd'hui desservant. *Insermenté*, non déporté. On peut le laisser dans sa place.

Le Fort (Jean), 49 ans, né à Pluduno ; y réside depuis 19 ans. A toujours été simple prêtre. *Insermenté*, non déporté. Prêche d'une façon à exciter des troubles. A laisser simple prêtre.

Fouace (Germain-Joseph-Marie), 36 ans, né à Plouër ; y a toujours résidé. Fait fonctions de vicaire à Plouër. *Insermenté*, non déporté. Peut être vicaire ou curé.

Fouace (Joseph-Louis), 53 ans, né à Plouër, à Trémereuc depuis 23 ans. Ancien recteur de Trémereuc, aujourd'hui desservant. *Insermenté*, non déporté. Instruit, honnête, religieux, sans fanatisme ; vivant comme il prêche, propre à être curé.

Fouché (Pierre-Joseph), 50 ans, né à Plouër ; y a toujours résidé. Naguère vicaire, aujourd'hui simple prêtre. *Insermenté*, non déporté. Peut être employé comme vicaire. Bon, doux, de bonnes mœurs. Bon à être vicaire ou desservant.

Fougeray (Joseph-Xavier), 45 ans, né à Saint-Méen ; depuis un an à Saint-Juvat. Autrefois curé, aujourd'hui desservant. *Insermenté*, non déporté. On le dit estimable, mais comme il est du diocèse de Rennes, on peut l'y renvoyer.

Fouquet (Constant de la Motte-), né à Matignon, ex-chanoine de Quintin. *Insermenté*, déporté.

Fourchon (François-Marie), 39 ans, né à Saint-Brieuc ; réside à Maroué depuis 13 mois. Autrefois vicaire, aujourd'hui simple prêtre. *Insermenté*, déporté.

Fourré (Jean-François-Pierre), 66 ans, né à Hillion ; à Hénanbihen depuis prairial an IX. Autrefois vicaire, aujourd'hui curé. *Insermenté*, déporté. Les paroissiens l'estiment et paraissent le désirer comme sub-curé.

Fraboulet (Jean-Mathurin-Marie), 53 ans, né au Quillio ; y réside depuis un an. Autrefois vicaire, aujourd'hui simple prêtre. *Insermenté*, déporté. Instruit, bonne conduite, dispositions à seconder le gouvernement.

Fraboulet (René), 42 ans, né et domicilié au Quillio, où il réside depuis floréal an X. Ancien récollet, aujourd'hui simple prêtre. *Insermenté*, déporté. Instruit, considéré comme ami de l'ordre et de la tranquillité.

Le Franc (Etienne), 76 ans, né à Evran ; y réside depuis 30 mois. Autrefois chantre, aujourd'hui chapelain. *Insermenté*, non déporté. A laisser simple prêtre. Propre à enseigner pour les premières écoles.

Fresnay (Jean-François), 45 ans, né à Loudéac ; a toujours vécu comme simple prêtre à Allineuc. *Insermenté*, non déporté. Mauvais sujet. A couru les chouans. N'exerce pas.

Le Friec (Jean), 66 ans, né à Goudelin ; à Bringolo depuis 1761 comme vicaire. *Assermenté*.

Fraboulet (Mathurin-Pierre) ; *Le Gal* (Jean) ; *Le Gall* (François) ; *Gallec* (Jean) ; *Gallée* (François-Marc) ; *Ganivet* (Vincent). (Aucun renseignement.) [Sur Gallée (F.-M.), cf. *Hist. du Pays de Dinan*, I, 243.]

Le Gaignoux (Jean-Joseph), 43 ans, né à Pleudihen ; y était autrefois vicaire; réside maintenant depuis 5 ans à Saint-Solen comme vicaire. *Insermenté*, déporté. Peut être vicaire.

Le Gal (Henry), 48 ans, né à Bourbriac; à Saint-Gilles-les-Bois depuis 1785. Autrefois curé en titre, aujourd'hui curé *assermenté*. Homme instruit et régulier. Ancien professeur de rhétorique. Aimé, estimé, capable de gouverner.

Le Gal (François), 46 ans, né à Plougonver; à Squiffiec depuis 1791. Autrefois vicaire de Pleudaniel, aujourd'hui curé constitutionnel. *Assermenté*, non déporté. Ami de l'ordre, ayant des talents et des mœurs. Zélé, estimé.

Le Gal (Pierre), 38 ans, né à Saint-Mayeux; y réside depuis 13 ans. Autrefois simple prêtre, aujourd'hui desservant. *Insermenté*, non déporté. Est toujours resté dans le pays. Soumissionnaire.

Le Gall (Pierre), 50 ans, né à Pleubian. Autrefois vicaire, depuis un an à Coatreven en qualité de desservant. *Insermenté*, déporté. Bonnes dispositions envers le gouvernement.

Le Gal (Jacques), 68 ans, né à Plerneuf; y réside depuis 11 mois. Ancien carme, aujourd'hui simple prêtre. *Insermenté*, déporté. Paisible, aimé dans sa commune. Infirme.

Galbon (Yves), 50 ans, né à Pommerit-Jaudy; depuis 13 ans vicaire à Pleumeur-Gautier. *Assermenté*, non déporté. Très bonnes dispositions envers le gouvernement.

Galern (Elouan-Marie), 45 ans, né à Saint-Guen. Autrefois vicaire, depuis un an vicaire à La Harmoye. *Insermenté*, déporté. Jouit d'une bonne réputation.

Gallais (Jean-Pierre), 40 ans, né à Plaintel. Autrefois *capucin;* réside à Plessala depuis 2 ans comme simple prêtre. *Insermenté*, déporté.

Gallais (François-Toussaint), 73 ans, né à la Beaussaine. Autrefois recteur de Plélan-le-Petit où il réside depuis 7 ans; y est aujourd'hui desservant. *Insermenté*, non déporté. Agé, agréable aux habitants. Bon à laisser à sa place.

Le Gallais (Mathurin-Jean), 42 ans, né à Quintin; y réside depuis 6 ans. Y a toujours été simple prêtre. *Insermenté*, déporté. Paisible.

Gallet (Michel-Louis), 58 ans, né à Lamballe; y a toujours vécu comme simple prêtre. *Assermenté*, non déporté. Homme instruit dans son état, régulier, zélé. [Fut un temps curé de Pordic.]

Garnesson (Jacques), 60 ans, né à Saint-Brieuc. Ancien *chanoine de Saint-Guillaume*. Réside à Saint-Brieuc depuis 5 ans comme simple prêtre. *Insermenté*, non déporté. Infirme.

Garnier (Jean-Baptiste), 72 ans, né à Allineuc; y a toujours vécu. Autrefois simple prêtre, aujourd'hui desservant. *Insermenté*, non déporté. Goutteux.

Garnier (Pierre), 32 ans, né à Evran; y était vicaire avant la Révolution et encore maintenant. *Insermenté*, non déporté. A laisser dans sa commune comme vicaire. [M. Garnier n'était pas vicaire en 1789.]

Garnier (François), 70 ans, né à.............; réside depuis 4 ans à Lannion. Autrefois curé, aujourd'hui vicaire. *Assermenté*, déporté. Bien disposé envers le gouvernement. Ne sait que le français.

Le Garerès (Alexandre), 65 ans, né à Guénezan. Réside à Guingamp depuis thermidor an VI; a toujours été simple prêtre. *Assermenté rétracté*. Infirme, sans instruction. Intempérant.

Le Garrec (Joseph), 45 ans, né à Rostrenen; réside à Bothoa depuis l'an III. Ancien professeur de théologie, aujourd'hui curé. *Insermenté*. non déporté. Estimé dans la commune qui désire le conserver.

Garrec (Etienne), 44 ans, né à Kergrist-Moëlou; y a toujours résidé. Autrefois chanoine, aujourd'hui desservant. *Insermenté*. S'est soustrait à la déportation. A des mœurs et du talent. Aimé dans sa commune.

Garrec (François), 37 ans, né à Rostrenen; y domicilié depuis l'an III. Autrefois simple prêtre. A été curé constitutionnel. *S'est rétracté*. S'est soustrait à la déportation. Ayant des mœurs et du talent.

Le Gars (Marc), 54 ans, né à Bourbriac; y domicilié depuis l'an III. Autrefois vicaire, aujourd'hui simple prêtre. *Assermenté*, non déporté. A des mœurs et de la régularité, mais caduc.

Gaudin (Jacques-Marie), 34 ans, né à Moncontour; y domicilié. *Insermenté. Ordonné prêtre en Angleterre*. A servi dans les chouans. Depuis quelque temps se conduit mieux et donne des preuves de son retour au bon ordre.

Gautho (Jean), 34 ans, né à Plaintel; y domicilié depuis 2 ans. Ancien *capucin*, aujourd'hui simple prêtre. *Insermenté*, non déporté. Jouit d'une bonne réputation.

Gautier (Jacques), 36 ans, né à Moncontour; y domicilié depuis 10 mois. *Insermenté. Ordonné prêtre en Angleterre*. Homme paisible.

Gaultier (Jean-Joachim), 45 ans, né à Plumaugat. Autrefois curé; depuis 2 ans simple prêtre à Crehen. *Insermenté*, déporté. A employer vicaire. Sa conduite n'est pas régulière et les habitants s'en plaignent.

Gautier (Jacques), 37 ans, né à Hénansal. Y était autrefois recteur (faux). Y fait fonctions de desservant depuis thermidor an V. *Insermenté*, déporté. On lui attribue les troubles qui ont régné dans cette commune et le système fanatique qui y règne.

Gauttier (Jean-Baptiste), 64 ans, né à Saint-Malo. *Ancien recteur démissionnaire de Saint-Malo de Dinan* avant la Révolution. Docteur en Sorbonne, ancien vicaire épiscopal. *Assermenté*, non déporté. Très instruit, de bonnes mœurs, caractère ferme et sévère.

Gautier (Valentin); *Gautier* (François); *Georgelin* (Louis); *Gerard* (Claude-Magloire); *Gibet* (René). (Aucun renseignement.)

Geffredo (Louis-Marie), 42 ans, né à Saint-Samson. Ancien chanoine régulier; réside à Quintin depuis 13 mois comme simple prêtre. *Insermenté*, déporté. Paisible. [Décédé chanoine titulaire en 1823.]

Gendrot (Jean-Baptiste), 36 ans, né à Quédillac. Ancien vicaire. depuis 9 mois à la Chapelle-Blanche. *Insermenté*, non déporté. Bon à renvoyer. A été parmi les chouans. A même été caissier du général chouan La Vieuville.

Geoffroy (Guillaume-Alain), 41 ans, né à Locarn. Autrefois curé; réside à Moustérus depuis l'an VIII comme desservant. *Assermenté*, non déporté. A du mérite, beaucoup de talent pour la prédication bretonne. Parfois intempérant.

Geoffroy (René-Joseph), 67 ans, né à Kermaria-Sulard. Autrefois recteur; réside à Tréguier depuis 3 ans. *Insermenté*, déporté. Infirme.

Georgelin (Joseph), 34 ans, né à Plœuc; y a toujours vécu comme simple prêtre. *Insermenté*, non déporté. Tête exaltée, a pris part à la chouannerie.

Georgelin (Gervais-Joseph), 63 ans, né à Corlay. Autrefois et aujourd'hui recteur de Saint-Mayeux où il vit depuis le 30 ventôse an IX. *Insermenté*, déporté. Très instruit, ami de l'ordre, disposé à seconder le gouvernement.

Gicquel (François), 52 ans, né à Plouguenast; y a toujours vécu comme simple prêtre. *Assermenté*, non déporté. Instruit, bonne conduite et attaché au gouvernement.

Gicquel (Pierre-Jean), 48 ans, né à Pleslin; y a toujours vécu comme simple prêtre. *Insermenté*, non déporté. Paisible. Attaqué de la gravelle. A laisser simple prêtre.

Gicquel (Jacques-Joseph), 57 ans, né à Gouarec. Ancien curé, et depuis l'an X curé actuel de Plusquellec. *Insermenté*. Tête exaltée, fanatique. Ayant besoin de leçons de tolérance.

Gillot (Gabriel-Thomas), 45 ans, né à Dol. Ancien chartreux. Réside depuis 7 ans à Saint-Solen comme simple prêtre. *Insermenté*, non déporté. A renvoyer dans son pays natal. [Résidait à Pleudihen.]

Glen (Jean-Marie). 37 ans, né à Uzel. Autrefois simple prêtre. Même situation à Uzel depuis 2 ans. *Insermenté*, non déporté. N'est, dit-on, pas très sûr.

Gloannec (Le) (Jean), 65 ans, né à Plouguernevel. Ancien curé de Plourac'h, en exerce encore les fonctions depuis l'an IX. *Insermenté*, non déporté. Désiré de la commune.

Goasdoué (Charles), 46 ans, né à Ploubezre. Ancien vicaire. A Servel depuis 20 jours comme desservant. *Insermenté*, déporté. Très bonnes dispositions.

Le Goas (Bertrand), 62 ans, né à Runan. Ancien curé, simple prêtre à Landebaëron depuis l'an X. *Insermenté*, déporté. Vieillard très caduc.

Le Goas (Georges), 35 ans, né à Pontrieux. *Ordonné prêtre en Angleterre. Insermenté*. Revenu à Pontrieux depuis l'an X. A éprouver, paisible. N'exerce pas.

Godest (Yves), 40 ans, né à Trégastel. Autrefois simple prêtre, aujourd'hui depuis l'an IX, vicaire à Saint-Laurent. *Assermenté*, non déporté. S'est bien comporté, bonne conduite et capable.

Gleyo (Jérôme); *Le Goff* (Joseph); *Le Goff* (Guillaume). (Aucun renseignement.)

Le Goff (René), 36 ans, né à Plouaret; à Bégard depuis l'an X. Autrefois simple prêtre, aujourd'hui desservant. *Assermenté*, non déporté.

Le Goff (François-Félix), 68 ans, né à Lannion; y réside depuis 7 ans. *Ancien récollet;* vicaire *assermenté*. Son âge avancé ne lui permet pas d'exercer dans une grande paroisse.

Gouarin (Yves-Marie), 50 ans, né à Plouézec; y a toujours résidé. Ancien vicaire de Plouézec avant la Révolution. Aujourd'hui vicaire *assermenté*, non déporté. Désiré de la commune, manque parfois de tempérance; cependant bon ecclésiastique et capable.

De la Goublais (de Nantois, Emmanuel-Toussaint-Joseph), 46 ans, né à Pléneuf; y réside depuis 16 mois. Autrefois *chanoine grand chantre à Saint-Brieuc*, aujourd'hui simple prêtre. *Insermenté*, déporté. Paisible.

Gouedart (Yves), né à Plaintel; y réside depuis 3 ans. Ancien *capucin*, aujourd'hui simple prêtre. *Insermenté*, déporté. Jouit d'une bonne réputation.

Gouédart (Michel), 48 ans, né à Plaintel; y revenu depuis 20 mois comme curé. Paisible, aimé dans sa paroisse.

Gouedart (Guillaume) ; *Gouedart* (Toussaint) ; *Goüello ; Goüello* (Sylvestre). (Aucun renseignement.)

Goüermans ou *Goërmans* (Philippe), 59 ans, né à Paris, domicilié à Plédéliac depuis 12 ans. Ancien procureur de Saint-Aubin, aujourd'hui prêtre séculier. *Assermenté*, non déporté. Peut être sub-curé. [N'avait prêté que le serment de Liberté-Egalité.]

Gouinguené (Félix), 36 ans, né à Corseul. A Plancoët depuis 8 ans. Vicaire avant la Révolution, ancien curé *assermenté*, non déporté. Marié, 3 enfants, *paraît* avoir renoncé à l'état ecclésiastique.

Goupil (Jean-Laurent), 55 ans, né à Corseul ; à Bourseul depuis 8 ans. Vicaire avant la Révolution. Ancien curé *assermenté*, non déporté. Aujourd'hui maître d'école. A abandonné son épouse. Bon à être maître d'école.

Gouriou (Laurent), 54 ans, né à Quemper-Guezennec ; y a toujours résidé. Y était vicaire avant la Révolution. Y est devenu curé-archiprêtre par l'élection du peuple ; a été substitut de l'archiprêtre constitutionnel de Pontrieux. *Assermenté*, non déporté. Instruit, zélé, bonne conduite, aimé, estimé, très suivi.

Gouriou (Joseph-François), 42 ans, né à Trézény ; à Louargat depuis 1791. Ancien desservant constitutionnel, aujourd'hui substitut de l'archiprêtre de Belle-Isle. *Assermenté*, non déporté. Bon pasteur, ayant la confiance de la commune qu'il mérite par ses mœurs, son zèle et ses talents.

Grandvarlet (Claude-Grégoire), 64 ans, né à Bothoa ; à Lanvignec depuis 10 mois. Simple prêtre autrefois et maintenant. *Assermenté rétracté*. Déporté. Sans instruction, intempérant. A éloigner de sa résidence.

Grolleau-Keryvot (César-Pierre), 49 ans, né à Lamballe ; y a toujours résidé. Ancien chanoine de N. D. (D'autres disent prêtre habitué de Saint-Jean.) Aujourd'hui simple prêtre. *Assermenté*, non déporté. Homme de bonnes mœurs, zélé, talents médiocres.

Le Gros (Julien), 64 ans, né à Trévron. A Saint-Michel-de-Plélan depuis 3 ans. Y était vicaire succursaliste avant la Révolution. Ancien curé *assermenté*, non déporté ; n'exerce plus depuis les troubles. Valide. Capable. [Cf. *Manuel*. I, p. 308.]

Guéguen (Jean-Vincent), 49 ans, né à Glomel ; y a toujours résidé. Curé *insermenté*. S'est soustrait à la déportation. Fanatique, taxé d'avoir trempé dans la chouannerie.

Guéguen (Jacques) ; *Le Guen-Kerbors* (Yves) ; *Guenveur* (Louis). (Aucun renseignement.) [Guenveur, déporté à l'île de Ré.]

Le Guen (Yves), 37 ans, né à Plufur, depuis 10 mois à Ploubezre. Autrefois vicaire, aujourd'hui desservant. *Insermenté*, déporté.

Guennec (François), 43 ans, né à Trévé ; à Plémy depuis 18 mois. Recteur autrefois et maintenant. *Insermenté*, déporté. Instruit, de bonnes mœurs. A présent bien disposé.

Guérin (Julien), 65 ans, né à la Beaussaine ; à Plouër depuis 25 ans comme recteur. *Insermenté*. Brouillon, caractère dur et pernicieux. A renvoyer dans sa commune.

Guerin (Etienne-Yves), 49 ans, né à Lamballe ; y réside depuis 5 ans. Autrefois directeur de confrérie. Aujourd'hui simple prêtre. *Insermenté*, déporté. Paisible.

Le Guern (Charles), 39 ans, né à **Lanvellec**; à Pléhédel depuis 11 ans. Vicaire de Lanvollon lors de la Révolution. Aujourd'hui curé *assermenté* de Pléhédel. Non déporté. Instruit et zélé. De très bonnes mœurs, estimé, propre à remplir une cure.

Le Guern (Claude-Pierre), 59 ans, né au Moustoir. A Plévin depuis l'an IX. Vicaire autrefois et maintenant. *Insermenté*. Fanatique et sans mœurs. Valide.

Le Guern (Louis-Marc), 64 ans, né à Plounévez-Moëdec; réside depuis 18 jours à Caouennec. Autrefois prêtre à Plouegat-Guerrand. Aujourd'hui desservant. *Insermenté*, non déporté. [A cependant quitté la France.]

Guesnier (Pierre), 63 ans, né à Lamballe; réside à Trémuson depuis 18 mois. Autrefois recteur, fait maintenant fonctions de curé. *Insermenté*, déporté. Homme paisible et de bonnes mœurs.

Guesnier (Jean-Joseph), 37 ans, né à Erquy, y domicilié depuis 7 ans. A toujours été simple prêtre. *Assermenté*, non déporté. N'exerce pas.

Goüezou ou *Guézou* (Vincent), 46 ans, né à Quemper-Guezennec; y réside depuis 3 ans. Recteur de Brélidy lors de la Révolution. Deux fois sermentaire, *deux fois rétractataire. Déporté à l'île de Ré* en l'an VII. Homme sans caractère et sans foi, équivoque, brouillon; ne jouissant ni d'estime, ni de confiance. A éloigner.

Le Guilcher (Julien), 38 ans, né à Lanrodec; à Boqueho depuis 3 semaines. *Insermenté*, déporté.

Guillard (Guillaume-Joseph), 47 ans, né à Moncontour; y réside depuis 14 mois. Prêtre à Saint-Mathurin lors de la Révolution; est demeuré simple prêtre. *Insermenté*, déporté. Très exalté; soumis par force. Malgré la loi du 18 germinal, refusait de prier pour la République et les consuls. Pour l'obliger, il a fallu le menacer de fermer l'église où il célébrait.

Guillaume (François), 45 ans, né à Saint-Martin des-Prés; à Saint-Mayeux depuis 12 ans comme curé. *Insermenté*. Est toujours resté dans le pays. Infirme.

Guillaume (René) (également de Saint-Martin). (Aucun renseignement.)

Guillaume (François-Marie), 39 ans, né à La Roche-Derrien; à Lannion depuis 2 ans. *Insermenté*. S'est caché. Se conduit mal. A éloigner et à placer ailleurs.

Guillaume (Pierre), 37 ans, né à Maël-Pestivien. Simple prêtre autrefois et aujourd'hui. *Insermenté*, déporté. Revenu depuis l'an VIII. Doux, paisible. Digne de la confiance dont il jouit. [Cf. n° 263.]

Guillaume (Olivier-Pierre), 79 ans, né à Dinan. Ancien recteur. Retiré à Dinan depuis 6 mois. *Insermenté*, déporté. A laisser au repos à cause de son grand âge. Homme respectable.

Guillemot (Louis-Mathurin), 33 ans, né à Quintin; y réside depuis 2 mois. Sous-diacre lors de la Révolution. Aujourd'hui simple prêtre. *Insermenté*, déporté. Paisible.

Guillemot (Yves), 50 ans, né à Plumieux; à Saint-Etienne depuis 2 ans et demi. Autrefois vicaire, aujourd'hui curé. *Insermenté*. Caractère doux et ami de la paix. Propre à administrer une succursale.

Guillemoto (Jean-François), 60 ans, né à Loudéac; y réside depuis floréal an IX. Simple prêtre autrefois et maintenant. *Insermenté*, déporté. Instruit, de bonnes mœurs, doux et conciliant. Soumissionnaire.

Guillemoto (Louis-Marie), 50 ans, né à Loudéac. Vicaire à la Motte lois de la Révolution ; y est revenu depuis floréal an IX, en qualité de curé. *Insermenté*, déporté. Bonnes mœurs, instruit, mais brouillon et mauvaise tête. Soumissionnaire.

Guillerm (Pierre), 58 ans ; né à Plougras, y réside depuis 2 ans. Autrefois simple prêtre, aujourd'hui desservant. *Assermenté*, non déporté. Infirme, s'est bien comporté durant la Révolution.

Guillo (Jean), 43 ans ; né à Mûr, à Trévé depuis 18 mois comme curé d'office. Autrefois vicaire. *Insermenté*, déporté. Instruit, manifestant de bonnes dispositions.

Guillo (François), 50 ans ; né à Trévé où il réside depuis le 26 floréal an X. Vicaire autrefois et aujourd'hui. *Insermenté*, déporté. S'est caché dans les communes les plus insurgées.

Guillo (Yves-Joseph), 49 ans, né à Mûr. *Ancien religieux*. Fait depuis 9 ans fonctions de curé à Lanleff. *Assermenté*, non déporté. Peu instruit, mais bon et aimé. A le défaut de boire.

Guillotin (Vincent), 66 ans, né à Concoret ; à Saint-Maden depuis 24 ans comme recteur. *Insermenté*, déporté. Bon prêtre, peut rester dans sa cure, quoique taxé d'avoir favorisé la chouannerie.

Guillouzo (Yves), 62 ans, né à Remungol (Morbihan). A Mellionnec depuis 1799 en qualité de recteur. *Insermenté*, s'est caché durant les troubles.

Guilloux (Jean), 42 ans ; né à Laniscat ; y réside depuis 18 ans en qualité de vicaire. *Insermenté*. S'est caché durant les troubles, a mis longtemps à faire sa soumission.

Le Guyader (Joseph), 38 ans, né à Gurunhuel ; à Guingamp depuis l'an X. Autrefois vicaire, aujourd'hui simple prêtre. *Insermenté*. Caractère doux et cependant exalté. Ayant été longtemps sans faire sa soumission. Homme à éprouver et à ramener à une sage tolérance.

Guillou dit *Pempoullou* (René-Hyacinthe), 37 ans, né à Callac ; y a toujours vécu comme simple prêtre. *Insermenté*, non déporté. Affectionné de la commune, bonnes mœurs, pacifique.

Guyomart (François), 35 ans, né à Ploumiliau ; y est toujours demeuré comme diacre. *Insermenté*, non déporté. Est demeuré *nul* pendant la Révolution.

Guyomart (Pierre-Rolland), 43 ans, né à Plélo ; à Plaine-Haute depuis 5 ans. Autrefois vicaire, aujourd'hui simple prêtre. *Insermenté*, déporté. Jouit d'une bonne réputation. Faible santé.

Guyomart (Yves), 48 ans, né à Saint-Mayeux ; au Quillio depuis 6 ans. Autrefois vicaire, aujourd'hui simple prêtre. *Insermenté*. Est resté dans le pays. A dit-on été chouan.

Guyomart (Jean-Chrysostome) ; *Hallenault* (Jean-Marie) ; *Hallenault* (Pierre) ; *Haméon* (Guillaume-François). (Aucun renseignement.)

Hagues (François-Pierre), 53 ans, né à Trigavou ; y réside depuis peu comme simple prêtre. *Insermenté*, déporté. N'exerce pas, étant très sujet à la goutte.

Haméon (Jean-Baptiste-François), 48 ans, né à Gausson ; y réside depuis 3 mois. A toujours été simple prêtre. *Insermenté*, déporté. Epileptique.

Haméon (Jean-Baptiste), 75 ans, né à Gausson ; fait fonctions de curé à Trégomeur dont il était recteur avant la Révolution. *Insermenté*, déporté. Tête exaltée, quoique vieillard, a besoin d'être ramené à des principes de tolérance.

16

Hamon (François), 34 ans, né à Saint-Brieuc; à Plérin depuis 13 mois comme vicaire. Autrefois simple prêtre. *Insermenté*, déporté. Se conduit bien depuis son retour d'Angleterre.

Hamon (Joseph), 48 ans, né à Loguivy-Lannion; à Pluzunet depuis 10 ans comme curé constitutionnel. Autrefois simple prêtre. *Assermenté*, non déporté. Très bonne conduite durant la Révolution.

Hamon-Boismartin (Aimé-François), 66 ans, né à Quintin; y réside depuis 2 mois. Ancien chanoine à Guérande. *Insermenté*, déporté. Infirme.

Hamon (Mathurin), 45 ans, né à Merléac; y habite depuis 15 ans. Curé à Merléac avant la Révolution. *Insermenté*, non déporté. Bonne conduite, attaché au gouvernement, estimé des habitants qui désirent le conserver.

Hannier (Pierre), 60 ans, né à Yvignac; depuis 25 ans recteur à Trélivan. *Insermenté*, non déporté. A laisser à sa place. Bonnes mœurs.

Le Hardy (Toussaint), 35 ans, né à Plumaugat; y réside depuis peu. Diacre avant la Révolution. Aujourd'hui prêtre. *Insermenté*, déporté. Bon à être simple prêtre ou vicaire.

Hamono (Jacques); *Hello* (J.-B.). (Pas de renseignement.)

Harrouard (François-Jean), 53 ans, né et domicilié à Dinan où il réside depuis peu. *Insermenté*. déporté. Ancien recteur de Brusvily. De bonnes mœurs. Propre à desservir une succursale autre que Brusvily où il n'était pas aimé.

Haslé (Augustin), 46 ans, né à Dinan, ancien prêtre de chœur; y réside depuis 18 mois comme simple prêtre. *Insermenté*, non déporté. A pris part aux troubles avec les insurgés.

Helary (Olivier), 48 ans, né à Tréguidel; y domicilié depuis 7 ans. Vicaire à Tréguidel avant la Révolution, élu curé constitutionnel de Lantic et transféré à Tréguidel à la suite d'élection le 7 mars 1798. *Assermenté*, non déporté. Bonne conduite, zélé, estimé, aimé.

Le Helley (Jean), 48 ans, né à Loudéac; y réside depuis le 14 floréal an X. A toujours été simple prêtre. *Insermenté*, déporté. Bonne conduite et d'un caractère pacifique. Soumissionnaire.

Hello (Jean-Baptiste); *Henry* (Joseph). (Aucun renseignement.)

Hellouvry (Jean), 61 ans, né à Yffiniac; à la Malhoure depuis un an. Autrefois curé, aujourd'hui simple prêtre. *Insermenté*, déporté. Homme paisible.

Hemery (François-Marie), 62 ans, né à Collinée; depuis 21 ans à Langourla comme simple prêtre. *Insermenté*, resté dans le pays. Manifeste le désir de voir le bon ordre et la paix se consolider. Instruit.

Henrio (Joseph), 37 ans, né à Mûr; à Sainte-Tréphine depuis 1781. Autrefois prêtre, aujourd'hui desservant. *Insermenté*, non déporté. Valide.

Henry (François), 53 ans, né à Saint-Connan. Autrefois vicaire, à Saint-Gilles-Pligeaux comme simple prêtre depuis l'an X. *Insermenté*, déporté.

Henry (Jean), 38 ans, né à Pleslin; à Corseul depuis 2 mois. A toujours été simple prêtre. *Insermenté*, non déporté. Bon pour être simple prêtre.

Le Heran (Julien-Jacques), 70 ans, né à Moncontour. Ancien recteur de Cadelac. A Loudéac depuis ventôse an IX. *Insermenté*, déporté. Infirme. Esprit brouillon et tracassier. Soumissionnaire.

Hermans (Claude-Marie), 83 ans, né à Dinan. Ancien prieur bénédictin ; à Saint-Judoce depuis 8 ans comme simple prêtre. *Assermenté*, non déporté. A été professeur de théologie. De bonnes mœurs, mais infirme.

L'Hermite (Olivier), 45 ans, né à Guimaec ; à Tréguier depuis 9 ans. Ancien recteur, aujourd'hui desservant. *Insermenté*, déporté. S'est mal comporté pendant la Révolution. Esprit ardent, intolérant. A éloigner de Tréguier.

Hervé (Pierre) (?), né à Plédran : domicilié au Boqueho. Mauvais sujet et ignorant brutal. A réfréner et à contenir. A placer ailleurs que dans son canton.

Hervé (Guillaume), 68 ans, né à Plémet ; y domicilié depuis nivôse an IX. *Ancien capucin*. Prêtre *insermenté*, non déporté. A toujours demeuré dans le pays. N'a jamais eu de principes favorables au gouvernement.

Hervé (Jean), 50 ans, né à Lamballe. Ancien vicaire à Saint-Martin. Revenu à Lamballe depuis 6 semaines, comme simple prêtre. *Insermenté*, déporté.

Hervé (Julien), 57 ans, né à Saint-Jacut. Autrefois recteur de Saint-Rémy-du-Plain et maintenant simple prêtre. Revenu à Saint-Jacut depuis floréal an VIII. *Assermenté rétracté*. [Faux] déporté. Paralytique.

Hervé (François), 72 ans, né à Maël-Pestivien ; y réside depuis 1782. Autrefois vicaire, aujourd'hui simple prêtre. *Insermenté*, non déporté. Infirme, n'exerce pas.

Hervé (Pierre-Charles), 43 ans, né à Saint-Brieuc. Ancien curé de Ploubazlanec. A Paimpol depuis 4 ans comme simple prêtre. *Assermenté*, non déporté. Capable, mais à placer ailleurs qu'à Paimpol où il faut des prêtres étrangers aux passions qui ont agité ce canton.

Hervé (Joseph-Marie), 40 ans, né à Allineuc. Ancien curé de l'Hermitage ; y réside depuis un an comme simple prêtre. *Insermenté*, déporté. Jouit d'une bonne réputation. Valide.

Hervé (Jean-Louis) ; *Heurtaut* (Gilles-Toussaint-Georges). (Aucun renseignement.)

Hillion (Pierre-Jacques), 39 ans, né à Trégomeur. Ancien *eudiste*. Professeur à Lisieux. A Etables depuis 6 ans comme simple prêtre. *Insermenté*, non déporté. Homme paisible. Valide.

Hingant (Jacques), 58 ans, né à Andel dont il était recteur avant 1780, et où il en remplit encore les fonctions. *Insermenté*, déporté. Homme paisible. [Ancien député aux Etats Généraux.]

Homo (Roland), 45 ans, né à Locquenvel ; à Tréguier depuis 3 mois. Ancien curé, aujourd'hui desservant. *Insermenté*, déporté. En traitement à Tréguier. Sa conduite n'est pas bien connue.

L'Hostis (Gilles-Efflam), 37 ans, né à Plestin ; y réside depuis 2 ans. Ancien vicaire, aujourd'hui desservant. *Insermenté*, déporté. Instruit, mais a témoigné aux prêtres assermentés une haine extrême. S'était cependant bien montré au début de la Révolution.

L'Hotellier (Vincent), 60 ans, né à Pleumeur-Gautier ; y remplit depuis 22 ans les fonctions de vicaire. *Assermenté*, non déporté. Très bonnes dispositions envers le gouvernement.

Houitte (Gilles), 60 ans, né à Taden ; y domicilié depuis 8 ans. Autrefois chapelain, aujourd'hui desservant. *Insermenté*, déporté. Infirme. Peu capable sous tous les rapports de tenir aucune place.

Hourdin (François-Jean), 40 ans, né à ·Pléneuf où il fut autrefois vicaire ; y est revenu depuis 16 mois comme simple prêtre. *Assermenté*, déporté. Paisible.

Huart (François), 58 ans, né à Pontivy, est depuis 22 ans recteur à Lescouët-Gouarec. *Insermenté*. Est toujours demeuré dans le pays.

Hubert (Jean), 70 ans, né à Languenan. Ancien recteur de Saint-Méloir. *Insermenté*, déporté. Bon pour demeurer à Saint-Méloir. Infirme.

Houart (François) ; *Huchet* (François-Marie-Joseph-Magloire). (Aucun renseignement.) [Pour *Huchet*, se reporter à *Suchet*, p. 251.]

Huet (François-Denis), 51 ans, né à Doué (Maine-et-Loire). Ancien prieur de Saint-Jacut. Réside à Saint-Postan depuis 1792. *Assermenté*, non déporté. S'est marié et a divorcé.

Huet (Mathurin), 75 ans, né à Calorguen ; y réside depuis le 8 septembre 1792. Ancien prieur-recteur. *Insermenté*, non déporté. Aveugle.

Huet-Bringolo (Jacques-Philippe), 76 ans, né à la Chapelle-Blanche. A Saint-Jouan depuis 21 mois. Ancien curé, aujourd'hui desservant. *Insermenté*, déporté. Bon prêtre, instruit. Peut rester curé dans la même paroisse.

Huet (Pierre), 57 ans, né à Corseul. Recteur de Bourseul avant la Révolution. Réside depuis 3 mois dans son ancienne paroisse. *Insermenté*, déporté. A du mérite, digne de rester curé.

Huet (Jean-Gabriel), 57 ans, né à Bourges. Ancien prieur de Bon-Repos en Saint-Gelven. Maire de Broons et y résidant depuis le 1er février 1794. *Assermenté*, non déporté. Instruit, laborieux, de bonnes mœurs, propre à être curé de ville ou même vicaire général.

Jacob (Alain), 46 ans, né à Plounez ; y réside depuis 8 ans. Ancien vicaire de Paimpol, aujourd'hui curé. *Assermenté*, non déporté. Instruit, de très bonnes mœurs, zélé, estimé.

Le Jacq (René), 56 ans, né à Gourin. Recteur de Corlay depuis 25 ans. *Insermenté*. Est toujours resté dans le pays. Instruit, manifeste de bonnes intentions. Les habitants le demandent pour curé. Soumissionnaire.

Jagou (Vincent-François), 45 ans, né à Trélevern ; à Penvenan depuis 10 ans comme curé constitutionnel. *Assermenté*, non déporté. S'est bien montré pendant la Révolution. On le désire à Trélevern.

Jaguin (Ollivier), 47 ans, né à Loguivy-Plougras. Autrefois simple prêtre. Depuis 6 ans à Coatascorn comme curé constitutionnel. *Assermenté*, non déporté. Bonne conduite. Estimé.

Jamet (François), 45 ans, né à Saint-Brieuc. Ancien recteur de Plédran ; y réside depuis 5 ans comme simple prêtre. *Insermenté*, déporté. Conduite paisible. Aimé dans sa commune.

Jamin (Guillaume), 40 ans, né à Hémonstoir ; y a toujours demeuré comme simple prêtre. *Insermenté*. S'est caché durant les troubles dans les communes les plus insurgées.

Le Jan (Jean-Baptiste), 47 ans, né à Plouaret. Autrefois vicaire, aujourd'hui depuis 10 mois prêtre à Plouaret. *Insermenté*, déporté. En surveillance à Lannion pour prédications intolérantes.

Jan (Jean-François), 48 ans, né à Etables ; y réside depuis 10 mois. A toujours été simple prêtre. *Insermenté*, déporté. Valide.

Jannic (Jean-Marie), 59 ans, né à Pédernec. Autrefois simple prêtre. A Tréglamus depuis l'an IX comme curé. *Assermenté*. Non déporté. Affectionné de la commune. Instruit. De bonne vie et mœurs.

Janvier (Jean), 36 ans, né à Quédillac; à Guenroc depuis 11 ans et 8 mois. Autrefois vicaire. Aujourd'hui desservant. *Insermenté,* nou déporté. D'une faible santé. Instruit et capable d'être vicaire. Taxé d'avoir favorisé la chouannerie et même d'y avoir pris une part directe.

Jart (Jean-Noël), 48 ans, né à Plédran, résidant à Quessoy. A toujours été simple prêtre. *Insermenté,* déporté. Très exalté, ennemi du gouvernement. A surveiller.

Jarnet (Jean-Brieuc), 60 ans, né à Plœuc. Autrefois vicaire de Plœuc, y est demeuré comme simple prêtre. *Assermenté,* non déporté. Instruit, de bonnes mœurs.

Jeannerot (Jacques-François), 73 ans, né à Pontarlier; a toujours été augustin à Lamballe. Prêtre *assermenté,* non déporté. Est très infirme et ne peut plus exercer. [Ex-curé à Saint-Cast.]

Jean (Marc), 68 ans, né à Plélo; y réside depuis 9 mois. A toujours été simple prêtre. *Insermenté,* déporté. Non soumis.

Jeffredo (Louis-Marie). Voir *Geffredo.*

Jegard (Jean), 59 ans, né à Loudéac; y réside depuis le 11 prairial an X. Autrefois vicaire, aujourd'hui simple prêtre. *Insermenté,* déporté. Hemme doux et tranquille, très bonnes dispositions. Soumissionnaire.

Jeglo (Cyprien), 80 ans, né à Loudéac; y a toujours été curé. *Insermenté,* non déporté. Respectable vieillard. Incapable par suite de son grand âge de s'acquitter des fonctions curiales. Soumissionnaire.

Jeglo (Guillaume), 48 ans, né à Loudéac; y réside depuis le 8 nivôse an IX. A toujours été simple prêtre. *Insermenté,* déporté. Pacifique, montre de bonnes dispositions depuis son retour. Soumissionnaire.

Jegou (Nicolas), 43 ans, né à la Roche-Derrien. Recteur de Louannec avant la Révolution; y est resté comme curé constitutionnel. *Assermenté,* non déporté. Caractère doux et affable. Instruit. Estimé.

Jégou (François), 48 ans, né à Plouaret; y réside depuis 10 mois. Autrefois vicaire, aujourd'hui simple prêtre. *Insermenté,* non déporté. Conduite scandaleuse durant la Révolution. A favorisé les chouans. A été mis en arrestation. Sujet à interdire.

Jegou (Pierre), 66 ans, né à Quemper-Guezennec où il réside depuis 6 ans dans sa famille. N'a pas de titre actuellement. Ancien curé de Coatascorn, curé élu de Plouec. *Assermenté,* non déporté. Instruit, de bonnes mœurs. Zélé, estimé, mais caduc.

Jégou (Claude), 45 ans, né à Caurel; réside depuis 18 ans à Saint-Mayeux comme vicaire. *Insermenté,* n'a jamais quitté le pays. Soumissionnaire.

Le Jeune (Philippe), 47 ans, né à Plestin; y réside depuis 11 ans. *Insermenté.* Autrefois vicaire, n'exerce plus. Aliéné.

Le Joly (Jean), 56 ans, né à Loudéac. Ancien recteur de Plémet, où il en exerce les fonctions depuis germinal an IX. *Insermenté,* déporté à Cayenne, rapatrié par la *Dédaigneuse* le 30 décembre 1801. Très instruit, de bonnes mœurs. Caractère altier et opiniâtre. Proteste de ses dispositions à seconder le gouvernement.

Josse (Julien), 42 ans, né à Merdrignac; y réside depuis l'an X. Autrefois curé, maintenant simple prêtre. *Insermenté,* déporté. Parait bien intentionné.

Jouan (Marc), 40 ans, né à Tréguier; y réside depuis 10 ans. Autrefois curé, aujourd'hui simple prêtre. *Assermenté rétracté*, non déporté. Sans foi, sans conduite, intempérant.

Jouan (Pierre-François), 42 ans, né à Allineuc; à Plourivo depuis 19 mois. Avant la révolution vicaire à Saint-Germain-de-la-Mer. Curé constitutionnel d'Allineuc. *Assermenté*, non déporté. Réfugié dans le pays breton pour se soustraire aux chouans. Bon ecclésiastique, ayant des talents pour la prédication.

Jouan (René-Marie), 44 ans, né à Merléac; à Châtelaudren depuis 6 ans. Ancien vicaire de Saint-Guen, puis curé constitutionnel au Bodéo et à Merléac. *Assermenté*, non déporté.

Jouannic (Mathurin-Olivier), 47 ans, né à Saint-Guen. Ancien *prieur de Carmes*, docteur en théologie. A Saint-Connec depuis 18 mois comme curé. *Insermenté*, déporté. Homme instruit, mais enclin à l'intempérance.

Jouannin (René), 46 ans et 6 mois, né à Etables; à Landehen depuis 2 ans. Autrefois vicaire, aujourd'hui simple prêtre. *Assermenté rétracté*, non déporté. Paisible. [Fut détenu à l'île de Ré.]

Jouanny (Alain); *Jouannin de la Roche* (René-Gilles); *Josse* (Pierre). (Aucun renseignement.) [Jouannin de la Roche est le même que le précédent.]

Jourand (Cosme-Marie), 67 ans, né à Plestin; à Plouguiel depuis 11 mois. Autrefois recteur, aujourd'hui desservant. *Insermenté*, déporté. Capable, bien vu.

Jourdren (Pierre), 67 ans, né à Maël-Pestivien où il réside depuis l'an III. A toujours été simple prêtre. *Insermenté*, non déporté. Infirme.

Journeau (Joseph-André), 76 ans, né à Plouër où il a toujours résidé comme simple prêtre. *Insermenté*, non déporté. Peu de connaissances, âgé. A laisser simple prêtre.

Jouyaux (René), 54 ans, né à Saint-Julien; y domicilié depuis 15 mois. A toujours été simple prêtre. *Insermenté*, déporté. Homme paisible. Aimé de sa commune.

Joyeux (Mathurin), 44 ans, né à Saint-Barnabé; y réside depuis l'an VIII. Vicaire autrefois et maintenant. *Insermenté*. A montré depuis sa rentrée des dispositions pacifiques, néanmoins toujours entêté et fanatique. Bonnes mœurs.

Juglet (Joseph-Marie), 42 ans, né à Laurenan où il a toujours vécu. Autrefois vicaire, aujourd'hui desservant. *Insermenté*, non déporté. Bonne conduite, n'a pas fait parler de lui durant les troubles.

Julien (François), 32 ans, né à Guingamp; à Plésidy depuis l'an IX. Autrefois vicaire, aujourd'hui desservant. *Insermenté*, déporté. D'une conduite régulière, pacifique, peu de moyens. [Cf. n° 236.]

Julien (Pierre), 42 ans, né à Pommerit-les-Bois. Autrefois vicaire à Pleumeur-Bodou, y vit depuis 11 ans. Caractère doux quoique exalté. Il a longtemps exercé dans un grenier et un souterrain. On croit qu'il se comporte bien aujourd'hui. A placer ailleurs à cause de son passé.

De Keralio (Arthur-Etienne-Guillaume-Marie), 43 ans, né à Plouguiel; à Plougrescant depuis 13 mois. Autrefois recteur, aujourd'hui simple prêtre. *Insermenté*, déporté. Bonnes dispositions.

Kanterf (Noël), 51 ans, né à Saint-Mayeux; à Plestin depuis 13 mois. Autrefois vicaire, aujourd'hui curé. *Assermenté*, non déporté. S'est bien comporté pendant la Révolution. Favorable au gouvernement.

Kerauffray (Denis-Yves), 64 ans, né à Vannes ; à Tréfumel depuis 10 mois. Ancien prieur-recteur de Tréfumel, aujourd'hui desservant. *Insermenté*, déporté. Peut être laissé dans sa famille.

Kergoas (François), 57 ans, né à Plestin ; y réside depuis 12 ans en qualité de vicaire. *Assermenté*, non déporté. Assez bonnes dispositions politiques. Intempérant.

Kerguenec'h (Jean-Marie), 78 ans, né à Pommery-Jaudy. Ancien chanoine de Tréguier où il a toujours résidé. *Insermenté*. S'est caché durant la Révolution. Infirme. [Interné à Guingamp, 1794, cf. p. 3.]

Keroignant (Pierre-Bertrand) ; *Kerusec-Goastine* (René-Gabriel). (Aucun renseignement.) [Sur Kerusec, cf. *Manuel*, I, p. 177.]

Kervaudry (*Blanvilain de*) (Jean-Hyacinthe), 52 ans, né à Guingamp ; y réside depuis floréal an IX. A toujours été simple prêtre. Autrefois chapelain à Kermoroc'h. *Insermenté*. A des mœurs, mais exalté et inconstant.

Labbé (Pierre-Paul), 40 ans, né à Quintin. Ancien vicaire de Saint-Potan ; y est revenu depuis 5 ans. *Insermenté*, non déporté. Bon pour être vicaire.

Labbé (Pierre-Louis), 36 ans, né à Dinan ; y réside depuis peu de jours. Clerc avant la Révolution. *A dû recevoir la prêtrise en Angleterre*. Parait intelligent et doux. *Insermenté*, déporté.

Laignel (Jacques), 34 ans, né à Collinée ; y domicilié depuis le 20 floréal an X. Diacre lors de la Révolution. *Ordonné prêtre en Angleterre*. Parait avoir du mérite. *Insermenté*, déporté.

Laletten (François-Marie), 52 ans, né à Plémy ; depuis 10 ans à Plouguenast. Autrefois vicaire, aujourd'hui curé constitutionnel. *Assermenté*, non déporté. Instruit, bonnes mœurs, capable de gouverner. Fortement attaché au gouvernement.

Lallier (Honoré), 60 ans, né à Brienne ; à Lannion depuis 5 ans. Ancien lazariste supérieur du séminaire de Tréguier, aujourd'hui desservant. *Insermenté*, non déporté. Pourrait être placé au séminaire.

Lalouelle (Claude-Marie), 44 ans, né à Quimper ; réside à Dinan. Ex-capucin, ex-curé *assermenté* de Vildé-Guingalan. Maintenant simple prêtre. Non déporté. Peut être placé dans une succursale éloignée de Dinan sous un curé exact. Peut être employé dans la partie bretonne.

Laloyer (Jean), 42 ans, né à Plérin ; y est revenu depuis 4 mois. A toujours été simple prêtre. *Insermenté*, déporté.

Lamandé (Mathurin), 51 ans, né à Plouguenast. Simple prêtre en cette paroisse en 1790. A toujours résidé à Plouguenast. *Assermenté*, non déporté. Instruit, bonne conduite et attaché au gouvernement.

Landouard (Jean-Baptiste), 31 ans, né à Plouaret ; à Plounévez-Moëdec depuis 7 ans comme *curé constitutionnel*. N'était que clerc au début de la Révolution. S'est bien montré.

Langlois (François), 67 ans, né à Maroué. Ancien recteur de Lantic, y fait depuis 6 semaines fonctions de desservant. *Insermenté*, déporté.

Lannier (Jean), 38 ans, né à Plouguiel ; y résidant depuis 2 ans. Autrefois vicaire, aujourd'hui desservant. *Insermenté*, déporté. Intolérant pendant la Révolution. [Condamné comme déporté rentré le 13 août 1793.]

Le Lannou (Christophe), 60 ans, né à Pleumeur-Bodou ; à Plufur depuis 2 ans. Ancien curé de Locquemeau avant la Révolution, ancien vicaire constitutionnel de Calanhel et de Plestin. *Assermenté*, non déporté. Bonne conduite.

Lansart (Etienne), 38 ans, né à Pluduno ; y réside depuis un mois. A toujours demeuré simple prêtre. *Insermenté*, déporté. Propre à faire un vicaire.

Larc'hantec (Pierre), 45 ans, né à Plourin. Nommé recteur de Hengoat en 1789, est revenu depuis trois ans dans cette commune comme desservant. *Insermenté*. Caché durant la Révolution. Y a joué un rôle trop bruyant pour qu'il ne soit pas nécessaire de l'éloigner.

Larmor (Julien-Marie), 52 ans, né à Tréguier, ancien *récollet* de Tréguier. A Plélo depuis 11 mois comme simple prêtre. *Insermenté*, déporté. Non soumis. [Cf. *Manuel*, I, p. 40 et 177.]

Leaubé (Honoré), 42 ans, né à Plessala ; y était chapelain en 1789. Y réside depuis 2 ans comme curé constitutionnel. *Assermenté*, non déporté. Instruit, attaché au gouvernement. [Provoqua le meurtre de l'abbé Georgelin.]

Laudren (Jean), 43 ans, né à Guimaec ; à Guingamp depuis le 1ᵉʳ brumaire an X. A toujours été vicaire. *Insermenté*.

Luvanant (François), 69 ans, né à Guerlesquin, curé de Belle-Isle dès 1784. Aujourd'hui curé constitutionnel. *Assermenté*, non déporté. Infirme. On en fait les plus grands éloges sous tous les rapports.

Launay (Jean), aucun renseignement. *Leauté* (Jean-Baptiste), *idem*.

Leau (de la Touche) (Louis), 56 ans, né à Evran ; y réside depuis 2 ans. Autrefois curé dans le diocèse du Mans, aujourd'hui simple prêtre. *Assermenté rétracté*, non déporté. A renvoyer dans son ancienne cure, ou le placer comme vicaire à Evran. [Détenu à l'île de Ré.]

Lecuyer (Jean), 43 ans, né à Taden ; à Trélivan depuis 16 ans. Autrefois vicaire, aujourd'hui desservant. *Insermenté*, déporté. Peu de capacité, mais de bonnes mœurs.

Le Lay (Gilles-Rolland), 39 ans, né à Paimpol ; à Lanvignec depuis 20 mois. Autrefois simple prêtre, aujourd'hui curé. *Assermenté rétracté*, non déporté. Ancien vicaire constitutionnel de Paimpol. Exalté, fait beaucoup de mal dans le pays. Repousse tous ceux qui suivent les assermentés. A éloigner. A été endoctriné par Richard dont il suivait les principes.

Le Lay (Jean-Marie), 55 ans, né à Lannion ; à Perros-Guirec depuis un an. Autrefois recteur, aujourd'hui desservant. *Insermenté*, non déporté. Intolérant, a refusé de baptiser l'enfant d'un républicain. A éloigner absolument.

Leluyer (Pierre), 49 ans, né à Plouaret ; à Tréguier depuis 3 ans. Autrefois curé, aujourd'hui souple prêtre. *Insermenté*, non déporté. Esprit ardent. Intolérant, ayant excité des troubles à Pleubian dont il était curé d'office avant son émigration, qui précéda la loi de déportation.

Le Lepvrier (Bertrand-Jacques), 49 ans, né à Plésidy ; à Servel depuis 2 mois (le 10 germinal an X). Autrefois recteur, maintenant desservant. *Insermenté*, déporté. Tolérant, bien disposé pour le gouvernement.

Lescan (Jean-Gabriel), 45 ans, né à Tréméloir où il a toujours résidé [hormis le temps de sa détention]. Autrefois vicaire, fait maintenant fonctions de curé. *Insermenté*, déporté à Rochefort. Valide.

Lestimé (Mathurin), 45 ans, né à la Chèze ; y réside depuis floréal an IX. A toujours été simple prêtre. *Insermenté*, non déporté. Bonnes mœurs, peu de capacités.

Lesvier (Jean-Pierre), 50 ans, né à Bécherel ; à Évran depuis 2 ans. Autrefois prêtre, aujourd'hui chapelain. *Insermenté*, non déporté. A renvoyer dans le diocèse de Rennes.

Le Tulle (Michel), 64 ans, né à Dinan ; y réside depuis 6 mois. Autrefois recteur de Saint-Malo-de-Dinan. *Insermenté*, déporté. Désiré dans sa place de l'ouest de Dinan, mais encore intolérant.

Le Vannais (Jean), 45 ans, né à Hénon. Autrefois vicaire de Plémy où il a toujours résidé. *Insermenté*, non déporté. Intempérant, peu instruit.

Lévêque (Joseph), 39 ans, né et domicilié à Pléneuf. Sous-diacre en 1789. *Insermenté*, non déporté. *Ordonné prêtre à Jersey.*

L'Hunégan (Gabriel-Michel), 50 ans, né à Lannion ; y réside depuis 5 mois. Autrefois vicaire, aujourd'hui desservant. *Insermenté*, déporté.

Lisiart (Jacques), 54 ans, né à Irvillac (Morbihan). Ancien *récollet*. Vit à Tréguier depuis un an comme simple prêtre. *Insermenté*, déporté. En surveillance, faute de soumission. N'exerce pas. Aliéné.

Lisiart (Jean-François), 60 ans, né à Mür ; à Lanloup depuis 11 mois. Autrefois simple prêtre, fait aujourd'hui fonctions de curé. *Assermenté*, non déporté. Paisible.

Lymon (Guy), 77 ans, né et domicilié à Quintin, où il était chanoine. *Insermente*, non déporté. Infirme. Paisible. [Cf. p. 1, n°s 11 et 14.]

Lymon (Hervé), 75 ans, né et domicilié à Quintin où il a toujours vécu comme simple prêtre. *Insermenté*, non déporté. Paisible.

Loas (Yves), 53 ans, né à Plougrescant ; à Bourbriac depuis l'an VIII. Curé autrefois et maintenant. Fanatique à l'excès. *Insermenté*, déporté. Plus attaché à ses intérêts qu'à son état.

Loisel (René-Jean), 60 ans, né à Jugon. Ancien *dominicain*. A Plouasne depuis 10 ans comme simple prêtre. *Insermenté*, non déporté. Esprit faible, sans instruction. A laisser dans sa famille.

Lohier (Julien-Charles) ; *Loncle* (Claude) ; *Loncle* (François-Marie) (fut nommé vicaire à la cathédrale, le 11 mai 1806) ; *Lossois* (Guillaume-Jean). (Aucun renseignement ; sur Lossois et Lohier, cf. *Hist. du Pays de Dinan*, II.)

Lorans (Jean-Mathurin), 41 ans, né à Hillion. Autrefois *Grand Carme*. A Coëtmieux depuis trois ans ; y remplit les fonctions de curé. *Insermenté*, non déporté. Tête exaltée, fanatique, à ramener à des principes tolérants.

Lorre (André), 65 ans, né à Évran ; à Plorec depuis 35 ans comme recteur puis comme curé constitutionnel *assermenté*. Non déporté. Parait aimé dans son canton. *Marié durant la Terreur*, mais réintégré dans ses fonctions et exerçant. A laisser où il est.

Le Loüedec (Yves), 63 ans, né à Tréguier ; à Bégard depuis 1777. Ancien professeur de rhétorique et ancien curé de Trédrez. *Assermenté*, non déporté. Instruit et spirituel. Bon ecclésiastique, mais caduc.

Loüèdon (Jean), 49 ans, né à la Prenessaye ; y domicilié depuis floréal an X. Vicaire autrefois et maintenant. *Insermenté*, déporté. Caractère dissimulé et dominateur. Dispositions équivoques

Loyer (Jacques), 44 ans, né à Pommerit-Jaudy ; à la Roche-Derrien depuis 3 mois. Autrefois vicaire, aujourd'hui desservant. *Insermenté*, non déporté. Hors de France durant la Révolution. Bonnes dispositions.

Lozac'h (François) ; *Lozaïc* (Jean). (Aucun renseignement.)

Macé (Guillaume), 42 ans, né à Vire ; à Lanvollon depuis 17 ans comme curé, en remplit encore les fonctions. *Assermenté rétracté*, non déporté. Equivoque, intrigant, tête faible. A placer en sous-ordre ailleurs que dans le canton.

Madec (Simon)), 68 ans. Ancien *récollet ;* à Plourivo depuis 11 ans. Aujourd'hui simple prêtre. *Assermenté*, non déporté. Bon ecclésiastique, mais infirme. [Cf. *Manuel*, I, p. 40, Antoine de Pade-Madec.]

Magouroux (Guillaume), 56 ans, né à Plounévez-Quintin ; y domicilié depuis 1773. Autrefois vicaire, aujourd'hui curé. *Insermenté*, s'est soustrait à la déportation. A des mœurs et du talent. Aimé dans sa paroisse.

Mahé (Yves-François), 36 ans, né et domicilié à Plouguernevel où il a toujours résidé comme simple prêtre. *Insermenté*, non déporté. Talents médiocres, mais convient à la commune.

Mahé (Jacques), 54 ans, né à Saint-Gilles-Pligeaux. Depuis 11 mois au Vieux-Bourg. A toujours été simple prêtre *Insermenté*, déporté. Paisible, jouit d'une bonne réputation.

Mahé (Louis-Philippe), 64 ans, né à Lamballe où il a toujours résidé comme simple prêtre. *Assermenté*, non déporté. Bon ecclésiastique, mais peu capable.

Maignoux (Laurent), 37 ans, né à Ploubazlanec ; domicilié à Plounez depuis 6 ans. Autrefois vicaire de Pleguien, aujourd'hui prêtre *assermenté*. Non déporté. Bon ecclésiastique, médiocrement instruit.

Le Maigre (François-Louis), 49 ans, né à Saint-Brieuc ; réside à Saint-Igneuc depuis le 30 floréal an X. Autrefois curé, aujourd'hui simple prêtre. *Insermenté*, déporté. Peut rester curé dans la même commune.

Le Maître (Joseph), 36 ans, né à Trégon. Ancien *dominicain*. Depuis 2 ans curé d'office à Illifaut. *Insermenté*, déporté. Passe pour avoir de bonnes intentions.

Mainguy (Jean), 46 ans, né à Saint-Mayeux ; a toujours été vicaire de Caurel. *Insermenté*, non déporté. Est toujours demeuré dans le pays.

Maledant (Yves), 45 ans, né à Plounévez-Moëdec. Autrefois vicaire, aujourd'hui desservant de Plounérin depuis un an. *Insermenté*, déporté. Intolérant, on a eu sujet de s'en plaindre.

Manceaux (Mathurin), 32 ans, né à Loyat ; depuis plusieurs années comme curé d'office, puis comme desservant de Lanrelas. *Insermenté*, déporté. Estimable, paisible, humain, bon à être desservant d'une succursale.

Manoir (Michel-Louis-Hugues), 46 ans, né à Saint-Brieuc ; y domicilié depuis 5 ans. Ancien chanoine de Saint-Guillaume et ancien secrétaire de l'évêque. Fait maintenant fonctions de curé de Saint-Michel. *Insermenté*, non déporté. Valide.

Le Mao (François-Marie), 32 ans, né à Saint-Pol-de-Léon ; réside depuis 11 mois à Plouzélambre. Autrefois *récollet*, aujourd'hui simple prêtre. *Assermenté*, non déporté. Ne s'est pas montré durant la Révolution. N'exerce aucune fonction.

Le Maout (Mathurin) ; *du Masnadau* (Joseph-Charles-Armand). (Aucun renseignement.)

Marc (Joseph), 57 ans, né à Ploufragan. Autrefois curé de Plénée, aujourd'hui y est desservant depuis le 6 thermidor an IX. *Insermenté*, déporté. A laisser à sa place de sub-curé de Plénée. (Cf. n° 249.)

Le Marchand (Julien-René), né à Calorguen, depuis 18 ans à Mégrit.

Autrefois vicaire, aujourd'hui desservant. *Insermenté*, déporté. Bon pour être vicaire.

Le Marchand (Mathurin), 40 ans, né à Landujan ; réside aujourd'hui à Dinan. Naguère vicaire, aujourd'hui simple prêtre. *Insermenté*, déporté. A renvoyer dans le diocèse de Rennes.

Le Marchand (Nicolas), 36 ans, né à Landujan ; depuis 5 ans à Dinan. A toujours été simple prêtre. *Insermenté*, déporté. A renvoyer dans le diocèse de Rennes.

Maréchal (François), 63 ans, né à Hillion ; à Saint-Brieuc depuis l'an III. Autrefois simple prêtre, puis curé *assermenté* d'Yffiniac. Non déporté. Réfugié à Saint-Brieuc à cause des troubles.

Margely (Julien-Eloy), 52 ans, né à Bourseul ; y réside depuis 18 mois. Autrefois vicaire de Pleslin, aujourd'hui simple prêtre. *Insermenté*, non déporté. A pris parti avec les insurgés. Peu de mérite. A laisser simple prêtre.

Marie (Jean-Nicolas), 58 ans, né à Pleudihen ; réside à Saint-Solen depuis peu de jours. Ancien vicaire de Pleudihen, maintenant simple prêtre. *Insermenté*, déporté. A laisser dans sa commune.

Marion (Pierre), 47 ans, né à l'Isle-aux-Moines ; à Plélauff depuis 18 ans. Ancien vicaire, aujourd'hui curé d'office. *Insermenté*, déporté. Est toujours resté dans le pays.

Martin (Jacques), 50 ans, né à Meslin ; revenu depuis 5 ans à Laurenan où il était autrefois recteur et aujourd'hui desservant. *Insermenté*, déporté. Bonnes mœurs, mais ayant des principes opposés au gouvernement et subversifs de la garantie assurée aux acquéreurs de biens nationaux. Insoumis.

Martin (Jean-François), 66 ans, né à Evran. Autrefois prieur-recteur de Le Hinglé ; y revenu depuis 5 ans comme simple prêtre. *Insermenté*, déporté. De bonnes mœurs, mais sourd.

Le Martrel (Guillaume), 42 ans, né à Buhulien ; y réside depuis 7 ans. Naguère clerc (?), aujourd'hui desservant. *Assermenté*, non déporté. A cependant quitté la France. Sans moralité.

Le Mat (Yves), 58 ans, né à Plougras ; réside à Saint-Laurent depuis l'an VIII. Curé autrefois et maintenant. *Insermenté*, déporté. Instruit, de bonnes mœurs, mais ayant besoin de leçons de tolérance.

Mathon (Yves-Olivier), 48 ans, né à Allineuc. Ancien curé d'Uzel ; y repris ses fonctions depuis 2 mois. *Insermenté*, déporté. Instruit et de bonne conduite. Dispositions pacifiques.

Mathurin (Jean), 50 ans, né à Cancale ; depuis 23 ans vicaire à La Landec. *Insermenté*, non déporté. Bon à renvoyer dans son diocèse.

Mauffray (François), 67 ans, né à Etables. Autrefois recteur, fait depuis 7 ans fonctions de desservant à Erquy. *Insermenté*, déporté. Infirme.

Mauny (François-Louis) ; *Meleart* (Joseph-Guillaume) ; *Menguy* (Jean). (Aucun renseignement.)

Le Maux (Jean-Baptiste), 45 ans, né au Quillio, où il était autrefois simple prêtre. Y est revenu depuis un an dans les mêmes conditions. *Insermenté*, déporté. Bonne conduite, annonce de bonnes dispositions.

Le Maux (Mathurin), 37 ans, né à Laniscat où il vit depuis 11 ans comme simple prêtre. *Insermenté*, non déporté. Caché durant les troubles.

Le Meaux (Jean-Marie-Henry), 45 ans, né à Saint-Brieuc. Ancien vicaire de l'église Saint-Michel où il est revenu depuis 3 ans comme simple prêtre *Insermenté*, déporté.

Le Mée (Jacques), 63 ans, né à Jugon, Ancien curé de Corseul ; réside à Jugon depuis 7 ans comme simple prêtre. *Assermenté rétracté*, non déporté. La Terreur l'a forcé à un *mariage simulé* qu'il a dissout le plus tôt possible. Propre à être curé ou sub-curé.

Le Mée (Jean), 65 ans, né à Pleudihen. Autrefois prêtre habitué d'une prestimonie. Est revenu dans sa paroisse natale depuis un an comme simple prêtre. *Insermenté*, déporté. A laisser dans sa commune.

Le Mée (Louis-François), 40 ans, né à Saint-Igneuc ; depuis 11 ans curé de Jugon. *Assermenté*, non déporté. De bonne conduite. Bon pour être curé. Désiré dans sa commune.

Le Mée (Julien), 31 ans, né à Ploufragan ; à La Malhoure depuis 15 jours. Autrefois recteur, aujourd'hui simple prêtre. *Insermenté*, déporté. (En note : *Mort.*)

Le Mée (Michel-Louis), 76 ans, né et domicilié à Saint-Brieuc, où il réside depuis 5 ans. Ancien chanoine de Saint-Guillaume, aujourd'hui simple prêtre. *Insermenté*, non déporté. Infirme.

Le Mée (Guy), 79 ans, né à Saint-Igneuc ; à Plévenon depuis 44 ans. Aujourd'hui curé *assermenté*, non déporté. Estimé dans sa commune, mais infirme par son grand âge.

Megret (Julien-Louis), 42 ans, né à Trémeur ; à Caulnes depuis 6 ou 7 ans. Aujourd'hui curé d'office, non soumis. A pris parti parmi les insurgés. Très entier dans ses sentiments et ne pouvant pour cette raison occuper de place qu'en sous-ordre. On assure qu'il persiste encore dans ses opinions.

Méheust (Louis-Julien-Mathurin), 47 ans, né à Landehen ; y réside depuis un mois. Naguère vicaire, aujourd'hui simple prêtre. *Insermenté*, déporté. Paisible.

Méheut (Guillaume), 42 ans, né à Saint-Julien. Ancien curé de la Meaugon ; y est revenu depuis 18 mois comme simple prêtre. *Insermenté*, non déporté. Intolérant, a besoin d'être ramené au respect des lois et à l'amour de la République.

Ménard (Laurent), 38 ans, né à Corseul ; y a toujours résidé comme simple prêtre. *Assermenté*, non déporté. De bonnes mœurs, à employer comme vicaire. (Note de l'auteur de la publication : Avait contracté en 1794 un mariage simulé.)

Menou (Jean), 36 ans, né à Plestin. Diacre *insermenté*, déporté. A refusé de faire sa soumission, a quitté Plestin et même l'arrondissement depuis quelque temps. Peu capable. On ne peut avoir en lui aucune confiance. [Interné à Morlaix et déporté d'office à Brème le 11 avril 1793.]

Mesleart (René), 61 ans, né à Plaine-Haute ; depuis 21 mois à Trédaniel ; autrefois vicaire, aujourd'hui simple prêtre. *Insermenté*, déporté. Ivrogne et sans talent.

Mettrie-La Salette (Etienne), 81 ans, né à Lamballe ; y réside depuis 6 semaines. A toujours été simple prêtre. *Insermenté*, déporté. Vieillard désormais incapable d'exercer. Très infirme.

Mercier (Jean) ; *Mignon* (Jean) ; *Le Millin* (François) ; *Mirat* (Alexandre-Adrien). (Aucun renseignement.)

Micault-Soulville (René-Charles), 73 ans, né à Lamballe où il a toujours résidé. Autrefois grand archidiacre et chanoine de Saint-Pol-de-

Léon. Aujourd'hui simple prêtre. *Assermenté*, non déporté. Homme instruit, de bonnes mœurs, estimé.

Le Mignot (Yves), 44 ans, né à Bourbriac ; à Squiffiec depuis l'an VIII. Ancien vicaire de Kermoroc'h, aujourd'hui simple prêtre. *Insermenté*, déporté. Bonnes mœurs, a besoin de leçons de tolérance et de modération.

Millet (Pierre), 66 ans, né à Saint-Alban ; depuis 20 mois à Lamballe. dont il était autrefois curé. Aujourd'hui simple prêtre. *Insermenté*. déporté. Instruit, mais exalté au plus haut degré. Ennemi de l'ordre actuel. Entêté, refusant de se soumettre. A employer ailleurs qu'à Lamballe où il a porté atteinte à la tranquillité publique.

Le Millen (Yves-François), 70 ans, né à Plounevez-Quintin ; à Plouguernével depuis l'an VIII. Simple prêtre autrefois et maintenant. *Assermenté rétracté*. S'est soustrait à la déportation. N'exerce pas, homme sans moralité, sans caractère, ayant besoin d'être surveillé et dirigé.

Minet (Louis-Armand), 72 ans, né à Plédéliac ; vit à Dinan depuis 4 ans. Licencié ès-lois, ancien recteur. *Insermenté*, non déporté. Homme instruit. Son âge et ses infirmités demandent du repos.

Miriel (Joseph), 33 ans, né à Quévert. Diacre en 1789, aujourd'hui desservant du Quiou depuis un an. *Insermenté*, non déporté. Honnête homme, mais peu instruit, pourrait être vicaire.

Le Moël (Jean) ; *Le Moinet* (Germain) ; *Mordellès* (François). (Aucun renseignement.)

Le Moing (Yves), 76 ans, né à Maël-Pestivien. A toujours été curé à Peumerit-Quintin, dont il est aujourd'hui desservant. *Insermenté*, non déporté. Valide.

Le Moine (François-Louis), 43 ans, né à Saint-Brieuc. Ancien chanoine de N.-D. de Lamballe ; est revenu depuis 2 mois dans cette ville comme simple prêtre. *Insermenté*, déporté.

Le Moine (François), 43 ans, né à Pleslin ; y est revenu depuis 2 ans comme desservant. *Insermenté*, déporté. A pris part aux troubles qu'il a suscités dans son canton. A placer vicaire comme il était autrefois.

Le Moine (Yves-Jean), 48 ans, né à Pleslin. Autrefois aumônier, depuis 2 ans curé d'office à Tréfumel. *Insermenté*, déporté. On le dit à présent paisible, passablement instruit.

Moncoq (Toussaint-Félix), 52 ans, né à Dinan ; y réside depuis 18 mois. Autrefois vicaire, aujourd'hui simple prêtre. *Insermenté*, déporté. Conduite peu régulière. A placer comme vicaire pour être surveillé.

Le Monnier (Pierre), 46 ans, né à Plédran. Autrefois vicaire, fait aujourd'hui fonctions de curé à Saint-Carreuc depuis 4 mois. *Insermenté*, déporté. Bonne conduite, mais a besoin de leçons de tolérance.

Le Montréer (François), 39 ans, né à Rospez ; y réside depuis 2 ans. Autrefois vicaire, aujourd'hui desservant. *Insermenté*, déporté.

Mordellet (François-Gabriel), 63 ans, né à Plouagat. Autrefois curé ; puis vicaire à Plouagat. Depuis 7 ans au Merzer où il fait fonctions de curé. *Assermenté*, non déporté. Bon sujet, instruit, zélé, de bonnes mœurs.

Morice (Mathurin), 48 ans, né à Allineuc ; y réside depuis un an. Autrefois curé, aujourd'hui simple prêtre. *Insermenté*, déporté. Instruit et manifeste de bonnes dispositions.

Morice (Marc), 62 ans, né à Quintin ; depuis un an à Pommerit-les-Bois. A toujours été simple prêtre. *Assermenté*, non déporté.

Morice (Toussaint-Mathurin), 47 ans, né au Bodéo ; à Plouagat depuis l'an IX, où il fait fonctions de prêtre matinalier. *Assermenté*.

Morice (Guy) ; *Morin* (Toussaint) ; *Morvan* (Jean) ; *Morvan* (Philippe.) (Aucun renseignement.).

Morin (Laurent), 39 ans, né et domicilié à Plouvara. A toujours été simple prêtre *Insermenté*, non déporté. S'est comporté paisiblement.

Morin (Pierre), 58 ans, né à Saint-Brieuc-des-Iffs ; à Merdrignac depuis floréal an IX. Recteur autrefois et maintenant. *Insermenté*, déporté. Valide.

Moro (Henry), 56 ans, né à Loudéac ; au Gouray depuis prairial an X. A toujours été curé. *Insermenté*, déporté. Bonne conduite et ami de la paix.

Morvan (Jean-Baptiste), 54 ans, né à Combourg. Ancien recteur de Créhen ; y est revenu depuis un an. *Insermenté*, déporté. Peut être nommé dans cette commune ou renvoyé à Rennes.

Motte-Rouge (De la) (Toussaint-François-Gabriel), 45 ans, né à Planguenoual ; à Lamballe depuis 15 mois. Ancien chanoine de Tréguier, aujourd'hui simple prêtre. *Insermenté*, déporté.

Mottais (Antoine-Jacques), 49 ans, né à Pordic où il réside depuis son retour en France. A toujours été simple prêtre. Insermenté, déporté. A besoin de leçons de tolérance.

Mottais (Antoine-Charles-François) ; *Le Monier* (Mathurin-Alain) ; *Monnier* (Pierre) ; *Nais* (Ambroise). (Aucun renseignement.)

Nais (Guillaume-Mathurin), 55 ans, né à Gausson ; à Ruca depuis 5 ans. Autrefois curé, aujourd'hui desservant. *Insermenté*, déporté. A laisser dans sa commune comme sub-curé. [Il était frère du précédent.]

Nau (Charles-Pierre), 56 ans, né à Quintin ; à Plouguenast depuis 18 mois. Ancien curé constitutionnel, aujourd'hui vicaire. *Assermenté*, non déporté. Instruit, attaché au gouvernement.

Nayrod (François), 52 ans, né à Plufur ; à Prat depuis 2 ans. Autrefois recteur, aujourd'hui desservant. *Insermenté*, déporté. D'abord assermenté, puis réfractaire. S'est mal montré ; bonnes dispositions à présent.

Le Neuder (Pierre), 51 ans, né à Plougras ; à Ploumiliau depuis 15 mois. Autrefois simple prêtre, aujourd'hui desservant. *Insermenté*, déporté. Assez bonnes dispositions politiques.

Nicolas (François), 58 ans, né à Trévou-Tréguignec ; à Trelevern depuis 5 ans. Autrefois simple prêtre, aujourd'hui vicaire de Louannec. *Assermenté*, non déporté. S'est bien comporté pendant la Révolution.

Nicolas (Guillaume), 56 ans, né à Plourivo où il a toujours résidé. Autrefois vicaire, aujourd'hui *curé assermenté*, non déporté. Bon ecclésiastique, régulier, estimé, désiré dans cette commune.

Nicolas (Jean-Pierre), 50 ans, né à Ploüer. Autrefois chantre de chœur, aujourd'hui au Plessis-Balisson. *Insermenté*, non déporté. Bon prêtre, ayant une belle voix, propre à être chantre. [Cf. p. 90.]

Nicolas (François), 50 ans, né à Plouaret ; y réside depuis 3 ans. Autrefois vicaire, aujourd'hui *curé assermenté*, non déporté. S'est bien montré durant la Révolution.

Nogues (Jean), 52 ans, né à Guitté. Vicaire d'Yvignac dès 1779 et maintenant curé d'office. *Insermenté*, non déporté. Peut rester en qualité de vicaire ou de sub-curé.

De la Noüe (Jérôme-François), 75 ans, né à Le Quessoy où il réside depuis 11 ans. Ancien chanoine et archidiacre, aujourd'hui simple prêtre. *Insermenté*, non déporté. [Cf. *Manuel*, I, p. 192.]

De la Noüe (Joseph), 55 ans, né à Hillion. Ancien chanoine de Dol, aujourd'hui simple prêtre. *Insermenté*, déporté. Revenu depuis un an. Paisible.

Nourry (Louis), 44 ans, né à Pleudihen où il était simple prêtre ; réside depuis peu de jours comme simple prêtre à Pleudihen. *Insermenté*, déporté. A laisser comme prêtre.

Le Nouvel (Jean-Baptiste-Antoine), 42 ans, né à Saint-Brieuc où il réside depuis l'an III. Autrefois simple prêtre. A été curé *assermenté* à Saint-Quay, puis à Hillion. Non déporté.

Odic (Jean), 31 ans, né à Neulliac ; à Saint-Guen depuis 1783 en qualité de vicaire. *Insermenté*, non déporté. Est toujours resté dans le pays. Bonnes mœurs et instruit.

Oizel (Toussaint-Louis), 47 ans, né à Ploufragan ; à Lamballe depuis 3 ans. Ancien vicaire de Noyal, aujourd'hui simple prêtre. *Insermenté*, déporté. Tête extrêmement exaltée. A fréner et à ramener à des sentiments paisibles.

Olitraut (Mathurin-Paul), né à Saint-Guen. Ancien prêtre à Saint-Caradec ; réside à Saint-Brieuc depuis 13 mois comme simple prêtre. *Insermenté*, déporté.

L'Ollivier (Jean), 75 ans, né à Plougonver ; réside à Guingamp depuis vendémiaire an IX. Ancien curé *assermenté*, rétracté. Aujourd'hui simple prêtre ; caduc. Fut dès 1790, repris de justice comme perturbateur de l'ordre public. S'est montré outré. A perdu maintenant ses facultés mentales.

Olivier (Pierre-François), 37 ans, né à Saint-Briac. Ancien vicaire de Ploubalay, depuis 6 mois desservant à Trégon. *Insermenté,* non déporté. A fomenté la chouannerie l'an II, III et IV ; à renvoyer dans son diocèse.

Olivier (Jacques), 32 ans, né à Pleudihen. N'est prêtre que depuis 2 ans, a toujours résidé à Pleudihen. *Insermenté*, non déporté. Peut être employé comme vicaire ou maître de latin.

Olivier (Alain-Joseph), 52 ans, né à Saint-Gilles-Vieux-Marché. Recteur de Laniscat depuis 1790, jusqu'à maintenant. *Insermenté*, non déporté. Instruit, s'est tenu caché, dispositions à concourir à consolider la paix intérieure.

L'Olivier (Jean-Marie), 39 ans, né à Tréguier. Autrefois recteur, aujourd'hui depuis 2 ans desservant à Troguery. Capable, bien vu, bonnes dispositions. *Insermenté*, déporté.

Onen (Julien-René), 42 ans, né à Bourseul ; y réside depuis 10 ans. Ancien *bernardin,* aujourd'hui simple prêtre *assermenté*. Non déporté. Peut être employé comme vicaire. [Cf. *Manuel*, I, p. 37 et 311.]

Onfray-Survillé (Paul-Alexis), 80 ans, né à Guingamp où il a toujours vécu comme simple prêtre. *Assermenté*, non déporté. Vieillard respectable, caduc.

Orhan (François), 58 ans, né à Ploufragan. Autrefois chapelain, maintenant à Matignon depuis un an comme simple prêtre. *Insermenté*, déporté. A laisser comme prêtre habitué ou vicaire.

Omnès (Louis) ; *Pempoulou* (René-Hyacinthe) ; *Pastol* (Jean), curé de Berhet ; *Paytra* (Georges). (Aucun renseignement.)

Pacé (Vincent), 47 ans, né à La Roche-Derrien ; à Lanvezeac depuis

5 ans. Ancien vicaire, aujourd'hui curé *assermenté*. non déporté. S'est bien montré, assez bien vu.

Paradis (Jean-Baptiste-François), 67 ans, né à Paris. Ancien missionnaire à Saint-Pierre-et-Miquelon ; habite Plurien depuis 5 ans comme simple prêtre. *Insermenté*, non déporté. Infirme.

Le Parc (Julien), curé de Saint-Rieul. *Insermenté*, non déporté. N'a cessé de chouanner. Condamné à mort par coutumace le 10 pluviôse an X par le Tribunal criminel des Côtes-du-Nord, comme ayant eu des relations avec les ennemis de l'Etat. Scélérat profond n'ayant cessé de chouanner depuis le début des troubles (?). [Natif de Cadelac.]

Paris (Olivier), 55 ans, né à Saint-Adrien ; à Langoat depuis 2 ans. Autrefois recteur, aujourd'hui desservant. *Assermenté*, déporté.

Pasturel (Jean-François-Michel), 60 ans, né à Erquy ; à Saint-Jacut-du-Mené depuis un an. Recteur autrefois et maintenant. *Insermenté*, déporté. Bonne conduite et montrant des dispositions pacifiques.

Pasturel (Anastase-Laurent), 58 ans, né à Erquy ; à Merillac depuis 5 ans. Recteur autrefois et maintenant. *Insermenté*, déporté. On le dit instruit et ami de la paix.

Pasturel (Jacques-Jean-Marie), 55 ans, né à Erquy. Ancien curé de Plurien : à Saint-Brieuc depuis le 15 mai 1791 comme vicaire épiscopal. *Assermenté*, non déporté.

Patard (Jean-François-Joseph), 61 ans, né à Saint-Cast. Ancien recteur de Saint-Alban ; y est revenu depuis un mois comme simple prêtre. *Insermenté*, déporté.

Pédron (Yves), 48 ans, né à Plerneuf. Autrefois vicaire à Bréhand-Loudéac ; revenu depuis 10 mois à Plerneuf comme simple prêtre. *Insermenté*, déporté. Paisible, aimé dans sa commune.

Pencolé (Jean), 57 ans, né à Plumieux. Autrefois curé ; y revenu depuis 28 mois en cette qualité. *Insermenté*, non déporté. Homme pacifique, instruit, mais se livre à la boisson.

Pendezec (Jean-Marie), 49 ans, né à Plélo. A toujours été simple prêtre ; réside à Plérin depuis un mois et demi. *Insermenté*, déporté. Se conduit bien depuis son retour d'Angleterre.

Pennec (Le) (Jean), 39 ans, né à Lanrivain ; y réside depuis l'an IX. Autrefois vicaire, aujourd'hui desservant. *Insermenté*, déporté. Valide.

Pennec (Le) (François-Marie), 34 ans, né à Lanrivain ; y réside depuis l'an IX. *Insermenté*, déporté. Valide.

Le Pennec (Nicolas), 56 ans, né à Tréguier. Ancien chanoine de Tonquedec, est depuis 18 mois chapelain à Pleumeur-Bodou. *Insermenté*, déporté.

Le Penneuc (Jean), 42 ans, né à Plouvara où il réside depuis 4 ans et 3 mois. Autrefois simple prêtre, aujourd'hui curé *assermenté*, non déporté. Bon ecclésiastique, se conduisant bien dans son état.

Percevault (Jean-Joseph), 48 ans, né à Langrolay où il a toujours résidé. Naguère chapelain, aujourd'hui simple prêtre. *Insermenté*, non déporté. Homme paisible, peu instruit. A laisser simple prêtre.

Pérennès (Jean), 51 ans, né à Saint-Gilles-le-Vicomte ; domicilié à Trévérec depuis 18 mois. Autrefois vicaire à Saint-Gilles, aujourd'hui simple prêtre. *Insermenté*, non déporté. Intolérant, tracassier, peu instruit, ne peut être que simple desservant. A éloigner du canton pour la tranquillité publique.

Pérennès (Guillaume), 48 ans, né à Saint-Gilles-Pligeaux où il réside depuis l'an IX. Ancien vicaire de Saint-Gilles, aujourd'hui simple prêtre. *Insermenté*, déporté.

Peron (Henry), 41 ans, né à Lohuec; à Lanrodec depuis 1789. Autrefois vicaire, mais n'exerce plus maintenant. *Insermenté*. Ce prêtre est accusé d'avoir suivi les bandes de chouans; d'avoir commandé l'assassinat de Domalain, officier municipal de Lanrodec, et d'avoir trempé dans l'assassinat de Le Bivic de Pont-Melvez. En tous les cas, c'est un être à éloigner.

Perret (Charles), 40 ans, né à Plestin où il réside depuis 2 ans. Naguère vicaire, aujourd'hui desservant. *Assermenté*, non déporté. On lui reproche de boire. Mérite peu de confiance. [Cf. *Manuel*, I, p. 300.]

Perrot (Toussaint), 37 ans, né à Quintin où il réside depuis 18 mois. A été ordonné au cours de la Révolution. *Insermenté*, déporté. Paisible.

Perrichon (Jean-Baptiste), 63 ans, né à Saint-Gilles-Vieux-Marché; depuis 10 mois à Uzel. Ancien *bénédictin*. *Insermenté*, déporté. Instruit, de bonne conduite, dispositions pacifiques.

Persais (Joseph-Marie), 39 ans, né à Bréal (I.-et-V.). A Yvignac depuis un an comme desservant. *Insermenté*, déporté. A renvoyer dans son département.

Person (Jean-Mathurin), 73 ans, né à Moncontour. Ancien provincial des *Capucins;* vit depuis 9 ans comme simple prêtre. *Insermenté*, non déporté. Instruit, paisible et tolérant, mais caduc.

Person (Jean-Marie), 40 ans, né à Rospez; à Lannion depuis 5 mois. Ancien *capucin*, aujourd'hui simple prêtre. *Insermenté*, déporté

Le Pesant (Jean-Louis), 53 ans, né à Saint-Brieuc. Ancien chanoine de Saint-Guillaume; réside à Saint-Brieuc depuis 5 ans comme simple prêtre. *Insermenté*, non déporté. Valide. († vicaire à la cathédrale de Saint-Brieuc, le 4 mai 1829.)

Petitbon (Louis), 46 ans, né à Plédéliac. Ancien curé *assermenté*. Vit à Lamballe depuis 8 mois. Bonnes mœurs, régulier. A placer dans un pays à l'abri des brigands dont sa famille à été victime. Non déporté. Propre à desservir une succursale. Le mieux serait de le placer dans une ville

Phentce (François-Julien), 60 ans, né à Saint-Briac; depuis 22 ans à Plouasne comme recteur ou desservant. *Insermenté*, déporté. Peut rester dans sa cure.

Philippe (Jacques), 66 ans, né à Plédran. Ancien recteur, puis curé *assermenté* de Saint-Carreuc. Non déporté. Retiré à Saint-Brieuc depuis l'an III, ayant été forcé de quitter sa cure à cause des troubles. Ne peut y retourner sans danger pour sa vie. le pays n'étant pas sûr. A placer dans une ville.

Philippe (Colomban-François), 36 ans, né à Ploufragan dont il était autrefois le vicaire; y réside depuis 16 mois comme simple prêtre. *Insermenté*, déporté. A trempé dans la chouannerie. A été en Angleterre.

Philippe (Jean-François), 38 ans, né à Ploufragan où il a toujours vécu. Autrefois simple prêtre. Fait aujourd'hui les fonctions de curé. *Insermenté*, non déporté. A trempé dans la chouannerie.

Picard (Guillaume), 49 ans, né à Tressignaux, où depuis 5 ans et 6 mois il fait fonctions de curé. Ancien desservant *assermenté* de Kérity. Non déporté. Bon ecclésiastique. Aimé. Estimé. Régulier.

17

Pénault (Guillaume); *Picouays* (François-Michel). (Aucun renseignement.)

Pichard (François), 34 ans, né à Saint-Onen. Ancien *capucin*. Depuis
2 mois vicaire à Trémorel. *Insermenté*, déporté.

Picquet (Pierre-René), 42 ans, né à Yvignac. Ancien aumônier de la
marine marchande; réside à Dinan depuis 9 ans comme simple prêtre.
Insermenté, non déporté. A renvoyer vicaire ou dans une petite succursale.

Pierre (Julien), 42 ans, né à Pommerit-les-Bois. Ancien vicaire de
Pleumeur-Bodou; revenu depuis 11 ans dans sa paroisse natale. *Insermenté*, non déporté. A longtemps exercé dans les souterrains et les
greniers. A joué un rôle célèbre. A placer ailleurs que dans sa paroisse.

Pihan (Antoine), 57 ans, né à Lehon. Ancien curé, réside à Saint
Solen, comme desservant depuis le 27 prairial an IX. *Insermenté*, déporté.
A peu de moyens, peut être vicaire ou sub-curé.

Pinart de la Porte-Blanche (Pierre), 73 ans, né à Pléhérel. Ancien
vicaire, est depuis germinal an IX desservant d'Henanbihen. *Insermenté*,
déporté.

Pincemin (Louis-Julien), 43 ans, né à Pommeret. Ancien curé de
Saint-Alban retiré depuis 10 ans à Meslin comme simple prêtre. *Insermenté*, non déporté. Attaqué parfois de la goutte. Homme outré, a trempé
dans la chouannerie. A écarter.

Piriou (Pierre), 71 ans, né à Ploujean. Autrefois recteur de Tréduder,
puis curé *assermenté* de Loguivy-Plougras. Non déporté. Réside depuis
7 ans à Tréduder. S'est bien conduit durant la Révolution. Estimé.

Le Pivain (Pierre), 34 ans, né à Pleubian; y réside depuis 10 ans
comme vicaire. *Assermenté*, non déporté. S'est bien conduit pendant la
Révolution.

Plaine (Thomas), 55 ans, né à Montfort. Autrefois aumônier; depuis
18 mois desservant à Léhon. *Insermenté*, déporté. Peu instruit, peut
être chapelain ou vicaire dans une campagne.

Plesse de Saint-Mirel (Louis), 39 ans, né à Plénée. Simple prêtre à
Plumaudan depuis 1788. *Insermenté*, non déporté. Bon pour être sub-curé
ou rester simple prêtre.

Plusquellec (Joseph-Marie), 41 ans, né à Tréguier. Autrefois simple
prêtre. Depuis 2 ans desservant de Plouzélambre. *Insermenté* (?), non
déporté. Sans conduite, sans capacité, sans confiance.

Pohaër ou *Poher* (Charles), 49 ans, né à Carnoët. Ancien directeur de
religieuses; depuis l'an III curé de Trébrivan. *Insermenté*.

Posnic (Jean), 68 ans, né à Gommené. Ancien recteur de Lancieux, où
il est revenu depuis 2 ans. *Insermenté*, déporté. Tête exaltée, fanatique.
Deux femmes l'avaient suivi dans sa déportation en Angleterre. Il les
a ramenées dans sa paroisse. [Elles revinrent longtemps avant lui.]

Potier (François), 47 ans, né à Merdrignac. Autrefois vicaire; depuis
10 mois desservant de Saint-Launeuc. *Insermenté*, déporté. Bonnes
mœurs, bon pour être sub-curé.

Le Pouliquen (François-Marie), 40 ans, né à Pordic, où il réside depuis
son retour en France. A toujours été simple prêtre. *Insermenté*, déporté.
A besoin de leçons de tolérance.

Poulouin (Jacques), 46 ans, né à Goudelin; y réside depuis l'an II comme vicaire *assermenté*. Instruction moyenne, mais de bonnes mœurs. Régulier pour l'exercice de son état.

Poupon (Vincent), né à Spézet (Finistère). Autrefois et maintenant vicaire de Locarn où il réside depuis l'an IV. *Insermenté*, déporté. Intempérant.

Poulmic-Grand'Isle (Joseph-François); *Lequellec* (Joseph). (Aucun renseignement.)

Presse (Jean), né à Plessala, vicaire à Saint-Gouéno. *Insermenté*, déporté. Bonne conduite, mais fanatique et entêté.

Prigent (François), 66 ans, né à Loguivy-Plougras. Autrefois recteur et depuis un an desservant de Mantalot. *Insermenté*, déporté. Bonne moralité, instruit, estimé.

Prigent (Jean), 34 ans, né à Plouguernevel où il a toujours résidé. Autrefois vicaire, aujourd'hui simple prêtre. *Insermenté*. S'est soustrait à la déportation. Talents médiocres, mais convient à la commune. (Addition de la publication : *Déporté à l'île d'Aix.*)

Prigent (François-Marie), 39 ans, né à Plounévez-Moëdec. Ancien vicaire de Louannec; depuis onze ans curé *assermenté* de Ploumiliau. Non déporté. Instruit, doux, affable. S'est très bien montré durant la Révolution.

Provost (François-Balthazar), 71 ans, né à Pleubian. Autrefois simple prêtre, aujourd'hui curé *assermenté*. Réside à Goudelin depuis l'an X. Instruit, mais peu aimé à cause de ses démêlés litigieux avec les habitants.

Puel de Saint-Simon, 81 ans, né à Saint-Malo. Revenu à Dinan depuis 18 mois; était autrefois le principal du collège de cette ville. Aujourd'hui simple prêtre. *Insermenté*, déporté. A laisser au repos. Presque en démence.

Le Quellec (Jean), 38 ans, né à Pleubian. Autrefois vicaire, aujourd'hui desservant depuis 2 ans de Loguivy-lès-Lannion. *Insermenté*, déporté.

Le Quellec (François), 66 ans, né à Pleumeur-Bodou; à Tréguier depuis 5 ans. Autrefois recteur de Plougüiel, aujourd'hui simple prêtre. *Insermenté*, déporté. Infirme, fanatique pendant la Révolution.

Quérangal de la Richardière (Jean-Baptiste-Maurice), 59 ans, né à Saint-Brieuc. Ancien chanoine de la cathédrale; depuis 18 mois réside à Saint-Brieuc comme simple prêtre. *Insermenté*, non déporté. Valide.

Quéro (Augustin), 50 ans, né à Yvias; y réside depuis 18 mois. Vicaire autrefois et maintenant. *Insermenté*, déporté. Se conduit sans reproche depuis son retour.

Quéro (Pierre-François), 78 ans, né à Plounévez-Moëdec. Ancien curé et depuis l'an VIII desservant de Saint-Pever. *Insermenté*. Affectionné de la commune.

Querou (Yves); *Quétissant* (Gilles); *Querré* (René). (Aucun renseignement.) [Sur Quétissant, cf. *Hist. du Pays de Dinan*, I, p. 469.]

Querrec (Guillaume), 61 ans, né à Plouaret; y réside depuis 10 mois. Autrefois vicaire, aujourd'hui simple prêtre. *Insermenté*, déporté. En surveillance à Lannion pour prédications intolérantes.

Le Quilleuc (Jean-Baptiste), 37 ans. A toujours résidé à Plessala; a été ordonné prêtre au cours de la Révolution. *Insermenté*, non déporté. Accusé d'avoir activement pris part aux troubles intérieurs.

Le Quilleuc (Jean-Marie), 39 ans, né à Allineuc, où il réside depuis un mois. A toujours été simple prêtre. *Insermenté*, déporté. Valide, exerce.

Rabeil (Joseph) ; *Renault* (Antoine) ; *Revel de l'Etang* (François) ; *Richard* (Yves-Marie). (Aucun renseignement.) [Revel, cf. *Manuel*, I, 180.]

Raffray (Jacques), 46 ans, né à Languédias. Autrefois vicaire ; depuis 3 ans desservant de Mégrit. *Insermenté*, non déporté. A laisser prêtre habitué dans sa commune.

Rannou (René), 46 ans, né à Bourbriac ; à Runan depuis l'an IX. Autrefois vicaire, aujourd'hui simple prêtre. *Insermenté*, déporté. Caractère paisible, ayant des mœurs.

Raoult (Pierre), 44 ans, né à Quemper-Guezennec où il réside maintenant comme prêtre habitué. Ancien vicaire de Plouëc. *Assermenté*, non déporté. Passablement instruit, mais a le défaut de boire quelquefois.

Raoult (François), 40 ans, né à Plouagat. A toujours été vicaire ; réside depuis l'an IV à Saint-Jean-Kerdaniel. *Assermenté*. La commune l'affectionne. Bon ecclésiastique.

Rault (Jacques), 50 ans, né à Dinan où il réside depuis un an. A toujours été simple prêtre. *Insermenté*, déporté. Pacifique. A employer dans une place secondaire sous un supérieur exact et qui surveille.

Rébillard (Jean-Louis), 37 ans, né à Plévenon. A toujours été simple prêtre ; réside depuis un mois à Saint-Alban. *Insermenté*, déporté. Talents peu connus, pourrait peut-être être vicaire.

Regnault (Laurent-Luc-Jean), 51 ans, né à Combourg ; à Evran depuis messidor an V. Autrefois curé, aujourd'hui desservant. *Insermenté*, déporté. Homme spirituel.

Regnault (Georges-Marie), 45 ans, né à Pléhérel où il réside depuis l'an III. Autrefois simple prêtre, aujourd'hui curé. *Assermenté*, non déporté. Propre à rester simple prêtre ou vicaire.

Renouard (François-Marie), 42 ans, né à Saint-Brieuc. Autrefois *grand Carme*, aujourd'hui simple prêtre à Pleguien depuis 5 ans. *Assermenté*, non déporté. Bon ecclésiastique, zélé, instruit, de bonnes mœurs.

Resmond (Louis-Etienne-Charles), 61 ans, né à Yffiniac. Autrefois simple prêtre ; depuis curé *assermenté* d'Hillion, puis vicaire assermenté d'Yffiniac. Non déporté. Réfugié à Saint-Brieuc depuis l'an III à cause des troubles de sa paroisse où il ne peut retourner sans danger pour sa vie, le pays n'étant pas sûr.

Le Restif (Yves), 43 ans, né à Planguenoual où il réside depuis 20 mois comme simple prêtre. Ancien curé de l'Isle-des-Haies (aujourd'hui Penguilly). *Insermenté*, déporté. [Cf. *Manuel*, I, p. 216.]

Rhedon (Toussaint-Jacques), 42 ans, né à Trégueux ; depuis 5 ans à Plédéliac. Ancien vicaire, aujourd'hui desservant. *Insermenté*, déporté. non soumis. A laisser vicaire.

Richard (François), 42 ans, né à Yvias. Ancien recteur de Ploubazlanec. Réside depuis un an à Saint-Brieuc comme simple prêtre. *Insermenté*, non déporté. Ce prêtre instruit et qui a des mœurs est accusé d'intolérance et d'avoir soulevé les passions dans le canton de Paimpol et dans les communes voisines, notamment à Yvias. Doit être éloigné de ce canton, où sa présence et probablement ses passions, renouvelleraient les dissensions. Il peut être utilement employé dans la partie française.

Richard (Alexis-Pierre), 45 ans, né à Plédran. Autrefois vicaire ; depuis germinal an IX réside à Hénanbihen comme simple prêtre. *Insermenté*, déporté. On le regarde comme fanatique. Peut remplir les fonctions de vicaire.

Richard (Jean), 74 ans, né à Broons. A toujours été simple prêtre ; réside à Dinan depuis 4 ans. *Insermenté*, non déporté. A dû prendre parti pour les rebelles. A renvoyer dans sa commune.

Richard (François), 52 ans, né à Pordic ; y a toujours résidé. Y vivait naguère simple prêtre, en est aujourd'hui le vicaire *assermenté*. Instruit et de bonne conduite. Estimé. Non déporté.

Rigaud (François), 51 ans, né à Plémet ; réside à la Ferrière depuis l'an VIII. Vicaire autrefois et maintenant. *Insermenté*, non déporté. Bonne conduite, ami de la paix, propre aux fonctions curiales.

Le Rigoleur (Jean), 42 ans, né au Vieux-Bourg-Quintin. A été ordonné prêtre au cours de la Révolution. Réside à Plouguernével depuis l'an IX. *Insermenté*, déporté. Ayant des mœurs et des talents. Aimé dans sa commune (1).

Le Rigoleur (Charles), 42 ans, né au Vieux-Bourg-Quintin, a toujours été simple prêtre. Réside depuis 5 ans à Saint-Gildas. *Insermenté*, déporté. Jouit d'une bonne réputation. Aimé dans sa commune.

Riou (Jacques), 55 ans, né à Saint-Mayeux, a toujours été vicaire. Réside à Duault depuis l'an IX. *Insermenté*, déporté.

Riou (Charles), 55 ans, né à Hengoat. Ancien chanoine de Tréguier ; y réside depuis 9 ans. Est aujourd'hui desservant. *Insermenté*, déporté. Paraît bien disposé.

Riou (Yves), 59 ans, né à Plussulien. Autrefois simple prêtre, aujourd'hui curé d'office à Saint-Mayeux où il réside depuis 1792. *Insermenté*, non déporté. Valide. Soumissionnaire.

Robert (Yves-Jean), 44 ans, né à Saint-Brieuc. Ancien chapelain de la cathédrale ; depuis six ans vicaire *assermenté* de Plouha. Non déporté. Remplissant avec zèle les fonctions de son état.

Rigourdel (Brieuc) ; *Rolland* (Jean) ; *Rolland* (Yves-Marie). (Aucun renseignement.)

Robin (Jean-Pierre), 41 ans, né à Quintin. A toujours été simple prêtre ; réside à Boqueho depuis 6 mois. *Insermenté*, déporté. (En note : Mort.)

Robin (Yves), 47 ans, né à Plougonver ; à Gurunhuel depuis l'an IX. Autrefois vicaire, aujourd'hui desservant. *Insermenté*. Connu pour avoir pris une part active à la chouannerie. Accusé d'avoir commandé l'assassinat du citoyen Le Bivic, curé assermenté de Pont-Melvez, qui fut saisi en célébrant la grand'messe, entouré d'un peuple immense. [Cf. p. 243.]

Robin (François), 43 ans, né à Saint-Donan ; à Cohiniac depuis 17 mois. Autrefois simple prêtre, aujourd'hui desservant. *Insermenté*, non déporté. Homme paisible.

Rochard (Pierre), 66 ans, né au Gouray ; réside depuis 26 ans à Trébry. *Insermenté*, non déporté. Ne peut plus exercer. Invalide.

Roger (François), 58 ans, né à Prat ; à Trégrom depuis 2 ans comme desservant. *Insermenté*, déporté. Pacifique. Estimé.

Rolland de Cheffontaine (Claude-Marie), 47 ans, né à Plouguiel. Ancien chanoine de Tréguier ; réside depuis 5 ans dans cette ville comme desservant. *Insermenté*, déporté. Paraît bien disposé.

---

(1) Ce prêtre était professeur au Petit Séminaire de Plouguernevel en 1790.

Ropert (René-Joachim), 45 ans, né à Mûr; y réside depuis messidor an III. Autrefois vicaire, aujourd'hui curé. *Insermenté*, non déporté. On dit qu'il n'a pris aucune part aux troubles, qu'il a de la science, de bonnes mœurs et les vertus nécessaires à un curé.

De Roquancourt (François-Marie) ou Rocquancourt, 56 ans, né à Guingamp où il réside depuis prairial an IX. Ancien chanoine de Quimper, aujourd'hui simple prêtre. *Insermenté*, déporté. Homme pacifique, conciliant.

Roquet (Jean-Pierre), 59 ans, né à Plouasne, où il réside depuis 12 ans (?). Ancien *bernardin*. *Insermenté*, non déporté. Bon à laisser dans sa famille. A peu près impotent.

Roscoüet (Denis-François), 32 ans, né à Corlay où il réside depuis le 26 germinal an X. Fait prêtre en Angleterre. *Insermenté*, déporté. Sou-missionnaire.

Rouault (Pierre), 50 ans, né à Plouër. Autrefois chapelain; depuis 12 ans desservant à Saint-Samson. *Insermenté*, non déporté. Peu instruit, de bonnes mœurs. Bon pour être vicaire d'une succursale ou simple prêtre. A prêché contre les constitutionnels le 24 prairial an X (13 juin 1802).

Le Rouillé (Marc-Toussaint), 69 ans, né à Saint-Quay; depuis 31 ans à Landehen où il était autrefois recteur et dont il est maintenant desservant. *Insermenté*, non déporté. Infirme, paisible.

Le Rouzic (ou *Rouxic*) (Yves), 75 ans, né à Locarn. Ancien maître des cérémonies à la cathédrale de Quimper. A Plusquellec depuis l'an VII, comme desservant. *Insermenté* Vieillard caduc.

Le Roux (Isaac), 40 ans, né à Prat; y réside depuis 7 mois. Autrefois simple prêtre, aujourd'hui desservant. *Insermenté*, déporté. Capable, bien vu. Assez bonnes dispositions.

Le Roux (Richard), 80 ans, né à Locquenvel; y réside depuis l'an IX. Autrefois curé, aujourd'hui desservant. *Insermenté*, déporté. Infirme, honnête homme, exact.

Le Roux (François), 42 ans, né à Trégrom; à Cavan depuis 6 mois. Autrefois vicaire, aujourd'hui desservant. *Insermenté*, déporté. Peu connu.

Le Roux (Claude), 53 ans, né à Bothoa, curé *assermenté* à Saint-Fiacre où il réside depuis 1766. [Ou Le Rouxel.]

Le Roux (Yves), 62 ans, né à Lanmodez. Ancien curé constitutionnel de Sévignac; depuis 2 ans, curé *assermenté* de Gommenec'h. Non déporté. Conduite irrégulière. S'adonne à la boisson. Ne peut être employé qu'en sous-ordre. A besoin d'être refréné.

Rouxel (André), né à Saint-Brieuc. Ancien recteur de Saint-Cast; y est revenu depuis le 9 prairial an IX. *Insermenté*, déporté. Désiré comme curé à Saint-Cast. à cause de sa bonne conduite et de son zèle.

Rouxel (Joseph), 38 ans, né à Pleslin; y revenu depuis 2 mois. *Insermenté*, déporté. Bon prêtre. Peut être employé comme vicaire ainsi qu'il l'était autrefois.

Rouxel (François), 35 ans, né à Pleubian, réside depuis un an à Tréguier. *Insermenté*, déporté. Est resté neutre. Bonne moralité, paisible. Etait autrefois curé.

Rouxel (Pierre), 40 ans, né à Trégueux, desservant de Pléboulle depuis le 19 pluviôse an IX. *Insermenté*, déporté. Peut occuper une place de vicaire comme il était autrefois.

Rouxel (Louis), 50 ans, né à Quessoy où il habite depuis 14 mois. A toujours été simple prêtre. *Insermenté*, déporté. Tête exaltée, ennemi du gouvernement. A surveiller.

Rouxel (Claude-François), 55 ans, né à Lamballe. Autrefois simple prêtre ; depuis 10 mois desservant de Saint-Denoual. *Insermenté*, déporté. Paraît désiré comme curé dans cette commune.

Roursault (François), 47 ans, né à Rospez ; depuis l'an X à Saint-Adrien. Vicaire autrefois et aujourd'hui. *Insermenté*, déporté. Désiré dans la commune.

Le Roy (Pierre), 79 ans, né à Yvias. Est depuis 38 ans recteur de Pludual. *Assermenté*, non déporté. Bon ecclésiastique, vieillard respectable à tous égards.

Le Roy (Jacques), 39 ans, né à Saint-Pierre-de-Plesguen, ex-curé, aujourd'hui simple prêtre. Réside à Dinan depuis 5 ans. *Insermenté*, non déporté. A renvoyer à son ancienne cure ou ailleurs en même place. On le dit bon prêtre.

Roverec'h (Charles) ; *Ruello* (Jean) ; *Sablé* (Pierre). (Aucun renseignement.) [Roverec'h ou Roverc'h, ex-recteur de Trédrez.]

Ruello (Pierre), 68 ans, né à Collinée. Ancien recteur de Loudéac où il réside depuis le 8 nivôse an IX ; y a repris ses fonctions. *Insermenté*, déporté. Il a les qualités et les vertus qui constituent le *digne pasteur*. Instruit, estimé de tous, très aimé et très désiré à Loudéac où il fait beaucoup de bien. Soumissionnaire. [Cf. *Manuel*, I, p. 174 et II, p. 201.]

Le Rue (Jean-Nicolas), 60 ans, né à Carhaix. Curé autrefois et maintenant ; réside à Tréffrin depuis l'an VIII. *Insermenté*. Infirme. Ne marche qu'avec peine

Ruffelet (Jean-Nicolas), 69 ans, né à Saint-Brieuc. Ancien recteur de Cesson-de-Saint-Brieuc ; depuis 15 mois comme simple prêtre. *Insermenté*, déporté. Infirme.

Ruffelet (Michel-Christophe), 77 ans, né à Saint-Brieuc. Ancien chanoine de cette cathédrale ; y réside depuis 5 ans comme simple prêtre. Non déporté. Invalide. [C'est l'auteur des *Annales briochines,* cf. sur lui *Manuel*, I, p. 193 et 332 ; II, p. 3, 24 et 27. Il mourut le 21 août 1806.]

Le Sage (Pierre-Louis), 40 ans, né à Pleslin. Depuis 12 ans à Corseul, naguère comme vicaire et aujourd'hui comme desservant. *Insermenté*, non déporté. A pris parti avec les insurgés. Fanatique, peu instruit, à éloigner. Suspecté d'être le principal provocateur de l'assassinat de Forcoueffe. Taxé de tourmenter encore aujourd'hui la commune.

Saillard (Christophe), 67 ans, né à Saint-Thélo, dont il a été curé et où il vit depuis un an comme simple prêtre. *Insermenté*, déporté. Homme tracassier et infirme, hors d'état de remplir des fonctions.

Saillet (Maurice), 64 ans, né à Plédran ; depuis 21 mois à Trédaniel. Autrefois recteur et aujourd'hui curé. *Insermenté*, déporté. Homme paisible.

Saillet (Bertrand), 55 ans, né à Plédran où il a toujours vécu comme simple prêtre. *Insermenté*, non déporté. Conduite paisible.

Saillet (Etienne), 44 ans, né à Plédran. Autrefois vicaire, est aujourd'hui desservant de Quintenic. *Insermenté*, non déporté. Fanatique outré, prêchant contre les acquéreurs de biens nationaux.

Saintilan (Jean-Joseph), 48 ans, né à Pordic. Ancien curé de Lantic ;

y est revenu depuis 18 mois comme desservant. *Insermenté*, déporté. **Valide.**

Le Saint (Sébastien), 44 ans, né à Pontrieux. Autrefois vicaire, depuis 6 ans curé *assermenté* de Pommerit-Jaudy. Non déporté. S'est bien montré.

Le Saint (Vincent-Jacques), 38 ans, né à Pleudaniel. Ancien professeur à Tréguier, ancien vicaire de Ploumagoar, ancien curé de Bourbriac; depuis 3 ans curé de Plouëzec. *Assermenté*, non déporté. Prêtre de mérite, beaucoup de talent pour la prédication, mais se laisse aller à la boisson.

Saint-Michel-Plais (Louis); *Salette-La Mettrie* (Etienne); *Savidan* (Yves). (Aucun renseignement.)

Saint-Priest-Garat (Pierre-Joseph), 48 ans, né à Limoges. Ancien chanoine de Tréguier, ville où il réside depuis 21 ans. Aujourd'hui desservant. *Insermenté*. Sujet à la déportation, est resté neutre. Paraît bien disposé. Homme de confiance de l'ancien évêque de Tréguier, à la conduite du quel il s'est conformé.

Salaün (François), 46 ans, né à Ploumagoar. Ancien *capucin*, depuis l'an VII est curé *assermenté* de sa paroisse natale. A des absences, aime a boire. Homme à réprimer.

Salmon (Charles-Joachim), 39 ans, né à La Bouillie; y vit depuis 8 ans. A toujours été simple prêtre. *Assermenté*. non déporté. Est en démence.

Saoulas (Etienne), 59 ans, né à Tours. Ancien prêtre matinalier, depuis l'an II vicaire *assermenté* de Bringolo.

Saudrais (Toussaint), 38 ans, né à Plouasne; à Broons depuis 18 mois. A toujours été simple prêtre. *Insermenté*, déporté. D'une grande régularité. Bon pour être vicaire.

Saudrais (Joseph-Marie), 40 ans, né à Jugon. Ancien curé *assermenté* d'Yvignac, vit à Lescouet-Jugon depuis 7 ans avec son épouse. Semble avoir renoncé à l'état ecclésiastique.

Sauvage (Jean-Mathurin), 48 ans, né à Plouër. Ancien chapelain, revenu depuis peu dans sa paroisse natale. *Insermenté*, déporté. A laisser comme il est, simple prêtre dans sa commune.

Scolan (François), 77 ans, né à Plougrescant où il réside depuis un mois. Ancien curé, aujourd'hui simple prêtre. *Assermenté*, non déporté.

Le Sec'h (Yves), 42 ans, né à Tréméven où il fait fonctions de curé. *Assermenté*, non déporté. Bon ecclésiastique, mais a le défaut de boire quelquefois.

Le Sénéchal (Jean-André), 47 ans, né à Pleurtuit. Ancien vicaire de Saint-Malo-de-Dinan où il réside maintenant. *Insermenté*, non déporté. Caractère dur et vindicatif. A servi dans les troupes vendéennes. A renvoyer dans son diocèse. [Déporté à l'île de Ré.]

Sevestre (Jean-Marie), 50 ans, né à Saint-Juvat où il a toujours vécu comme simple prêtre. *Insermenté*, non déporté. A demeurer dans sa famille à cause de sa mauvaise santé.

Sica (René-Etienne), 42 ans, né à Saint-Brieuc. Ancien prêtre de Saint-Michel, aujourd'hui simple prêtre à Saint-Brieuc depuis 5 ans. *Insermenté*, déporté. Valide.

Sorgniard (Jean-Baptiste), 45 ans, né à Lamballe. Est revenu depuis 20 mois dans cette ville où il a été chanoine de N.-D. Aujourd'hui simple prêtre. *Insermenté*, déporté. Partage les principes et les erreurs de Millet, dont il a été le vicaire.

Sort (Jean-Noël); *Tallec* (Jean). (Aucun renseignement.)

Sotinel (Pierre), 49 ans, né à Saint-Jouan où il réside depuis un an. Ancien prêtre de chœur. *Insermenté*, déporté. Bon pour être chantre.

Souquet (Julien-Olivier), 65 ans, né à Pleudihen. Rentré depuis peu de jours. A toujours été simple prêtre. *Insermenté*, déporté. A laisser simple prêtre dans sa commune.

Souvestre (René), 53 ans, né à Guingamp où il réside depuis l'an X. A toujours été simple prêtre. *Assermenté*. Tête faible, aimant à boire.

Souvestre (Jacques-Joseph-Marie), 54 ans, né à Saint-Carreuc. Ancien doyen du chapitre de Quintin; réside depuis 11 mois dans cette ville où il fait office de curé. *Insermenté*, déporté. Paisible et estimé.

Sylvestre (François), 66 ans, né à Plérin où il réside depuis un mois. A toujours été simple prêtre. *Insermenté*, déporté. Se conduit bien depuis son retour d'Angleterre.

Suchet (François-Marie-Joseph-Pierre), 44 ans, né à Hillion. Ancien curé de Saint-Trimoël où il est revenu depuis un an et où il fait fonctions de curé. *Insermenté*, déporté. Paisible. [*Il faut lire Huchet*. Cf. p. 230.]

Tanguy (Jean-Baptiste), 46 ans, né à Saint-Martin-des-Prés; réside à Lanrodec depuis 5 ans comme curé *assermenté*. Instruit, régulier, estimé.

Tanguy (Yves), 47 ans, né à Kerpert; réside à Bothoa depuis l'an X. Ancien curé, aujourd'hui simple prêtre. *Assermenté*, non déporté. Jouissant de l'estime de la commune qui désire le garder.

Tanguy (François), 41 ans, né à Saint-Caradec, où il réside depuis 7 ans. Autrefois simple prêtre, aujourd'hui curé d'office. *Insermenté*, non déporté. Caché durant les troubles, peu sûr.

Tanguy (Guillaume-Auguste-François), 47 ans, né à Saint-Caradec, dont il a été recteur et où il réside depuis 10 ans. *Insermenté*, non déporté. Caché. Instruit, bonne conduite. Sait le breton. Soumissionnaire.

Tanvieux (Joseph), 65 ans, né à Plémet où il réside depuis un an. Ancien vicaire, *insermenté*. Hors d'état de remplir aucune fonction.

Teffany (François) ou *Thefany*, 39 ans, né à Pontrieux. Ancien vicaire de Prat, ancien vicaire *assermenté* de Pontrieux où il habite depuis 3 ans. Aujourd'hui simple prêtre, *rétracté*. Aime à boire, peu estimé.

Le Texier (François), 63 ans, né à Plumieux où il a toujours vécu comme simple prêtre. *Insermenté*, non déporté. Infirme.

Tézé (Georges-Julien-Placide), 38 ans, né au Mont-Dol. Vicaire de Languenan dès 1788. Y a toujours résidé, y remplit aujourd'hui les fonctions de desservant. *Insermenté*, déporté. La commune de Languenan a été l'une des plus insurgées; il paraît y avoir eu une large participation. A ne pas placer, mais à renvoyer dans ses foyers, où il devra être surveillé.

Thomas (Armel), 35 ans, né à Augan (Morbihan), réside à Dinan depuis 6 mois. N'est encore que diacre. *Insermenté*, déporté. A renvoyer dans son diocèse.

Thomas (Yves), 66 ans, né à Plestin; y réside depuis 6 mois. Ancien vicaire, aujourd'hui desservant. *Insermenté*, déporté par un arrêté du Finistère le 17 avril 1793. Bon et capable.

Thomas (François), 70 ans, né à Ploezal; y réside depuis 1792. Autrefois vicaire, aujourd'hui desservant. *Assermenté*, vieillard infirme, buvant parfois.

Thomas (Esprit), de Merdrignac. (Voir Esprit Thomas.)

Thomas (Jacques-Guillaume-Marie), 41 ans, né à Trévé; y domicilié depuis un an. Autrefois vicaire, aujourd'hui simple prêtre. *Insermenté*, déporté. Instruit, manifeste de bonnes dispositions.

Le Tinéves (Claude), 30 ans, né à Berhet, où il réside depuis un an. *Insermenté*. Est depuis peu dans les ordres. S'est volontairement déporté. Intolérant. A refusé les sacrements à quiconque a suivi les assermentés.

Toqué (Pierre-Jacques), 45 ans, né à Plédran ; réside à Trégomeur où il était autrefois vicaire et aujourd'hui simple prêtre. *Insermenté*, non déporté. Intolérant, vindicatif. Taxé d'avoir trempé dans la chouannerie.

Ttoux (Yves), 39 ans, né à Plussulien ; vit à Saint-Mayeux depuis 1792. Autrefois simple prêtre, aujourd'hui d'office. *Insermenté*. Est toujours resté dans le pays.

Torchard (Maurice), 46 ans, né à Saint-Donan ; y réside depuis 3 ans. A toujours été simple prêtre. *Insermenté*, déporté. Homme paisible, de bonnes mœurs, se conduisant bien.

Touroux (Jean-Pierre), 67 ans, né à Etables où il a toujours vécu comme simple prêtre, sauf le temps de sa détention. *Insermenté*, non déporté. Infirme.

Thomas (François-Marie) ; *Touboulic* (Jean) ; *Toulic* (Jacques). (Aucun renseignement.)

Toublanc (Jean-Louis), 43 ans, né à Planguenoual où il était autrefois curé. Y est revenu depuis 13 mois. *Insermenté*, déporté.

Tréguy (Laurent), 44 ans, né à Etables ; y est revenu depuis 5 ans comme simple prêtre. Etait autrefois chapelain de la cathédrale de Saint-Brieuc. *Insermenté*, déporté. Valide.

Le Troadec (Charles), 38 ans, né à Pleudaniel ; y réside depuis 7 ans. Autrefois vicaire, aujourd'hui curé *assermenté*, non déporté.

Tresvaux des Fossés (François-Yves), 48 ans, né à Loudéac où il réside depuis le 19 floréal an X. A toujours été simple prêtre. *Insermenté*, déporté. Très bonne conduite, mais maladif. Soumissionnaire (1).

Trobert (René), 74 ans, né à Moncontour. Ancien curé *assermenté* de Saint-Lormel ; réside à Plancoët depuis 8 ans comme simple prêtre. Non déporté. Infirme. Ne peut exercer de ministère.

Trobert (Pierre), 55 ans, né à Moncontour ; depuis 6 mois curé de Gausson. Autrefois simple prêtre. *Insermenté*, déporté.

Trottel (Julien), 46 ans, né à Plancoët. Autrefois simple prêtre, curé de Saint-Lormel depuis le 16 nivôse an X. *Insermenté*, déporté. Parait propre a être vicaire.

Trumel (Antoine-Guy), 57 ans, né à Tréfumel. Aujourd'hui desservant de Trémeur où il réside depuis 32 ans comme curé. *Insermenté*, non déporté. Peut être sub-curé dans la cure qu'il occupe.

Tual (Yves-François), 55 ans, né à Plémy ; à Dolo depuis le 27 floréal an IX. Autrefois curé, aujourd'hui simple prêtre. *Insermenté*, déporté. Peut rester comme curé dans la paroisse qu'il occupe.

Tulubin (Claude), 45 ans, né à Kerrien. S'est soustrait à la déportation et réside à Glomel en qualité de vicaire depuis sa prêtrise. *Insermenté*.

Tromelin (Le Dall de) (Sébastien-Corentin), ex-chanoine de Tréguier ; *Verrier* ; *Verron* (Guillaume). (Aucun renseignement.)

------

(1) Cf. une notice dans Souchet : *Essai sur la piété bretonne*, in-18, Saint-Brieuc, 1856, p. 163-167.

Le Valois (Louis-Julien), 78 ans, né à Calorguen, depuis 35 ans vicaire de Corseul. *Insermenté,* non déporté. Bon prêtre, peut être sub-curé.

Le Verger (Louis-Mathurin), 42 ans, né à Trévé. Ancien curé du Gouray. *Assermenté,* non déporté. Retiré depuis 2 ans comme simple prêtre à Plouézec pour éviter la chouannerie.

Le Verger (Jean-François), 48 ans, né à Trévé, où il a été curé. Depuis 4 ans vicaire *assermenté* d'Yvias. Non déporté. Instruction médiocre, mais peut desservir une succursale.

Verger (Julien), 40 ans, né à la Chapelle-Chaussée. Ancien professeur au collège de Dinan, ville où il réside depuis 19 ans. *Insermenté,* non déporté. Doux et honnête. Bon à occuper une cure.

Vernes (Jean), 77 ans, né à Moulins, ancien *prieur des Augustins* de Lamballe, ville où il a toujours résidé. Prêtre *assermenté,* non déporté. Très infirme, ne se lève plus. [∴ dès avant la Révolution, cf. p. 128.]

Le Vexier (Jean-Joseph,, 47 ans, né à Plumieux où il réside depuis 16 mois et dont il est recteur maintenant comme autrefois. *Insermenté,* non déporté. Bonne conduite, ami de la paix, propre aux fonctions curiales.

Voyer (Jacques), 45 ans, né à Pleubian ; à Lanmérin depuis 11 mois. Ancien recteur, aujourd'hui desservant. *Insermenté,* déporté.

Viel (Louis), 42 ans, né à La Motte où il réside depuis près de 3 ans. A toujours été simple prêtre. *Insermenté,* déporté. Caché pendant les troubles. s'est conduit en ennemi de la Révolution. Manifeste aujourd'hui des dispositions favorables au gouvernement. Homme peu sûr. Soumissionnaire.

De la Villegirouard (Jean), 46 ans, né au Plessis-Balisson. A Ploubalay depuis 14 ans comme vicaire, aujourd'hui comme desservant. *Insermenté,* non déporté. A trempé dans la chouannerie.

Vincent (Charles), 37 ans, né à Goudelin. Autrefois vicaire, curé *assermenté* de Pédernec depuis 1791. Aimé et désiré dans sa commune. Homme instruit, de très bonnes mœurs. [∴ cf. *Manuel,* I, p. 301.]

Vincent (Jean), 48 ans, né à Goudelin. Autrefois vicaire, aujourd'hui simple prêtre. *Assermenté rétracté.*

Vincent (Olivier), 42 ans, né à Quintin où il a été vicaire. Depuis 13 mois curé à Plessala. *Insermenté,* non déporté. Est toujours resté au pays. Dispositions pacifiques.

Visdeloup (Hyacinthe), 61 ans, né à Guingamp. Ancien curé de Plounez où il habite depuis 9 ans. *Assermenté,* non déporté. Affaibli par l'âge, caractère pointilleux. Pourrait encore faire le service d'une succursale du canton de Paimpol.

Vrot (Jean), 45 ans, né à Gommené. Ancien professeur de théologie, depuis un an professe à Dinan les aspirants au sacerdoce. *Insermenté,* non déporté. Instruit dans sa théologie, mais ses systèmes sont outrés et à modifier. Peut être employé dans l'enseignement.

Vitel (Jacques-Etienne), 61 ans, né à Saint-Brieuc. Ancien recteur de Plérin, y remplit les fonctions de curé depuis 20 mois. *Insermenté,* déporté. Instruit, de bonnes mœurs, ami de l'ordre.

Vitel (François-Marie), 50 ans, né à Saint-Quay ; y réside depuis 2 ans. Autrefois simple prêtre et aujourd'hui curé. *Insermenté,* non déporté.

Vitte (Jean), 52 ans, né à Breteil ; à Rouillac depuis 5 ans. Autrefois curé, aujourd'hui desservant. *Insermenté,* déporté. Peut être renvoyé dans son évêché.

Mgr J.-B. CAFFARELLI DU FALGA
(1763-1815)
Premier évèque concordataire de Saint-Brieuc.

D'après un portrait communiqué par M. le Vicaire général CABARET,
Supérieur du Grand Séminaire de Saint-Brieuc.

Armoiries de Mgr CAFFARELLI, premier évêque du nouveau diocèse
de Saint-Brieuc, reproduites d'après un en-tête de ses Mandements.

CHAPITRE IV

Les conceptions de Mgr Caffarelli, premier évêque concordataire du diocèse de Saint-Brieuc, et du préfet Boullé, sur les rétractations à demander au Clergé assermenté et la réorganisation du culte et de la hiérarchie catholique, d'après leur correspondance.

AVANT-PROPOS

M. René Durand, dans sa thèse *Le département des Côtes-du-Nord sous le Consulat et l'Empire*, a esquissé au chapitre IVᵉ du premier volume, p. 365 et sq., un tableau des relations de Mgr Caffarelli et du préfet Boullé, que nous n'avons pas l'intention de refaire ici. Mais il nous a paru que l'on nous saurait gré cependant de donner de larges extraits de la correspondance du premier évêque concordataire de Saint-Brieuc. Nous eussions aimé la publier tout entière ; les prix prohibitifs de l'impression et le petit nombre de nos souscripteurs nous ont obligé à faire un choix.

Nous avons puisé les lettres qui vont suivre aux archives de l'évêché de Saint-Brieuc, où Mgr Morelle nous avait obligeamment permis de travailler. On y verra, prises sur le vif, les difficultés auxquelles Mgr Caffarelli se heurta dès son arrivée dans son diocèse pour appliquer ses directives ; les obstacles que lui suscitèrent les constitutionnels grâce à la connivence du préfet, enfin la mauvaise volonté qu'il trouva dans la personne même de ce dernier. De Boullé, nous nous bornerons à reproduire une lettre qu'il écrivit au Conseiller d'Etat chargé des cultes, Portalis, le 17 août 1802. Elle nous éclairera sur la mentalité de ce préfet des C.-du-N. Sa place est tout indiquée pour clôturer ce *Manuel* destiné à l'étude de la persécution religieuse dans ce département.

PARTIE DOCUMENTAIRE

I. — Le Conseiller d'Etat chargé de toutes les affaires concernant les Cultes, écrit au citoyen Préfet du Département des Côtes-du-Nord, *pour lui annoncer la prochaine arrivée de l'Evêque de Saint-Brieuc, le 17 prairial an X (6 juin 1802)*.

(Arch. C.-du-N., série V.)

« J'écrivis il y a quelques jours, Citoyen Préfet, à M. l'Evêque de votre département qui était alors à Caen, pour l'inviter à se rendre sans retard dans son diocèse, persuadé que sa présence et sa conduite modérée mettraient fin à des inquiétudes que les intermédiaires calment plus difficilement. J'écris, au nom du Premier Consul, aux Evêques une lettre qui donne la réponse à la première des questions que vous me faites par la vôtre du 9 de ce mois, et par des circulaires qui vous serons bientôt expédiées : je réponds à la deuxième et à la quatrième de vos questions.

» Quant à la troisième il n'est pas douteux que les renseignements que vous pourrez donner au Gouvernement et à l'Evêque sur les ecclésiastiques à placer, ne soient très nécessaires et même indispensables.

» Il est des motifs de localités, de convenance par rapport aux opinions et aux dispositions de l'esprit public qui doivent influer sur le choix de ces ecclésiastiques, et ces motifs, vous êtes plus que personne en état de les sentir et de les apprécier.

» Je pense que M. l'Evêque sera auprès de vous avant que vous ayez reçu cette lettre. Son bon esprit et ses principes seront avec les vôtres dans un rapport parfait ; et je n'ai point de doute sur les heureux effets de vos soins réunis pour établir et cimenter l'harmonie et la paix parmi vos administrés. »

Signé : PORTALIS.

II. — L'Evêque de Saint-Brieuc écrit a Boullé, Préfet des Côtes-du-Nord, *pour prendre contact avec lui et lui annoncer son arrivée (sans date)*.

« Citoyen Préfet,

» Le Gouvernement m'ayant nommé à l'Evêché de Saint-Brieuc, je m'empresse de vous faire part de ma nomination et de vous témoigner le plaisir que j'éprouve, en me voyant fixé dans un département, dont le Préfet est connu pour l'ordre qu'il y a maintenu, son zèle pour le bien public, et ses talents administratifs : j'ai pensé que mes devoirs n'en seroient que plus aisés à remplir et qu'il me seroit plus facile d'atteindre le but que doit se proposer tout bon ecclésiastique, et de remplir le but du Gouvernement. Je me conduirai avec toute la prudence, toute la modération que demandent les circonstances, le caractère dont je suis revêtu et je me flatte que vous ne me trouverez pas indigne de votre estime. Je vous le demande, Citoyen Préfet, et je vous prie de vouloir bien me l'accorder.

» Je me suis pénétré, Citoyen Préfet, des sentiments qui animent le Gouvernement, ce sont des sentiments de paix, de conciliation : il veut ramener tous les esprits à une même façon de penser, assoupir toutes les querelles, ôter tout motif de division ; appelé à le servir dans ses desseins, je pense que je ne pourrai y réussir qu'en employant des voies de douceur, qu'en usant des plus grands ménagements ; c'est ce qu'il attend de moi, ce sont les moyens que je me dispose à employer. Je ne doute pas que vous les approuviez et je vous demande de vouloir bien les seconder de toute l'influence que doit vous donner votre place. Je m'estimerais heureux, Citoyen Préfet, si je puis mériter votre approbation et remplir les vues du Gouvernement. » Signé : JEAN CAFFARELLI.

P.-S. — Je désirerais savoir avant de me rendre à Saint-Brieuc si je puis compter sur un logement. Je réclame pour cet objet toutes vos bontés.

III. — L'ÉVÊQUE DE SAINT-BRIEUC TRACE A L'ABBÉ MANOIR, LE 8 MAI 1802, LA CONDUITE A TENIR VIS-A-VIS DES CONSTITUTIONNELS.

« Quelques légères oppositions ne doivent pas vous effrayer. Laissez M. Baschamps et l'autre prêtre assermenté faire du bruit ; je ne puis croire qu'ils intéressent en leur faveur ou M. *Portalis* ou le Premier Consul. Si l'on vous demande de la part de qui vous recevez des déclarations, vous direz que c'est de la mienne. Ma nomination a été annoncée officiellement au préfet. Il m'a écrit comme à l'Evêque de Saint-Brieuc et les affaires du dogme ne le regardent pas plus que les affaires de l'administration ne me regardent.

» Toutes mes démarches sont concertées avec le gouvernement. Recevez les déclarations que l'on vous offrira, mais n'en demandez pas. Lorsque je pourrai croire être reçu à Saint-Brieuc par l'ensemble des prêtres, je m'y rendrai. Je voudrais y être déjà. Parlez peu, même point du tout de ce qui se passe. L'éclat n'est bon à rien. Je serais bien fâché que les affaires dont je vous charge vous occasionnent le moindre dérangement. »

IV. — L'ÉVÊQUE DE SAINT-BRIEUC REND COMPTE AU CHARGÉ DES CULTES, PORTALIS, LE 13 JUIN 1802, *des incidents qui marquèrent sa prise de contact avec les autorités briochines.*

« J'ai attendu pendant plusieurs jours vos ordres à Caen : comme vous ne m'en avez pas donnés, j'ai pris ma détermination et me suis rendu à

Saint-Brieuc où m'appeloit mon devoir. J'y suis arrivé avant-hier. J'en donnois avis au préfet, qui de suite, se donna la peine de venir me saluer. Je lui ai rendu dans la soirée mes devoirs ainsi qu'au général *Lorcet* qui commande dans le département.

» Hier au matin, j'ai reçu la *visite du préfet* accompagné de toutes les autorités du département. J'ai été fort étonné de m'entendre haranguer en forme par trois personnes différentes, dont deux ont lu leurs discours. L'une d'elle a cru devoir me donner des leçons, je ne lui ai pas répondu. Quant aux deux autres, je leur ai parlé de mon attachement au gouvernement et du désir ardent qui m'animoit de réunir tous les esprits dans une même façon de penser. Le préfet après tous ces discours, me dit qu'il désiroit avoir une conférence avec moi : je lui promis de me rendre chez lui. Quelle a été ma surprise lorsque j'ai vu chez lui le conseil de préfecture, les présidents des tribunaux civil et criminel, le général qui commande dans le département, le chef de brigade qui commande dans la place et autres personnes. Je ne m'attendois pas à une assemblée aussi nombreuse. Je ne crois pas qu'elle dut l'être. Cependant je n'ai encore fait là-dessus aucune réflexion, j'ignorais quel but on avoit.

....

» Lorsque j'étois à Paris, j'avois écrit à M. Baschamps et par lui aux autres prêtres assermentés leur demandant de se mettre en règle et de signer une renonciation à la Constitution Civile du Clergé. Les prêtres assermentés s'assemblèrent en corps à Saint-Brieuc, et délibérèrent de ne point faire pareille renonciation, ils firent un écrit au préfet qu'ont signé tous ceux qui étoient présents et auquel ont adhéré tous les autres par des lettres qui étoient écrites au préfet. L'objet de l'assemblée étoit donc sous prétexte de m'instruire de la situation du département, de m'engager à ne pas demander pareille renonciation et à recevoir dans ma communion indistinctement tous les prêtres non assermentés. J'ai répondu que pareille conduite ne m'étoit pas possible, que les prêtres non assermentés et les fidèles qui leur sont attachés ne me reconnaîtroient pas pour leur pasteur ; que je ne demandais rien que n'eussent fait les évêques assermentés et qui ne fût conforme aux intentions du gouvernement.

» Pendant deux heures, on m'a argumenté de toutes les manières ; j'ai toujours été doux et honnête ; mais ma conscience, ce que je dois à la religion, ne m'ont pas permis de me départir de ma façon de parler et l'assemblée a été terminée pour ne rien conclure. Avant d'y aller, j'avais vu les prêtres assermentés qui étoient venus me rendre leur devoir ; j'avois déjà vu en particulier M. Baschamps, le plus distingué d'entre eux, je leur ai parlé avec fermeté et avec une douceur que tous n'ont pas eu vis-à-vis de moi. Il paroît que leur parti est pris. Ils se sont assemblés, consultés, ils se sentent soutenus et je ne puis rien espérer de leur part. Donnez-moi, je vous prie, vos ordres et tracez-moi la conduite que je dois tenir, vous voyez combien ma position est pénible. »

V. — L'ÉVÊQUE DE SAINT-BRIEUC DEMANDE CONSEIL A MGR DE BOIS-GELIN, ARCHEVÊQUE DE TOURS, SON MÉTROPOLITAIN, *sur la conduite à tenir vis-à-vis des constitutionnels, le 25 prairial an X (13 juin 1802).*

« J'ai demandé à MM. les ecclésiastiques assermentés une déclaration conçue en ces termes : « Je renonce à la Constitution Civile du Clergé, je me soumets au Concordat ». J'ai rencontré la résistance la plus opiniâtre et cette résistance a été accrue par une circulaire du Ministre de la Police, portant que l'on ne peut demander à tous les ecclésiastiques que de se soumettre au Concordat et de déclarer qu'ils sont dans la communion des évêques nommés par le Premier Consul.

» Cette déclaration ne me paraît pas suffisante et je ne sais quel parti je dois prendre. Je crois de mon devoir de m'éclairer de vos lumières. Seroit-il suffisant de faire souscrire aux prêtres assermentés une profession de foi tirée du chapitre IV et des canons 6, 7 et 8 de la session 23 du Concile de Trente, j'y joindrai les décisions du Concile de Florence sur l'autorité du Souverain Pontife. Ces canons sont l'énoncé des principes contradictoires à ceux sur lesquels est basée la Constitution Civile du Clergé. Peut-être ce moyen pourroit-il, sans blesser l'amour-propre des prêtres assermentés, me donner un témoignage de leur Foi. Si ce moyen ne remplit pas les vues de l'Eglise, il ne me reste qu'à les exclure entièrement ou qu'à me retirer.

» Les dangers de l'une ou de l'autre mesure sont extrêmes, je scais par des avis que m'ont donnés des personnes graves de toutes les opinions que déjà les retards aigrissent les esprits et qu'on se prépare à une guerre civile (1). »

VI. — LE SAMEDI 7 MESSIDOR AN X (26 JUIN 1802), MGR CAFFARELLI ÉCRIT A MGR DE PRESSIGNY, ANCIEN ÉVÊQUE DE SAINT-MALO, *pour lui demander des notes sur les ecclésiastiques qui faisaient partie naguères de son diocèse. Il est fort fâcheux que nous ne possédions pas sa réponse, ni celle faite à la lettre suivante.*

VII. — MÊME LETTRE ADRESSÉE LE MÊME JOUR A M. DE LAUNAY, VICAIRE GÉNÉRAL DE DOL, *dans le même but.*

VIII. — EXTRAIT DU PREMIER MANDEMENT DE MGR CAFFARELLI EN DATE DU 20 JUIN 1802. *Dispositions prises pour la réorganisation des paroisses.*

« Toutes les cures du nouveau diocèse de Saint-Brieuc sont supprimées.

» Tous les curés, vicaires, desservans et autres prêtres approuvés continueront cependant leurs fonctions avec tous les pouvoirs dont ils étaient

____

(1) Le même jour, Mgr Caffarelli adresse une même demande au Cardinal Caprara.

investis, jusqu'à ce que de nouvelles nominations aient été faites et que les nouveaux pourvus soient mis en possession.

» Nous approuvons pour chaque ecclésiastique les anciens statuts et règlemens du diocèse dans lequel ils servaient, jusqu'à ce que nous ayons pu en faire de généraux pour tout le diocèse.

» Les simples prêtres pourront continuer de célébrer la messe. Il sera fait une nouvelle circonscription des paroisses.

» Il sera fait une nouvelle nomination de curés, de vicaires succursaux et autres vicaires.

» Dans deux mois à compter de la date du présent mandement, tous les prêtres se présenteront devant nous, nous apporteront leurs lettres d'ordres, titres de cures, lettres de vicaires, de prédicateurs, de confesseurs et solliciteront de nous de nouvelles permissions.

» Au 1er dimanche qui suivra la réception de notre mandement, les desservans instruiront les fidèles des dispositions du Concordat, liront le présent mandement, feront au peuple une exhortation sur le rétablissement de la Religion, les avantages de l'union et la soumission due aux Lois.

» On priera au Prône pour la prospérité de la République, pour les Consuls, pour les autorités du Département et celles de la Commune. A la fin de la messe de paroisse, l'on chantera solennellement les versets : « *Domine, salvam, fac rempublicam... Domine, salvos fac consules...* », à chacun desquels, on ajoutera ces mots : « *Et exaudi nos in die qua invocaverimus te* ».

» Il est défendu à tout prêtre de dire la messe et d'exercer aucune fonction ecclésiastique dans l'intérieur des maisons, excepté dans les hospices qui sont ou seront autorisés expressément par le préfet.

» Il est défendu à tout prêtre de faire aucune fonction ecclésiastique dans les chapelles particulières qui ne resteraient pas ouvertes du consentement du préfet. Nous nous réservons de faire connaître au Diocèse l'Indult de sa Sainteté relativement à la suppression des Fêtes.

» Et sera notre présent mandement lu et affiché à la diligence des curés dans l'intérieur des églises de notre diocèse. Donné à Saint-Brieuc, sous notre seing, le dimanche 1er messidor an X (20 juin 1802).

Signé : JEAN CAFFARELLI, évêque de Saint-Brieuc.

IX. — L'ÉVÊQUE DE SAINT-BRIEUC REND COMPTE AU CARDINAL CAPRARA DE SES DIFFICULTÉS ET DE LA SOLUTION QU'IL A DÛ ADOPTER VIS-A-VIS DES CONSTITUTIONNELS, *le 2 messidor an X (21 juin 1802).*

« Ma lettre du 15 juin vous aura appris dans quelle situation pénible je me suis trouvé. Combattu d'un côté par les règles de conduite que je devais suivre, de l'autre arrêté par la résistance des prêtres assermentés qui, pour soutenir leur cause, intéressoient toutes les autorités, intriguoient cabaloient, je reçus le même jour les lettres de Votre Eminence en date du 10 juin contenant la déclaration que je devois demander aux

— 261 —

prêtres assermentés pour les réconcilier avec l'Eglise. J'ai réglé ma conduite là-dessus.

» Vendredi 16 juin, j'ai réuni chez moi tous les prêtres assermentés et non assermentés qui se trouvoient à Saint-Brieuc. Là, je leur ai parlé des avantages de la paix et de l'union. Je leur ai rappelé les règles de discipline et les articles du dogme dont il me paroissait que l'on s'était le plus écarté dans la Constitution Civile du Clergé ; j'ai lu les points de doctrine et les canons contenus dans le Concile de Trente, session 23, sur la primauté d'honneur et la juridiction du Saint-Père, sur la hiérarchie, sur l'institution canonique ; ensuite j'ai demandé si tous les prêtres qui étaient présents, adhéraient au Concordat, étaient dans la Communion de l'évêque nommé par le Premier Consul, et institué par le Pape. Tous m'ayant répondu avec empressement qu'ils y adhéroient et ayant signé la formule, la réconciliation a été faite et nous nous sommes embrassés. J'ai vu en particulier les prêtres assermentés et conformément aux instructions que Votre Eminence m'a données, je leur ai déclaré qu'ils devoient pourvoir à leur conscience et j'ai employé les moyens de persuasion qui m'ont paru les plus propres à les y engager.

» Il ne restait plus après cela qu'à faire mon installation. La cérémonie en fut concertée avec le préfet et elle se fit hier 20 juin. Les ecclésiastiques non assermentés et *ceux* des assermentés qui ont signé la formule, y ont assisté ensemble. La foule des habitants étoit immense. La joie paroissoit générale et l'on m'assure de tous côtés que ce jour sera l'époque du rétablissement de la tranquillité dans un pays où l'on recommençoit déjà à s'agiter. »

X. — Lettre de l'évêque de Saint-Brieuc au citoyen Gagon, sous-préfet de Dinan, *lequel avait fait un rapport inexact des derniers moments et des obsèques du prêtre jureur J.-B. Gauttier, le 24 messidor an X (13 juillet 1802).*

« Le Citoyen Préfet m'a communiqué, Citoyen Sous-Préfet, votre lettre en date du 20 messidor. J'ai été extraordinairement frappé de la fausseté des faits que vous avez dénoncés dans la place importante que vous occupez. Chargé d'éclairer le gouvernement sur ce qui se passe dans votre arrondissement, c'est pour vous un devoir de tout examiner, de tout peser et de ne dénoncer que ce qui vous est évidemment prouvé. Des dénonciations faites à la légère induisent le gouvernement en erreur, inspirent des craintes mal fondées, font prendre des fausses mesures et lui donnent de vous une idée peu avantageuse et une injuste de vos concitoyens.

» Je n'ai jamais demandé à aucun prêtre assermenté de Dinan de rentrer dans la communion du Pape ; je n'ai écrit pour cela à aucun d'entre eux ; je n'ai chargé personne de leur parler, aucun d'eux ne s'en est jamais plaint à moi, le fait est donc évidemment faux.

» Quant à l'article de votre lettre qui regarde l'abbé Carron, il est étonnant qu'après le témoignage que vous lui rendez d'être un des plus tolérants, vous vous soyez permis contre lui des inculpations aussi mal fondées. Ce qui s'est passé entre lui et l'abbé Gauttier a été secret. Ils étoient tous les deux seuls, le témoignage de l'abbé Gauttier moribond n'est pas plus admissible que celui de l'abbé Carron et dans des rapports aussi contradictoires sur ce fait, il n'est pas possible de voir la vérité, ni par conséquent d'établir une dénonciation. Des prêtres que vous appelez insoumis n'ont point assisté à l'enterrement de l'abbé Gauttier, parce qu'ils n'avoient pas le temps, étant occupés à un autre service et par ce que l'abbé Gauttier n'avoit pas rempli auprès de moi ni de vive voix, ni par écrit, les formalités prescrites. Au contraire lorsque je l'ai vu à mon passage à Dinan, il s'est expliqué devant moi en termes irrévérents sur le Concordat, ouvrage du Chef de la Religion et du Premier Magistrat de la République. »

XI. — LETTRE DE L'ÉVÊQUE DE SAINT-BRIEUC, A PORTALIS, CONCERNANT LA MORT DE L'ASSERMENTÉ J.-B. GAUTTIER, DE DINAN, *le 25 juillet 1802.*

« Ce qui s'est passé entre le citoyen Carron et le citoyen Gauttier est entièrement secret et il m'est impossible d'ajouter aux éclaircissements que j'ai déjà eu l'honneur de vous communiquer.

» J'ajouterai seulement que dès que le citoyen Gauttier tomba malade, le citoyen Carron s'empressa de me consulter pour savoir quelle conduite il devoit tenir, je lui répondis par un exprès d'aller voir de ma part le citoyen Gauttier et de lui demander son adhésion au Concordat et de l'administrer, mais malgré toute ma diligence, le citoyen Gauttier étoit mort avant l'arrivée de ma lettre à Dinan. » (Sur ce prêtre Gauttier, cf. notre *Hist. du Pays de Dinan,* t. Ier, p. 90.)

XII. — LETTRE DE L'ÉVÊQUE A MM. HAMON A PLUZUNET, ALLANET A CAMLEZ, LE CLEC'H A PLOUEC, GALBON A PLÉMEUR-GAUTIER, LE SAINT A POMMERIT-JAUDY, MEMBRES DU CLERGÉ JUREUR, *pour leur reprocher leurs faits et gestes, le 16 thermidor an X (4 août 1802).*

« Messieurs, il m'est revenu que vous vous permettiez de parler en chaire sur la démarche que vous aviez faite à Saint-Brieuc et que vous disiez que votre conduite n'avoit pas été blâmée, que votre serment à la Constitution Civile ne vous avoit mérité aucun reproche, que vous étiez prêts à le renouveller. Je ne puis croire que vous ayez tenu une conduite aussi scandaleuse. Je ne puis me persuader que l'indulgence de l'Eglise et la mienne vous aient donné tant de hardiesse et que vous ayez pu mentir ainsi à votre peuple et à votre propre conscience. Vous ne pouvez avoir oublié que je vous ai relevé des censures que vous aviez encourues, que je vous ai engagé à revenir sur votre conscience, que je vous ai représenté que dix ans passés sous les anathèmes de l'Eglise, avoient assurément exposé le salut de votre âme. Je m'efforce de faire oublier le passé. Vous ne travaillez que pour le rappeler et vous tirez vanité de ces temps de malheurs que toute la sagesse du gouvernement a bien de la peine à couvrir et à réparer.

» Si désormais j'apprends que vous vous conduisez ainsi, je vous interdirai et soyez persuadé que le gouvernement trouvera les moyens de vous ôter de votre paroisse. »

XIII. — Lettre de l'évêque de Saint-Brieuc au conseiller d'Etat Portalis, chargé des cultes, *afin de lui exposer son programme avant les nominations aux cures auxquelles il se propose de procéder, le 18 thermidor an X (6 août 1802).*

« L'état des ecclésiastiques à placer dans les cures a aussi fixé mon attention. J'en ai choisi une soixantaine, quoiqu'il ne doive y avoir que 47 cures, afin d'avoir des remplaçants tout prêts, s'il arrivoit que j'en eusse besoin. J'ai choisi parmi les prêtres insermentés, que les renseignements que j'ai pris depuis que je suis ici m'ont appris être les plus vertueux et d'un esprit le plus modéré. Quelques-uns d'entre eux ne jouissent pas près du préfet d'une même opinion, mais la facilité avec laquelle ils ont adopté le mélange que j'ai fait d'eux avec les prêtres assermentés, est une grande preuve de leur soumission et je réponds de leur attachement au gouvernement. Vous en trouverez d'autres qui n'ont pas un an de séjour en France, je crois très fondées les raisons que je vous ai presentées à deux reprises pour les employer. Je vous demande de vous départir des résolutions que vous avez prises. Je vous le demande spécialement en faveur du citoyen *Courcoux*, curé provisoire de la Cathédrale, qui a beaucoup coopéré à la réunion des esprits et dont le caractère sage et modéré a mérité l'estime de tous les partis. C'est un bien grand avantage dans ces moments que le public soit persuadé que l'on a été et que l'on est étranger à toutes les factions. Je m'estimerais bien heureux si l'on avoit une pareille idée de tous les ecclésiastiques que je dois employer. Parmi les prêtres dont je vous envois les noms, il y a conformément à vos instructions 18 ci-devant assermentés. Je vous les présente pour le plus grand nombre, non pas comme des personnes à qui l'on n'auroit à reprocher que leur adhésion à la Constitution Civile du Clergé, mais comme ce qu'il y a de moins éloigné de la sévérité de mœurs qu'exige l'état ecclésiastique. *Assurément si plusieurs d'entre eux étoient insermentés, je ne les emploierai pas.* Je dois vous observer que le choix que je ferois d'un vicaire général parmi eux produira un très mauvais effet et que les craintes que j'ai d'éloigner les esprits en voulant les réunir, ne soient malheureusement que trop fondées. Plus des trois quarts du diocèse n'a aucune considération pour ces ces prêtres et l'on aura peu d'estime pour un évêque que l'on croira toujours guidé par les conseils de l'un d'eux.

» Les prêtres assermentés eux-mêmes détruisent tout le bien que je m'efforce de produire. Je veux faire oublier le passé, je n'en parle que pour dire qu'il ne faut plus s'en occuper et ils ne cessent de le rappeler.

» Notre serment, disent-ils, n'a eu et n'a mérité aucune improbation.

nous sommes prêts à le renouveller et nos sentiments sont toujours les mêmes. Le peuple qui les entend en est scandalisé. L'union seroit aujourd'hui parfaite s'ils n'eussent pas tenu de pareils propos et s'ils eussent réglé leur conduite. »

....

« Que dois-je faire des prêtres qui ont remis leurs lettres de prêtrise? — De ceux qui se sont mariés? — L'évêque des Côtes-du-Nord les avoit interdits : plusieurs ont repris leurs fonctions. — Assurément je montrerois bien peu de religion si j'étois plus indulgent que lui. »

XIV. — Nouvelle lettre de Mgr Caffarelli a Portalis sur le sujet précédent, *le 24 thermidor an X (12 août 1802)*.

« J'ai l'honneur de vous adresser l'état des 73 prêtres parmi lesquels je me propose de choisir 47 pour occuper les places de curés dans mon diocèse et deux de mes vicaires généraux...

» La liste que je vous envoye est divisée en 4 parties. La première contient 8 prêtres assermentés. La seconde 36 prêtres non assermentés, mais soumissionnaires et tous ont reçu des témoignages favorables du préfet dans les notes qu'il m'a remises de tous les ecclésiastiques de mon diocèse et, conformément à vos instructions, ils sont en France depuis plus d'un an...

» Dans la troisième classe sont dix ecclésiastiques, dont deux seulement ont des notes très favorables du préfet. Ce sont les citoyens *Lavrigaud* et *Le Tulle*. Les autres n'en ont pas du tout, parce qu'ils ne sont point connus de lui. Tous les dix n'ont point le temps de résidence en France demandé par vos instructions. Ce sont cependant les meilleurs sujets du diocèse. Ceux qui avant la Révolution jouissoient de la plus grande estime du public. Plusieurs d'entre eux sont demandés dans leurs paroisses. Ils se sont tous empressés de faire leur soumission au gouvernement en rentrant en France. Les citoyens *Courcoux* et *Quéro* sont connus du préfet qui a pour eux une estime particulière. Si le gouvernement demeure ferme dans ses résolutions, il prive des meilleurs sujets mon diocèse, tant sous le rapport de la modération dans le caractère que sous celui des vertus et des connoissances. S'il peut faire quelques exceptions, je les demande préférablement pour le citoyen Courcoux qui a déja beaucoup contribué à la réunion des esprits dans Saint-Brieuc...

» Les neuf sujets qui sont dans la dernière classe n'on pas des notes aussi avantageuses du préfet. Vous savez déjà à quoi vous devez vous en tenir sur le compte du citoyen Carron, prêtre de Dinan, ...je ne puis ajouter foi à la note donnée au citoyen Millet, prêtre à Lamballe. Depuis que je l'ai placé dans cette ville comme curé provisoire, il fait tous les jours les offices avec les prêtres ci-devant assermentés qui se louent de son honnêteté et de sa douceur... Quant au citoyen E. Richard, malgré les inculpations que lui fait le préfet, il dit de lui qu'il peut être utilement employé dans la partie française. »

XV. — Troisième lettre du même au même sur le même sujet. Il lui exprime ses répugnances a faire un vicaire général d'un prêtre assermenté, *le 10 fructidor an X (28 août 1802).*

« Je ne puis me résoudre à prendre un de mes vicaires généraux parmi les prêtres assermentés. Je vous ai déjà développé une partie des motifs qui m'éloignent de cette mesure. Vous me permettrez d'en joindre quelques autres.

» D'abord, je ne trouve parmi eux aucun qui ait les lumières et les talents nécessaires pour occuper cette place. L'abbé *Odio-Baschamps,* que quelques personnes paroissent désigner, et qui en effet est celui dont l'extérieur est le plus décent, et celui qui passe pour avoir le plus de lumières, a cependant bien des motifs d'exclusion. Il est bibliothécaire à l'Ecole Centrale. Il va ouvrir un cours de bibliographie et l'assiduité qu'exige cette place est incompatible avec les soins qu'entraîne celle de vicaire général. La majeure partie de Saint-Brieuc l'estime très peu et dimanche dernier, il a fait à la distribution des 'prix de l'Ecole Centrale un discours qui a beaucoup choqué le public. Il a parlé de tyrannie ; de despotisme, d'anciens préjugés ; il nous a cité pour modèle d'éloquence Diderot, d'Alembert, Voltaire et n'a pas parlé d'un seul orateur chrétien. Une pareille réticence dans un ecclésiastique a paru scandaleuse... (1).

» Si je prends un vicaire général dans le clergé ci-devant constitutionnel, il arrivera que tous les ecclésiastiques assermentés s'adresseront à lui et que tous les autres s'adresseront à l'autre vicaire général. Il existera dans le clergé une suspicion que je dois prévenir et deux modes d'administration qui seront le plus grand des inconvénients. »

XVI. — Quatrième lettre de l'évêque de Saint-Brieuc a Portalis, concernant la réorganisation du personnel ecclésiastique de son diocèse, *le 16 fructidor an X (3 septembre 1802).*

« Dans les réflexions que je vous ai faites sur la situation de mon diocèse et sur le choix des sujets à employer, je n'ai jamais été mû par des considérations particulières et je ne vous ai présenté que des raisons prises dans le lien général de la Religion et de l'Etat. Il est hors de mon caractère et de la place que j'occupe, de me déterminer par des motifs qui y seroient étrangers.

» Dans le nombre des prêtres dont je vous ai envoyé les noms, soit pour occuper des places de curés, soit pour composer le chapitre, je me suis conformé à vos instructions. J'ai mis un quart de prêtres ci-devant assermentés et je me suis contenté de vous observer que la totalité de ces derniers étoit le quart de la totalité des prêtres non assermentés. Depuis

-----

(1) Cet Odio-Baschamps eut bien désiré succéder à l'évêque Jacob sur le siège de Saint-Brieuc ; si le petit nombre de nos souscripteurs et le coût de l'impression n'y faisaient obstacles, nous aurions pu publier des documents fort intéressants sur ce sujet.

cette époque, cette proportion a même diminué, des prêtres non assermentés s'étant présentés.

» Dans le travail de la circonscription des paroisses que j'ai fait avec le préfet. nous n'avons mis exactement qu'autant de cures qu'il y a de justices de paix... Nous nous sommes également conformés avec le plus grand scrupule aux vues du gouvernement de ne pas étendre une cure au delà du ressort de sa justice de paix quoique souvent les localités le commandassent. »

XVII. — Lettre de l'évêque de Saint-Brieuc a Lalleton, curé assermenté de Plouguenast, *le jeudi 8 vendémiaire an XI (30 septembre 1802).*

« L'affectation des habitants de Plouguenast à s'adresser à d'autres que vous, Monsieur, es: une preuve du peu de confiance que vous leur avez inspirée. J'ai fait tout ce qui dépendoit de moi pour vaincre leur répugnance là-dessus, mais n'ayant pu en venir à bout, j'ai dû prendre des moyens pour remédier au mal. En conséquence, j'ai autorisé les prêtres des paroisses voisines à y administrer les sacrements à ceux qui les appelleroient. J'espère que vous ne le trouverez pas mauvais. Je vous salue. »

XVIII. — L'évêque de Saint-Brieuc a Portalis sur ses prêtres. *à Saint-Brieuc, le 22 vendémiaire an XI (14 octobre 1802).*

... « L'on vous a parlé de bien des ecclésiastiques de mon diocèse comme des chouans ou des contre-révolutionnaires ; soyez persuadé que je n'en présentérai aucun au gouvernement et que si je le faisais, le citoyen préfet ne manqueroit pas de m'en avertir. Sur cet article, on peut s'en rapporter à son exactitude scrupuleuse. »

XIX. — L'évêque de Saint-Brieuc, le 4 novembre 1802, écrit au préfet Boullé *pour le prier de rendre au culte l'église Saint-Malo de Dinan dont on a fait une salpêtrière.*

XX. — Lettre de l'évêque de Saint-Brieuc a Portalis, ministre des Cultes. *pour défendre un de ses recteurs accusé par Boullé, le lundi 12 fructidor an X (30 août 1802).*

« Quoique le citoyen Préfet ne m'ait point envoyé comme j'avois lieu de le croire, ses sujets de plaintes contre le citoyen *Joannet*, comme j'ai pris connoissance des faits, je suis en état de vous en rendre compte et je vais le faire avec toute l'exactitude dont je puis être capable.

» Le citoyen Joannet (recteur de Quemperven), expliquant mon mandement, fit un sermon sur le schisme. Il en développa la nature et les effets. s'étendit sur les maux qu'il attiroit à l'Eglise et à l'Etat ; il dit ensuite que le schisme avoit commencé en France par la prestation du serment civique, que ceux qui avoient adhéré à la Constitution Civile du Clergé étoient sans mission, que leurs fonctions étoient nulles, mais qu'aujourd'hui l'on avoit le bonheur de voir le schisme éteint ; que désormais les fidèles pouvoient s'adresser aux prêtres assermentés et requérir leur ministère avec autant de confiance que celui des autres prêtres, puisque tous étaient réunis aux pasteurs légitimes. Le dimanche suivant, il exhorta le peuple à étouffer toute dissension religieuse et à éteindre toute division parmi eux comme elle l'était dans l'Eglise ; que quant au sort de ceux qui étoient morts dans le schisme, il falloit s'en rapporter à la miséricorde divine (1).

» Le préfet instruit de ce sermon, envoya arrêter le citoyen Joannet et le conduire à Saint-Brieuc, le sous-préfet de Lannion fut chargé de faire exécuter cette mesure. J'en fus instruit officiellement et je répondis que j'emploierai mon autorité pour contenir le citoyen Joannet dans les bornes de la modération et que je l'interdirais si les faits allégués par le préfet étoient vrais. J'écrivis au citoyen Joannet et lui ordonnai de venir me rendre compte de sa conduite après s'être rendu chez le préfet.

» Cependant le sous-préfet de Lannion se rendit à Quemperven avec deux gendarmes, il assista à une instruction du citoyen Joannet, assembla après dîner le conseil municipal, prit de lui des informations sur la conduite du prêtre desservant. Après vêpres, il l'interrogea lui-même, lui fit signer son interrogatoire et lui donna ordre de se rendre à Saint-Brieuc. Sur sa parole de s'y rendre, il ne le fit pas conduire par ses gendarmes.

» A Saint-Brieuc, le préfet interrogea le citoyen Joannet pendant quatre heures. D'abord il le questionna sur son sermon. Le citoyen Joannet a répondu conformément à ce qu'il avoit prêché, assurant qu'il n'avoit jamais voulu parler que du passé et jamais du présent. Il fut ensuite questionné sur son opinion quant aux biens nationaux et quant à l'Eglise. Il ne voulut point répondre à ces interrogations parce qu'elles n'entroient point dans le corps du délit qu'on lui imputoit.

» Le préfet a rendu un arrêté par lequel le citoyen Joannet est condamné à demeurer en surveillance à Saint-Brieuc jusqu'à ce que le Ministre de la Police ait statué sur son affaire. Le lendemain l'arrêté a été modifié et il lui a été permis d'aller demeurer en surveillance à Lannion. Par

____

(1) Le 13 thermidor an X (6 août 1802), nous voyons que le citoyen Boullé, préfet des Côtes-du-Nord, est informé que Guillaume Joannet, prêtre déporté, rentré le 28 prairial dernier, retiré sur la commune de Quemperven, dont il avait été recteur, s'est permis dans une prédication faite à l'église d'outrager les prêtres assermentés, en affirmant que toutes les fonctions religieuses qu'ils ont faites durant la Constitution civile du clergé sont autant de profanations et de sacrilèges. Il a cherché à troubler la conscience des personnes qui avaient été dirigées par eux. Les femmes vivement émues ont poussé dans l'église des cris de désespoir. Le préfet ordonne que ce prêtre quittera la paroisse, et n'y pourra reparaître jusqu'à nouvel ordre. Il devra se rendre immédiatement à Saint-Brieuc pour s'expliquer devant lui et devant l'évêque (Arch. Nat., F 7, 7984).

les renseignements que j'ai pris, il paraît que le citoyen Joannet a fait ce que je viens de vous raconter et qu'il n'est pas plus, coupable que ne peuvent le rendre ces faits. J'aurois bien mieux aimé qu'il n'eût pas traité cette matière si délicate, mais je ne vois pas qu'en le faisant, il se soit écarté de ce que demandait la modération, l'esprit de paix. J'ai eu en mains une attestation, signée de plusieurs habitants de sa paroisse, qui déposent de la douceur de son caractère, du soin qu'il prend de porter les esprits à la paix, à l'union et au respect envers les lois et le gouvernement. Le préfet l'a accusé d'avoir fait pousser des cris à son auditoire, fait verser des larmes, fait tomber des femmes en pâmoison en parlant du sort de ceux qui étoient morts dans le schisme, qu'il traitoit de réprouvés. Le fait est faux. La même attestation prouve que ces larmes ont eu lieu à cette phrase de mon mandement : « La guerre a désolé nos contrées, a moissonné notre jeunesse, etc. »

» Dans cette conduite du préfet, deux choses me frappent. Il fait des interrogatoires étrangers au corps du délit et rend compte au Ministre de la Police. L'un et l'autre me paroissent irréguliers et la marche d'un homme qui veut trouver des coupables. Il y a déjà longtemps que j'avois fixé l'opinion du citoyen Joannet sur les acquéreurs de biens nationaux. Elle est conforme à ce que peut exiger la tranquillité de la République et l'ordre de la société ; mais il ne voulut pas répondre parce que la question du préfet étoit hors de propos et étrangère à son affaire. Le renvoi au Ministre de la Police est contraire à l'article 8 de la loi du 18 germinal. Dès que le préfet m'aura envoyé communication de cette affaire, mon dessein est de lui faire des observations sur ces deux points.

» Je n'ai pas cru devoir interdire le citoyen Joannet. Je lui ai permis de dire la messe et de confesser à Lannion. C'est un vieillard respectable et d'un caractère modéré. Il n'a parlé que du passé et il avoit devant lui de bien grands exemples pour ne pas en parler avantageusement. »

XXI. — Le vendredi 30 vendémiaire an XI (22 octobre 1802), Mgr Caffarelli écrit au Ministre Portalis :

« Je suis dans la plus grande disette de prêtres, n'ayant pour 400 paroisses et 500.000 âmes, pas même 800 prêtres et je comprends dans ce nombre ceux qui, par leur âge, sont incapables de rendre aucun service, comme ceux qui par leur vie scandaleuse repoussent toute confiance (1). »

XXII. — L'évêque de Saint-Brieuc se plaint au préfet Boullé des retards que subit l'organisation de son diocèse, le 24 brumaire an XI (15 novembre 1802).

« ...Vous savez que depuis longtemps je sollicite l'organisation défini-

---

(1) Aujourd'hui le même diocèse compte 552.788 habitants et 957 prêtres.

tivo du culte... Je vous ai envoyé mon travail sur la circonscription des paroisses et sur la nomination aux cures le 28 fructidor an X, vous ne m'avez remis la circonscription que les premiers jours de brumaire.

» Je l'ai fait de suite passer au gouvernement et j'attends encore la réponse. Je lui avois envoyé le 22 l'état des sujets que j'ai choisis pour mes vicaires généraux et pour composer mon chapitre. Je l'ai en même temps consulté pour savoir si comme vous le dites, un ecclésiastique qui, quoique déporté, a été inscrit sur la liste des émigrés, qui a plus d'un an de séjour en France, qui a fait ses soumissions en temps opportun, peut être nommé curé? Il ne m'a point encore répondu. Ayant consulté le gouvernement, je dois attendre ses ordres à moins que vous ne croyiez devoir vous désister de votre opinion. Si je m'y conformais, je priverais le diocèse de plusieurs sujets distingués par leurs vertus et leurs lumières, qui jouissent de la confiance publique et contre lesquels vous n'avez pas trouvé d'autres motifs d'exclusion. »

XXIII. — Jugement porté par l'évêque de Saint-Brieuc sur le préfet Boullé dans une lettre adressée au ministre des cultes le 1er juin 1807. *Il y rend compte des difficultés de toutes sortes que lui suscite ce fonctionnaire.*

« Ce qu'il y a de certain, c'est que depuis cinq ans que je suis évêque de Saint-Brieuc, je l'ai (le préfet) toujours trouvé en opposition et ce n'est qu'en usant de la plus grande prudence que j'ai pu éviter de lui donner un sujet légitime de plainte. J'ai eu également besoin de la plus grande patience pour supporter une lutte continuelle et dont je ne puis entrevoir le terme. Ce qu'il y a de bien sûr, c'est que les ordonnances de Sa Majesté concernant le culte et dont l'exécution est confiée à M. le Préfet ne sont point observées. Les desservants qui sont à la charge des communes n'ont point de traitement. Aucun d'eux n'a reçu l'augmentation permise par les lois. Aucune église, aucun presbytère n'a été réparé légalement. Plusieurs prêtres auxquels les lois accordent un logement n'en ont point et ne reçoivent aucune indemnité. Dans la plupart des communes, ce qui concerne les fondations n'est pas réglé et les hospices surtout n'en acquittent aucune. Je ne parle point de ses sentiments religieux et de la facilité avec laquelle lui et ses affidés se permettent de parler contre l'évêque et ses prêtres. Leurs sentiments sont assez connus pour que leurs propos ne fassent aucune impression. Cependant, je ne cesse d'user de la plus grande honnêteté avec M. le Préfet. J'ai pour sa place tous les égards qui lui sont dus et si quelquefois, je me suis plaint de lui, cela n'a jamais été qu'à votre Excellence et aux dernières extrémités. D'après cela, vous pouvez juger quelle est ma position et combien elle est pénible. »

La mentalité du préfet Boullé.

LE PRÉFET DES CÔTES-DU-NORD, LE 17 AOÛT 1802, SE PLAINT AU
MINISTRE DE LA POLICE DES AGISSEMENTS DU CLERGÉ CATHOLIQUE
ROMAIN ET PROPOSE CONTRE LUI DE NOUVELLES MESURES VEXA-
TOIRES (*Résumé*).

(Arch. Nat., F 7, 7984, comm. de D. Anger, O. S. B.)

Il expose que les prêtres en général reconnaissent que les acquéreurs
des biens ecclésiastiques peuvent conserver les domaines qu'ils ont achetés.
Il n'en est pas de même pour les biens des émigrés. Il vient d'apprendre
que le cardinal légat Caprara a dû écrire aux nouveaux évêques pour leur
recommander de donner aux prêtres de leurs diocèses respectifs des instructions propres à mettre les acquéreurs de domaines nationaux de toute
origine à l'abri des tracasseries auxquelles ils sont depuis si longtemps
en butte. Cette mesure aussi sage que juste aurait le bon effet, si elle était
franchement écoutée, de seconder puissamment l'autorité civile dans la protection qu'elle promet et qu'elle accorde aux acquéreurs toutes les fois qu'on
use de violence envers eux. Je ne sache pas que M. l'Evêque de ce département ait encore transmis à ses subordonnés d'instruction sur ce point. De là
sans doute, la diversité d'opinion des prêtres de son diocèse sur cette matière
qui touche trop de personnes, pour qu'on doive la laisser plus longtemps
soumise ou aux passions ou au sentiment de chaque ecclésiastique isolément considéré. J'appelle donc, citoyen Ministre, votre sollicitude sur
cet objet, et indépendamment des ordres que le gouvernement peut transmettre aux évêques pour qu'ils entrent dans ses vues, je demande que
vous m'autorisiez à demander à tous les prêtres de ce département exerçant
le culte, une déclaration qu'ils souscriront, énonciative de leur doctrine
touchant la possession des biens nationaux provenant tant du clergé que
des émigrés. Cette déclaration en mettant leur opinion au grand jour,
procurera à l'autorité civile l'avantage de mieux connaître ceux d'entre
eux qui professent les principes les plus conformes au pacte social et qui
méritent la préférence des places dans l'organisation du clergé.

LE PRÉFET DES CÔTES-DU-NORD, TOUT DÉVOUÉ AU CLERGÉ CONSTI-
TUTIONNEL, DÉNONCE LES FAITS ET GESTES DE MGR CAFFARELLI
AU MINISTRE DE LA POLICE, *le 30 thermidor an X (18 août 1802)*.

(Arch. Nat., F 7, 7984, comm. de D. Anger, O. S. B.)

« Je réponds à votre lettre du 11 de ce mois par laquelle vous me
demandez des renseignements confidentiels sur la conduite de M. l'Evêque
de Saint-Brieuc en général et notamment sur les causes qui ont empêché
la réunion religieuse qui était sur le point de se consommer à Moncontour.
Je regrette de ne pouvoir le faire d'une manière satisfaisante. J'aurais
désiré et j'ai espéré pendant quelque temps pouvoir par la seule force

de la loi du 18 germinal (1) et des ordres et instructions ultérieurement
transmis tant aux évêques qu'aux préfets, par vous et le conseiller d'Etat
chargé de toutes les affaires concernant les cultes, surmonter tous les
obstacles qui s'opposaient encore aux vues bienfaisantes du gouvernement ;
ma conscience me rend du moins le témoignage que je n'ai rien négligé
pour qu'elles fussent complètement remplies. Je vous rappelle mes lettres
des 27 prairial et 7 messidor, par lesquelles je vous rendais compte de
tout ce qui s'était passé dans ce département, relativement à l'exécution
de la loi du 18 germinal jusqu'au jour de l'installation de M. l'Evêque,
qui eut lieu le 1er messidor. Son arrivée avait été précédée par la
demande qu'il avait faite aux prêtres assermentés d'une déclaration équi-
valente à une rétractation, demande qui fut encore envenimée par une
lettre de M. Manoir, l'un des chefs des ecclésiastiques insermentés, qu'il
avait chargé de recevoir cette déclaration. Forcé par là résistance des prêtres assermentés et par une lettre du légat, plus encore peut-être que par les
ordres formels du gouvernement de renoncer à cette demande indiscrète,
ce premier pas rétrograde ne fit qu'augmenter ses préventions contre ceux
à qui elle avait été adressée, et sa prédilection pour les prêtres insermentés
et insoumis. Cependant la réunion de tous les ecclésiastiques résidant à
Saint-Brieuc s'était faite chez lui en ma présence le 29 prairial. Ils y
signèrent la déclaration commune de soumission au Concordat. Il est
vrai que M. l'Evêque y donna lecture de quelques fragments d'un concile
de Florence et du concile de Trente sur la hiérarchie ecclésiastique,
quoique non admis en France, comme règles de discipline et déclara en
vertu des pouvoirs spéciaux qu'il disait avoir reçus du Saint-Siège,
absoudre et relever de toutes censures ceux qui en avaient encourues ;
mais le besoin de paix empêcha de relever ces formules générales et
d'en faire une application particulière. Cette réunion, ainsi opérée au
chef-lieu, aurait dû avoir son effet dans toute l'étendue du département ;
un seul mot eût suffi pour opérer ce bien. Le même schisme continuait au
contraire à se manifester et cette contradiction choquante ne servait
même qu'à exaspérer les haines et à renouveler toutes les disputes. J'en
fus instruit par quelques maires et notamment par ceux de *Guingamp* et
de *Moncontour* qui m'invitèrent à faire mettre un terme à ce scandale.
J'en écrivis à M. l'Evêque. qui prit aussitôt des mesures pour opérer la
réunion dans ces deux villes. Il existait dans celle de Guingamp deux
églises ; les prêtres qui les desservaient reçurent l'ordre de se réunir dans
la principale. où les chefs de chacune d'elles devaient. jusqu'à l'organisation définitive, exercer alternativement les fonctions curiales. M. de Saint-
Priest, ancien grand vicaire de Tréguier et éliminé de la liste des émigrés.
avait été délégué par l'Evêque pour l'exécution de ses ordres et moi-même.
je m'étais rendu à Guingamp le jour où devait s'opérer la réunion. Je
trouvais qu'il avait été question de la part de M. de Saint-Priest de
rebénir l'église, mais que les magistrats du lieu s'y étaient opposés. Il

---

(1) Proclamation du Concordat. cf. n° 271.

existait une autre difficulté à l'égard de quelques ecclésiastiques qui n'avaient pu encore se présenter devant l'Evêque pour y souscrire l'acte de *soumission au Concordat;* je la fis disparaître en le leur faisant souscrire devant le sous-préfet. Tout me parut d'ailleurs se passer à la satisfaction générale. Avant mon départ pour Guingamp, M. l'Evêque m'avait assuré que le citoyen Boscher, un constitutionnel de Moncontour, où il était depuis longtemps en possession de l'église principale, y serait adjoint comme vicaire provisoire à *M. Quéra,* ancien curé, nouvellement revenu d'Allemagne et exerçant dans la chapelle de l'hospice civil. Malgré la préférence donnée à ce dernier, qu'on rappelait ainsi aux fonctions curiales, j'avais lieu d'espérer un bon effet de ces dispositions ; mais j'appris à mon retour par une lettre du maire, qu'on intimait au citoyen Boscher l'ordre de remettre son église à la disposition de M. Quéro. M. l'Evêque lui avait infligé à lui-même une sorte d'interdiction, en se bornant à lui donner la faculté d'assister aux offices publics s'il le jugeait convenable. Je m'empressai de faire à cet égard des représentations à M. l'Evêque et de lui rappeler sa promesse. « On avait, me dit-il, inculpé auprès de lui M. Boscher ». Je fus en état de le justifier et M. l'Evêque me remit à moi-même une lettre où il rappelait M. Boscher aux fonctions provisoires de vicaire. Je la lui fis passer par l'intermédiaire du maire de Moncontour. Attiré quelques jours après et la veille du jour où la réunion de Moncontour devait s'opérer, chez M. l'Evêque pour un autre objet, je le trouvai plus indisposé que jamais contre M. Boscher et il me reprocha même avec vivacité de lui avoir fait faire une fausse démarche, en le déterminant à lui continuer des pouvoirs. Il me lut un libelle qui lui avait été adressé à Moncontour contre cet ecclésiastique et dans lequel on l'accusait : *1° de n'avoir conservé et touché sa pension, à l'époque de 1793, qu'en déposant ses lettres de prêtrise chez le receveur du district de Lamballe ; 2° d'avoir servi comme gendarme ; 3° de prendre plaisir à battre sur le fer chaud dans une boutique de maréchal voisine de sa demeure ; 4° d'avoir des liaisons suspectes avec son hôtesse et d'avoir même chassé son mari de la maison.* — Je fis à M. l'Evêque des représentations sur l'invraisemblance de ces imputations ; je lui transmis les témoignages que j'avais recueillis sur la capacité et les bonnes mœurs du citoyen Boscher, je l'invitai en tout cas à s'assurer des faits avant de prendre aucun parti. L'événement prouva bientôt qu'il avait préféré s'en tenir à la dénonciation, sans se donner la peine de la vérifier. Le maire de Moncontour avait réuni les citoyens *Quéro* et *Boscher,* qui s'étaient donné des marques d'estime réciproque et s'étaient occupés de concert de tout préparer pour leur réunion solennelle. Déjà le peuple attiré par l'annonce de cette réunion désirable, se rassemblait le dimanche matin dans l'église, lorsqu'on vint lui annoncer qu'elle n'aurait pas lieu, le citoyen Boscher ayant reçu une lettre de M. l'Evêque qui le mandait de suite devant lui, en lui enjoignant de lui rapporter la lettre précédente par laquelle il l'avait nommé vicaire provisoire. Cette nouvelle répandue dans la ville, y causa le plus grand scandale. Le maire déclara au citoyen Quéro qu'il ne le mettrait en possession de l'église qu'après avoir reçu de nouveaux ordres de ma part. Il m'écrivit ensuite la lettre dont vous trouverez ci-joint copie, ainsi que d'une autre lettre du juge de paix du canton. Je fis au maire la réponse dont copie est aussi ci-jointe. Le citoyen Boscher se rendit le lendemain à Saint-Brieuc et vint me trouver avant d'aller voir M. l'Evêque. Je lui fis part des faits dont il était accusé. Il me répondit qu'il était faux qu'il eût remis ses lettres ; que les chouans s'étant présentés pour l'assassiner dans le presbytère de Plémy (1), dont il était d'abord curé constitutionnel, il ne leur avait échappé qu'en se sauvant en chemise par la fenêtre de sa chambre, mais qu'ils brisèrent ou enlevèrent tout ce qui était dans la maison, et qu'il avait notamment perdu dans cette occasion ses lettres de prêtrise comme tous ses autres papiers ; qu'il n'avait jamais été gendarme et qu'on confondait avec lui un autre individu de son nom qui avait pris ce parti pour se soustraire à la réquisition ; que l'imputation d'aller battre sur le fer chaud était fausse et ridicule et ne demandait pas de réponse ; qu'il était infiniment pénible pour un ecclésiastique d'être réduit à se justifier d'une inculpation de la nature de celle relative à son hôtesse, mais qu'il croyait suffisant d'observer qu'il était logé dans une maison qui lui appartenait ; que la femme Marchande à laquelle il en louait une partie et chez qui il était en pension, est une femme de plus de 40 ans, vivant depuis vingt ans séparée de son mari, mais ayant avec elle sa mère, ainsi que deux filles mariées et leurs époux. Le citoyen Boscher se présenta ensuite chez l'Evêque qui parut satisfait de ses réponses et le dispensa même de lui administrer les diverses preuves qu'il lui offrait ; *mais il ne lui retira pas moins ses lettres de vicaire,* et se contenta de l'autoriser à exercer comme cy-devant, séparément ses fonctions.

» Moncontour a toujours recélé, comme vous ne l'ignorez pas, trop de partisans de la chouannerie : la mort de l'infortuné Veillet-Dufrêche (2) en est une preuve récente et trop fameuse. Les ennemis de la Révolution qui habitent cette ville portent une haine implacable à ceux qui l'ont suivie et surtout aux prêtres constitutionnels. Il n'est donc pas étonnant que le citoyen Boscher y ait trouvé des calomniateurs, mais il l'est que M. l'Evêque eût aussi légèrement accueilli les calomnies, de préférence à tous les témoignages et à ceux mêmes des fonctionnaires honorés de la confiance du gouvernement. Une dernière circonstance parvenue depuis à ma connaissance, c'est que le libelle qu'on peut croire avoir été inspiré par le nommé *Guillard*, prêtre constamment insoumis et turbulent, qui a même été l'objet de mesures de police, dont il vous a été rendu compte dans le temps, fut

______

(1) Le sieur Etienne Boscher figure sur un tableau de l'an III, comme ayant en qualité de curé de Trébry abdiqué son état et fonctions et s'étant engagé comme gendarme. Or ce personnage était le même que celui dont Boullé prenait la défense. Cf. *Manuel*, etc., t. I, p. 291.

(2) Cf. des détails sur cette mort dans Durand : *Le Consulat*, etc., op. cit., I, p. 145. Cf. aussi sur un Jean Veillet, garde national de Moncontour : *Manuel*, I, p. 215.

porté à M. l'Evêque par un autre prêtre de Moncontour, nommé *Gaudin*, qui a porté les armes dans la chouannerie. Depuis cet événement, il ne pouvait plus être question entre M. l'Evêque et moi d'opérer des réunions. Elles n'ont eu lieu, outre Saint-Brieuc et Guingamp, qu'à *Lamballe*, à *Lannion* et dans la petite ville de *Pontrieux* où la réunion s'est opérée par les soins du maire. Dans plusieurs lieux, elle a été provoquée par les prêtres assermentés, mais les prêtres insermentés s'y sont refusés. Ils y étaient et y sont encore encouragés par les dispositions trop connues de M. l'Evêque ; car il est impossible de ne pas convenir que sa conduite en général n'a point été jusqu'ici marquée par cette impartialité qui était dans les vues du gouvernement et que lui prescrivaient d'ailleurs, comme un devoir rigoureux son ministère et sa position. Mandés devant lui, comme tous les autres du département, les prêtres assermentés n'y ont jamais reçu le même accueil. L'évêque a toujours continué de leur notifier à tous et à chacun d'eux, les règles de hiérarchie et de discipline qu'il a adoptées, de les engager implicitement à rétracter leur premier serment et de leur distribuer à ce sujet des absolutions, sans considérer que la répétition journalière de toutes ces absolutions gratuites et non réclamées, avait enfin contracté je ne sais quelle teinte de ridicule qui, dans l'opinion publique, nuisait à la dignité de ses fonctions. La plupart des prêtres assermentés ont eu la sagesse d'écouter tout dans le silence. *Plusieurs néanmoins ont répondu que leur conscience ne leur faisait aucun reproche ;* qu'en se montrant fidèles aux lois, indépendamment de toutes les révolutions politiques, ils n'avaient fait que suivre ce qu'elle leur avait indiqué comme un devoir et qu'ils n'avaient en conséquence aucun besoin d'absolution. Ces réponses de leur part ont été considérées comme une marque d'insurbordination. Il est notoire dans le public, que M. l'Evêque souffre que presque tous les prêtres insermentés et beaucoup d'autres personnes le qualifient de *Monseigneur*, contre la prohibition formelle de la loi. Les prêtres assermentés au contraire, habitués à s'y soumettre, ne se servent jamais de cette qualification qu'elle a interdite, et j'ai lieu de présumer que cette différence est encore à leur désavantage dans l'esprit de leur supérieur, tant il est vrai que ce n'est jamais sans qu'on s'écarte de la soumission due à la loi, jusque dans les choses les plus légères en apparence.

» L'évêque est prévenu contre les prêtres assermentés. Il accueille facilement les calomnies lancées contre eux, tandis qu'il défend les insoumis. Dans les deux églises de Saint-Brieuc, il a nommé comme curés d'office deux prêtres insermentés et n'y admet que comme simples prêtres, les assermentés qui étaient depuis longtemps en possession de diriger l'église principale. Il se fit même parmi les personnes attachées au service de la cathédrale des changements qui pouvaient paraître tenir encore aux anciennes divisions. J'écrivis à cette occasion à M. l'Evêque la lettre dont copie cy-jointe, cette lettre est demeurée sans réponse. Partout, M. l'Evêque a suivi autant qu'il lui était possible le même système. Au surplus, autant il est facile à recevoir ces impressions défavorables aux prêtres assermentés, autant il met de zèle à justifier et à défendre ceux de l'autre classe, autant il paraît mettre de soin à dissimuler ou à atténuer leurs fautes et à empêcher que leur conduite ne soit soumise à la surveillance et à la censure des magistrats. Je vous rendis compte, par une lettre du 24 messidor, de la conduite de M. *Caron*, curé de Dinan, envers le citoyen Gauttier, prêtre assermenté de la même ville, et dans les derniers moments de cet ecclésiastique respectable. J'en instruisis également M. l'Evêque et lui fis passer comme à vous une copie de la lettre du sous-préfet de Dinan. Je lui fis part en même temps des plaintes qui m'avaient été portées contre M. (de) *Cheffontaine*, ancien chanoine de Tréguier, qui avait tourmenté quelques jours auparavant un mourant et ses héritiers au sujet d'acquisitions de domaines nationaux, M. l'Evêque me fit à ce sujet une réponse dont je vous envoie copie n° 5. Vous trouverez sous le n° 6 l'étrange lettre qu'il écrivit en même temps au sous-préfet de Dinan et sous le n° 7 la réplique que je lui fis en répondant en même temps à une autre lettre qu'il m'avait adressée le 25. Je dois cependant vous observer, Citoyen Ministre, que M. l'Evêque auquel j'ai donné connaissance de mesures prises contre un nommé *Joannet*, ancien recteur ou curé de Quemperven, dans l'arrondissement de Lannion, nouvellement revenu d'Angleterre, lequel, dans un discours qu'il a fait en chaire à ses anciens paroissiens s'est déchaîné contre les prêtres constitutionnels et a porté le trouble dans toutes les consciences, en réprouvant comme autant de profanations et de sacrilèges tous leurs cultes religieux, m'a répondu qu'il joindrait son autorité à la mienne pour réprimer ce perturbateur et que, si les faits sont tels qu'ils ont été exposés, il ne l'emploiera dans son diocèse ni comme curé ni comme vicaire. Mais comment concilier ce langage avec ce qu'il a écrit dans le même temps aux curés ci-devant constitutionnels ? Voyez la lettre ci-jointe n° 8 qu'il a adressée non pas à un, mais à plusieurs des curés de la partie du département qui formait les anciens districts de Pontrieux et de Lannion. J'ai déjà en mains trois de ces lettres portant la même date et conçue exactement dans les mêmes termes, et je suis instruit qu'il en existe encore plusieurs autres. Les ecclésiastiques, auxquels elles s'adressent, sont aussi recommandables par leur attachement au gouvernement que par leurs connaissances et la régularité de leurs mœurs. C'est à eux, je le répète, que l'on doit d'avoir préservé cette partie du département des horreurs de la chouannerie, et enfin, dans le cas particulier lui-même, j'ai vérifié que les reproches de M. l'Evêque étaient fondés sur une fausse supposition. Voudrait-on donc, comme quelques autres circonstances et rapports pourraient le faire présumer, chercher des prétextes pour les déplacer et éluder à leur égard ces instructions du gouvernement ? Quoi qu'il en soit, rien ne me paraît plus contraire à ces instructions que l'espèce de circulaire que je vous transmets. Est-ce là la paix de conscience que le Concordat et la loi avaient garantie aux prêtres constitutionnels et à ceux qui les avaient suivis, comme à tous les autres, et dont la première comme la plus belle mission de M. l'Evêque était de nous apporter le bienfait. M. l'Evêque n'a point encore régulièrement formé son conseil. Les prêtres qui l'approchent le plus sont MM. *Manoir*, secrétaire de l'Evêque de Saint-Brieuc, avant la Révolution, et se disant depuis grand vicaire de cet ancien diocèse; *Courcoux*, ancien principal du collège de Saint-Brieuc; M. *Besson*, jeune homme fait prêtre à Jersey, et dont il a fait son secrétaire. Ces trois prêtres sont de la classe des insermentés, mais aucun n'a été inscrit sur la liste des émigrés. M. Manoir a toujours resté dans le pays où il s'est caché à diverses époques. Il présidait publiquement, depuis plus de deux ans, à l'exercice du culte dans l'une des églises de Saint-Brieuc, et en sa prétendue qualité de grand vicaire, il a dirigé, pendant tout le cours de la Révolution les prêtres insoumis de cet ancien diocèse. Il est ennemi des prêtres assermentés et ne paraît pas généralement aimé dans son parti même. On soupçonne qu'il n'a point été étranger à l'affaire de Moncontour et aux tracasseries particulières suscitées au curé assermenté de cette ville. L'opinion publique est plus favorable à M. *Courcoux;* il a été, à la vérité, déporté en Angleterre, d'où il n'est revenu que depuis 5 ou 6 mois, mais il passe pour un homme instruit, d'un esprit sage, d'un caractère conciliant et incapable de donner de mauvais conseils et il ne m'est parvenu aucun fait qui puisse contrarier cette opinion. Il n'a d'ailleurs participé en rien à l'affaire de Moncontour, étant dans le même temps en mission à Lannion où il opéra avec succès la réunion religieuse. Au surplus, je suis instruit que M. l'Evêque correspond avec les anciens grands vicaires, encore existants et rentrés, des anciens évêchés de Rennes, Vannes, Dol, Saint-Malo et Quimper, pour les parties réunies à ce département, en ce qui concerne le personnel des ecclésiastiques, source qui est au moins en partie suspecte, et *toutes les commissions qu'il a eu à donner soit relativement au travail de la circonscription,* ou pour *toute autre cause, ont été exclusivement adressées* à des prêtres insermentés. Je ne sache pas qu'aucun des autres ait encore reçu de sa part aucun témoignage de confiance. Cette partialité au reste est d'autant plus déplorable que jamais il n'y eut de position plus favorable pour opérer le bien que celle où se trouvait M. l'Evêque à l'époque de sa nomination. Etranger à tous les troubles, à tous les malheurs du département, il n'aurait eu, en y arrivant, aucune pévention à surmonter, et tout était disposé d'avance pour la grande opération qu'il devait d'abord y remplir. Nous étions à cet égard plus avancés qu'aucun des départements voisins. *Depuis deux ans et demi le culte s'exerçait de part et d'autre dans le département publiquement et avec décence;* le peuple s'était accoutumé à ne voir dans les deux partis que les mêmes rites (1). Fatigués de vaines disputes, tous désiraient également l'envoyé du gouvernement et de l'Eglise qui devait y mettre un terme. L'Evêque n'avait qu'un seul mot à prononcer et la paix était rétablie. Mais il a méconnu l'esprit du Concordat et de la loi; il a marqué de nouveau les partis qu'ils avaient voulu réunir et confondre; il a renouvelé, il a donné une activité nouvelle aux disputes qu'ils avaient

____

(1) Nous aimerions voir Boullé prouver ces deux affirmations.

voulu terminer. — J'achève ici un compte, trop long peut-être, mais auquel j'aurais pu néanmoins ajouter encore une multitude de détails. Je n'ai voulu y insérer que des faits certains et justifiés, autant que possible, par des pièces. Il m'en a coûté d'autant plus de remplir cette tâche, que m'imposaient les devoirs de ma place et vos ordres, qu'en mettant à part l'objet sur lequel nous n'avons pu jusqu'à présent nous accorder, et pour ce qui a rapport aux relations ordinaires de la société, je n'ai qu'à me louer des procédés de M. l'Évêque et de son honnêteté. Mais il est de son véritable intérêt, comme de l'intérêt public, que le gouvernement le rappelle aux principes de concorde et de *tolérance*, qui auraient toujours dû diriger sa conduite et *qu'il fasse fléchir sous l'empire de la discipline gallicane ses systèmes trop ultramontains*. C'est le seul moyen de recouvrer la confiance générale, dont il a besoin ; de faire perdre à un parti l'espoir de continuer de s'en emparer exclusivement, et de dissiper les préventions trop fondées qu'il a données à un autre parti, qui avait du moins pour lui l'avantage d'avoir été toujours soumis aux lois. »

Signé : BOULLÉ.

CHAPITRE V

Les nominations aux cures et succursales dans l'Évêché de Saint-Brieuc et les tractations qui les précédèrent. Le Préfet Boullé avocat des Constitutionnels.

(Suite et Fin.)

SOMMAIRE. — 1° Reproduction du procès-verbal imprimé dressé par le secrétaire général de la préfecture des C.-du-N., le franc-maçon Le Gorrec, de la cérémonie de la prestation de serment des dignitaires et des curés du nouveau diocèse de Saint-Brieuc le 20 juin 1803. La date elle-même de ce jour mémorable indique combien les tractations qui avaient précédé ces nominations furent longues et difficiles. — 2° Memorandum du préfet des C.-du-N. à l'évêque de Saint-Brieuc, lui faisant connaître les exigences du gouvernement concernant les nominations aux succursales, nous dirions aujourd'hui aux divers rectorats du nouveau diocèse de Saint-Brieuc. Il insiste spécialement sur l'obligation d'attribuer le quart des nominations à effectuer aux membres de l'ancien clergé constitutionnel dont il célèbre les vertus civiques et chrétiennes. Ce long exposé dévoile chez le préfet des C.-du-N. une mentalité inquiétante pour ses rapports avec l'autorité ecclésiastique. — 3° Résumé de la correspondance échangée entre Boullé et Mgr Caffarelli concernant les nominations aux succursales au cours de l'année 1803. Cette correspondance, dont les originaux sont pour la plupart disparus, a été résumée sous la forme où nous la présentons, par le R. P. Perquys, il y a de cela une quarantaine d'années. Nous devons la communication de son travail à feu le chanoine René Pavy. Les extraits que nous publions font connaître combien Mgr. Caffarelli dut âprement lutter, afin de purger son diocèse des ferments schismatiques dont il était infesté, surtout dans la partie de langue bretonne et nous montrent cet évêque sous le jour le plus favorable. Ils nous révèlent sur le clergé de cette époque maints détails précieux que nous ignorerions autrement. Il ne faut cependant pas croire définitives toutes les nominations annoncées sur ce document. Les ecclésiastiques qui refusèrent les postes dont ils avaient été pourvus, furent assez nombreux. Pour connaître le personnel du nouveau diocèse de Saint-Brieuc tel qu'il fut constitué en 1804, il faudrait ajouter aux nominations du 16 janvier, les nominations qui le complétèrent le 16 juin de cette même année, mais cette addition dépasse le cadre de ce travail.

I. — Procès-verbal de la prestation de serment
des vicaires généraux, chanoines et curés, nommés dans le diocèse
de Saint-Brieuc par application du Concordat de 1801 (1).

(Arch. C.-du-N., série V, plaquette imprimée.)

« Ce dimanche deux prairial, an onze de la République (20 juin 1803), Le Gorrec, secrétaire général de la préfecture du département des Côtes-du-Nord, chargé par l'article 27 de la loi du 18 germinal an X, de dresser procès-verbal de la prestation du serment que les ecclésiastiques appelés aux emplois de vicaires généraux, de chanoines en titre, de chanoines honoraires, de curés dans le diocèse de Saint-Brieuc, sont tenus, avant d'entrer en fonction, de prêter entre les mains du préfet du département, en exécution du même article 27 de la loi du 18 germinal et des ordres du gouvernement :

» Certifie et rapporte qu'aux neuf heures du matin, le citoyen Boulé, préfet, le général de brigade, commandant le département, à eux réunis les autres membres des autorités civiles et militaires, rassemblés à l'hôtel de la préfecture, se sont rendus, sous l'escorte d'une garde d'honneur de la vingt-neuvième demi-brigade d'infanterie légère, jusqu'à l'église cathédrale de Saint-Brieuc, pour assister à la solennité du jour et la constater.

» Les ecclésiastiques récipiendaires, revêtus de la soutane et du surplis, étaient rangés des deux côtés du sanctuaire.

---

(1) Il y avait 23 mois que le Concordat était signé et 14 mois qu'il était promulgué lorsque s'accomplit cette cérémonie.

» Le préfet, le général Lorcet, le citoyen Coupé, président du tribunal criminel et spécial, le citoyen Thierry, maire de Saint-Brieuc, le chef de brigade commandant la vingt-neuvième légère, et le secrétaire général de la préfecture, se sont placés sur une estrade, dans le chœur, du côté de l'évangile, en face de Monsieur l'évêque, revêtu de ses ornements pontificaux et entouré de son clergé.

» Les officiers de la vingt-neuvième et les membres des autorités civiles, se sont placés dans l'enceinte qui leur avait été ménagée dans la nef, attendu que le chœur n'était pas assez spacieux pour les contenir.

» L'ouverture des cérémonies religieuses s'est faite par l'invocation *Veni Creator*.

» La messe a été célébrée par Monsieur l'évêque.

» Après l'évangile, Monsieur l'évêque, assis à l'autel et entouré de ses assistants, a prononcé un discours ayant pour objet d'expliquer aux nouveaux élus l'importance du serment qu'ils allaient prêter, et d'en prouver la légitimité sous les rapports religieux et temporels, et de les exhorter à l'oubli des dissensions qui avaient affligé l'Eglise, pour ne songer désormais qu'aux moyens de renouer les liens de la concorde, de glorifier Dieu et de servir la patrie.

» Ce discours terminé, le citoyen Besson, prêtre, secrétaire de l'évêché, a commencé l'appel nominal des récipiendaires, et chacun d'eux est venu, dans l'ordre qui suit, prêter le serment dans les expressions consacrées par la formule inscrite en l'article 6 de la convention passée entre le gouvernement français et le Pape, le 26 messidor an IX.

» En conséquence, les citoyens :

» Jacques Dépagne, né le 11 avril 1735, vicaire général [*ex-assermenté*] [Ex-recteur de Coëtmieux] (1) ;

» Michel-Louis-Hugues Manoir, né le 26 mai 1755, vicaire général ;

» Michel-Christophe Ruffelet, né le 11 janvier 1785, chanoine ;

» Guillaume-René Floyd, chanoine, né le 7 mai 1733 ;

» Jean-Charles Coustin Du Masnadau, né le 28 juillet 1736, chanoine ;

» Pierre Duros, né le 9 août 1737, chanoine ;

» Louis-Luc Chantrel, supérieur du Séminaire, chanoine honoraire ;

» Pierre-Marie Odio-Baschamps, né le 28 septembre 1749, chanoine [*ex-assermenté*] ;

» Jacques-Jean Pasturel, chanoine [*ex-assermenté*] ;

» François-Marie Boulard, né à Paris, le 6 septembre 1749, chanoine ;

» René-Jérôme Mesléard, né le 23 janvier 1759, chanoine, à genoux sur un prie-Dieu placé devant le préfet, et la main sur le livre des Evangiles, ont individuellement proféré à haute et intelligible voix les paroles suivantes :

» Je jure et promets à Dieu, sur les saints Evangiles, de garder obéissance et fidélité au gouvernement établi par la constitution de la Répu-

---

(1) Nous ajoutons les dates de naissance à ce document.

blique française. Je promets aussi de n'avoir aucune intelligence, de n'assister à aucun conseil, de n'entretenir aucune ligue, soit au dedans, soit au dehors, qui soit contraire à la tranquillité publique, et si, dans ce diocèse ou ailleurs, j'apprends qu'il se trame quelque chose au préjudice de l'Etat, je le ferai savoir au gouvernement.

» Ensuite les citoyens :

» Jacques Courcoux, né le 10 novembre 1756, curé de Saint-Brieuc, canton sud, et chanoine de la cathédrale ;

» André Rouxel, né le 2 décembre 1747, curé canton nord (St-Michel) ;

» Yves-Marie Richard, né le 30 janvier 1761, pro-curé de Châtelaudren ;

» Guy Morice, né le 26 juillet 1744, curé de Lanvollon ;

» Pierre-François Le Clech, curé de Plouha [*ex-assermenté*] (1) ;

» Guillaume Le Cornec, curé de Paimpol ;

» Pierre Millet, né le 5 avril 1735, curé de Lamballe ;

» Jean Le Jolly, né le 12 mars 1747, curé de Pléneuf, à la résidence de Saint-Alban [Ex-déporté à la Guyane] ;

» François Jamet, né le 25 août 1754, curé de Moncontour ;

» François-Marie Allano, né le 2 décembre 1752, curé de Plœuc ;

» Jacques-Joseph Souvestre, né le 22 août 1747, curé de Quintin ;

» Pierre Collin, né le 9 février 1736, curé de Collinée, à la résidence du Gouray ;

» Ambroise Nais, né le 27 octobre 1754, curé de Plouguenast ;

» Michel Gouëdard, né le 6 juillet 1754, curé d'Uzel ;

» René Le Jacq, curé de Corlay ;

» Jean Posnic, né le 30 novembre 1734, curé de Merdrignac ;

» Jean-Joseph Le Vexier, né le 5 décembre 1735, curé de La Chèze, à la résidence de Plémet ;

» Pierre Ruello, né le 26 février 1754, curé de Loudéac (cf. p. 201) ;

» René Ropers, curé de Mûr ;

» Mathurin-Olivier Jouanic, curé de Gouarec [*ex-carme*] ;

» Joseph Fouace, curé de Ploubalay ;

» Guillaume-Mathurin Nais, né le 11 août 1747, curé de Matignon ;

» Augustin Quéro, pro-curé de Plancoët (cf. p. 181, 264, 272) ;

» Ange-Bonaventure Caron, curé de Dinan ; canton est ;

» Michel Letulle, curé de Dinan ; canton ouest (Saint-Malo) ;

» Louis-François Le Mée, né le 3 août 1761, curé de Jugon [*ex-assermenté*] ;

» Joseph-Charles Eballard, curé d'Evran ;

» François-Julien Phénice, curé de Broons ;

» Philippe Huet-Brangolo, curé de Saint-Jouan-de-l'Isle ;

» Philippe-Ange Eliès, curé de Perros-Guirec (cf. p. 187) ;

---

(1) Nous avons ajouté les qualités « d'ex-assermentés » fort nombreux dans les paroisses de langue bretonne.

» Charles Riou, curé de Tréguier ;

» Alain Jacob, curé de la Roche-Derrien [*ex-assermenté*] ;

» Honoré Lallier, curé de Lannion [Sup. au séminaire de Tréguier] ;

» Charles Le Guern, curé de Plestin [*ex-assermenté*] ;

» Yves Galbon, curé de Lézardrieux, à la résidence de Pleumeur-Gautier [*ex-assermenté*] ;

» François-Marie Prigent, curé du Vieux-Marché [*ex-assermenté*] ;

» Henri Le Gall, curé de Pontrieux [*ex-assermenté*] ;

» Yves-Marie Le Boniec, curé de Bégard [*ex-assermenté*] ;

» Amateur-Olivier Dayot, curé de Guingamp [*ex-assermenté*] ∴ ;

» Nicolas Jégou, curé de Belle-Isle-en-Terre [*ex-assermenté*] ;

» Jean-Zacharie Bourgneuf, curé de Plouagat [*ex-assermenté*] ;

» Laurent Gouriou, curé de Bourbriac [*ex-assermenté*] ;

» François-Joseph Georgelin, curé de Callac ;

» Yves Beubry, pro-curé de Bothoa ;

» Mathurin Le Denmat, curé de Maël-Carhaix ;

» Jean Lerigoleur, pro-curé de Rostrenen,

ont fait le serment de la même manière que les chanoines.

» Julien-Jean-François Egault, nommé à la cure de Plélan-le-Petit, n'a pas accepté. [Lemarchand, de Mégrit, le remplaça.]

» Après ces prestations de serment, le préfet s'est levé de son fauteuil et, debout sur l'estrade, a prononcé à haute voix le discours suivant :

» Je donne acte du serment qui vient d'être individuellement prêté, en face des autels et du public, sur le livre sacré de la loi évangélique, par les élus aux places de grands vicaires, chanoines et curés de ce diocèse ; je reçois, au nom du gouvernement, la promesse qu'ils lui ont faite de lui être fidèles et de le servir ; j'ordonne qu'il en soit, conformément à la loi, rapporté procès-verbal par le secrétaire général de la préfecture.

» Ainsi achèvent de se dissiper tous les doutes que le malheur des temps avait suscités sur le dogme fondamental de la fidélité à la patrie ; ce premier des devoirs de tout homme en société, qui ne pouvait manquer d'être formellement consacré par la religion, puisqu'elle (celle-ci) n'a été donnée aux hommes que comme un moyen principal de sociabilité et d'union, et, puisque étant universelle dans son but, elle doit toujours par sa nature demeurer étrangère à toutes les révolutions politiques et s'adapter également à toutes les formes de gouvernement. Fasse donc le Ciel que cette auguste solennité qui nous rassemble, nous rattache de plus en plus au gouvernement de la République, dont elle nous rappelle la grandeur, la sagesse et les bienfaits ; qu'elle nous montre, dans la soumission aux lois, sans laquelle il n'y a que confusion, que violence et anarchie, le fondement de la morale publique, de l'ordre, de la vertu et du bonheur ; que son influence consolide de plus en plus au milieu de nous la paix domestique et la tranquillité intérieure, qu'elle concoure à prémunir en particulier ce département contre toutes les tentatives que la malveillance de l'ennemi qui semble de nouveau se déclarer, pourrait employer encore pour reproduire sur son territoire les dissensions, les troubles, les brigandages et les scènes d'horreur qui l'avaient rendu si malheureux ? Que toutes les volontés, que tous les efforts se réunissent contre ses vues perverses, contre ses moyens odieux et perfides ! Que le peuple, guidé par les exemples et les instructions de ses pasteurs, réunis désormais dans une seule profession politique, comme dans une même foi, n'offre plus qu'un cœur et qu'une âme, comme ces premiers disciples du christianisme, comme ces héros de l'Eglise primitive, devenus si recommandables dans tous les siècles par la seule pratique de la charité universelle qui est l'essence de la religion. »

« L'office a été continué avec tout l'appareil majestueux de la solennité du jour.

» Aux élévations, la troupe a présenté les armes et battu aux champs.

» La messe finie, le préfet, le général et les membres des différentes autorités sont sortis de l'église et se sont rendus sous l'escorte de la garde d'honneur à l'hôtel de la préfecture où ils se sont séparés.

» De tout quoi le présent procès-verbal a été rédigé, pour valoir partout où besoin sera, et pour des expéditions en être délivrées aux nouveaux élus qui le souscrivent, en reconnaissance de la vérité de ce qui s'y trouve rapporté.

» (Suit la signature des récipiendaires.)

» Le préfet arrête que le présent procès-verbal sera imprimé et que des exemplaires en seront envoyés aux autorités civiles et militaires, à Monsieur l'Evêque, aux nouveaux élus, et distribués dans les communes du département.

» En préfecture de Saint-Brieuc, le trois prairial an onze.

« BOULLÉ.

» *Par le Préfet : le Secrétaire général,*

» G. LE GORREC. »

II. — Avis du citoyen Boullé, préfet des Côtes-du-Nord, sur les nominations aux succursales de Mgr l'évêque Caffarelli.

(Arch. C.-du-N., série V.)

« S'il est pour le préfet une tâche délicate à remplir, c'est celle qui dérive de la nécessité où il se trouve de discuter et de combattre en partie le travail que lui a communiqué M. Caffarelli, évêque de Saint-Brieuc, contenant la désignation des ecclésiastiques qu'il propose au gouvernement d'appeler aux places de vicaires des succursales de son diocèse ; mais telle serait, pour la classe des ci-devant constitutionnels, la lésion résultant de l'entière adoption de ce plan, que l'on ne pourrait sans blesser la justice et contrevenir aux instructions du gouvernement même, se dispenser de réclamer en leur faveur.

» Ici, plus que partout ailleurs peut-être, les événements amenés par la Révolution avoient séparé les membres du clergé en deux classes, l'une des assermentés, l'autre des insermentés et donné naissance à un schisme aussi prolongé que funeste au repos public. La loi du 18 germinal an X (11 avril 1802) a pour objet de l'éteindre et de remédier aux maux qu'il a produit. C'est pour obtenir cet heureux résultat que le gouvernement a recommandé d'apporter tant de prudence dans la nouvelle organisation et qu'il a poussé la précaution jusqu'au point de marquer la proportion dans laquelle ces deux classes doivent être appelées aux places.

» Dans chaque diocèse (lit-on dans l'instruction adressée au nom du Premier Consul, le 10 prairial an X (30 mai 1802), par le Conseiller d'Etat chargé de toutes les affaires concernant les Cultes, aux évêques et archevêques nouvellement promus), un des grands moyens de concilier tous les cœurs sera de ne point perpétuer entre les prêtres des différences que la charité réprouve et qui n'avoient été amenées que par le malheur des temps. L'intention du Premier Consul est que pour réaliser un système d'impartialité équitable, vous *choisissiez un de vos grands vicaires parmi les ecclésiastiques de second ordre qui ont appartenu à ce que l'on appeloit le clergé constitutionnel et que les ecclésiastiques de la même classe soient appelés dans une proportion du tiers au quart à remplir les fonctions de curés, de chanoines ou de desservants.* Quand les circonstances locales ne permettront pas que cette proportion soit exactement gardée, vous voudrez bien me mettre à portée de justifier auprès du Premier Consul les exceptions que vous aurez jugées indispensables. »

On lit encore dans la même instruction, entre autres conseils dictés par la sagesse et la justice : « Les circonstances délicates dans lesquelles nous vivons après dix années de révolution et de trouble, avertissent suffisamment les premiers pasteurs du soin qu'ils doivent apporter dans le choix des ministres qui sous leur direction doivent remplir les fonctions importantes du sacerdoce. Ce choix doit tomber sur des hommes qui aient une instruction suffisante et des vertus éprouvées. On n'écartera pas ceux qui, dans des temps difficiles, ont porté le poids du jour et de la chaleur. On consultera le vœu des peuples et des magistrats locaux. »

Il semble que quand le Chef de l'Etat, se rendant ainsi l'interprète de la raison et de l'équité, indique les moyens infaillibles de réaliser la pacification et prescrit même d'en faire usage, il ne reste plus qu'à les mettre en œuvre.

Par quelle fatalité arrive-t-il donc qu'on ne les trouve pas exactement employés dans l'importante opération destinée à mettre un terme aux divisions qui, malheureusement, existent encore sur les matières qui ont tant agité le peuple depuis quatorze années ? — Pourquoi sur *294 succursales composant le diocèse de Saint-Brieuc, au lieu des 74 places formant le quart au moins réservé aux ci-devant constitutionnels, apperçoit-on qu'on ne leur en a accordé que 30,* faisant le dixième seulement ?

Pourquoi les éloigne-t-on presque tous des places qu'ils occupent depuis de longues années et où le peuple et les magistrats locaux désirent ardemment les conserver, ainsi que cela est prouvé par des requêtes présentées tant à M. l'Evêque, qu'au Préfet, et des démarches réitérées faites par des Maires près de l'un et de l'autre, tandis que l'on ne déplace que rarement et toujours pour leur plus grand avantage les non-constitutionnels qui depuis leur retour assez récent en France ont repris leurs fonctions.

Ce contraste est affligeant. Il décèleroit une injuste prévention de la part du premier pasteur, si l'on n'aimoit à croire qu'il est seulement le résultat d'une surprise faite à sa religion. Lui-même traçoit en effet dans une lettre adressée au Préfet le 18 Prairial an XI (1), précisément sur la matière qu'on règle aujourd'hui, des règles entièrement opposées à celles suivies dans le travail dont il annonçoit vouloir poser les bases et que l'on discute.

« J'ai cru, disoit M. l'Evêque, qu'il falloit faire le moins possible de changements. Un ecclésiastique qui est connu et qui jouit de l'estime publique fera beaucoup plus de bien que celui qui a une réputation à acquérir. Les changements ne peuvent être utiles que lorsqu'il s'agira de placer des ecclésiastiques contre lesquels on auroit des préventions injustes, ou ceux qui, par une conduite plus régulière, seroient rentrés dans les devoirs de leur état dont ils s'étoient écartés. » Ces principes si raisonnables furent admis par la réponse du Préfet du 29 messidor suivant.

Toutes ces circonstances rapprochées font jaillir de plus en plus la lésion que l'on fait éprouver aux constitutionnels, car que pourroit-on alléguer pour la couvrir? Diroit-on que le nombre des prêtres de cette classe n'est pas assez considérable pour qu'on les admette à la nouvelle organisation dans la proportion du quart des places à donner, ou que l'esprit des localités ne leur est pas assez favorable pour qu'on puisse les répartir en si grand nombre dans le diocèse? — A cette objection, on répondra par des faits notoires et par des calculs positifs.

Il est constant : 1° que sur 800 et quelques prêtres qui se sont trouvés dans le diocèse lors de l'installation de M. l'Evêque, *il y en avoit 178 de la classe des ci-devant constitutionnels;* que de ce nombre, qui est du quart au cinquième, il y en avoit 98 qui remplissoient en titre depuis de longues années les fonctions pastorales dans les communes du département et le surplus, celles de desservants chez les premiers ; 2° qu'aujourd'hui encore, malgré les déplacements qu'a opérés M. l'Evêque, on en compteroit encore 65 qui remplisssent en chef les mêmes fonctions.

On ne peut donc valablement dire que l'exclusion portée par ce travail, soit fondée ou sur la disette de sujets ou sur leur inexpérience et l'éloignement qu'on a pour eux, puisque d'une part les constitutionnels desservoient paisiblement, il y a 18 mois, plus d'un quart des paroisses du département ; qu'actuellement encore ils en desservent plus du cinquième et que le plus jeune d'entre eux compte au moins douze années d'exercice et qu'enfin les habitants demandent qu'on les leur conserve. — Etant

____

(1) 7 juin 1803.

prouvé que les constitutionnels sont par leur nombre susceptibles d'être compris en plus grande quantité dans l'organisation, alléguerait-on qu'ils ne sont pas dignes d'y être admis?

Voilà le motif qu'il est essentiel d'approfondir, parce qu'il intéresse la morale publique, l'honneur et l'existence même des prêtres contre lesquels on le dirigeroit.

Le Préfet n'est pas disposé à excuser et à dissimuler plutôt les défauts que pourroient avoir quelques prêtres ci-devant constitutionnels que ceux des non-constitutionnels. Il désire qu'on leur rende justice à tous et qu'on emploie les sujets méritants de l'une et l'autre classe, en évitant avec soin toute réaction. Déjà le Préfet a eu occasion de s'expliquer avec M. l'Evêque sur ce chapitre par une lettre précédemment citée du 29 Messidor an XI (1), dont copie sera annexée au présent pour éclairer la discussion et mettre le gouvernement à même de statuer en pleine connaissance de cause, sur les points qui divisent l'autorité ecclésiastique et l'autorité administrative. Mais puisque l'on est réduit à la triste nécessité de répondre à des griefs imaginaires, le Préfet se flatte de laver les constitutionnels des reproches vagues et immérités qui servent sans doute de base à l'exclusion portée contre eux, en suivant le procédé le plus simple et le plus sûr, celui qui repose sur l'expérience.

S'il est vrai que dans la divergence des opinions sur le point de discipline qui a donné lieu aux disputes du clergé, l'on doive pour apprécier les ecclésiastiques, considérer plutôt les résultats de leur conduite qu'écouter les affections ou les préventions de quelques individus, l'on est forcé de convenir que l'épreuve est entière en faveur des ci-devant constitutionnels.

N'est-ce pas en effet l'exemple de leur soumission constante aux lois, de leur attachement à leurs devoirs en exerçant les fonctions du culte au milieu des dangers et des tribulations, par leurs utiles conseils, par l'abnégation de leurs intérêts personnels qu'ils ont si puissamment contribué à conserver intact à la patrie et au bon ordre le tiers de ce territoire où ils étoient établis (2), tandis que les deux autres tiers abandonnés de leurs pasteurs ou livrés au délire inconcevable et impie de plusieurs prêtres transformés en instruments de discorde et de carnage, étoient en proie à toutes les horreurs de la guerre civile?

Depuis la publication de la loi du 10 Germinal an X (3), quels sont les prêtres qui sont sortis des bornes de leurs devoirs et qui ont méconnu les principes de leur état et la voix du Chef de l'Eglise, en troublant la conscience des citoyens, en leur refusant les derniers secours de la religion, en les privant des honneurs de la sépulture religieuse, en refusant de prier pour les morts sous les prétextes les plus vains, puisés dans l'intolérance la plus répréhensible? Certes, ce ne sont pas les ci-devant constitutionnels? L'on n'a vu ceux-ci ni outrager leurs concitoyens par

---

(1) 18 juillet 1803.
(2) La partie bretonne des Côtes-du-Nord.
(3) 31 mars 1802. Promulgation du Concordat.

des anathèmes, ni repousser leurs confrères parce que leur opinion avoit différé de la leur. On les a au contraire toujours trouvés disposés à prêter un ministère charitable aux personnes qui le réclamoient et à ouvrir les bras aux ecclésiastiques qui consentoient à recevoir le baiser de paix.

Ce parallèle amené par le besoin d'une légitime défense, n'est point tracé dans l'intention de réveiller des animosités qu'a dû éteindre le Concordat. Il a seulement pour but, en peignant les objets avec leur vraie couleur, de montrer que ces estimables et malheureux constitutionnels méritent d'être traités plus équitablement. On ne fera point observer qu'indépendamment de la mesquine part que M. l'Evêque leur accorde dans la desserte des succursales, il n'en place aucun en qualité de vicaire sous les curés des principales communes du département, telles que Saint-Brieuc, Dinan, Loudéac, Lamballe, Guingamp, Lannion, quoique la justice et la prudence réunies commandassent ce mélange afin de satisfaire toutes les opinions.

Quoi qu'il en soit, pour donner au nom des ci-devant constitutionnels un nouvel exemple de désintéressement en faisant l'abandon de la faculté qu'ils ont de réclamer du tiers au quart des succursales, le Préfet se bornera à demander qu'ils soient compris dans l'organisation *en une proportion exactement numérique comparée à celle des non-constitutionnels.* Pour déterminer le nombre résultant de cette proportion, il s'agit maintenant d'établir les calculs qui doivent lui servir de base.

Il a été dit précédemment qu'à l'arrivée de M. l'Evêque en ce diocèse, on y comptoit 800 et quelques prêtres sur lesquels il y en avoit 178 de constitutionnels. C'étoit un terme fractionnaire entre le quart et le cinquième. On sait aussi que depuis l'installation de M. l'Evêque au mois de Messidor an X (1), il est mort plusieurs ecclésiastiques des deux classes et *que le nombre total des prêtres existant dans le département n'est que de 790.*

On sait aussi que *le nombre des assermentés qui étoit de 178,* est diminué de 14. Reste 164. — Déduisant du nombre total ces 164, il s'ensuit que le nombre des non-constitutionnels n'est que de *626.* Sur lequel nombre, ils occupent les places suivantes : cures, 32 ; canonicats à la Cathédrale : 6 ; directeur au Séminaire : 1 ; vicaire général : 1. Il n'en reste donc sans places définitives que *586.*

Le nombre des assermentés est de 164. Ils occupent les places suivantes : cures : 11 ; canonicat à la Cathédrale : 1 ; vicaire général : 1. Il en reste donc *152* sans places définitives.

Or il est facile de vérifier que dans les 294 succursales auxquelles il s'agit de nommer, les constitutionnels doivent proportion gardée. être comptés pour 61 places, parce que 233 : 586 :: 61 : 152. Une telle répartition fondée sur les principes les plus simples de la justice distributive, loin de marquer de la prédilection, doit donner à tout esprit impar-

______

(1) Juin-juillet 1802.

tial la mesure la plus exacte du désir qu'a le Préfet de voir traiter les ecclésiastiques, d'après les règles d'une sage égalité.

En conséquence le Préfet du département des Côtes-du-Nord, appelé par la confiance du gouvernement à donner un avis sur l'organisation des succursales, déclare que pour les motifs ci-dessus exprimés et ceux qu'il déduira dans les notes qui sont inscrites ci-après, il ne peut donner son assentiment à toutes les nominations faites par M. l'Evêque, ni consentir à ce que les prêtres assermentés soient privés d'une moitié des places qui doit leur revenir ; qu'il pense que l'état du Clergé ci-devant constitutionnel dans ce département est tel sous le rapport du nombre, de l'instruction, des mœurs et de la pratique, que l'on ne peut sans injustice, sans contrarier le vœu du peuple et des magistrats locaux, sans méconnaître les ordres du gouvernement et oublier les services passés, en écartant ceux qui dans les temps difficiles ont porté le poids du jour et de la chaleur, se dispenser de comprendre les constitutionnels dans l'organisation pour 61 places, faisant le cinquième du nombre des succursales qu'il s'agit de pourvoir, au lieu de 30 places formant seulement un dixième que leur destine M. l'Evêque.

Le Préfet partira donc de cette base pour proposer la rectification du travail de M. l'Evêque et pour mettre le gouvernement à portée de statuer sur les différences d'entre lui et le Préfet. S'il arrivoit que M. l'Evêque élevât des objections soit contre la base du cinquième, quoi qu'elle paroisse incontestable puisqu'elle dérive d'une proportion mathématique ; soit contre les sujets qu'on indique pour remplir les places destinées aux ex-constitutionnels, le Préfet en demande communication pour y répondre, se réservant de justifier toutes celles de ses propositions qui seroient contestées.

III. — Résumé de la correspondance échangée entre le Préfet et Mgr Caffarelli, concernant les nominations aux succursales en 1803.

ARRONDISSEMENT DE SAINT-BRIEUC.

CANTON SUD DE SAINT-BRIEUC. — A *Saint-Donan*, le choix de J.-B. Amette, 65 ans, ancien recteur, ne présenta aucune difficulté. — A *Yffiniac*, idem pour François-Antoine Degereault, 55 ans, ancien vicaire. — A *Saint-Julien*, idem pour Jean Gautho. — A *Langueux*, le choix épiscopal s'arrêta d'abord sur Jean Corbel, 39 ans, ex-constitutionnel, puis définitivement sur Jacques Philippe. — A *Trégueux*, aucune difficulté pour Mathurin-Antoine Alleno, 43 ans. — A *Plédran*, idem pour François Durand, 43 ans.

A *Hillion*, l'évêque élimine le candidat de la préfecture et nomme Charles Chapelain, 66 ans. Il maintient cette désignation malgré les observations préfectorales dont voici le résumé :

« M. Chapelain n'ayant aucun titre péremptoire à la succursale d'Hillion, M. le Préfet réclame la préférence en faveur de M. François Lalleton, âgé de 53 ans, ex-curé constitutionnel de Plouguenast, devenu chef-lieu d'une cure occupée par M. Nais.

» M. Lalleton est un ecclésiastique instruit, régulier, zélé, qui, dans les temps les plus difficiles, n'a pas cessé de remplir ses fonctions avec courage et dignité et s'est acquis par cette conduite honorable l'estime de tous les bons citoyens. On a inspiré à M. l'Evêque de fortes présomptions contre lui que M. Lalleton a cherché à détruire par l'expression de la vérité, mais sans pouvoir se faire entendre. Ces préventions ne portent pas sur ses mœurs que l'on sait irréprochables, ni sur sa régularité dont on convient, mais sur ses prétendus *principes* que l'on taxe d'*exagérés* et sur le fait d'*avoir pris les armes* dans quelques circonstances de la Révolution.

» C'est au gouvernement à juger de ces reproches. M. Lalleton desservait une grande paroisse située dans le centre de la guerre civile. Les Chouans voulaient l'écarter, pour subjuguer plus facilement les habitants de cette commune que les conseils de leur pasteur maintenoient dans le bon ordre et l'obéissance aux lois. Les menaces n'ayant pu déterminer M. Lalleton à fuir pour laisser le champ libre aux rebelles, ceux-ci complotèrent d'aller le tirer de chez lui. Comme ils alloient avoir à faire à un homme courageux, ils s'assemblèrent en nombre considérable pour l'attaquer de nuit en sa demeure au Pont-Gamps.

» La maison fut investie de toutes parts. Il devenait impossible de se dérober aux Brigands par la fuite. L'attaque commença par le brisement d'une porte d'entrée et des coups de feu. M. Lalleton était heureusement pourvu d'un fusil. Il se défend, arrête les brigands dans un escalier et les empêche de pénétrer jusqu'à lui. Ils essaient alors de le brûler en incendiant sa maison. Ils mettent le feu aux logements couverts en paille qui y étoient contigus. Ce fut à la clarté de ce feu que l'assiégé se défendit pendant plus d'une heure contre ses nombreux ennemis, qui, après avoir essuyé quelques pertes et épuisé leurs munitions, se retirèrent avec la honte et la rage d'avoir manqué leur victime. Voilà l'action de la plus légitime défense, autorisée par les lois divines et humaines, que l'on reproche à M. Lalleton, et que l'on voudroit faire servir de prétexte pour l'exclure de l'organisation du culte.

» Par ailleurs, M. Lalleton n'a cessé de rendre des services à la chose publique, soit dans les temps de troubles comme président de canton, soit depuis le régime consulaire comme maire de Plouguenast. Il a dû sans doute lutter contre beaucoup de mauvais citoyens dans un pays qui a été si longtemps le théâtre de la rébellion, mais il s'est constamment comporté en fonctionnaire intègre et en pasteur irréprochable.

» Le dévouement patriotique de ce prêtre, son zèle désintéressé lui méritent protection et récompense. Cependant on l'exclut de l'organisation cultuelle parce qu'il a généreusement servi son pays, comme si le titre de prêtre étoit exclusif de celui de citoyen (1). »

_____

(1) A ces notes beaucoup trop élogieuses, nous opposerons les lignes suivantes, émanant du franc-maçon Besné, à l'égard du sieur Lalleton, décédé prêtre habitué à Plouguenast, âgé de 79 ans en novembre 1829. Nous les reproduisons d'après *La Légende de Le Roux de Chef de Bois*, publiée en 1899 dans les *Annales de Bretagne*, par M. P. Hemon :

« Besné, accusateur public près le tribunal criminel des C.-du-N., écrit de Lannion le 4 mars 1794, aux membres du Directoire du district de Loudéac :

Mgr Caffarelli répondit très brièvement à ce long plaidoyer :

« M. Chapelain est un ancien recteur du diocèse de Saint-Brieuc où il a successivement occupé les cures de Saint-Germain-de-la-Mer et de Plouguenast. Il a toujours joui de la confiance de ses supérieurs qui l'employaient aux Missions diocésaines. Il s'est soumis à la loi de la Déportation et n'est rentré en France que depuis deux ans. Il est âgé de 66 ans et M. le Préfet n'allègue rien contre lui.

» Quant à M. Lalleton qui fut chef de colonnes mobiles, l'esprit général et surtout celui de la paroisse d'Hillion qui a déjà chassé deux prêtres assermentés, le repoussent complètement. Du reste le gouvernement lui-même, utilisant ses services comme maire de Plouguenast, ne peut espérer le voir cumuler ce poste avec celui de desservant d'Hillion. »

Canton Nord de Saint-Brieuc. — A *Plérin*, le choix de M. Jacques Vitel, 63 ans, ancien recteur, ne souffre pas de difficulté. — A la *Méaugon*, idem pour Guillaume Meheust, 44 ans. — A *Trémuson*, idem pour Pierre Guesnier, 66 ans. — A *Ploufragan*, idem pour Jean Amice, 48 ans, ancien recteur.

A *Pordic*, l'évêque désigna d'abord Antoine-Jacques Mottais, 47 ans, mais il dut l'écarter et nommer l'abbé Michel Gallet à sa place. Celui-ci n'était cependant pas le candidat du Préfet qui présentait le constitutionnel Julien Bichemin et l'appuyait en ces termes :

« Pordic, au moment de la Révolution, avait pour curé M. Odio-Baschamps, qui fit le serment et devint ensuite vicaire épiscopal de l'évêque Jacob. A M. Baschamps succéda dans la cure de Pordic, M. Le Clec'h, prêtre *assermenté*, aujourd'hui curé du canton de Plouha. Les menaces des brigands l'ayant forcé de quitter Pordic, il y fut remplacé l'an VIII, par M. François Boüetard, autre prêtre *assermenté*, homme de talent et de mérite comme ses prédécesseurs.

» A la rentrée des prêtres déportés, MM. Mottais, ancien vicaire et Le Pouliquen, ancien prêtre habitué de l'endroit, s'y établirent et y éle-

---

» Citoyens : J'ai reçu hier la petite procédure jointe à votre lettre du 7, qui m'a été renvoiée ici, où je suis en réquisition très active. Je crois que cette affaire (de Plouguenast) est le fruit d'une vengeance particulière et très réfléchie, car le grand prêtre est un dénonciateur, un esprit dominant. La procédure est nulle, je la ferai casser à mon retour. »

M. Hemon ajoutait : « L'accusateur public fait ici allusion à François-Marie Lalleton, curé constitutionnel et maire de Plouguenast, qui, de concert avec son vicaire *Gicquel*, agent national de la commune, avait fait arrêter et conduire au district de Loudéac, un pauvre taillandier, François Maros, âgé de 25 ans, sous l'inculpation d'avoir crié un soir : *Vive le roi ! Au diable la nation !* ».

Dans sa remontrance, datée de Lannion, Besné fit d'abord remarquer au tribunal criminel que les propos incriminés remontaient à plus de dix mois, que la procédure était « absurde » et des plus irrégulières, enfin que la plainte émanait « *d'un prêtre célèbre par ses dénonciations...* d'un génie dominateur et turbulent... ». L'accusation n'était donc pas sérieuse. Aussi Maros, qui se déclarait victime du ressentiment de deux ennemis du son père (l'un d'eux se rétracta même au cours du procès), et de la haine des ecclésiastiques constitutionnels de Plouguenast, fut-il reconnu « un ami de la Révolution » et acquitté par le tribunal criminel, le 12 prairial an II (31 mai 1794) (*Arch. du trib.* : Dossier nº 269). Cf. sur Lalleton : *Manuel*, II, p. 30, 42, 95.

vèrent leur autel particulier, ne voulant pas communiquer avec M. Boüetard qui exerçait le culte dans l'église paroissiale. De là un schisme dans une commune parfaitement unie jusqu'alors. Un tiers des habitants suit le culte qu'exercent MM. Mottais et Le Pouliquen dans une chapelle particulière, et le reste suit M. Bouëtard qui exerce dans la mère église.

» A ne consulter que les talents et la règle de proportion, M. Boüetard devrait être appelé à la place de vicaire succursaliste, car il a pour lui la possession, la majorité des habitants et plus de capacités que M. Mottais, infirme au point de se faire parfois soutenir pour dire la messe. Mais comme il faut éviter avec soin ce qui aurait l'air du triomphe d'un parti et ne chercher que le bien des fidèles, le Préfet pense que pour éteindre le schisme et calmer les dissentiments, il convient d'appeler à Pordic un ecclésiastique étranger aux luttes qui divisent cette commune. Il propose en conséquence M. Julien Bichemin, prêtre *assermenté*, âgé de 47 ans, très exercé dans le ministère et connu sous les rapports les plus avantageux de mœurs et de talents. »

A quoi l'évêque répond simplement « que les raisons qui militent pour exclure M. Boüetard, excluent aussi M. Bichemin, que d'autre part M. Mottais n'est pour rien dans le schisme qui divise Pordic, qu'il jouit d'une bonne santé et que l'on a égaré la religion du Préfet sur le compte de ce prêtre ».

Canton de Plouha. — A *Plehedel* avec *Lanleff*, le choix de Pierre-François Jouan, 43 ans, *assermenté*, s'opère sans difficulté. — A *Lanloup*, idem pour Jacques Conan, 37 ans. — A *Plourhan*, idem pour François Ferchal, 50 ans, ancien chanoine. — A *Pludual*, l'évêque voulait nommer Jean Derrien, 49 ans, mais sur les observations du Préfet, il consent à conserver l'ancien curé *assermenté* Pierre Le Roy, 80 ans, mais il lui adjoint Derrien comme coadjuteur.

Voici un résumé de la lettre préfectorale : « Il y a à Pludual un ecclésiastique respectable, M. Pierre Le Roy, âgé de 80 ans, qui depuis 4 ans y remplit les fonctions pastorales de la manière la plus satisfaisante. Déplacer cet ancien titulaire qui par ses longs services mérite tant d'égards, seroit une mesure d'injuste rigueur, à laquelle le Préfet ne peut consentir. Il ne se dissimule pas qu'en raison de sa caducité, M. Le Roy n'ait besoin d'être secondé, mais ce n'est pas un motif pour lui enlever un titre qu'il a si bien mérité de conserver. M. l'Evêque n'a qu'à lui adjoindre M. Le Derrien, son neveu, qui, en raison de son âge, a l'espoir de lui survivre et de le remplacer après sa mort. »

Canton de Paimpol. — A *Bréhat*, le choix de Philibert-Julien Deniel, 51 ans, *assermenté*, s'opère sans difficulté. — A *Kérity*, idem pour Rolland Le Lay. — A *Ploubazlanec* avec *Perros* et *Lannevez*, l'évêque nomme Guillaume Macé et le maintient, malgré les observations du préfet qui présentait Yves-Jean Robert et l'appuyait dans les termes suivants : « La première condition à exiger d'un pasteur, c'est qu'il sache la langue du peuple dont il a la direction spirituelle. Or on sait que M. Macé originaire de Normandie, ne connait que très imparfaitement le bas-breton qu'on parle exclusivement dans la vaste succursale pour laquelle on l'a désigné. Si ce motif n'étoit pas péremptoire, on pourroit en trouver beaucoup d'autres fondés sur la conduite de M. Macé, pour prouver qu'un homme de parti comme lui, ne peut convenir à la tête de trois communes qui ont été extrêmement agitées pendant le cours de la Révolution par des prêtres factieux. Aussi le préfet demande que M. Macé reçoive une autre destination et que la succursale de Ploubazlanec soit confiée à M. Yves Robert, âgé de 46 ans, vicaire constitutionnel de Plouha depuis 8 ans. »

A ces allégations, Mgr Caffarelli répond que le sujet proposé par le Préfet, étant né à Saint-Brieuc et y ayant résidé jusqu'à la Révolution, est absolument étranger à la langue du pays et d'autre part, fort ignorant ; si bien qu'il lui arrive parfois de confesser en une heure 50 personnes dont il ne sait pas la langue. — Quant à M. Macé, l'évêque sait pertinemment qu'il est breton et de plus, il sera aidé dans ses fonctions par un vicaire parfaitement au courant de l'idiome du pays.

A *Plounez*, le choix de Philippe Le Bescont, 57 ans, *assermenté*, ne souffre pas de difficulté. — A *Plouezec*, l'évêque désigne d'abord Claude Le Fèvre, 48 ans, *assermenté*, puis définitivement Pierre Courson. — A *Plourivo*, le choix de Nicolas Guillaume, 57 ans, *assermenté*, ne souffre pas de difficulté. — A *Saint-Quay*, idem pour Laurent Auffray, 40 ans. — A *Tréveneuc*, idem pour Pierre Hallenault de la Ville Colvez. — A *Yvias*, idem pour Antoine Auffray, 54 ans.

CANTON DE CHÂTELAUDREN. — Pour *Boqueho*, le choix de Gilles Lecorvaisier, 67 ans, s'opère sans difficulté. — A *Cohiniac*, Mgr nomme d'abord un M. Ducoüedic, puis définitivement Louis-Charles Resmond. — A *Lantic*, le choix de François Langlöis, 69 ans, s'opère sans difficulté. — A *Plouvara*, idem pour François-Rodolphe Bouétard, 56 ans, ex-curé *assermenté* de Moncontour et de Pordic. — A *Plerneuf*, pour Pierre Botrel, ancien recteur. — A *Trégomeur*, idem pour J.-B. Haméon, 76 ans. — A *Tremeloir*, idem pour Jean-Gabriel Lescan, 47 ans, ancien déporté sur les pontons de Rochefort. — A *Plélo*, Mgr nomme d'abord Vincent Lecoqu (junior), 46 ans, puis Antoine-Jacques Mottais.

CANTON DE LANVOLLON. — A *Etables*, Mgr nomme Duval-Villebogard, 52 ans. — Au *Faouet*, le choix de Jean Le Corre, 38 ans, ne souffre pas de difficulté. — A *Gommenec'h* avec *Trévérec*, idem pour Guillaume Jouannet, 57 ans (1). — A *Lannebert*, le préfet met comme condition du choix de Pierre-Charles Hervé, 45 ans, ancien *assermenté*, que ce prêtre « cesse de tracasser, comme il l'a fait jusqu'ici, les acquéreurs de biens nationaux ». — A *Le Merzer*, successivement furent nommés Gabriel-François Mordellet, 65 ans, *assermenté*, puis François-Joseph Clerivet, ancien curé *assermenté* de Plurien, qui refusa. — A *Pleguien*, successivement sont nommés Julien Le Guilcher, 39 ans, puis Claude Le Fèvre.

A *Pommerit-les-Bois* (*nunc* le Vicomte), l'évêque désigne Julien Pierre, 43 ans, qui obtint définitivement ce poste, malgré l'opposition préfectorale. « Cette commune, écrivait le préfet, a été constamment desservie depuis la Révolution par des prêtres assermentés et désire en conserver de cette espèce. M. Le Cornec fut son premier curé constitutionnel. A M. Le Cornec délogé par les Chouans au mois de frimaire an VIII, succéda Jean-Yves Le Denmat, prêtre *assermenté*, homme capable et de

---

(1) L'évêque avait d'abord nommé *Gilles-Rolland Le Lay*, recteur de Treverec, mais depuis, sur informations prises, il réunit cette cure à Gommenec'h.

bonnes mœurs, réclamé par la paroisse, ayant pour lui une possession de quatre années. Il mérite donc à tous les égards d'y être conservé de préférence à M. Pierre, insermenté, qui n'est connu à Pommerit-les-Bois, dont il est originaire, que par les divisions qu'il y a excitées pendant plusieurs années. Il seroit contraire aux vues de pacification de l'y établir principal desservant, parce qu'on sait qu'il voudroit s'y signaler par une réaction qui y porteroit le trouble en place de la paix qui y règne actuellement. »

A quoi l'évêque répond que, « bien que M. Le Denmat vive à Pommerit-les-Bois, il a jugé cependant à propos d'en confier le desservice à M. Pierre qui y fait le plus grand bien, y maintient la paix et vit dans le meilleur accord avec ses paroissiens ».

A *Tremeven*, l'évêque persiste à nommer Jean-Yves Le Denmat, 51 ans, *assermenté*, au lieu de Julien Pierre, que le préfet voudrait y voir, au lieu de rester à Pommerit. — A *Tréguidel*, le choix d'Ollivier Helary, 49 ans, *assermenté*, ne souffre pas difficulté. — A *Tressigneaux*, idem pour Guillaume Le Picard, 50 ans, *assermenté*.

CANTON DE LAMBALLE. — A *Andel*, la nomination de M. Jacques Hingant, 58 ans, ne soulève pas d'opposition. — A *Coëtmieux*, même cas pour Jean-Mathurin Lorans, 42 ans. — A *Landehen*, idem pour Marc-Toussaint Rouillé, 70 ans. — A *Meslin* avec *Tregenestre*, Jean-Marie Burel, 63 ans. — A *Morieux*, idem pour Jacques André, 45 ans. — A *Maroué*, idem pour François-Marie Blanchet, 55 ans. — A *Noyal*, idem pour Jean Le Bigot, 61 ans. — A *Pommeret*, idem pour Pélage Caro, 51 ans. — A *La Poterie*, idem pour Jean Brexel, 61 ans. — A *Saint-Aaron*, idem pour Jean-Louis Nivet, 49 ans. — A *Tregomar* avec *Saint-Rieul*, idem pour Jean-François Drillet, 50 ans.

CANTON DE PLÉNEUF. — A *Planguenoual*, la nomination de Jean Louis Toublanc, 44 ans, ne soulève pas d'opposition. — A *Pléneuf*, Mgr Caffarelli désigne M. François-Jean Hourdin, 41 ans et l'y maintient malgré le préfet qui désirait conserver Jean-Baptiste Bouguet et écrivait à son sujet les lignes ci-dessous : « A l'arrivée de M. l'Evêque dans ce diocèse, la commune de Pléneuf était desservie en titre par J.-B. Bouguet, âgé de 60 ans, curé constitutionnel, ancien missionnaire et préfet apostolique aux îles Saint-Pierre et Miquelon et pensionné par l'ancien gouvernement. Ce prêtre, qui a bien mérité de l'Etat par ses longs services, qui réunit par ailleurs des talents et des mœurs, a des droits à la succursale de Pléneuf ; aussi, le préfet demande-t-il qu'il soit nommé desservant principal de cette paroisse et que l'on nomme M. Hourdin à la paroisse d'Yvignac. »

A ces observations, l'évêque répondit « que l'esprit de la paroisse et le vœu que ses habitants lui en ont manifesté, repoussent M. Bouguet qui n'est occupé que de médecine et de chirurgie et est devenu infirme, tandis que M. Hourdin, curé provisoire de Pléneuf, a pour lui le vœu des paroissiens et toutes les qualités nécessaires pour bien gouverner cette localité ».

A *Erquy*, l'évêque désigne M. François Mauffray et l'y maintient malgré les observations du préfet dont voici le résumé : « On ne peut oublier que M. Mauffray a été convaincu au mois de nivôse an XI, d'avoir refusé les sacrements au nommé Séraphin Rault, parce qu'il ne consentait pas à rendre les biens nationaux qu'il avait acquis. Ce fait annonce les principes de ce prêtre » et le préfet demande en conséquence qu' « Erquy soit confié en de meilleures mains. »

A quoi Mgr Caffarelli répond « que l'abbé Mauffray a été pleinement justifié de cette accusation par la démarche de son maire qui après avoir dressé le procès-verbal, est venu trouver le préfet et en a reconnu le faux ».

A *Plurien*, l'évêque désigne Jacques Philippe, 67 ans, *assermenté*, mais sur l'opposition du préfet, il nomme définitivement Jean Corbel, *assermenté*.

« M. Philippe, écrit le préfet, est un vieillard respectable, mais qui aujourd'hui a besoin de repos, aussi désire-t-il pour lui la place de chanoine titulaire, vacante par le décès de M. Pasturel. Quant à Plurien, voici 8 ans que François-Joseph Clerivet, 52 ans, est curé constitutionnel de cette paroisse. Ce prêtre est l'un des ecclésiastiques les plus méritants du diocèse par son zèle, ses talents et ses mœurs et le gouvernement l'avait proposé pour l'une des cures de Saint-Brieuc. Aussi le préfet ne comprend pas que l'évêque veuille le déplacer de Plurien, où il est en possession, où il jouit de l'estime des habitants et où il fait le bien. En conséquence, il désire qu'il soit maintenu dans cette paroisse. »

A ces raisons, l'évêque répondit « que M. Clerivet n'ayant encore pu faire l'union dans sa paroisse, le bien public exige qu'il soit déplacé. Il se propose de le nommer à Plestan ».

CANTON DE MONCONTOUR. — Pour *Brehand-Moncontour*, la désignation de Louis-François Doré ne soulève pas de difficulté. — A *Henon*, idem pour Joseph-François Briens, 43 ans. — A *Quessoy*, idem pour Jacques Boscher, 38 ans. — A *Saint-Carreuc*, idem pour Pierre Le Moulinier, 40 ans. — A *Saint-Glen*, idem, pour Marie-François Fourchon, 40 ans. — A *Saint-Trimoel*, idem pour Jean-François-Marc Huchet, 43 ans. — A *Trebry*, idem pour Louis Brexel, 48 ans, ancien recteur. — A *Tredaniel*, idem pour Maurice Saillet, 65 ans.

CANTON DE PLŒUC. — Pour *Lanfains*, la désignation de Jacques-Ollivier Duval ne soulève pas de difficulté. — A *La Harmoye*, idem pour Eloy-Marie Galerne, 46 ans. — A *Le Bodéo*, idem pour Jean-Mathurin Fraboulet, 53 ans. — A *L'Hermitage*, idem pour Joseph-Marie Hervé, 41 ans. — A *Plaintel*, idem. pour Guillaume Basset, 59 ans, ancien vicaire.

CANTON DE QUINTIN. — Pour *Le Fœil*, la désignation d'Ollivier Pierre Duval, 44 ans, ne soulève pas de difficulté. — A *Plaine-Haute*, idem pour Pierre-Laurent Guyomar, 44 ans. — A *Saint-Brandan*, idem pour François Richard, 43 ans. — A *Saint-Gildas* avec *Le Leslay*, idem pour J.-B. David, 55 ans. — Au *Vieux-Bourg* avec *Saint-Bihy*, idem pour Pierre Fleury, 37 ans.

ARRONDISSEMENT DE DINAN.

CANTON DE DINAN-EST. — Pour *Lehon* avec *Tressaint*, l'évêque désigne d'abord François-Michel Picouais, 58 ans, puis François-Marie Gallée, et définitivement Thomas Plaine. — A *Lanvallay*, la désignation de René-Servan Escalot, ne soulève pas de difficulté. — A *Pleudihen*, même cas pour Jean-Nicolas-Marie, 53 ans, ancien vicaire. — A *Saint-Helen*, l'évêque désigne d'abord Henry Bourgeois, 41 ans, ancien vicaire, puis Charles Chauchart du Mottais, 44 ans, et définitivement l'abbé Bourgeois, précité. — A *Saint-Solen*, l'évêque désigne d'abord Antoine Le Pihan, 59 ans, ancien recteur, puis celui-ci étant mort, Laurent-Luc-Jean Regnault et définitivement l'abbé Margely de Bourseul.

CANTON DE DINAN-OUEST. — A *Calorguen*, la désignation de François-Joseph Colas, 53 ans, ne soulève pas de difficulté. — A *Brusvily*, l'évêque désigne d'abord François-Jean Harouard, 55 ans, ancien recteur, puis définitivement Michel Cochet. D'après une note, il aurait songé pour ce poste à l'abbé Montcoq, ancien vicaire de Lehon. — A *Quévert*, l'évêque désigne d'abord Jacques Leroy, lequel installé à Saint-Pierre-de-Plesguen (Ille-et-Vilaine), ne voulut pas quitter ce poste. Enfin il nomme définitivement François-Jean Harrouard, ancien recteur de Brusvily. — A *Taden* avec *Saint-Samson*, l'évêque désigne d'abord François Gallée, 57 ans, ancien recteur de Saint-Samson, puis définitivement René Cathenos, ancien recteur de la paroisse. — A *Trelivan* avec *Aucaleuc*, la désignation de Pierre Hannier, 61 ans, ne soulève pas de difficulté. — A *Trevron* avec *Le Hinglé*, même cas pour Jean Bodin, ancien recteur. — A *Plouër*, même cas pour Julien Guérin, 64 ans, ancien recteur.

CANTON D'EVRAN. — A *Le Quiou*, la nomination de Joseph Miriel, ne soulève pas de difficulté. — A *Plouasne*, même cas pour Joseph-Henry Ameline, ancien vicaire de Saint-Samson. — A *Saint-André-des-Eaux*, même cas pour Julien-Jean-Marie-François Egault, 51 ans. — A *Saint-Juval*, même cas pour Joseph-Xavier Fougerais, 47 ans. — A *Trefumel*, l'évêque désigne d'abord Denis Kerauffray, puis définitivement Jean-Marie Sevestre, prêtre de Saint-Juvat.

CANTON DE BROONS. — A *Lanrelas*, la désignation de Mathurin Manceaux, 54 ans, ne soulève pas d'opposition. — A *Mégrit*, l'évêque désigna d'abord François-Julien-Joseph Le Moine, de Pleslin, qui mourut sur les entrefaites. A la suite de quoi Mgr Caffarelli nomma Julien-René Le Marchand, ancien vicaire de la paroisse, malgré l'opposition du préfet qui désirait Jean-Pierre Le Corguillé. Mais ce prêtre ayant été appelé à la cure de Plélan, fut remplacé par Mathurin Le Marchand. — A *Rouillac*, la désignation de Thomas Plaine, 51 ans, ne soulève pas d'opposition, mais celui-ci n'ayant pas pris possession fut remplacé par Jean Joachim Gautier. — A *Sévignac*, aucune difficulté pour Pierre Le Forestier, 63 ans. — A *Saint-Launeuc*, idem pour François Potier, 48 ans. — A *Tredias*, idem pour Jean Chauvin. — A *Tremeur*, idem pour Guy-Antoine Trumel, 58 ans, ancien recteur.

A *Yvignac*, l'évêque désigne Jean-Baptiste Gendrot et l'y maintient malgré l'opposition du préfet qui écrivait « qu'il ne pouvait consentir à ce qu'un individu qui a été comme le caissier général d'une division de la chouannerie, l'un des agents qui a désolé précisément la partie où on propose de le placer, soit mis à la tête de la commune d'Yvignac. Une pareille nomination serait une espèce de scandale public ».

CANTON DE MATIGNON. — Pour *Henansal*, la désignation d'Etienne Baudouard, ancien recteur, ne soulève pas de difficulté. — A *Henanbihen*, même cas pour Jean-François Fourré, 68 ans, ancien recteur. — A *La Bouillie*, même cas pour J.-B.-Julien Le Febvre, 51 ans, ancien recteur. — A *Ruca*, l'évêque désigne d'abord Jean-François Trotel, puis définitivement Olivier-Pierre du Coüedic, ex-chanoine de Quintin. — A *Pléhérel*, l'évêque nomme Louis Bichemin, 47 ans, *assermenté* lamballais, et l'y maintient malgré les observations du préfet qui écrivait ce qui suit : « M. Bichemin est certainement un prêtre très méritant et loin de vouloir l'exclure des places, le préfet l'a proposé pour la succursale de Pordic, attendu qu'il ne peut autant par esprit de justice, que par déférence pour le vœu du peuple, consentir à ce qu'il remplace à Pléhérel, M. Jean Bouétard, 53 ans, prêtre *assermenté* qui réside sur la commune depuis 22 ans et la dessert depuis 12 ans. Cet ecclésiastique, instruit et de bonnes mœurs, réunit tous les suffrages. M. l'évêque a reçu une députation à ce sujet. Enfin les habitants ont exprimé leur vœu au Premier Consul par une requête qui sera jointe au présent avis ».

A quoi l'évêque répond que « M. Boüetard a semé et entretenu le trouble dans le canton, aussi, pour y ramener la tranquillité, il est nécessaire de l'en faire sortir, et du reste, seul le maire de Pléhérel y désire son maintien ».

A *Pleboulle*, l'évêque désigne d'abord Gilles Quétissant, puis définitivement Jean-François Trotel, malgré le préfet qui eût désiré ce poste pour André-Gilles Besret, 36 ans, ancien curé *assermenté* de la Bouillie et au dire du préfet « homme capable et régulier », mais que l'évêque refusa « comme ignorant et capable tout au plus de dire la messe ».

A *Saint-Cast*, l'évêque désigne d'abord Jean-Pierre Corguillé, puis définitivement Mathurin-Isidore Cosson. Quant au préfet il eût voulu voir nommer à ce poste J.-B. Nouvel, 42 ans, ex-curé constitutionnel de Saint-Cast, « homme instruit, zélé, de bonnes mœurs, d'un caractère doux, digne à tous égards d'être à la tête d'une succursale ».

Mais l'évêque persuadé « que rien n'est moins mérité que l'éloge de M. le préfet, déclare avoir fait tout ce qu'il a pu pour M. Nouvel qui est un ignorant, en le nommant vicaire ».

A *Saint-Dénoual*, la désignation de Claude Rouxel, 57 ans, s'opère sans difficulté.

A *Plévenon*, l'évêque désigne François Orhan et le maintient malgré les observations du préfet qui eût désiré y voir conserver Guy Le Mée, curé *assermenté* de cette paroisse. « Ce prêtre, écrivait-il, mérite sous tous les rapports d'y être maintenu, puisque à une possession, longue de 44 ans, il réunit la confiance des habitants ainsi que des talents si bien reconnus que M. de Bellescize, alors évêque de Saint-Brieuc, l'avait nommé chef des Conférences Ecclésiastiques. Ne serait-il pas contraire à toutes les notions de justice de déplacer et qui plus est, de priver de place un ancien titulaire, capable d'exercer, lorsque par ses talents et ses services, il a des droits si réels à ce qu'on lui conserve sa paroisse. »

Mais ce raisonnement ne toucha point l'évêque qui répondit au préfet « que la paroisse de Plévenon est tout à fait en désordre et que M. Le Mée complètement invalide, est incapable d'y remédier, et que M. Orhan qui a longtemps travaillé à Plévenon avant la Révolution et qui réunit aux talents de son esprit un caractère pacifique, a tout ce qu'il faut pour y réussir et qu'il y est du reste désiré ».

CANTON DE PLOUBALAY. — Pour *Lancieux*, l'évêque désigne d'abord Charles-Auguste Chauchart du Mottais, 44 ans, puis définitivement Alexis-Pierre Richard, 46 ans. — A *Langrolay*, l'évêque désigne d'abord Joseph Percevaux, puis définitivement Toussaint-Félix Montcoq. — A *Pleslin*, l'évêque désigne d'abord Pierre-Paul Labbé, 41 ans, puis définitivement Yves-Jean Le Moine. — A *Trémereuc*, l'évêque désigne d'abord Jean Sauvage, 51 ans, puis définitivement Jean-Joseph Henry. — A *Trigavou*, la désignation de François Baudouard ne soulève pas de difficulté.

A *Saint-Jacut*, l'évêque avait désigné Charles Bettaux, 51 ans, ancien recteur de cette paroisse, mais sur la demande du préfet il le remplaça par Gilles Quétissant. Voici résumée la correspondance de la préfecture. Sur les premières notes fournies à M. l'évêque sur le compte de M. Bettaux, il était caractérisé de la manière suivante : « Tête exaltée, fanatique, à refréner. On pourrait peut être le laisser dans sa commune, où il ferait moins de mal qu'ailleurs, si surtout il était ramené à des principes plus sages et plus tolérants ». — Mais lorsqu'on a dit qu'on pourrait le laisser à Saint-Jacut, on supposait qu'il n'y aurait pas de guerre avec l'Angleterre avec laquelle il a eu précédemment de fréquentes relations. Or on regarde qu'il peut maintenant être nuisible dans cette commune qui forme une avancée en mer que l'on doit surveiller avec d'autant plus de soin que c'est un des points de communication de l'ennemi avec l'intérieur. En conséquence le préfet demande que l'on place à Saint-Jacut un sujet en qui il puisse avoir plus de confiance, par exemple M. Quétissant, indiqué pour Pléboulle. »

CANTON DE PLANCOËT. — A *Bourseul*, la désignation de Pierre Huet, 58 ans, ancien recteur, ne soulève pas de difficulté. — A *Créhen*, même cas pour Jean-Baptiste Morvan, 54 ans, ancien recteur. — A *Corseul*, l'évêque désigne d'abord Julien-Gilles Clolus, 58 ans; puis pour « le bien de la paix », il nomme définitivement Pierre-Louis Le Sage, ancien vicaire de cette paroisse. — A *Languenan*, l'évêque désigne d'abord Georges-Julien-Placide Teré, puis celui-ci étant mort, il nomme définitivement Charles Bettaux, ancien recteur de Saint-Jacut. — A *Pleven* avec *Landebia*, la désignation de Jean Brouté, ancien recteur, 59 ans, ne soulève pas de difficulté. — A *Pluduno*, l'évêque désigne d'abord Yves-François Tual, 56 ans, puis définitivement Julien-Gilles Closlus. — Au *Plessis-Balisson*, quoique le préfet écrive que « cette petite commune n'est guère en état de payer un prêtre et qu'il eût été désirable qu'on ait pu la réunir à une autre », l'évêque nomme d'abord Jean-Pierre Nicolas, 52 ans, puis définitivement Jacques Raffray.

A *Quintenic*, l'évêque désigne d'abord Etienne Saillet, puis sur les observations du préfet, il nomme définitivement René Jouannin, *ex-assermenté*, 48 ans, de Landehen.

« M. Saillet, écrivait le préfet, n'est pas aimé dans sa commune. Il est extrêmement intolérant et a hautement réclamé contre les acquéreurs de biens nationaux. Je demande qu'il soit placé en sous ordre ».

A *Saint-Postan*, la désignation de M. Yves Demoy, 60 ans, ancien recteur, ne soulève aucune difficulté.

Canton de Plélan-le-Petit. — A *La Landec* (1), la désignation de Joseph-Malo Busnel, s'opère sans difficulté. — A *Saint-Maudé* avec *Saint-Michel*, même cas pour Marc Le Branchu, 59 ans, ancien recteur. — A *Plorec*, même cas pour François Le Maigre, 49 ans. — A *Trébedan*, même cas pour Augustin Haslé. — A *Vildé-Guingalan*, l'évêque avait désigné Hyacinthe-Marie-Barbier, 43 ans, ancien vicaire, mais le préfet lui observe « que ce prêtre n'a point de conduite, qu'il est par ailleurs tracassier et qu'il n'est propre sous aucun rapport à être placé à la tête d'une paroisse. En conséquence il demande qu'il y soit remplacé par Laurent Ménard, *assermenté*, instruit et de bonnes mœurs, actuellement à Corseul ».

L'évêque répond « qu'il ne saurait accepter le prêtre Ménard qui a contracté un mariage simulé sous la Terreur et n'a repris que depuis un an son état, mais qu'il se propose de déplacer M. Barbier et qu'il désigne M. Etienne Saillet à son lieu et place. Définitivement c'est l'abbé Barbier qui occupa ce poste ».

Canton de Jugon. — *Pour Dolo*, il y eut de nombreuses tractations : l'évêque désigne d'abord M. Alexis-Pierre Richard, 46 ans ; puis, comme le préfet désirait voir appeler dans cette commune Louis-Marc Dobet, 35 ans, pour la raison que « puisqu'il est nécessaire de placer les ci-devant constitutionnels, il convient de les placer là où ils conviennent » ; l'évêque propose alors de laisser dans cette paroisse M. Tual, ancien curé, « qui paraît désirer conserver sa place », écartant absolument Louis Dobet, « qui a été canonnier dans le pays au cours de la Révolution et est étranger au ministère qu'il n'a repris que depuis un an ». Finalement ce fut Yves-Denis Kerauffray, 61 ans, ancien recteur de Tréfumel, qui fut nommé desservant de Dolo.

A *Plédeliac*, la désignation de Toussaint-Jacques Rhedon, 44 ans, ne soulève pas de difficulté. — A *Plénée-Jugon*, même chose pour Joseph Marc, 59 ans. — A *Saint-Igneuc*, idem pour Pierre Rouxel, 42 ans. — A *Tramain*, l'évêque désigne d'abord Yves-Marie Chevalier, 55 ans, puis Jean-Balthazard Boüetard, *assermenté*, ancien curé de Pléhérel, et finalement Yves Chevalier.

A *Plestan*, le préfet désirait conserver l'ex-bernardin Toussaint-Yves Le Corre, 46 ans, depuis 12 ans curé *assermenté* de cette paroisse, et, à son dire, « connu par la conduite la plus régulière et beaucoup d'attachement à ses devoirs, puisque pour les remplir, il a souvent bravé la mort, supporté les avanies des chouans qui ont pillé trois fois sa maison et que loin d'avoir démérité, il a au contraire acquis des droits réels à conserver sa paroisse ». Malgré cela, Mgr Caffarelli persiste à désigner pour Plestan, François Clérivet, 52 ans, curé *assermenté*, de Plurien, « qu'il juge indispensable de déplacer pour le bien public ». Finalement, il se rendit cependant au désir du préfet et nomme à Plestan Toussaint-Yves Lecorre.

Canton de Saint-Jouan-de-l'Isle. — A *Caulnes*, le préfet écrit « ne pouvoir consentir à ce qu'un individu comme Louis Megret, qui a servi activement dans les bandes de rebelles, qui a un caractère altier et

------

(1) Ce prêtre n'accepta pas. M. Percevault, de Langrolay, le remplaça.

dominateur, plus propre à exaspérer qu'à rapprocher les esprits, soit placé à la tête d'une paroisse quelconque et surtout si importante que Caulnes ». Nous ignorons la réponse de l'évêque, mais elle dut dissiper les objections du préfet, car c'est l'abbé Megret qui fut nommé recteur de Caulnes, dont il avait été autrefois vicaire et où il avait exercé un fructueux ministère caché durant une partie de la Révolution.

A *Guenroc* avec *Saint-Maden*, la désignation de Vincent Guillotin, 67 ans, ancien recteur, ne soulève pas de difficulté. — A *Guitté*, même chose pour Guillaume-Anne Berges, 77 ans, ancien recteur. — A *Plumaudan*, même cas pour Jean Belleville, 57 ans, ancien recteur. — A *Plumaugat*, même cas pour René Fleury.

ARRONDISSEMENT DE LOUDÉAC.

CANTON DU DIT. — Pour *Hemonstoir*, le préfet refuse Guillaume Jamin, 41 ans, sous prétexte « qu'il est notoire, que ce prêtre a fait partie des bandes de rebelles et qu'il est imprudent non seulement de le mettre à la tête d'une paroisse, mais qu'il serait même utile de l'éloigner du canton ». (Cf. *Manuel*, t. I, p. 63.)

A quoi l'évêque répond que « M. Jamin n'a jamais servi dans les bandes de rebelles, mais s'est au contraire caché durant les troubles et, qu'après avoir été arrêté là où il se cachait, *il a souffert longtemps la réclusion*. Du reste, c'est un très bon ecclésiastique, que réclame Hémonstoir », aussi maintient-il définitivement sa nomination.

A *La Motte*, la désignation de Louis Viet, 43 ans, ne soulève pas de difficulté. — A *Saint-Caradec*, l'évêque désigne Mathurin Le Denmat, 50 ans, mais sur les observations du préfet, il consent à ce que Guillaume Tanguy demeure définitivement comme curé succursaliste de Saint-Caradec.

Voici le résumé de la lettre préfectorale : « Si le vœu du peuple peut être compté pour quelque chose dans le choix des pasteurs, l'on accordera à cette commune M. Tanguy (aîné), âgé de 49 ans, ecclésiastique très recommandable, qu'elle réclame de préférence. M. l'évêque, du reste, a dû recevoir à Loudéac une députation à ce sujet et il a promis au maire de Saint-Caradec de lui donner satisfaction ».

A *Saint-Maudan*, la nomination de François Guillo, 51 ans, ne soulève pas de difficulté. — A *Trévé*, même chose pour Louis Cherdel, 69 ans, ancien recteur.

CANTON DE CORLAY. — Pour le *Haut-Corlay*, la nomination de Joseph Baron, 70 ans, ne souffre pas de difficulté. — A *Plussulien*, même cas pour Jean Launay.

A *Saint-Martin-des-Prés*, le préfet demande qu'on désigne comme desservant Mathurin Lamandé, âgé de 54 ans, *assermenté*, et recteur de Langast avant la Révolution (1). A son dire : « c'est un homme instruit, d'une bonne conduite, ami de la paix et attaché au gouvernement », tandis que Guillaume-François Le Bihan, désigné par l'évêque « a la

---

(1) Sur Lamandé, cf. une notice au t. II de l'*Hist. du Pays de Dinan*, art. Plorec. Jamais il ne fut recteur de Langast.

réputation d'avoir fait partie des bandes de rebelles et de s'y être signalé par ses cruautés ».

A quoi Mgr Caffarelli lui répond : « qu'il croit trop facilement à des bruits sans fondement et que M. Le Bihan jouit de l'estime et de la confiance de la paroisse, alors que M. Lamandé, candidat de la préfecture, a, depuis 14 ans, renoncé à son état et ne dit pas encore la messe ». Cependant dans un but de conciliation, il choisit un nouveau desservant dans la personne de Guillaume-François Hamon.

A *Saint-Mayeux*, la désignation de Claude Jégou, 43 ans, ne souffre pas de difficulté.

Canton de Collinée (Doyenné du Gouray). — A *Collinée*, l'évêque désigne d'abord Jacques-François Laignel, 35 ans, puis définitivement Henry Homo. — A *Langourla*, la nomination de Jean-Marie Duval, 46 ans, ne souffre pas de difficulté. — A *Saint-Gouéno*, l'évêque désigne d'abord Yves Le Bigot, 54 ans, puis définitivement Joseph-Marie Juglet. — A *Saint-Jacut-du-Mené*, la nomination de Jean Pasturel, 61 ans, ne soulève pas de difficulté.

Canton de La Chèze (Doyenné de Plémet). — Pour *La Chèze*, la nomination de Mathurin Lestimé, 46 ans, ne souffre pas de difficulté. — A *La Ferrière*, idem pour Yves Goüedart, 52 ans. — A *Plumieux*, même cas pour Jean Angoujard.

A *La Prenessaye*, l'évêque avait désigné Jean Louesdon, 50 ans, mais sur les observations du préfet, c'est François-Marie Collin, 59 ans, qu'il nomme à titre définitif. Voici ce qu'écrivait à ce sujet le préfet : « M. Louesdon ne mérite ni la confiance de M. l'évêque ni celle du gouvernement, car la conduite qu'il a tenue depuis sa rentrée en France n'est bonne sous aucun rapport. C'est un homme fourbe et tracassier, qui, pour la tranquillité de la commune, a besoin d'être éloigné. On aurait avantage à mettre à sa place M. Collin, ex-curé constitutionnel de Carhaix, homme de talents, de bonnes mœurs et d'un caractère conciliateur ».

A *Saint-Etienne-du-Gué-de-l'Isle*, la nomination d'Yves Guillemot, 51 ans, ne soulève pas de difficulté. — A *Saint-Barnabé*, même cas pour Mathurin Joyeux.

Canton de Merdrignac. — Pour *Eréac*, la nomination d'Yves Le Coq, 51 ans, ne soulève pas de difficulté. — A *Gommené*, même cas pour Jean-Baptiste-François Elie, 39 ans. — A *Illifaut*, l'évêque désigne d'abord Laurent-Luc-Jean Regnault, 52 ans, puis définitivement Joseph Le Maître, de Tregon. — A *Laurenan*, la nomination de Jacques Martin, 30 ans, ne souffre pas de difficulté. — A *Le Loscouet-sur-Meu*, même cas pour Jacques Eballard. — A *Merillac*, même cas pour Anastase Pasturel. — A *Saint-Vran*, même cas pour François-Joseph Even, 54 ans. — A *Trémorel*, l'évêque désigne Michel-Jacques Dreux, 39 ans, et le maintient, malgré les observations du préfet qui lui écrivait : « Il est notoire que ce prêtre a porté les armes dans les bandes de Chouans. Il serait scandaleux de le voir à la tête de la commune de Trémorel, qui d'ailleurs a un besoin particulier d'être gouvernée par un homme sans tache et ami de la paix ».

A quoi l'évêque de répondre : « que les rapports très cordiaux que M. Dreux entretient avec son capitaine de gendarmerie, suffisent à démontrer la fausseté de ces accusations ».

Canton de Gouarec. — Pour *Laniscat* avec *Saint-Igeaux,* la nomination de Jacques-Joseph Gicquel, 58 ans, ne souffre pas de difficulté. — A *L'escouet-Gouarec*, même cas pour François Huart, 59 ans. — A *Mellionnec*, même cas pour Yves Le Guillouzou, 63 ans. — A *Plelauff*, même cas pour Pierre Marion, 48 ans. — A *Perret*, l'évêque désigne Mathurin Hamon, 46 ans, *assermenté*, et l'y maintient, malgré les observations du préfet qui lui écrivait les lignes ci-dessous : « M. Hamon est depuis 15 ans à Merléac, dont il était le curé *assermenté*. C'est un sujet estimable sous tous les rapports et aimé dans sa commune, qui manifeste le désir de le conserver. On ne voit pas de motif de le déplacer pour le transférer dans une commune isolée, aux confins du département, où il peut ne pas convenir à l'esprit des habitants et où sa vie ne serait pas même en sûreté ». Le préfet demande donc en conséquence, qu'il soit maintenu à Merléac « ainsi que l'exprime le vœu des habitants exprimé par une requête jointe à la présente lettre ».

Canton de Mûr. — Pour *Caurel*, la nomination de Jean Mainguy, 48 ans, ne soulève pas de difficulté. — A *Saint-Connec*, même cas, pour Guillaume-Isidore Lebris, 64 ans. — A *Saint-Gilles-Vieux-Marché*, même cas, pour Pierre Le Gal. — A *Saint-Guen*, même cas, pour Jean Odie.

Canton de Plouguenast. — Pour *Gausson*, la nomination de Claude Jegou, 43 ans, ne soulève pas de difficulté. — A *Langast*, même cas, pour Thomas Le Savouroux. — A *Plessala*, même cas, pour Ollivier Vinçot, 43 ans. — A *Plémy*, l'évêque désigne d'abord François Le Guennec, puis nomme définitivement Yves-François Tual, de Jugon.

Canton d'Uzel. — Pour *Allineuc,* la nomination de Mathurin Morice, 50 ans, ne soulève pas de difficulté. — A *Grâces-Uzel*, même cas, pour Julien-Ange Collier. — A *Merléac*, l'évêque désigne d'abord Thomas-Mathurin Carcref, 46 ans, que le préfet refuse, parce que « les renseignements obtenus sur le compte de ce prêtre qui résidait à Allineuc, font savoir que c'est un esprit inquiet et tracassier, qui ne convient pas du tout à la commune et qui, à raison de son état, habituellement valétudinaire, a lui-même demandé d'être déchargé d'une si grande commune. Le préfet demande d'autre part qu'on replace à Merléac, Mathurin Hamon, ancien curé constitutionnel de cette paroisse, et que réclame la population ». — Mais l'évêque ne se rend pas à ses raisons et désigne à titre définitif Mathurin Le Denmat, ancien curé démissionnaire de Maël-Carhaix, et qu'il avait déjà proposé pour Saint Caradec.

A *Le Quillio*, la nomination de J.-Paul-François Collet, 49 ans, ne souffre pas de difficulté. — A *Saint-Hervé*, même cas, pour Jean Baptiste Le Guilleuc, du Verger. — A *Saint-Thelo*, même cas, pour Guillaume Le Covec, 48 ans.

Arrondissement de Guingamp.

Canton du dit. — Pour *Grâces-Guingamp*, la nomination de Louis Briand, 41 ans, *assermenté*, ne souffre pas de difficulté. — A *Mous-*

terus avec *Coadout*, l'évêque désigne d'abord François Le Gall, 47 ans, *assermenté*, puis définitivement Christophe Le Bourhis, autre *assermenté*, lequel cependant avait la réputation de boire, mais dont, au dire du préfet, on était « satisfait » à Mousterus dont il était le desservant constitutionnel. Quant à M. Le Gall, ancien vicaire de Pleudaniel, et alors curé de Squiffiec, le préfet demande qu'on le place comme desservant de Pleudaniel.

A *Pabu*, la nomination de François Lozac'h ne soulève pas de difficulté. — A *Plouisy*, l'évêque désigne d'abord Yves Loas, 55 ans, lequel, écrit le préfet, « est le ci-devant curé de Bourbriac, trop connu par son caractère sordide et intolérant pour espérer qu'il puisse convenir plutôt à Plouisy qu'à plusieurs autres communes qu'il a déjà courues et d'où on l'a prié de se retirer. » Il propose à sa place M. Pierre Durand, âgé d'environ 45 ans, actuellement à Kerrien, homme instruit et propre à faire le bien par son caractère conciliateur ».

Mais ce n'est pas l'avis de Mgr Caffarelli qui n'accepte pas le reproche d'avarice pour ses prêtres, qui sont privés de ressources, « car vous n'ignorez pas, répond-il au préfet, que les prêtres constitutionnels et les prêtres mariés sont les seuls qui ont des pensions que vous ordonnancez fort exactement ». Il veut bien cependant désigner M. Loaz pour Pleudaniel et nommer à sa place M. Julien Caullet.

A *Ploumagoar*, l'évêque désigne d'abord Pierré-Marie Durand, 42 ans, puis définitivement Bertrand Jacques Le Lepvrier, 50 ans. — A *Saint-Agathon*, la nomination de Pierre Le Clec'h ne soulève pas de difficulté.

CANTON DE BÉGARD. — Pour *Landebaëron* avec *Kermoroc'h*, l'évêque désigne Yves Godest, 39 ans, *assermenté*, et l'y maintient, malgré le préfet qui eût désiré le voir à Quemper-Guézennec et remplacé à Landebaëron par Yves Callegan, 55 ans, ex-curé *assermenté* de Tredrez, « homme instruit et de bonnes mœurs ».

Pedernec avait pour curé constitutionnel depuis 1791, M. Charles Vincent, âgé de 38 ans, lequel au dire du préfet était « un ecclésiastique instruit, régulier, zélé, aimé dans la commune qui désirait ardemment le conserver ».

Finalement, Mgr Caffarelli, qui avait eu l'intention de nommer à cette place un M. Dufay, alors à Bordeaux, mais qui venait de lui faire connaître son intention de ne plus rentrer dans le diocèse, y désigna définitivement M. Charles Vincent.

A *Saint-Laurent*, la nomination d'Yves Le Mat, 39 ans, *assermenté*, ne soulève pas d'opposition. — A *Squiffiec*, l'évêque désigne Yves Le Mignot, 45 ans et le maintient, malgré le préfet qui écrivait ce qui suit : « M. l'évêque n'ayant point compris les constitutionnels en nombre proportionnel dans son travail, le préfet se refuse à ce que M. Le Mignot soit appelé à Squiffiec, aujourd'hui occupé par M. François Le Gall, ancien constitutionnel. Il demande que cette cure soit accordée à M. Charles Leborgne, âgé de 37 ans, ex-curé constitutionnel de Plouisy. » C'était du reste un personnage fort peu recommandable que le candidat préfectoral : « Si pour avoir une place, il suffit d'être assermenté et ivrogne, M. Le Borgne en mérite avant toute autre personne », faisait répondre Mgr Caffarelli à M. Boullé, lequel du reste ne devait point ignorer le défaut dominant de son protégé » dont le maire de Plouisy lui avait demandé l'éloignement ».

A *Tregonneau*, l'évêque désigne d'abord François Le Corre, *assermenté*, 40 ans, et finalement Guillaume Dohollou (1).

CANTON DE BELLE-ISLE-EN-TERRE. — Pour *Gurunhuel*, l'évêque désigne Yves Robin, 48 ans, et l'y maintient, malgré le préfet, qui déclarait : « qu'il lui était impossible de consentir à ce qu'on mît à la tête de cette succursale un homme connu pour avoir pris une part active à la chouannerie et qui est accusé par la voix publique d'avoir commandé l'horrible assassinat de M. Le Bivic, curé constitutionnel de Pont-Melvez, que les brigands allèrent saisir à l'autel lorsqu'il célébrait la grand' messe. Par respect pour la morale et le public, un individu chargé d'une accusation aussi grave, devrait au moins être éloigné du canton ». — Le préfet propose donc de le remplacer par un des vicaires qu'il y a de trop à Guingamp, tel que M. Joseph Le Guyader, âgé de 39 ans.

A quoi l'évêque réplique fort justement au préfet : « que s'il pouvait prouver les faits dont il accuse M. Robin, il l'aurait déjà livré à la Justice, car son exactitude dans les objets de cette nature est connue de tout le monde... Au reste, M. Robin a trop de sagesse dans sa conduite pour pouvoir être soupçonné des faits dont on l'accuse et par ailleurs, il est trop aimé dans sa commune pour n'y pas continuer le bien qu'il y fait ».

A *Loc-Envel*, la nomination de François Bertou ne soulève pas d'opposition. — A *Louargat*, même cas pour Joseph-François Gouriou, 43 ans, *assermenté*. — A *Plougonver*, même cas pour Yves Le Diouron, 56 ans.

A *Treglamus*, le préfet eût désiré voir nommer François Derrien, 51 ans, vicaire constitutionnel de Guingamp, alors simple desservant à Louargat, « homme instruit et de bonnes mœurs ».

Mais l'évêque déclare « que M. Derrien, *ex-geôlier* de la maison où étaient détenus ses confrères, est trop décrié à raison des vexations qu'il a exercées contre eux et de sa mauvaise conduite, pour pouvoir être placé en aucun poste ». Finalement, il désigne Louis Guenveur comme desservant de Treglamus.

CANTON DE BOURBRIAC. — Pour *Kerien*, l'évêque désigne d'abord Jean-François Le Coëdic, puis définitivement il y laisse Yves Tanguy, qui desservait alors cette paroisse. — A *Magoar*, la nomination de Jean Le Tallec ne soulève pas d'opposition. — A *Plesidy*, même situation, pour Pierre François Querou, 79 ans. — A *Pont-Melvez*, même situation, pour Jean-Marie Le Coz, 36 ans. — A *Saint-Adrien*, même situation pour François Rourzault, 46 ans. — A *Senven-Lehart*, même situation pour Jean Lozaïc.

CANTON DE CALLAC. — A *Bulat-Pestivien*, la nomination de Jean Touboulic ne soulève pas d'opposition. — Pour *Calanhel*, l'évêque désigne d'abord Yves Le Coz et définitivement Louis-Marie Bonhomme. — A *Carnoët*, l'évêque désigne d'abord Louis Bonhomme et définitivement Yves Le Coz. — A *Duault*, la nomination de Laurent Bercot, 44 ans, ne soulève pas d'opposition. — A *Lohuec*, même situation pour Jean Olivier. — A *Maël-Pestivien*, même situation pour Pierre Guillaume, 48 ans.

---

(1) Nous ignorons pour quelle cause M. Dohollou n'alla pas à Trégonneau, mais à Le Merzer.

— A *Plourac'h*, l'évêque désigne d'abord M. Le Gloannec, 66 ans et définitivement Jean-François Le Goëdic. — A *Plusquellec,* la nomination de René-Hyacinthe Guillou-Penpoullou, 38 ans, ne soulève pas d'opposition.

CANTON DE MAËL-CARHAIX. — Pour *Le Moustoir,* l'évêque désigne d'abord Guillaume-Auguste-François Tanguy (l'aîné), puis finalement Mathurin Denis. — A *Locarn,* l'évêque désigne Claude-Pierre Le Guern, de Plevin, 6o ans et l'y maintient, malgré le préfet qui prétendait « que ce prêtre passe pour très fanatique et n'avoir point une conduite régulière », et demandait en conséquence « qu'il fût remplacé par un des deux vicaires qu'il y a de trop à Guingamp, M. Laudren, par exemple ».

A *Paule*, la nomination de Guillaume Le Goff ne soulève pas de difficulté. — A *Plevin,* l'évêque désigne d'abord Mathurin Denis, de Merléac, puis finalement Jean Laudren. — A *Trébrivan* avec *Treffrin,* la nomination de Charles Poher, 5o ans, ne soulève pas de difficulté. — *Tréogan* (311 habitants en 1914), ne peut occuper, ni entretenir un prêtre, fait observer Mgr Caffarelli au préfet.

CANTON DE PLOUAGAT. — Pour *Bringolo* avec *Saint-Jean-Kerdaniel,* l'évêque désigne Jean Vincent et l'y maintient malgré le préfet, qui écrivait ce qui suit : « La succursale de Bringolo doit, selon toutes les règles de la justice, être laissée au respectable vieillard qui en a la possession depuis 1761, c'est-à-dire depuis 42 ans, M. Le Friec Jean, âgé de 6z ans, prêtre *assermenté*. Il convient seulement, en raison de son âge et de l'adjonction de Saint-Jean-Kerdaniel, de lui procurer un coopérateur. Mais il serait contraire à la reconnaissance due à ses anciens services de déposséder cet ancien titulaire et de l'exclure de l'organisation du culte ». Ce à quoi l'évêque se contente de répondre que « M. Le Friec était si profondément convaincu de son indignation, qu'il lui avait spontanément adressé sa démission.

A *Goudelin,* la nomination de Jean-François-Balthazar Le Provost, 7z ans, *assermenté,* ne soulève pas de difficulté. — A *Lanrodec,* le préfet eût désiré voir conservé à la tête de cette paroisse Jean-Baptiste Tanguy, 47 ans, ci-devant curé constitutionnel, « instruit, régulier, estimé » et pour lequel « il n'apercevait aucun motif raisonnable de le priver de sa place et cela d'autant qu'il n'est proposé pour nulle autre succursale ». Mais tel n'était pas l'avis de Mgr Caffarelli qui lui répondait « que depuis 8 ans que M. Tanguy est à Lanrodec, il a laissé ses paroissiens sans instructions et n'a jamais monté en chaire à tel point que c'était un paysan qui faisait le catéchisme ». En conséquence, il désigne à sa place Julien-Marie Larmor. — A *Saint-Fiacre,* aucune opposition pour l'*assermenté* Jacques Pouloin, 47 ans. non plus qu'à *Saint-Pever* pour Jacques Toullic.

Saint-Jean-Kerdaniel, après bien des pourparlers, fut pourvu d'un desservant et M. Mathurin-Toussaint Morice fut enfin désigné pour cette paroisse.

CANTON DE ROSTRENEN. — Pour *Glomel,* la nomination de Jean-Vincent Guéguen, 5o ans, ne soulève pas de difficulté. — A *Kergrist-Moëllou,* même situation pour François Le Garrec, 3o ans. — A *Plounévez-Quintin,* même situation, pour Guillaume Magouroux, 57 ans. — A *Plouguernevel,* même situation pour François Millin, 7z ans.

Canton de Pontrieux. — A *Plouec*, la nomination de Fr. Tephany, ne soulève pas de difficulté. — Idem pour Isaac Le Roux à Brelidy.

A *Ploëzal*, l'évêque désigne d'abord M. Toussaint Le Bail, ancien vicaire de Perros-Guirec, puis sur la demande du préfet, il consent à laisser à la tête de cette paroisse Jean Le Bras, 51 ans, ci-devant curé constitutionnel, « homme aussi recommandable par ses connaissances que par sa bonne conduite et son zèle dans l'exercice de ses fonctions. La commune désire ardemment le conserver. Elle a manifesté son vœu à cet égard par des pétitions à M. l'évêque et par des démarches officielles, puisqu'il n'y a que peu de temps que le maire est venu trouver l'évêque à ce sujet.

» On ne peut après cela déplacer contre la justice et le vœu du peuple un pasteur qui a si bien mérité et l'exclure de l'organisation même, pour donner sa succursale à un prêtre ci-devant réfractaire, noté comme intolérant et irascible, qui loin de mériter une succursale devrait au contraire être mis en sous-ordre ».

Cependant, il y avait peut-être quelques ombres à ce tableau flatteur, car l'évêque fait observer au préfet « que quoi qu'il dise de la conduite de M. Le Bras, sa connivence pour les désordres de M. Aubry, son confrère, est au moins une preuve de la faiblesse de son caractère ».

A *Quemper-Guézennec*, l'évêque avait primitivement désigné Bertrand-Jacques Le Lepvrier, 50 ans, qu'il nomma ensuite à Ploumagoar. Ce voyant, le préfet lui signale comme ne pouvant devenir desservant de Quemper-Guézennec, « laquelle a toujours été régie par des assermentés, Yves Godest, 39 ans, ex-curé constitutionnel, homme instruit, de bonnes mœurs, actif, zélé, conciliateur, propre à faire le bien en cette commune qui est grande et qui a besoin d'avoir un homme actif comme principal desservant ».

Mais l'évêque réplique que « M. Godet est trop jeune pour être chargé d'une paroisse aussi grande, et qu'il n'a ni assez de science, ni assez de caractère ». Il nomme donc à ce poste Pierre-Marie Durand, 42 ans.

A *Saint-Clet*, l'évêque désigne Louis Omnès et le maintient malgré le préfet qui écrivait ce qui suit à son sujet : « M. Omnès désigné pour la succursale de Saint-Clet, était vicaire du lieu avant sa déportation. Au bout de 12 ans d'absence, il revient et va s'établir dans son ancienne paroisse. Le préfet lui demande sa soumission au Gouvernement et il la refuse avec une opiniâtreté qui l'oblige à le tenir plusieurs mois en état d'arrestation. Enfin, ayant bien voulu céder aux sollicitations de M. l'évêque, il a fait cette soumission qui lui répugnait tant et va se réinstaller à Saint-Clet.

» Si malgré cette résistance criminelle aux lois de l'Etat, M. Omnès est jugé digne par M. l'évêque d'être placé à la tête de la paroisse de Saint-Clet, sur quel fondement M. Le Bras, curé constitutionnel de Ploezal, qui a été constamment soumis aux lois, qui est chéri de ses paroissiens, serait-il privé de la place qu'il a si bien mérité de conserver ? » — A *Saint-Gilles-les-Bois*, Jean Perennès est nommé sans opposition.

ARRONDISSEMENT DE LANNION.

Canton de Lannion. — Pour *Brélévenes*, la nomination de Jean-Hyacinthe Le Bris, 64 ans, ne soulève pas de difficulté. — A *Buhulien*, même situation pour Jean-Marie Person, 49 ans. — A *Caouënnec*, même situation pour Pierre Le Duff, 44 ans. — A *Ploubezre*, même situation pour Yves Le Guen, 37 ans. — A *Ploulec'h*, l'évêque désigne d'abord Denis Gadiou-Kermellech, 42 ans, et définitivement Athanase Goüelo. — A *Rospez*, la nomination de Jean Morvan ne soulève pas d'opposition. — A *Servel*, l'évêque désigne d'abord Ollivier Lhermitte, 43 ans, mais sur la demande du préfet, il conserve définitivement ce poste à Louis-Marie Le Téchier, 57 ans, depuis plusieurs années curé constitutionnel de Servel, au dire de M. Boullé, « homme instruit, de bonnes mœurs, attaché à ses devoirs, aimé des habitants qui le réclament et qui pour le conserver, avaient fait des démarches tant vers M. l'évêque que vers le préfet ; alors que le successeur qu'on lui désigne, n'a durant toute la Révolution fait que souffler le feu de la discorde dans les environs de Tréguier où il se tenait caché ».

CANTON DE PERROS-GUIREC. — Pour *Kermaria-Sulard*, l'évêque désigne d'abord Yves-Efflam Lhostis, 37 ans, au sujet duquel le préfet écrit : « On m'apprend que M. Lhostis tient très peu de compte du Concordat et qu'au lieu de travailler à faire oublier le passé et rétablir l'union, il s'occupe au contraire à maintenir les malentendus résultant des disputes sur les affaires du Clergé. Il est désirable que la succursale de Kermaria soit confiée à un ecclésiastique plus prudent et mieux pénétré des obligations de son état, tel M. Vincent Pacé, 44 ans, ex-curé constitutionnel, homme instruit et zélé ».

Mais ce Pacé n'inspirait à Mgr Caffarelli « aucune considération et il se dit obligé de « l'exclure pour cause d'ivrognerie ». Il juge d'autre part M. Lhostis comme un prêtre éprouvé tant pour la doctrine que pour les mœurs ; cependant dans un but de conciliation, il consent à nommer M. Bertrand Cadoudal, desservant de Kermaria.

A *Louannec*, la nomination de Toussaint-Marie Biez, 37 ans, ne soulève pas de difficulté.

A *Pleumeur-Bodou*, l'évêque désigne Nicolas-Maurice Pennec, 56 ans, et le maintient définitivement, malgré les observations du préfet, auquel il répond « qu'il connait mieux que lui son diocèse ».

Voici ce que lui écrivait le préfet : « La population de Pleumeur-Bodou a unanimement réclamé la conservation de son curé ci-devant constitutionnel, M. Pierre-Louis Le Feyer, âgé de 42 ans, réunissant la meilleure conduite aux talents de son état. On ne voit aucun motif raisonnable de contrarier le vœu du peuple en lui donnant une nouvelle destination. M. l'évêque propose, il est vrai, de le placer à Pluzunet, mais c'est en excluant le curé ci-devant constitutionnel de cette commune, M. Joseph Hamon, un des meilleurs ecclésiastiques du diocèse, et qu'on désire y conserver. Un tel système de déplacement sans nécessité, et d'exclusion, contraire au vœu du peuple et aux ordres du gouvernement, uniquement dirigé contre les ci-devant constitutionnels, ne peut être passé sous silence ».

A *Trébeurden*, la nomination de Joseph Hémeury, 47 ans, ne soulève pas de difficulté. — A *Trégastel*, la nomination de Cosme-Marie Jouran, 67 ans, ne soulève pas non plus d'opposition. — A *Trélevern* avec *Trévou-Tréguignec*, même cas pour Pierre Bréauzic, 48 ans.

CANTON DE PLESTIN-LES-GRÈVES. — Pour *Lanvellec*, l'évêque désigne François Le Gall, 38 ans, « sujet distingué et connu du gouvernement », écrit-il, et le maintient malgré le préfet, qui croyant que M. le Bras, curé constitutionnel de Ploezal, était curé de Lanvellec, demandait qu'il y fût maintenu, et le donnait dans sa lettre « comme un prêtre instruit, zélé et jouissant de la meilleure réputation ».

A *Plufur*, la nomination de Jean Menou, 36 ans, ne souffre pas de difficulté. — A *Ploumilliau*, même cas pour Pierre Larc'hantec, 46 ans. — A *Plouzélambre* avec *Tréduder*, le préfet eût désiré voir maintenir « Pierre Piriou, curé ci-devant constitutionel de Tréduder, homme estimable sous tous les rapports, qui a été comme tant d'autres exclu de l'organisation ». Mais l'évêque lui répond que son candidat est infirme et de plus se livre à la boisson. Il maintient en conséquence son choix de Philippe Morvan.

A *Saint-Michel-en-Grève*, le préfet eût désiré voir maintenir Gabriel-Ange Bahic, 58 ans, depuis 8 ans desservant constitutionnel de cette paroisse, « dont les services, dit-il, méritent des égards ». Mais Mgr Caffarelli lui répond que « M. Le Bahic étant maire de sa commune, il ne peut en disposer », et qu'en conséquence il maintient sa désignation pour desservant de cette paroisse d'Yves Thomas, 66 ans.

CANTON DE LÉZARDRIEUX (Doyenné ecclésiastique de PLEUMEUR-GAUTIER). — Pour *Lanmodez*, l'évêque désigne Charles Goasdoué, 46 ans, et le maintient, malgré le préfet qui lui écrit que « cette commune est desservie depuis 6 ans par M. Louis Belœil, âgé de 41 ans, ci-devant constitutionnel, que ce prêtre convient aux habitants, qu'il remplit ses devoirs et qu'on ne voit aucun motif raisonnable de le déplacer et de l'exclure de l'organisation ».

A *Lézardrieux*, la nomination de François-Claude Colley, 40 ans, ne souffre pas de difficulté. — A *Pleudaniel*, le préfet écrit : « Cette commune s'est hautement prononcée pour ne pas vouloir de prêtres insermentés. Elle a fait des démarches à ce sujet par députation vers M. l'évêque. Elle demande pour pasteur M. Le Gall François, 48 ans, ancien vicaire constitutionnel, actuellement curé de Squiffiec. Comme M. l'évêque le déplace de Squiffiec, il est conforme à la raison et à la justice de l'envoyer là où on le désire ».

A quoi l'évêque répond « que bien que M. Le Gall, connu par ses doubles serments et ses doubles rétractations, ne mérite pas une place aussi importante, il veut bien cependant pour donner satisfaction au préfet et aux habitants le nommer à Pleudaniel, à la place de Bertrand Cadoudal, qu'il avait désigné ».

A *Pleubian*, le préfet écrit : « Cette commune a eu tant à se plaindre des manœuvres de quelques prêtres insermentés, qu'elle ne voudrait pas courir le risque de voir renaître des troubles, en recevant pour desservant, M. François Nayrod, 54 ans, ancien curé de Prat. d'abord insermenté, puis réfractaire, et dont la conduite versatile et le caractère fougueux, loin d'inspirer confiance, font naître de justes plaintes et de l'aversion ». En conséquence le préfet demande, au nom du bien public, que M. Nayrod soit laissé à Prat ou placé ailleurs et que l'on appelle à Pleubian, M. François Le Corre, 40 ans, ex-curé constitutionnel de Trégonneau, ecclésiastique instruit, d'excellentes mœurs, actif, zélé dans l'exercice de ses fonctions, jouissant d'une excellente réputation et propre en tout au service d'une grande commune comme celle-ci. » — L'évêque consentit à donner satisfaction au préfet et nomma M. Le Corre à la cure de Pleubian.

A *Trédarzec*, la nomination de Jean-François Le Barazer, *assermenté*, ne souffre pas de difficulté.

CANTON DE LA ROCHE DERRIEN. — Pour *Cavan*, l'évêque désigne d'abord François Montréer, 39 ans, mais sur l'observation du préfet que ce prêtre « est non seulement très faible en capacités, mais qu'il a le défaut essentiel de se déranger souvent, Mgr Caffarelli place M. Montréer, vicaire à Plouguiel et laisse à titre définitif à Cavan, M. François Le Roux, curé d'office, à la place de Charles Roverc'h, candidat du préfet.

A *Coatascorn*, l'évêque désigne d'abord Charles Roverc'h, 30 ans et le maintient malgré les désirs du préfet qui eût voulu y voir conserver « Olivier Jacquin, 48 ans, ci-devant curé constitutionnel, et qui remplit depuis 7 ans les fonctions pastorales à la satisfaction générale et pour lequel il n'aperçoit aucun motif raisonnable de le remplacer ». — Le motif de l'exclure, répond Mgr Caffarelli, n'est autre que son inconduite, aussi ne peut-il accorder sa confiance à ce prêtre qu'il persiste à exclure.

Au *Hengoat*, la nomination de Jean Lannier ne souffre pas de difficulté. — A *Mantallot* avec *Berhet* et *Lanvézéac*, la nomination de François Prigent, 66 ans, ne soulève pas non plus d'opposition.

A *Pommerit-Jaudy*, l'évêque avait désigné d'abord M. Guillaume Dohollou, 60 ans ; mais le préfet lui objecte « qu'il n'est personne dans le département qui ne connaisse ce prêtre de réputation et ne sache que sous l'Ancien Régime, il s'était rendu célèbre par ses chicanes. Il ne s'est pas moins rendu fameux dans la Révolution par les efforts qu'il a fait pour souffler la discorde. Il serait un bien funeste présent dans une commune où il reste d'anciens éléments de troubles qui ne peuvent être éteints que par la conduite la plus prudente ». — Il conclut « que Dieu préserve cette commune d'un tel boute-feu ». Il propose à la place M. Sébastien Le Saint, qui desservait Pommerit depuis 1791 ».

Nous ignorons quelle réponse fit l'évêque, mais nous savons que c'est M. Yves Loas qu'il nomma desservant de Pommerit-Jaudy.

A *Prat*, l'évêque avait l'intention d'y nommer M. François Le Roux, curé d'office de Cavan, mais à la suite de la demande expresse du préfet, il laisse dans cette paroisse comme desservant M. François Nayrod qu'il avait d'abord désigné pour Pleubian.

A *Quemperven*, la nomination de Guillaume Le Guerrec, 61 ans, ne soulève pas de difficulté. — A *Troguéry* avec *Pouldouran*, même cas pour François Toupin, 49 ans.

CANTON DE TRÉGUIER. — Pour *Camles*, l'évêque désigne pour ce poste M. Sébastien Le Saint, 48 ans, *assermenté*, ancien curé constitutionnel de Pommerit-Jaudy. Il l'y maintient malgré le préfet qui voulait voir conserver à Camlez le curé constitutionnel de cette paroisse « M. François Allanet, 61 ans, ecclésiastique de la meilleure conduite, instruit, zélé et généralement estimé ».

Mgr Caffarelli se contente de répondre au préfet que « la commune de Pommerit lui a demandé le renvoi de l'abbé Le Saint et qu'il est aussi mal renseigné sur M. Allanet par rapport à Camlez ».

A *Coatréven*, la nomination de Pierre Le Gall, s'opère sans difficulté.

— A *Langoat*, la nomination d'Olivier Paris, 55 ans, ne soulève pas de discussion. — A *Lanmérin* avec *Trézeny*, l'évêque désigne d'abord Yves Le Guen, de Kermouster, 63 ans, mais l'ayant nommé à Trégrom il le remplace par Olivier Lhermitte. — A *Minihy-Tréguier,* la nomination de Claude-Rolland de Cheffontaine, ex-chanoine de Tréguier, 47 ans, s'opère sans controverse. — A *Penvenan*, la nomination de Jean-Baptiste Le Jan, 47 ans, ne soulève pas de difficulté. — A *Plougrescant,* même situation pour Gabriel-Arthur de Keralio, 43 ans. — A *Plouguiel,* même situation pour François Lequellec, 65 ans.

CANTON DU VIEUX-MARCHÉ (Doyenné ecclésiastique de PLOUARET). — A *Loguivy-Plougras*, l'évêque nomme Joseph Lequellec, 37 ans. — A *Plougras*, l'évêque nomme Guillaume Bescond, 48 ans. — A *Plounérin*, l'évêque nomme Yves Maledan, 45 ans. — A *Plounévez-Moëdec,* l'évêque nomme Jean-Baptiste Landouar, 32 ans, *assermenté.*

A *Pluzunet*, sur la demande instante du préfet, l'évêque laisse dans cette paroisse Joseph Hamon, 49 ans, ex-curé constitutionnel de cette localité, qu'il donne comme « un homme instruit, zélé dans son état et de la meilleure conduite et qu'on désire conserver à Pluzunet ». — A *Tonquédec*, la nominaton de Jean Lequellec, 40 ans, ne soulève pas de difficulté. — A *Trégrom*, l'évêque désigne d'abord Jean Le Calvez, puis définitivement Yves Le Guen, de Kermouster.

CANTON DE BOTHOA (*nunc* Saint-Nicolas-du-Pelem), ARRONDISSEMENT DE GUINGAMP. — Les nominations s'opèrent partout sans opposition : A *Canihuel* : J.-M. Briand, 49 ans. — A *Saint-Connan :* Jacques Riou. — A *Saint-Gilles-Pligeaux :* Fr. Henry. — A *Lanrivain :* Jean Le Pennec, 40 ans. — A *Peumerit-Quintin :* Yves Le Moign, 77 ans. — A *Sainte-Tréphine :* Jh Henrio, 38 ans. — A *Kerpert :* Y. Tanguy, 48 ans, *assermenté.*

Le 1er frimaire an XII (23 novembre 1803).

Au pied se lit :

Approuvé par le *Premier Consul* pour les nominations,
le 25 nivôse an XII (16 janvier 1804).
Signé : BONAPARTE.

Lire dans Durand : *Le Consulat,* etc., op. cit., I, p. 413 et sq, le texte de la protestation, fort inutile d'ailleurs, que rédigèrent les vieux jacobins qui composaient alors le Conseil général des Côtes-du-Nord quand ils eurent connaissance de la magnifique victoire de Mgr Caffarelli, qui, au lieu des 61 desservants constitutionnels que Boullé prétendait lui imposer, ne subit finalement que 31 de ces schismatiques obstinés et malfaisants.

ERRATA du 1ᵉʳ Volume du Manuel.

P. 43, ligne 2 : religieux pensionnés du district de Lamballe, *lire :* Melays, originaire de la Manche, *et non pas* de la Marne.

P. 85, 4ᵉ paragr., l. 7, *ajouter :* que s'il est vrai que le recteur Nayrod s'assermenta, il se rétracta ensuite et dut s'exiler à Jersey.

P. 88, parmi les insermentés de Rostrenen, 2ᵉ paragr., l. 2, *lire :* Pierre Caïrou, *et non pas* P. Caron.

P. 91, nᵒ 36 *bis*, 2ᵉ paragr. l. 2, *ajouter :* Andrieux, vicaire, *se rétracta.* — Nᵒ 62 *bis*, 1ᵉʳ paragr., l. 10, *lire :* Plévin *et non* Pleven.

P. 118, nᵒ 62 *bis*, 2ᵉ paragr., l. 2, *lire :* Le Bouloign, réfugié à Plouaret, *et non pas* recteur de P.

P. 119, 2ᵉ paragr., l. 9, *lire :* Toullec, recteur de Plouberze.

P. 139, nᵒ 75, 5ᵉ paragr., l. 1, *lire :* chapelain de Port-Martin.

P. 137, l. 2, *lire :* Jean-Gabriel Lescan, futur déporté à Rochefort.

P. 149, l. 28, *lire :* Pierre Queray, prêtre d'Yvias ; l. 8, avant la fin, *lire :* recteur de Coadout.

P. 192, fin du dernier paragr, *lire :* cf. p. 126 du t. II de ce *Manuel.*

P. 215, nᵒ 105, 2ᵉ paragr., l. 3, *lire :* Le Bouloign, natif de Plouaret : l. 5 : Le Noan, natif de Plusquellec et vicaire à Calanhel.

P. 216, nᵒ 107, 2ᵉ paragr., *ajouter :* intéresse aussi le prêtre J.-M. Lannier, sur lequel on peut se reporter à la p. 177 de ce même volume, l. 2.

P. 220, dernier paragr., 1ʳᵉ l. ; *Bouloign,* et *non* Boulogne ; l. 2. *lire :* Calanhel *et non* Calanhuel ; l. 3, *lire :* Julien *et non* Juien.

P. 225, nᵒ 117, *ajouter :* les prêtres André Le Gall, François Lageat et Mᵐᵉ Taupin, leur recéleuse, condamnés à mort, à Lannion, le 3 mai 1794.

P. 257, 2ᵉ paragr., l. 7, *lire :* a passé à Hénon, *et non pas* à Hillion.

P. 261, liste des vicaires épiscopaux, l. 5, à Odio-Baschamps, *ajouter :* prieur-recteur de Pordic.

P. 287, fin du 1ᵉʳ paragr., *lire :* Bougat *et non* Boucat.

P. 391, après le 2ᵉ paragr., *ajouter :* se marièrent aussi : *Julien Le Cren,* natif et domicilié de Goudelin ; *Claude André,* natif de Pontrieux et domicilié à Saint-Clet.

POSTFACE

Avec ce volume, le neuvième de sa série, laquelle constitue un ensemble d'environ 3.200 pages (1), nous clôturons définitivement nos publications sur l'histoire religieuse de la Révolution française dans l'Ille-et-Vilaine et les Côtes-du-Nord, travail que nous avions commencé il y a douze ans passés, sur les encouragements de Sa Grandeur Mgr *André de la Ville-rabel*, alors vicaire général de Saint-Brieuc, dont la grande bienveillance à notre égard ne s'est jamais démentie.

Pour éditer tous ces ouvrages, nous avons dépensé, rien qu'en frais d'impression, *sans parler des autres*, la somme de 38.695 francs (2). Ce chiffre considérable est fort au-dessus de nos moyens, et c'est pour nous un devoir d'impérieuse reconnaissance de rendre grâces aux bailleurs de fonds que nous a, dans sa bonté, suscités la Providence : MM. *Georges Fortin*, de Paris ; le Comte *Charles de Calan*, de Rennes, enfin Sir *Louis Thébaud*, de New-York, dont les générosités sont d'autant plus méritoires et extraordinaires que nous n'avons pas l'honneur de connaître personnellement les deux derniers.

Sans ces bienfaiteurs insignes, nos manuscrits seraient en effet demeurés dans leurs cartons ; chacune de nos publications s'étant réglée par un *déficit* considérable, imputable au nombre très insuffisant de nos souscripteurs (à peu près du reste toujours les mêmes). Sans doute, cet insuccès peut être attribué au peu de mérite de nos travaux, mais d'après de bons juges, on doit surtout en accuser l'*indifférence* à peu près complète, que suscitent parmi nos « catholiques » populations bretonnes les infortunes

---

(1) *Les Actes des prêtres insermentés du diocèse de Saint-Brieuc*, guillotinés en 1794 ou déportés à Rochefort ou à l'île de Ré, 1916 et 1920, 2 vol. in-8°. — *La Vie de M. Cormeaux*, in-8°, 1917. — *Les Actes des Prêtres insermentés de l'archidiocèse de Rennes*, guillotinés en 1794, in-8°, 1927. — *Les Actes des prêtres insermentés du diocèse de Saint-Brieuc, mis à mort de 1794 à 1800*, in-8°, 1927. — *Manuel pour l'étude de la Persécution religieuse dans le diocèse de Saint-Brieuc de 1789 à 1804*, 2 vol. in-8°, 1927-1928. — *Les paroisses et le clergé du diocèse de Saint-Brieuc de 1789 à 1815 : Histoire du Pays de Dinan*, 2 vol. in-8°, 1925 et 1927.

(2) Les frais d'édition des *Prêtres insermentés de Rennes*, ne sont pas compris dans cette somme, ayant été supportés par l'archevêché de Rennes.

qu'essuyèrent, du fait du gouvernement révolutionnaire qui sévissait, il y a cent trente ans, ceux dont la devise devant la persécution fut honneur, fidélité, dévouement, sacrifice total. A l'appui de cette accusation d'indif-férence, nous pourrions fournir des exemples typiques, nous n'aurions que l'embarras du choix, mais nous préférons les taire pour ne froisser personne.

Un personnage sage et prudent, qui n'a jamais fait « gémir » la presse, aimait naguère à nous répéter « que nul n'était tenu de poser un acte inutile » ; proposition du reste très exacte, à condition de déterminer par-faitement ce qu'il faut entendre sous cette dénomination. En tout cas, nous rangeons sans hésiter toutes nos publications sous la classification d'actes inutiles et nous nous rallions absolument à la proposition que nous venons d'énoncer. Si nous conservions quelque doute, il nous suffirait de constater que le présent *Manuel* que nous venons d'achever, n'a trouvé placement que pour une centaine d'exemplaires, sur les 225 auxquels était limité son tirage.

A côté du peu d'intérêt que portent les catholiques à l'histoire de la Révolution française, dont les doctrines plus vivaces que jamais, cons-tituent le substratum des lois qui nous régissent actuellement, il est pro-fondément regrettable de constater *l'impulsion vigoureuse* que des person-nages tels qu'Aulard, Seignobos, Mathiez, Léon Dubreuil, dans le clan adverse, *ont su donner aux études sur la Révolution française*, les revues qu'ils ont créées à cette fin, les encouragements qu'ils reçoivent du gou-vernement et la répercussion de leurs travaux et de leurs idées dans l'enseignement et chez les classes cultivées de notre pays.

Quoiqu'il en soit, nous prenons aujourd'hui un définitif congé de nos fidèles et bienveillants souscripteurs. Nous les recommandons aux prières de nos bien-aimés martyrs bretons, dont la cause finira bien par être entreprise un jour, leur souhaitant de vivre assez longtemps pour les voir mis sur les autels.

L'auteur, sans beaucoup compter le voir réaliser, formule le même vœu pour lui-même.

AUGUSTE LEMASSON,

La Croix-Cohiniac, en Lancieux.

En la fête de l'Epiphanie de Notre-Seigneur, l'an de grâce 1928.

P. S. — Cette postface était envoyée à l'impression, lorsque les lignes suivantes, parues dans la *Vie Catholique* du 28 janvier 1928, nous ont été communiquées: Nous en remercions leur auteur que nous n'avons pas l'honneur de connaître. Son appréciation nous est extrêmement précieuse. Elle prouve que par delà les frontières de notre département d'origine, il existe des personnalités compétentes qui s'intéressent à nos travaux, *savent leur rendre justice* et désireraient écarter les obstacles de plus d'une sorte qui nous empêchent de les pouvoir mener à bonne fin.

Pour l'histoire religieuse de la Révolution.

« *Peut-être les catholiques de France ne s'intéressent-ils pas assez à l'histoire religieuse de la Révolution. Cette histoire, à côté de pages douloureuses, renferme cependant quelques-uns des plus nobles récits qui puissent enthousiasmer les âmes et lorsque de bons et vaillants historiens travaillent pour nous faire connaître les détails de la vie de l'Eglise durant cette période troublée, il semble que nous* devrions les encourager dans leur austère besogne.

» *Parmi ceux qui contribuent le mieux à cette étude, il faut citer en première ligne M. l'abbé* Auguste Lemasson, *dont le nom n'est inconnu à aucun de nos lecteurs. M. Lemasson appartient au clergé de Saint-Brieuc, et il s'est proposé d'écrire une histoire :* Les paroisses et le clergé du diocèse actuel de Saint-Brieuc, de 1789 à 1815. *Déjà de cette histoire monumentale, deux volumes ont paru, consacrés au* Pays de Dinan, *et tous les critiques se sont accordés pour louer* « *l'énorme travail que représente cet ouvrage, les qualités d'érudition dont il témoigne chez son auteur, la masse de renseignements qu'il contient, tout ce qu'il apporte de nouveau tant à l'histoire locale qu'à celle de la période révolutionnaire.*

» *Lorsqu'un homme se dévoue à écrire l'histoire de son diocèse, et qu'il le fait avec autant de* désintéressement *que de science, n'y a-t-il pas un devoir de l'aider ? — C'est là le mal de notre époque : les plus beaux ouvrages demeurent interrompus, quand ils ne sont pas complètement enfouis dans les cartons...* »

G. B.

(Gustave Bardy, professeur à l'Institut catholique de Lille.)

Liste des Souscripteurs au présent ouvrage.

« LE CULTE DE L'HISTOIRE EST LA PIÉTÉ FILIALE
DES NATIONS » (De Broglie).

Après avoir adressé des *prospectus* à toutes les personnes résidant
dans les Côtes-du-Nord que nous jugions pouvoir s'intéresser aux études
religieuses sur la Révolution, c'est pour nous un devoir de reconnaissance de reproduire ici les noms de celles qui ont bien voulu nous
honorer de leurs souscriptions :

SON EMINENCE LE CARDINAL CHAROST.
NN. SS. SERRAND, évêque de Saint-Brieuc et Tréguier.
DE LA VILLÉRABEL, archevêque de Rouen.
GOURAUD, évêque de Vannes.
DUPARC, évêque de Quimper et Léon.
DE LA VILLERABEL, évêque d'Annecy.

Dom Dominique Nogues, abbé de Thymadeuc.
T. R. P. abbé de la Trappe de Scourmont, Belgique.
MM. les vicaires généraux Y.-M. Le Petit, archidiacre de Saint-Brieuc.
Hipp. Tréhiou, archidiacre de Tréguier.
MM. les chanoines J. Gadiou, chanoine titulaire, directeur de N.-D.
d'Espérance.
Jh. Huet, chanoine titulaire de Saint-Brieuc.
M. Cabaret, supérieur du Grand Séminaire.
J.-B. Carluer, secrétaire général de l'évêché de St-Brieuc (*Décédé*).
Y.-M. Le Men, archiprêtre de la basilique N.-D., à Guingamp.
L. Berthelot, curé-archiprêtre de Loudéac.
E. Le Déreat, professeur de morale au Séminaire.
E. Tréguy, ancien doyen de Notre-Dame de Matignon.
Ch. Meinser, supérieur des Cordeliers, à Dinan.
Le Mercier, supérieur de Saint-Joseph, à Lannion.
Le Mâle, archiviste du diocèse de Bayeux.
La T. R. M. Supérieure Générale des Filles de la Présentation de Broons.
La T. R. M. Marie-Similien, Supérieure Générale des Filles du St-Esprit.
Mme la Supérieure de l'hôpital, Paimpol.
MM. les abbés A. Richard, professeur d'histoire au Séminaire.
J.-M. Le Diouron, professeur de philosophie au Séminaire.
Ed. Jamet, supérieur de l'Institution des Sourds-Muets, St-Brieuc.
Jh. Pierre, supérieur de l'Institution Saint-Joseph de Quintin.
Alain Salliou, curé-doyen de Pontrieux, chanoine honoraire.
Eug. Le Bellec, professeur d'Ecriture Sainte au Séminaire.
Yves Brochen, économe au Séminaire.
Louis Le Saint, professeur de dogme au Séminaire.
Marcel Le Charlès, secrétaire à l'Evêché.
J. Morin, curé-doyen de Plouguenast.
Calvez, curé de Lesneven (Finistère).
Martin, doyen de Gourin (Morbihan).

MM. Lozerec, recteur de Noyalo (Morbihan).
A. Le Saichère, supérieur, institution Saint-Georges, Marseille.
Louis Quenven, recteur de Lanvellec.
Pierre Jacq, recteur de Duault.
Théophile Boncœur, docteur en droit, vicaire, à Saint-Alban.
François Guégan, recteur de Tressigneaux.
François Ribault, recteur de Saint-Cast.
A. Connan, recteur de Saint-Gilles-Vieux-Marché.
Y. Le Huéroux-Kerisel, recteur de Magoar.
Pierre Duclos, recteur de Saint-Jacut-de-la-Mer.
L. Thomas, recteur de Trémargat.
J.-M. Ruellan, recteur de Ploubazlanec.
Louis Lemoine, recteur de Plemy.
O. Marsouin, recteur de la Motte.
Pierre Le Gall, recteur de Prat.
Pierre-Louis Gicquel, recteur de Saint-Ygeaux.
Alexis Roptin, aumônier de la Providence, à Saint-Brieuc.
C. Duchesne, aumônier de la Victoire, à Dinan.
Pierre Haouisée, vicaire à Saint-Jacut-de-la-Mer.
J. Duchesne, vicaire à Plérin.
Rouxel, vicaire à Augan (Morbihan).
Alfred Carré, vicaire, à Plouer.
Pierre Lavigne, vicaire, à Lanrelas.
Aristide Penhouet, vicaire, à Saint-Sauveur, à Dinan.
Joseph Le Texier, vicaire, à Loudéac.
François Etesse, vicaire, à Yvignac.
Y.-M. Le Gall, vicaire, à Saint-Cast.
Abbé Kergall, vicaire, à Plumaugat.
Elie Henry, licencié en philosophie scolastique, vic. à Saint-Alban.
Mathurin Le Goff, professeur d'histoire, N.-D. de Campostal.
L. Leclerc, ancien professeur d'anglais, à Saint-Brieuc.
L. Hamon, professeur de première aux Cordeliers, à Dinan.
H. Lageat, aumônier à Saint-Sauveur, à Bégard.
Paul Lefort, professeur aux Cordeliers, à Dinan.
Emm. Ollivro, directeur du pensionnat, à Merdrignac.
Jules Le Roux, directeur de l'école libre à Le Gouray.
Marius Michet, instituteur libre, à Uzel.
R. P. Pencolé, missionnaire, à Swatow (Chine).
La Bibliothèque municipale de Rennes.
MM. le marquis de Robien, Le Fœil.
J. Genetay, ancien adjoint au maire de Saint-Brieuc.
Léon Perrussel, 7, rue Villebois-Mareuil, à Paris.
René Couffon, avenue Mozart, ingénieur, à Paris.
Georges Fortin, capitaine de cavalerie, à Paris.
Olivier-Martin, professeur à la Faculté de Droit, à Paris.
D\u1d63 Perquys, président des bretons de Touraine, Tours.
Hubert Bouché, notaire, à Rostrenen.
Le Goaziou, libraire-éditeur, à Quimper.
Armand Prud'homme, imprimeur-libraire, à Saint-Brieuc.
M. Hervichon, villa Léopoldine, à Saint-Enogat, par Dinard.
Joseph Kerroux, greffier de paix, à Perros-Guirec.

MM. le Vicomte de Pontbriand, la Bruyère, par Quintin.
    M. Le Guen, notaire à Plaintel.
    le baron de Boërio, chef d'escadron en retraite, à Saint-Brieuc.
    le vicomte Collas de la Baronnais, Le Moëzou-St-André, Tréguier.
    R. de la Gervinais, chef de bataillon en retraite, Dinard (*Décédé*).
    Olivier de Pontbriand, chef d'escadron en retraite, Cesson-St-Brieuc.
    le baron Victor Riston, docteur en droit, Saint-Lunaire.
    Henry Morane, ingénieur, Le Vaublanc, Plémet.
    Ed. Jordan, professeur à la Sorbonne, à Paris.
    Ch. Le Pêchoux, rue Coëtlogon, à Saint-Brieuc.
    Durtelle de Saint-Sauveur, professeur, Faculté de Droit, à Rennes.
    Jean Chupin, négociant, à Dinan.
    Charles Bossis, 2, rue Jean-Jaurès, à Nantes.
    le marquis Bruno de Querhoënt, La Pyrie, par Le Hinglé.
    Rouault de la Vigne, bibliothécaire, à Rouen.
    René du Guerny, 6, rue du Chapitre, à Rennes.
    René Richelot, bibliophile, 4 rue Martenot, à Rennes.
    M. du Roscoat, ancien député, Coadout, Guingamp.
    le vicomte de la Choüe de la Mettrie, Le Prieuré, Dinard.
    Gaston de la Vieuville, avocat, à Saint-Cast.
    le marquis de Kerouartz, ancien sénateur, à Guingamp.
    le vicomte de Lorgeril, maire de Hénon.
    le marquis de Bellevue, à Augan (Morbihan).
Mlle Marie Bouché, chez les Filles-de-la-Croix, à Merdrignac.
MM. Jean Crec'hriou, propriétaire à la Roche-Derrien.
    Pierre Gallais, à la Herissaye, en Plessala.
Les Archives départementales du Morbihan.

TABLE DES MATIÈRES

TABLE DES CHAPITRES

CHAPITRE II. — *De la persécution religieuse depuis la loi du 19 fructidor an V jusqu'au coup d'Etat du 18 brumaire an VIII.*

CHAPITRE III. — *Le culte Constitutionnel, le culte décadaire et les fêtes civiques.*

LIVRE SIXIÈME. — La Pacification religieuse de Bonaparte.

CHAPITRE PREMIER. — *La législation religieuse du Consulat.*

CHAPITRE II. — *Quelques exemples de la façon dont s'accomplit dans les C.-du-N. la pacification religieuse.*

TABLE ALPHABÉTIQUE [1]

des noms de Communes des Côtes-du-Nord, créées en 1790,
cités dans les deux volumes du *Manuel pour l'Étude de la Persécution* [2].

ALLINEUC, I, p. 91, 136, 140, 152, 155, 158, 163, 165, 169, 170, 171, 173, 174, 191, 258, 290; II, p. 1, 3, 24, 56, 84, 85, 170, 186, 187, 189, 208, 212, 218, 221, 222, 229, 232, 237, 239, 246, 301.

ANDEL, I, p. 117, 135, 149, 151, 164, 165, 174; II, p. 183, 229, 293.

AUCALEUC, I, p. 182, 225; II, p. 295.

BEAULIEU (*abbaye*), I, p. 38, 193, 220.

BEAUPORT (*abbaye*), I, p. 37, 42, 44, 261; II, p. 61, 202, 206, 213, 217, 218.

BÉGARD (*abbaye*), I, p. 37, 42, 43, 261, 288; II, p. 93, 208, 302.

BÉGARD (paroisse), I, p. 43, 283, 288; II, p. 54, 187, 204, 208, 218, 224, 235, 282.

BELLE-ISLE-EN-TERRE, I, p. 84, 92, 262, 288, 301; II, p. 106, 225, 234, 282.

BERHET, I, p. 150, 179, 180; II, p. 61, 185, 252.

BINIC, I, p. 139, 173, 332; II, p. 179.

BOBITAL, I, p. 91; II, p. 170.

BODÉO (LE), I, p. 89, 117, 193, 259, 260, 283; II, p. 1, 207, 213, 218, 232, 240, 294.

BONEN, I, p. 88, 118.

BONREPOS (*abbaye*), I, p. 36, 42, 44, 91, 258, 295; II, p. 230.

BOQUEHO, I, p. 89, 169, 177, 179, 257, 260; II, p. 185, 186, 226, 229, 247, 292.

BOSQUEN (*abbaye*), I, p. 37, 42; II, p. 110, 122.

BOTLÉZAN, I, p. 84, 257, 259, 311.

BOTHOA, I, p. 88, 164, 181, 215, 259, 286,

---

(1) Une table alphabétique des noms de personnes eût été très désirable, mais comme elle eut au moins nécessité 1500 articles, avec pour chacun des références multipliées, des raisons d'impérieuse économie nous ont fait abandonner sa confection. On voudra bien remarquer que la seconde enquête de Boulle, qui contient plus de 700 noms, est rédigée par lettre alphabétique.

(2) NOTA BENE. — Il sera bon de parcourir toute la page citée comme référence car la même localité s'y trouve d'ordinaire plusieurs fois mentionnée.

Imp. Oberthur, Rennes (2572-1927).

EN SOUSCRIPTION

<u>POUR CONTINUER DE PARAITRE</u>

par fascicules illustrés au cours des années 1926 et 1927

LE TOME SECOND ET DERNIER DE

L'HISTOIRE
DU PAYS DE DINAN

comprenant les cantons de

BROONS, CAULNES, PLANCOËT & PLÉLAN-LE-PETIT

Aucun fascicule ne se vendra isolément.

On souscrit toujours *au prix de faveur* de 20 francs le volume complet, payable par fractions de 5 francs (port en plus) à la livraison de chaque fascicule. — **C. C. 73-74, Rennes**.

Adresser exclusivement et directement les bulletins de souscriptions, à l'Abbé Lemasson, à Lancieux (C.-du-N.).

Pour l'acquisition du Tome 1er, écrire à M. le Chanoine J. Rault, économe du Grand Séminaire, à Saint-Brieuc.

L'Abbé AUGUSTE LEMASSON ✳ ❦

Ex-Aumônier Titulaire de la Place de Metz

Les Paroisses et le Clergé

DU DIOCÈSE ACTUEL DE SAINT-BRIEUC

de 1789 à 1815

MANUEL POUR L'ÉTUDE

de la

PERSÉCUTION RELIGIEUSE

dans les Côtes-du-Nord

durant la Révolution Française

« Honor quippe martyris est custodia fidei »
(Saint Jean Chrysostome)

TOME SECOND

1795-1803

Ouvrage orné de portraits, de dessins, de fac similés
Et honoré des souscriptions de S. E. le Cardinal Charost et de NN. SS. les Archevêque
et Évêques de Rouen, Saint-Brieuc, Vannes, Quimper et Annecy.

RENNES

IMPRIMERIES OBERTHUR

1928

DU MÊME AUTEUR

Yvignac - Autrefois. Epuisé. — *Trégon - Autrefois.* Epuisé.

Lancieux - Autrefois : La Haute-Justice de la Roche et ses Seigneurs.

La Châtellenie de la Touche-à-la-Vache, en Créhen. Epuisé.

La Châtellenie du Plessis-Balisson, ses juveigneuries. Nouvelle édition.

La Paroisse du Plessis-Balisson - Autrefois. Epuisé.

Saint-Jacut, son histoire, son culte, ses légendes, ses vies anciennes.

Histoire du Royal Monastère de Saint-Jacut de l'Isle-de-la-Mer. Epuisé.

Les derniers jours de l'Abbaye de Saint-Jacut et de la paroisse de N.-D. de Lcndouar. — En vente à l'Abbaye de Saint-Jacut-de-la-Mer.

Documents pour servir à l'Histoire de l'Abbaye de Notre-Dame de Beaulieu, au diocèse de Saint-Malo.

L'Obituaire du Couvent des Cordeliers de Dinan (publication).

Les Origines du Sanctuaire et du Pèlerinage de N.-D. de Nazareth, près Plancoët. Nouvelle édition, revue et très augmentée.

Les Réformations et Montres de la Noblesse à Ploubalay, de 1448 à 1535.

Les Gentilshommes à pied de la Juridiction de Lamballe l'an 1554 (publication).

La Défense du Littoral de Dinard au Guildo l'an 1730 (publication).

La Descente des Anglais à Saint-Briac et leur défaite à Saint-Cast, l'an 1758. — En vente à la cure de Saint-Cast (C.-du-N.).

Vie de M. Cormeaux, curé en Bretagne et zélé missionnaire (publication).

Les Actes des Prêtres insermentés du diocèse de Saint-Brieuc, guillotinés en 1794 ou déportés, 2 volumes in-8°; quelques exemplaires en vente chez Plihon et Hommais, à Rennes.

Les Prêtres Bretons déportés à Jersey en 1796, d'après les comptes de Mgr de Cheylus et *les Prêtres de l'Ancien diocèse de Saint-Brieuc déportés* en Angleterre ou à Jersey à la suite de la loi du 26 août 1792, in *Association bretonne,* 1923 et 1924.

Histoire du Pays de Dinan, tome Ier, grand in-8° raisin, de XXII-532 p. orné de 70 gravures et d'une carte, t. II, XVI-414 p., 55 gravures.

Les Actes des Prêtres insermentés de l'archidiocèse de Rennes, guillotinés en 1794, un vol. grand in-8° raisin, avec les biographies de MM. Sorette, Duval et Gavard et de nombreuses pièces justificatives et deux hors-textes.

Les Actes des Prêtres du diocèse de Saint-Brieuc mis à mort durant la Révolution, avec les *Mémoires de Mgr de la Romagère sur les Pontons de Rochefort,* un grand in-8° raisin, de plus de 400 p. exclusivement réservé aux souscripteurs.

Scènes de la chouannerie à Saint-Briac. En publication dans le *Bulletin paroissial de Saint-Briac.* Tiré à part à 50 exemplaires.

Les Actes du P. Barthelemy Oger et de Mlle Glatin, sa receleuse, publiés pour la première fois sur les documents originaux. Une brochure in-8° raisin.